CBF

ANDREW DOWNIE

DOUTOR SÓCRATES

A BIOGRAFIA

Tradução
André Kfouri

Preparação
Andressa Bezerra Corrêa

Revisão
BR75 | Elaine Batista

Capa e projeto gráfico
BR75 | Luiza Aché

Diagramação
BR75 | Valéria Teixeira

Produção editorial
BR75 | Clarisse Cintra e Silvia Rebello

Foto de capa
Peter Robinson/PA Images/Alamy Stock Photo

Dados Internacionais de Catalogação na Publicação (CIP)
Angélica Ilacqua CRB-8/7057

D779d Downie, Andrew
Doutor Sócrates / Andrew Downie; tradução de André Kfouri. Campinas: Editora Grande Área, 2021.

432 p.

ISBN 978-65-88727-13-3
Título original: Doctor Socrates: Footballer, Philosopher, Legend

1. Oliveira, Sócrates Brasileiro Sampaio de Souza Vieira de – 1954-2011 – Biografia 2. Jogadores de futebol – Biografia 3. Futebol 4. Futebol - Seleção brasileira 5. Copa do Mundo (Futebol) 6. Sport Club Corinthians Paulista I. Título II. Kfouri, André I. Título II. Kfouri, André

21-3772 CDD 927.96334

Índices para catálogo sistemático:
1. Oliveira, Sócrates Brasileiro Sampaio de Souza Vieira de – 1954-2011 – Biografia

SUMÁRIO

Para Mari e todos os que lutam contra
o autoritarismo e a favor da democracia.

A vida não refletida não vale a pena ser vivida.

Sócrates, por volta do século v a.C.

PREFÁCIO

À medida que o tempo passa, percebemos cada vez mais que Sócrates ficará gravado para sempre como um personagem incontornável da história do Brasil.

Ícone de um período importantíssimo do nosso país e de um movimento que mudou os rumos — e continua a influenciar o destino — deste gigante da América do Sul, ele foi, sem dúvida, um dos grandes líderes e símbolos da nossa redemocratização após mais de duas décadas de uma violenta ditadura militar. Sem falar no craque genial do esporte mais popular e concorrido do planeta.

Sócrates Brasileiro Sampaio de Souza Vieira de Oliveira. Este é o nome completo de meu irmão mais velho. Temos pouco mais de onze anos de diferença: ele nasceu em 19 de fevereiro de 1954, e eu, em 15 de maio de 1965.

Na minha infância, eu obviamente não tinha noção do quão especial e inusitada era minha família — não apenas pelos nomes, mas também pelas histórias de vida dos personagens que dela fazem parte. A começar por nossos pais.

Seu Raimundo, nordestino de origem pobre, autodidata, com uma linda carreira no funcionalismo público. Cursou três universidades depois de ter os seis filhos, entre elas a faculdade de Direito, uma de suas paixões. E ainda lecionou.

Dona Guiomar, paraense, professora primária também autodidata, funcionária pública. Mãe exemplar, com uma sensibilidade e carisma excepcionais.

Entre mim e o Doutor Sócrates há mais quatro filhos, todos homens: Sóstenes, Sófocles, Raimundo e Raimar. Figuras interessantes, carismáticas, inteligentes, de personalidades e talentos variados: teve jogador de basquete, campeão de xadrez, músico, engenheiro... Todos atenciosos e carinhosos com o irmão caçula. Que privilégio! E lá do outro lado dessa montanha de irmãos, estava o nosso Magrão.

Uma pessoa um tanto quanto distante de mim para um irmão, sobretudo pelos anos de diferença entre nós, mas, ao mesmo tempo, muitíssimo próximo para um ídolo. Sim, especialmente durante minha infância e adolescência, Sócrates foi acima de tudo um grande ídolo, um semideus, minha referência.

Quanto mais velho eu ficava, mais ele e sua história pareciam teimar em escolher o caminho do inatingível, a figura que podia qualquer coisa, que enfrentava tudo e todos, que perturbava, provocava.

Alguém que também não tinha medo de se entregar aos deleites, delírios, abismos e transbordamentos do que ele considerava sua maior obsessão: a liberdade. Livre para ser, para se mostrar como de fato era. Certo ou errado, porém totalmente autêntico em busca dessa verdade.

As liberdades que ele perseguia, na maioria das vezes, eram encarnadas e identificadas pela representação e idealização política da democracia. Sócrates parecia definir liberdade de expressão, de debate, de posicionamento e de experimentação como um estado de espírito democrático.

Até o final de sua carreira de jogador de futebol, nossa relação, apesar de um pouco mais próxima na última etapa, restringia-se a trocas de ideias, conselhos e compartilhamento de vivências. Quando ele nos visitava, eu ficava nervoso e demorava algumas horas para me dar conta de que aquela entidade era meu irmão. Sempre o acompanhei como alguém que estava a todo instante fazendo e participando ativamente da história, seja do esporte, do comportamento, da política ou do país — em muitos casos, era o que realmente estava acontecendo. Mesmo seguindo tudo isso com olhos já de adolescente, ou um jovem adulto, eu ainda o via como herói. Da mesma forma que foi e é para milhões de outras pessoas.

Depois de certo tempo — e para minha alegria —, meu irmão esteve cada vez mais próximo, mais acessível e mais humano, principalmente a partir do início de sua nova fase longe dos gramados e das arquibancadas. Longe de seu teatro. Como ele mesmo dizia: ninguém deixa o futebol, o futebol é que nos deixa.

Mas Sócrates não é só o herói. E esta biografia, muito bem escrita, resultado de ampla pesquisa e inúmeras entrevistas, traz os detalhes de como meu irmão era, em grande parte, gente como a gente.

Ainda que sempre inquieto e constantemente à procura de algo que causasse impacto, tinha como inspiração sua origem simples, os amigos fiéis, parceiros de suas experiências que passaram a ser mundanas e cada vez mais próximas do ordinário. Isso não o desagradava, muito pelo contrário. Sua sofisticação intelectual sempre foi nutrida no contraponto entre suas referências e os prazeres regionais e interioranos de suas raízes.

A biografia nos aproxima, por vezes em demasia, do cotidiano do ídolo, expondo a real beleza da complexidade de sermos humanos e imperfeitos.

Fato é que, por mais que procuremos e precisemos dar normalidade aos acontecimentos de uma infinidade de horas, dias e fases de uma vida, Sócrates era único. Cursou medicina na USP e jogou futebol profissional de alto nível ao mesmo tempo. Foi um dos esportistas mais influentes da história, essencial na construção de uma democracia e de seus processos dentro de um grande clube de futebol, além de ter pregado e exercido a liberdade democrática e de costumes em plena ditadura militar. Tornou-se não apenas incontornável, mas indispensável na nossa história e também no nosso futuro.

Um símbolo de resistência do que nunca mais queremos viver.

RAÍ

NOTAS SOBRE O TEXTO

Quando Sócrates estreou profissionalmente, o futebol no Brasil era dirigido pela Confederação Brasileira de Desportos (CBD). Em 1979, a CBD se dividiu em diferentes unidades e a Confederação Brasileira de Futebol (CBF) assumiu a direção do esporte.

O primeiro Campeonato Brasileiro foi realizado em 1971, mas teve diferentes nomes e formatos, geralmente culminando em fases eliminatórias e até mesmo decisões em melhor de três jogos, até que o atual sistema, ao estilo europeu, foi introduzido em 2003. Para simplificar, eu me referi ao campeonato nacional por seu nome atual, o Brasileiro, ao longo do texto.

Campeonatos estaduais foram muito mais importantes do que o campeonato nacional durante a carreira de Sócrates. A competição nacional era nova e as rivalidades estaduais eram intensas e se prolongavam no tempo. Refletindo essa importância, o Campeonato Paulista e o Campeonato Carioca ocupavam a maior parte da temporada. Os formatos e datas mudavam a cada ano. Por vezes, os campeonatos estaduais começavam no início do ano e depois eram seguidos pelo campeonato nacional. Em outros anos, a ordem se invertia. Os estaduais chegavam a durar até nove meses, enquanto o Brasileiro tinha no máximo quatro.

As estações do ano no hemisfério Sul são opostas às do hemisfério Norte e todas as referências são relativas ao Brasil. Por exemplo, o inverno corresponde aos meses de junho, julho e agosto.

CAPÍTULO 1

> Desde os onze, doze anos, ele já era conhecido na cidade como um jogador de nível diferente. Pessoas que entendiam de futebol sabiam que ele ia ser alguma coisa. Onde ele fosse jogar, tinha alguém o acompanhando.
>
> Sóstenes, irmão de Sócrates

O Brasil levou nove homens à área da Itália e o relógio mostrava 90:02 quando Éder correu para cobrar o último escanteio do jogo. Um dos grandes times da história precisava desesperadamente de um gol para chegar às semifinais da Copa do Mundo de 1982. Éder moveu as placas de publicidade para se posicionar e bateu na bola com o pé esquerdo, com curva, direto para o gol. Dino Zoff saltou para socá-la e respirou aliviado quando o apito soou marcando uma falta. O goleiro veterano gastou o tempo que pôde antes de passar a bola a um defensor, recebê-la de volta e mandá-la para o outro lado do campo. Foi o último chute do jogo. Segundos depois, o árbitro soprou o apito e um dos mais empolgantes jogos de futebol já disputados estava encerrado. Itália 3 × 2 Brasil, e os favoritos estavam eliminados: o Brasil estava indo para casa.

Giuseppe Bergomi correu até Sócrates para pedir sua camisa e, enquanto os jogadores reservas italianos invadiam o gramado para comemorar, Bergomi dançava no meio do campo com seu prêmio amarelo enrolado em uma das mãos. O capitão brasileiro colocou a camisa de Bergomi no ombro e saiu desolado em direção ao vestiário. Seu rosto era um vazio e Éder, Paulo Isidoro e Waldir Peres seguiam em direção ao túnel à frente dele, suas expressões também tomadas pela descrença.

Nas entranhas do estádio Sarrià, o vestiário do Brasil era como um velório. Muitos jogadores choravam descontroladamente. Paulo Isidoro repetia: "Nossa Senhora, nós perdemos pra Itália?", como se fosse algo estranho demais para ter acontecido. O preparador físico Gilberto Tim deu um soco na porta, atravessando-a com o punho. "Vocês não estavam de saco cheio, com vontade de ir embora? Então, amanhã vocês vão estar em casa. Estão contentes agora? Não podiam fazer um sacrifício para ficar uma semana a mais, pô?", dizia Oscar, em choque.[1]

Sócrates sentou-se calado, mas a calma aparente escondia o que chamou de "angústia imensa" e ele não tinha palavras para descrever o que sentia. Havia passado o mês anterior escrevendo um diário para a revista esportiva *Placar*, registrando descontraidamente suas anotações no bloco de papel do hotel e entregando-as ao editor Juca Kfouri. Quando Juca se aproximou para pegar o último relato, tudo o que Sócrates conseguiu dizer foram as palavras que ilustraram a capa da revista: "Que pena, Brasil!".

"Juquinha, você sabe exatamente como estou me sentindo, eu não consigo escrever. Escreve pra mim." Ele passou pelos repórteres que esperavam do lado de fora do vestiário e parou apenas para abraçar um amigo, antes de entrar silenciosamente no ônibus da equipe. O clima na viagem até o hotel foi fúnebre. Segundo Sócrates, "era como se cada um viajasse em um carro diferente, indo para o mesmo cemitério, para ser enterrado".[2]

Quando finalmente chegaram ao hotel, a uma hora de distância, nas colinas da Catalunha, os 22 jogadores e toda a comissão técnica fizeram uma última reunião. O técnico Telê Santana disse que eles tinham jogado o melhor futebol do torneio e deveriam ir para a casa com a cabeça erguida. O presidente da CBF, Giulite Coutinho, agradeceu por tudo. Júnior tentou falar, mas não conseguiu completar uma frase sem se emocionar. Juninho Fonseca, o brincalhão do grupo, chorou como um bebê. Finalmente, Sócrates se levantou. "Gente, nós perdemos o jogo, mas não podemos perder o que temos aqui", disse o capitão, num discurso inspirado sobre orgulho e amizade que nenhum jogador esqueceu. "Essa união maravilhosa vai ficar para o resto de nossa vida. É isso que vale." Sua voz seguiu em meio aos soluços. Não havia um par de olhos secos na sala.[3]

A geração dourada do Brasil foi devastada pela derrota. Zico, Cerezo, Leandro, Júnior, Serginho — eles eram mais do que companheiros de time: eram grandes amigos e lidaram com toda a repercussão da única maneira que conheciam. Incapaz de digerir o revés e dormir, Sócrates liderou um grupo de jogadores que decidiram virar a noite acordados. Meses antes, eles tinham combinado de parar de beber e fumar para alcançar a forma perfeita para o que sabiam que seria a melhor chance de alcançarem um título mundial. E ali resolveram recuperar o tempo perdido: beberam até as cinco da manhã e, quando acordaram, algumas horas depois, ir ao bar pareceu a única opção razoável. O dia 6 de julho foi o mais quente do ano na Espanha, com temperaturas acima dos 37 graus. Sentado à beira da piscina do hotel, com cervejas num balde de gelo, Sócrates ainda não conseguia explicar como tinha perdido o jogo que caracterizou como "o mais emocionante de que já participei".

"Difícil para mim, na realidade, é compreender a derrota. Se tivesse havido falhas, até que entenderia. Seria mais fácil explicar, botar para fora. Acontece que não vi erros, não consigo enxergá-los, embora este tenha sido o dia em que mais me abalei jogando futebol. Inclusive dentro da partida, o ritmo foi alucinante. Foi o jogo mais emocionante de que já participei. Foi pau a pau, disputado a todo instante. Um momento diferente do outro, cheio de alternativas. E temos consciência de que não jogamos mal. Repito: se tivéssemos jogado mal, tudo bem, estaríamos conformados. Mas, não — estivemos dentro do nosso nível. Agora não cabe questionar, não creio que se deva cobrar de ninguém. Não houve bobeira. Futebol é um jogo de erros. Você sempre está brigando para não errar. E não há mesmo explicação para essa derrota. Isso torna a eliminação mais chocante."[4]

A Copa de 1982 marcou um ápice, em certo ponto de inflexão, para Sócrates. Nos anos seguintes, ele ganharia mais troféus e se tornaria uma estrela ainda maior dentro e fora do mundo do esporte. Mas nunca mais se dedicaria tão por inteiro a um objetivo futebolístico.

De forma mais importante, talvez, o torneio também foi um marco para o próprio futebol. A derrota do Brasil foi um histórico fracasso para os puristas que a enxergaram como o triunfo do mal sobre o bem. Johan Cruyff chamou o Brasil de "campeão moral", Zico disse que o futebol morreu naquela tarde de sol no Sarrià, e Sócrates declarou que o Brasil nunca mais jogaria com a mesma classe.

"A derrota daquela seleção, no fatídico jogo de Barcelona, para a Itália — que acabou se sagrando campeã do mundo — foi um duro golpe no jeito brasileiro de jogar que aquele time tão bem representava. Naquele instante começava a se dar ênfase, mais do que até então, ao futebol de resultados, pois o negócio futebol crescia assustadoramente e os recursos financeiros sempre correm atrás dos vencedores, mesmo oferecendo espetáculos de pior qualidade. O futebol brasileiro, a partir dali, jamais seria o mesmo."[5]

A derrota para a Itália, entretanto, não foi tão absoluta para um homem cuja vida era muito mais do que futebol. Mesmo enquanto o Brasil se preparava para enfrentar a Itália no maior jogo de sua carreira, Sócrates pensava em batalhas mais importantes. Ele já tinha iniciado o que se chamou de "Democracia Corinthiana", o mais transformador exemplo de poder emanando dos jogadores já visto num clube de futebol profissional. Os atletas do Corinthians estavam assumindo o controle do time e vinham exigindo uma voz na administração das coisas do clube. Sócrates desejava liberdade, e não apenas para ele. Queria que o Brasil inteiro o acompanhasse, para tirar do poder os ditadores militares e recuperar o país. Ele tinha capacidade e personalidade, e uma nação de 130 milhões de habitantes seguia cada movimento seu. Se um sonho não tinha se realizado na Espanha, ele não estava disposto a permitir que outro, o da democracia, escapasse tão facilmente.

Sócrates sempre foi diferente. Uma tarde, no início dos anos 1970, o time júnior do Botafogo de Ribeirão Preto jogava em Batatais, uma pequena cidade no coração agrícola do Brasil. As tempestades de verão banhavam as plantações de algodão e cana-de-açúcar, e a chuva caía em pingos grossos. Sócrates jamais gostou de jogar na chuva, mas estava bem e já tinha marcado dois gols quando recebeu a bola no meio do campo. Ele passou por um marcador, driblou outro e avançou pela lama. Havia dois defensores à frente dele e, fingindo que chutaria, Sócrates enganou um deles, que se jogou num carrinho desesperado. Passou pelo segundo e entrou na área, onde driblou o goleiro e parou antes da linha do gol. Então, Sócrates se virou, olhou para os outros jogadores e tocou de calcanhar para marcar seu terceiro gol, o sexto do Botafogo. Foi um lance maravilhoso, ainda mais espetacular por causa das péssimas condições do campo. Mas em vez de socar o ar ou correr todo o gramado para celebrar, o adolescente meio desengonçado apenas sorriu. Seus companheiros pularam em cima dele, gritando e puxando seu cabelo, mas ele voltou calmamente para o centro do campo com seu andar desajeitado, cumprimentando alguns jogadores e tentando se limpar um pouco para o reinício do jogo.[6]

O árbitro, um ex-jogador do Coritiba chamado Leal, correu na direção dele e puxou um cartão vermelho. "O que há de errado?", perguntou Marinho, o capitão do Botafogo. "Vou expulsar o Sócrates", disse o árbitro. "Ele está de sacanagem." Jogadores brasileiros sempre adoraram exibir habilidades — o drible pelo meio das pernas, as embaixadinhas. Mas o riso de um é a vergonha do outro e os envergonhados sempre respondem com uma chegada mais forte. Humilhar o adversário é uma ofensa na América do Sul. "Pelo amor de Deus", reclamou Marinho. "Ele não fez isso por sacanagem. Ele é frio assim mesmo." "Isso é humilhação", disse Leal. "Ele está fora."

Marinho conhecia o árbitro de outros jogos e postou-se na frente dele, revezando dois gestos clássicos: o de falar com o juiz com as mãos para trás e o de juntá-las como se estivesse em oração. "Ele não está fazendo de sacanagem", o jogador argumentava. "Por favor, Leal, acredita em mim. Ele é assim."

Leal deu um passo para trás e, aceitando o pedido do capitão, recolocou o cartão vermelho no bolso. "Pô, Marinho, mas não é possível...", disse o árbitro. Quando o jogo acabou, Leal e Marinho caminharam juntos pela grama enlameada até os vestiários. "Esse cara aí pra mim não existe...", comentou o árbitro, antes de apertar a mão de Sócrates e descer para os chuveiros, sem acreditar no que tinha visto.[7]

Num país onde o drama está em todas as esquinas, nas telas de televisão e nos relacionamentos, Sócrates era o completo oposto de seus sentimentais compatriotas. Ele nunca compreendeu por que seus companheiros se empolgavam tanto com o futebol. Aquilo tudo era muito divertido, mas continuava sendo apenas um jogo e, de verdade, como poderia ser tão importante se era tão fácil marcar gols como aquele?

Ele herdou essa calma de seus pais, pessoas humildes e trabalhadoras nascidas no Norte do Brasil. A vida é quente e difícil, e as pessoas que lá vivem construíram uma cultura que é totalmente diferente do que se vê nas cidades mais desenvolvidas do Sul. Elas foram moldadas pelo isolamento, pelo calor e pela pobreza para suportar as dificuldades diárias com estoicismo e bom humor.

O pai de Sócrates, Raimundo Vieira de Oliveira, foi uma dessas pessoas. Ele nasceu em Messejana, pequena cidade próxima de Fortaleza, a capital do estado do Ceará. Com orgulho e humor, dizia que a cidade viu o nascimento de três brasileiros importantes: o autor José de Alencar, o presidente Castelo Branco e ele mesmo. Raimundo conseguiu um emprego a 1.300 quilômetros de distância, na cidade amazônica de Igarapé-Açu, onde conheceu sua futura mulher, Guiomar Sampaio de Souza. A cidade mantinha um ritual de flerte e namoro em que os homens formavam um círculo e giravam em uma direção, e as mulheres formavam outro, dentro do círculo dos homens, girando na direção oposta. Assim se analisavam potenciais candidatos, e demorou apenas um segundo para que Raimundo, um homem de mais de 1,80m, e a baixinha Guiomar descobrissem que tinham sido feitos um para o outro. Eles trocaram olhares, apresentaram-se, e o resto é história. "O papinho começou, jogamos conversa fora, daí não teve mais jeito", disse Guiomar. "Ninguém nos segurou."[8]

O primeiro filho deles foi Sócrates Brasileiro Sampaio de Souza Vieira de Oliveira, nascido às 22h20 do dia 19 de fevereiro de 1954, na Santa Casa de Misericórdia de Belém, cidade tropical às margens do rio Amazonas. Seu pai adorava ler os clássicos e estava lendo *A República*, de Platão quando o filho nasceu. Ele deu dois nomes a seu menino: Sócrates Brasileiro, como se houvesse alguma chance de confusão entre o garoto da Amazônia e seu homônimo da Grécia antiga. Treze meses depois — quando Raimundo se envolvia com a leitura de obras religiosas —, o segundo filho do casal recebeu tratamento semelhante, e Sóstenes foi batizado com o nome de um coríntio mencionado na Primeira epístola do apóstolo Paulo aos coríntios. Quando o terceiro filho nasceu, dois anos mais tarde, o pai lia *Édipo Rei* e o nome escolhido, Sófocles, foi uma homenagem ao dramaturgo grego.[9]

Guiomar já estava cansada de nomes gregos impronunciáveis na época em que o quarto filho nasceu, em setembro de 1959; e, de forma mais prosaica, Raimundo Júnior recebeu o nome de seu pai. Depois vieram Raimar, seguindo o hábito brasileiro de juntar partes dos nomes dos pais, e Raí, também de acordo com o costume de dar nomes a filhos começando com as mesmas letras. Os nomes estavam ficando mais curtos, e Guiomar brincava que era melhor parar em seis filhos porque um sétimo se chamaria apenas "R".

Sócrates foi uma criança feliz e suas primeiras memórias eram da biblioteca de seu pai. A floresta amazônica estava ali ao lado, uma aparentemente infinita vastidão sem fronteiras além de árvores e rios, mas Sócrates se lembra de estar em casa, protegido do calor e da luz, e rodeado de clássicos, manuais e enciclopédias. Seu pai devorava todos os livros que encontrava, frequentemente lendo sob a luz de lamparinas, porque não havia energia em casa. Sócrates se sentava perto dele.

Seu Raimundo era obcecado pelo aprendizado e lia avidamente, tanto por prazer quanto por necessidade. Assim como seus três irmãos e duas irmãs, ele não terminou a escola primária e foi obrigado a trabalhar antes da adolescência. Seus irmãos trabalhavam com as mãos e valendo-se das habilidades que tinham, mas seu Raimundo vendia redes na praia e tinha um balcão no mercado local para vender rapadura. Todos eles trabalhavam para garantir o sustento da família, mas seu Raimundo compreendia o valor da educação com mais clareza do que seus irmãos e usava todo o tempo livre com livros. Ele aperfeiçoou a leitura e a escrita — um feito num país em que grande parte da população é analfabeta — e viu seu esforço compensado quando conseguiu um emprego no instituto de estatística do governo, para trabalhar no censo.[10]

Mesmo depois de se casar e formar uma família, Raimundo continuou lendo após colocar os filhos para dormir e não demorou para conseguir um diploma de ensino médio. Era apenas o começo, porque ele sabia que o melhor caminho para evoluir era passar em um concurso público. As prefeituras e os governos estaduais e federal ofereciam concursos para diversos empregos, de advogados a alfandegários e professores universitários. A aprovação nos exames exigia meses e até anos de estudos, mas havia recompensa. Funcionários do setor público recebiam excelentes salários, eram demitidos apenas em circunstâncias extraordinárias e podiam se aposentar aos cinquenta anos com uma pensão equivalente à última remuneração.

O alvo de seu Raimundo era o emprego mais desejado de todos: inspetor fiscal. Os inspetores eram conhecidos como "os príncipes do Brasil" graças ao salário duas vezes maior que o do presidente da República, que ainda podia ser aumentado com os bônus por multas aplicadas aos sonegadores de impostos. Novas vagas eram raras e, quando surgiam, existiam milhares de interessados. Mas sua paciência e trabalho duro foram recompensados e, no final dos anos 1950, seu Raimundo foi uma das 33 pessoas — o único sem um diploma universitário — aprovadas no exame.

Ele contaria com outro lance de sorte depois de começar no novo emprego, quando vagas foram abertas no estado de São Paulo. Nordestino orgulhoso, sabia muito bem que a mudança o levaria a 3.200 quilômetros de distância de parentes que talvez jamais voltasse a encontrar. Mas seu Raimundo estava determinado a proporcionar uma vida melhor a seus filhos e as oportunidades estavam no Sul. Ele pôde escolher sua nova base após viagens a São Paulo, Campinas e Santos, mas terminou optando por Ribeirão Preto — cidade de cerca de 145 mil habitantes na época, a 315 quilômetros da capital.

Ribeirão Preto era uma das cidades mais ricas do estado e um centro regional de indústrias e fornecedores de serviços para produtores de café, milho, algodão e pecuaristas que trabalhavam nas regiões próximas. A cidade estava crescendo, com uma visível comunidade de nordestinos atraída pela oferta de empregos e pelo clima semelhante ao que conheciam. Com inverno quente e verão tórrido, em que as temperaturas frequentemente se aproximavam dos quarenta graus, os habitantes locais brincavam que só havia duas estações: "o verão e o inferno". Mas isso não era um problema para quem cresceu perto da Linha do Equador, e, no primeiro dia do ano de 1960, seu Raimundo embarcou com sua mulher e quatro filhos num avião e se mudou para o Sul.

Seu Raimundo adorava esportes, especialmente futebol, e semanas depois de chegar a Ribeirão Preto, deu a seu filho mais velho uma camisa do Santos, como presente de aniversário de seis anos. Sócrates jogava bola sempre que podia e ouvia os jogos do Santos no rádio do pai, atraído por Pelé, Coutinho, Pepe e um dos melhores times que o Brasil jamais viu.

Ele também adorava as cores e os sons do futebol no estádio. Para sua felicidade, seu pai tinha um carnê para ver os jogos de um dos times locais. O dom de seu Raimundo para a administração lhe rendeu uma eleição para o conselho do Botafogo, e ele levava o filho ao estádio todas as semanas para ver futebol. Sócrates sentava em seu colo ou nos degraus da escada mais próxima, porque era mais barato do que comprar outro ingresso. O menino torcia para que a pessoa do assento vizinho faltasse e ele tivesse um lugar para se sentar. "Bandeira na mão e sorriso no rosto eram o meu uniforme", dizia, e sua felicidade chegava a outro nível quando o Santos ia jogar em Ribeirão contra o Botafogo.[11]

Uma de suas primeiras lembranças era a de ter visto Pelé marcar três gols numa goleada por 7 × 1 sobre o Botafogo, em 1965. E um sinal de sua altura avantajada veio aos nove anos, quando ele quebrou um lustre de casa ao saltar para socar o ar na comemoração de um gol do Santos contra o Milan, na final do Mundial Interclubes.[12]

Mas embora Sócrates adorasse assistir ao futebol, ele gostava mais de jogar. Seu Raimundo estimulou os filhos a se envolver com todas as modalidades, até mesmo abrindo uma conta na loja de material esportivo da cidade para que eles tivessem o equipamento que quisessem. Sócrates tentou o judô e o boxe, mas logo ficou claro que seu talento real era com uma bola nos pés. Onde esse talento se originou era um mistério, e seus irmãos brincavam que sua mãe deveria ter sido uma excelente futebolista, porque o pai certamente não era. Seu Raimundo dizia a todos que tinha jogado como zagueiro no Ypiranga Futebol Clube, quando morava em Igarapé-Açu, mas a história foi desmascarada durante a visita de um parente, que revelou que seu Raimundo — que era o presidente do clube — jogou apenas uma vez: quando precisou escolher os jogadores para uma partida à qual o técnico faltou.[13]

O primeiro time de Sócrates foi o Raio de Ouro, um clube amador que realizava seus jogos em um dos diversos campos espalhados pela cidade. "Foi a primeira experiência que eu tive num time de futebol fora do colégio. Eu tinha onze anos e era talvez um dos poucos times do que a gente chamava de várzea, organizado, tinha camisa e tal, tinha treino." Ele se lembra de um teste num final de tarde de sexta-feira. "Eu fui lá treinar. Nós saímos da escola e fomos lá, final da tarde, já estava escurecendo e tal. O treinador era o João e ele disse: 'Você trouxe chuteira?'. Eu não tinha levado, mas respondi que jogaria descalço." O treinador perguntou em qual posição Sócrates jogava. "Eu falei que era meio-campo, e ele disse: 'De meio-campo está cheio aqui, mas tem uma vaga na lateral direita... Você não quer treinar um pouquinho?', e eu treinei na lateral. E a minha glória é que, depois de um tempo, fui chamado para jogar no domingo."[14] Sócrates tinha onze anos e estava pronto para jogar em qualquer posição. Não demorou, porém, para que os jogadores mais velhos percebessem que ele era bom o suficiente para cumprir um papel mais importante no meio de campo. Sócrates adorava a camisa "branca, como a do Santos, mas com uma faixa dourada no peito", assim como o senso de pertencimento ao fazer parte de um time bem estabelecido.

Sua estreia aconteceu em Bonfim Paulista, uma pequena cidade a poucos quilômetros de Ribeirão Preto, e Sócrates viajou até lá junto com os novos companheiros na caçamba de um caminhão. O time do Raio de Ouro tinha jogadores de todas as idades e trajetórias, o que foi marcante para o garoto vindo de uma sólida família de classe média. Ele se tornaria famoso, no futuro, pela atuação contra as injustiças que fizeram do Brasil uma das nações mais desiguais do mundo, mas aquela era a primeira vez que testemunhava as dificuldades da vida fora da bolha em que vivia. Teve contato com pessoas que jamais teria encontrado em outros contextos. Mais tarde, Sócrates diria que aqueles primeiros jogos foram alguns dos mais importantes de sua vida, porque o apresentaram a realidades cotidianas cuja existência ele não conhecia, muito menos tinha visto de perto.

"As pessoas me perguntam: 'Pô, qual foi a sua grande glória?', e eu digo que a minha grande glória foi aquele comecinho no Raio de Ouro, porque subir numa boleia de caminhão com um monte de negão, cada um de um jeito, um tipo de vida, com um monte de necessidade... Pô, eu tinha almoçado, tinha gente que não tinha almoçado para jogar uma pelada! Cara, aquilo lá era um aprendizado que eu nunca tive na escola. Ninguém me falou disso, nem em casa. Porque meu pai viveu tudo aquilo e nunca passou para a gente. Eu fui descobrir muito tempo depois que ele tinha passado esse sufoco todo, mas, para nós, ele nunca contou. Não queria que a gente tivesse ideia do que ele tinha vivido."[15]

Sócrates encarou tudo aquilo como pôde e, se os colegas não o tratavam de maneira diferente por conta da idade, logo começaram a reparar no seu futebol, porque ele era muito talentoso. Sócrates passava, chutava e controlava a bola com facilidade, e fazia a leitura do jogo como um veterano. Habilidades que começou a exercitar perto de sua própria casa. Depois de passarem os primeiros quatro anos em Ribeirão Preto numa pequena casa perto do centro da cidade, os Vieira foram morar num lugar novo — construído por seu Raimundo e alguns amigos —, que era grande o suficiente para acomodar a família que crescia. Havia um anexo onde os irmãos menores de Sócrates, Raí e Raimar, viveriam mais tarde, e também uma área gramada onde todos eles jogavam futebol.

Naquele momento, a família estava crescendo, e não só porque seu Raimundo e dona Guiomar tiveram seis filhos em onze anos. Eles também recebiam primos, sobrinhos e outros parentes, e alguns ficavam instalados durante anos. Seu Raimundo os convidava para passar um tempo em Ribeirão e ajudar na casa, com a condição de que eles também estudassem.

Era conveniente, porque o pai de Sócrates costumava passar semanas inteiras estudando em São Carlos ou São Paulo, só retornando nos fins de semana. Os meninos não sabiam direito onde o pai estava ou o que estava fazendo, e seu

Raimundo sentia vergonha de admitir que ainda não tinha conseguido seu diploma.

Alguns dos hóspedes ficavam mais tempo e se tornavam membros permanentes da família. Sócrates se lembra de uma prima de seu pai, Iranilda, e da sobrinha Zezé, que se tornaria professora de enfermagem, como duas mulheres que dividiam com sua mãe as tarefas maternas e atuavam quase como "segundas mães". Dona Guiomar tinha trabalhado como funcionária pública por alguns anos após ter tido o primeiro filho, mas a chegada das outras crianças a levou a abandonar o emprego e se dedicar à família e à casa. Era uma casa tradicional e, embora dona Guiomar fosse espirituosa e cheia de personalidade, seu Raimundo tinha o controle.

Nas palavras de Sócrates: "Minha mãe não teve muita chance de influenciar demais a nossa formação, porque ela era sobrecarregada. O que nós temos com relação à minha mãe é aquela coisa de proteção, de carinho e tal; mas a influência principal ficou sendo aquela coisa de homem mesmo. Quer dizer, minha mãe teve que se adaptar, porque eram sete homens na família".

"Então, ela sempre tocava o barco sozinha, quer dizer, não podia ser uma mulher dengosa. Precisava tocar a casa, segurar seis homens dentro de casa. E tudo moleque sem nenhum tipo de cuidado com a participação comunitária; era ela que sempre administrava isso tudo, não dava tempo de ser outra coisa além de administradora do lar."

A nova vizinhança não era rural, mas também não era urbana. Erguida nos arredores da cidade, que se expandia rapidamente, tinha campos que eram maravilhosos parques verdes. Os garotos cortavam a grama com foices e depois construíam gols com troncos e pedaços de madeira. A infância era simples, sem computadores, telefones celulares ou mesmo televisões. Eles tinham pouca coisa para fazer além de ir à escola e brincar.

Quase não aconteciam crimes e o clima era perfeito, por isso passavam o tempo todo fora de casa, andando de bicicleta ou jogando bola. Sócrates jogava onde pudesse e, se ele e os amigos não tivessem uma bola, usavam o que fosse mais parecido, frequentemente descascando abacates que ficavam pelo chão para jogar com o caroço. Nem todo mundo admirava aquela iniciativa e o entusiasmo infantil os transformou em alvos — às vezes, literalmente — quando jogavam em jardins ou em propriedades particulares.[16]

Um dos lugares em que mais gostavam de jogar se localizava a poucos quarteirões da casa de Sócrates, um gramado ao lado do Seminário dos Estigmatinos. Os seminaristas se incomodavam com os garotos correndo e gritando enquanto tinham de estudar ou orar, e não eram muito bondosos em sua reação. Primeiro, construíram um muro e colocaram postes no gramado. Quando os meninos insistiram em jogar futebol ao lado do santuário, eles usaram rifles de sal grosso para atirar em quem os atormentava. Sócrates, o alvo mais visível por sua altura, era normalmente o primeiro a ser atingido, antes que todos fugissem. Mas ele diria mais tarde que os ataques sofridos e os obstáculos — tanto os naturais quanto os feitos pelo homem — foram cruciais para ajudá-lo a desenvolver seu controle de bola e sua visão de jogo.

"Na verdade, quanto mais dificuldade você tem no início, mais interesse você acaba tendo em aprender. Se você joga num campo cheio de buraco, cheio de cupim, com árvore no meio, com a bola meio quadrada, você desenvolve algumas habilidades que, em outras situações, não seria obrigado a desenvolver. Cansei de jogar em campo de futebol com uma mangueira no meio. O tempo todo você tem de estar de olho virado para a mangueira, senão dá uma porrada nela ou na raiz, que fica na superfície. Então já surge a tendência de você começar a enxergar o jogo de forma diferente, não só a bola".[17]

No final da década, jogando muito bem pelo Raio de Ouro e depois de ajudar o Colégio Marista a ganhar o torneio de escolas de Ribeirão Preto por dois anos seguidos, o meio-campista desengonçado começou a chamar a atenção de olheiros. Onde quer que Sócrates jogasse, ficava claro que ele tinha talento e as pessoas começaram a comentar. Num golpe de sorte, um dos professores do Marista também trabalhava com as categorias jovens do Botafogo, e, em 1970, convenceu Sócrates a fazer um teste no clube.

O Botafogo era um típico time de cidade pequena, onde todos se conheciam e vários jogadores tinham pais, tios ou irmãos mais velhos que jogaram ou trabalharam no clube. Foi fundado em 1918, quando os membros de três times no bairro de Vila Tibério decidiram juntar seus recursos e formar um superclube. Dizem que o nome escolhido foi uma homenagem ao mais conhecido Botafogo do Rio de Janeiro, mas segundo uma lenda mais romântica os jogadores e dirigentes que organizaram a fusão demoraram tanto para decidir sobre o nome que alguém gritou: "Vamos resolver isso logo, senão eu vou botar fogo neste lugar".

Sócrates e alguns amigos já tinham feito um teste no Comercial, mas o outro clube de Ribeirão os deixou esperando do lado de fora do campo, e eles não ficaram muito satisfeitos com o tratamento. Sócrates, que já preferia o Botafogo de qualquer forma, ficou encantado quando a oportunidade surgiu do outro lado da cidade.[18]

Ele deixou uma ótima impressão no teste e os dirigentes do clube queriam contratá-lo para o time júnior, mas o garoto de dezesseis anos já exibia a autoconfiança pela qual ficaria famoso. O futebol era divertido, mas seu sonho era ser médico e seu pai o inscreveu em aulas noturnas a fim de prepará-lo para o vestibular. O curso era no mesmo horário dos treinos do time, então Sócrates aceitou a oferta do Botafogo com uma condição:

eles poderiam contar com ele para jogos nos fins de semana, mas sua presença nos treinos, duas vezes por semana, não era uma garantia.

O acordo foi perfeito para Sócrates, porque ele adorava estudar e odiava treinar. Ele achava que correr em volta do campo era uma perda de tempo e não se importava. Tudo o que queria era a bola nos pés. Também relutava em gastar tanto tempo com algo que considerava um hobby. Embora sem saber por que, Sócrates estava determinado a ser médico e, ao longo da adolescência, comportou-se como se o futebol fosse uma mera distração em relação a seu objetivo principal de entrar na universidade. O Brasil ainda era pobre e dividido, e o futebol não era uma profissão séria para jovens de classe média. Sócrates se dedicava a realizar seu sonho e, se alguma vez teve dúvidas sobre qual caminho seguir, seu pai nunca o deixava esquecer quais eram suas prioridades.

O primeiro sinal de que o futebol era mais importante do que ele fazia transparecer veio quando Sócrates tinha dezesseis ou dezessete anos e estava perto de terminar o ensino médio. Testes simulados em seu cursinho foram marcados para uma manhã de domingo, mesmo dia em que o Botafogo enfrentaria o Comercial na final de um torneio júnior local. Sócrates comentou com o pai sobre o conflito e seu Raimundo passou a semana perguntando ao filho se ele preferia fazer as provas ou jogar a final. Sócrates não queria decepcionar seu pai e garantiu que faria o teste e tiraria uma ótima nota.

Seu Raimundo deixou o filho no local da prova na manhã de domingo, mas Sócrates sabia que estava cometendo um grande erro. Andou até a sala de aula, olhou para as fileiras de cadeiras e decidiu que não era ali que queria estar. Então se virou, saiu da escola e foi correndo até o estádio Santa Cruz. Quando chegou, estava exausto e preocupado por desapontar o pai, mas deixou essas preocupações de lado e teve ótima atuação, para deleite dos torcedores do Botafogo que foram ver os jovens.

Quando seu pai chegou em casa, perguntou como tinha sido a prova. "Foi tranquila, pai, não se preocupe", mentiu Sócrates. "Eu vou passar, fique sossegado." Sócrates não sabia, mas alguns torcedores do Botafogo que assistiram ao jogo voltaram para ver o time principal à tarde e fizeram elogios a Sócrates. Seu Raimundo descobriu tudo e se enfureceu, mais pela mentira do que por qualquer outra razão, e a coisa ficou séria na casa dos Vieira naquela noite. Foi uma das poucas vezes que ele bateu no filho, mas Sócrates podia ao menos argumentar que a desobediência tinha valido a pena no sentido futebolístico. Ele havia marcado os dois gols do Botafogo na vitória por 2 × 0.

Atuações como aquela ajudaram o time júnior do Botafogo a vencer o campeonato da cidade de Ribeirão Preto por três anos seguidos, entre 1970 e 1972. O clube terminou em terceiro lugar no campeonato estadual, um resultado excelente para um time do interior que enfrentou equipes da capital, como Corinthians e Palmeiras, e todos puderam ver que o meio-campista magrinho tinha potencial para chegar ao nível profissional.

Os jogadores do time principal do Botafogo já sabiam disso e tentaram convencer Sócrates a se juntar a eles. Mas conseguir a assinatura dele em um contrato com o clube não foi fácil. Embora se sentisse atraído pelo aspecto financeiro, Sócrates não queria a responsabilidade que um contrato exigiria e também não queria se dedicar integralmente ao futebol e abandonar o sonho da medicina. O clube tentou pressioná-lo a fazer musculação para ganhar massa, mas o plano deu errado quando ele decidiu que preferia não jogar futebol se tivesse que passar seus dias na academia.

Sócrates foi procurado novamente quando os diretores perceberam o erro que haviam cometido e, em 1973, ele assinou um contrato preliminar que o vinculava ao clube e permitia algumas liberdades dentro e fora do vestiário. O acordo lhe rendeu o primeiro salário e, ainda que não fosse muita coisa, era mais do que os trocados que seu pai lhe dava. Era uma bem-vinda fonte de renda para um adolescente cujos interesses estavam se expandindo para a música, garotas e cerveja.[19]

Mais tarde, Sócrates ficaria famoso como um dos verdadeiros rebeldes do mundo do esporte, um homem que questionou figuras de autoridade dentro e fora do jogo, como também as regras que sempre existiram nesse meio a respeito de descanso, nutrição e treinamentos. Ele herdou essa rebeldia de seu Raimundo, ou melhor, ele a desenvolveu durante as brigas com o pai. Raimundo e Guiomar eram pessoas tranquilas, que gostavam de uma vida calma. Mas quando chegou à adolescência, Sócrates descobriu como irritá-los. Ele gostava do conflito, constantemente arrumava confusão com os irmãos, em especial com Sóstenes, um ano mais novo, e discutia com o pai.

Em uma obra de referência chamado *Raízes do Brasil*, o sociólogo brasileiro Sérgio Buarque de Holanda descreveu o brasileiro como um "homem cordial". Sua versão de cordialidade, porém, não é exatamente a que se refere a boas maneiras e civilidade, mas deriva da palavra *cor* em latim, ou seja, "coração". O homem cordial é comandado pela emoção. Sócrates se encaixava perfeitamente na descrição. Ele dizia o que pensava e nao se importava com as opiniões dos outros. Adorava ser contraditório, por vezes beligerante, e o prazer que sentia ao se comportar assim funcionou como o incentivo ideal para depois lidar com generais, presidentes de clubes e os gritos de milhões de torcedores.

Seu primeiro grande ato de rebelião aconteceu por volta dos dezesseis anos, quando se preparava para o competitivo vestibular. O curso noturno em que seu pai o matriculou tinha aulas duas vezes por semana, das nove às onze da noite. Depois de dois meses, Sócrates deixou de frequentá-las. Em parte, era uma reação à insistência do pai, mas a atitude também tinha um quê de insurreição adolescente. Sócrates saía de casa com os livros na mochila, mas, em vez de ir para o curso, dedicava-se — como eufemisticamente dizia — a "descobrir o mundo". Ia ao cinema, frequentava bares e lia livros. Acima de tudo, divertia-se com os amigos. Ele fingia que estava estudando e o pai, que tinha um emprego em período integral e outros cinco filhos para cuidar, só descobriu o que estava acontecendo quando Sócrates foi reprovado nos exames para os quais supostamente vinha se preparando.[20]

Seu Raimundo o repreendeu e explicou o quanto era importante ele entrar na universidade. Sócrates era inteligente o suficiente para perceber que, se quisesse realmente ser médico, deveria estudar para isso, e logo se convenceu. Um ano depois, pouco antes de completar dezoito anos, ele prestou o vestibular para cinco universidades e foi aprovado em quatro, com excelentes notas. Milhares de pessoas de todo o Brasil concorreram. Sócrates foi o primeiro colocado na lista da Universidade de São Paulo em Ribeirão Preto (USP-RP) e ficou perto dos melhores nas outras três, nas cidades de Catanduva, Pouso Alegre e Marília. Ele não passou no exame da Santa Casa, em São Paulo, e escolheu a USP-RP para poder ficar perto da família e dos amigos.

Sua vida adulta estava para começar, e com ela viriam novos dilemas, novas responsabilidades, novas paixões. Duas das coisas que lhe dariam mais prazer nos anos seguintes cobrariam um preço cada vez maior. Mas ao entrar na universidade e se juntar ao time principal do Botafogo, a cerveja e as mulheres ainda eram interesses secundários. No começo dos anos 1970, o que tirava seu sono era a batalha por seu futuro. Um debate que o incomodaria durante a maior parte de uma década: futebol *versus* medicina.

CAPÍTULO 2

> O futebol lhe dá um contato com a realidade que outras profissões não oferecem. [...] Porque o futebol é muito democrático. Desde garoto eu estava envolvido com esse jogo, mesmo que nunca estivesse pensando em me tornar profissional. Eu convivia com pessoas de uma situação social diferente, de um nível educacional diferente. Quer dizer, você está ao lado da realidade. Conviver com a realidade, essa foi a experiência que o futebol me permitiu.[1]
>
> Sócrates

Sócrates fez sua estreia profissional em 2 de julho de 1972, quando substituiu o centroavante Hércules num amistoso contra o Nacional Futebol Clube, em Uberaba. O jogo acabou em 0 × 0 e foi tão sem graça que nem mesmo Sócrates se lembra dele como sua primeira atuação. Quando perguntado sobre seu início no Botafogo, ele se lembrou de dois jogos decisivos. O primeiro, contra a Ponte Preta, no verão de 1974, serviu como aviso. Um companheiro passou mal pouco antes do jogo e Sócrates, que estava sentado na arquibancada em Campinas, foi chamado com urgência ao vestiário. Quando chegou lá, sentiu forte cheiro de incenso e viu uma equipe lavando todas as dependências, cheias de velas e galinhas mortas. O jovem

Sócrates não entendeu nada até que lhe explicaram que aquela era uma prática comum em partidas decisivas, para desestabilizar os visitantes.

Foi um desastre. Sócrates estava completamente sem ritmo. "Não peguei na bola e pensei: 'Puta, que merda... Vou ter que melhorar muito, porque assim não vai dar'."[2] Algumas semanas depois, em 6 de fevereiro de 1974, um jogo em casa contra o América de Rio Preto se tornou o primeiro momento definidor de sua carreira. Sócrates, até então, já tinha feito doze jogos pelo clube, a maioria começando como reserva e em amistosos, e estava novamente no banco na partida que o Botafogo precisava vencer para avançar de fase no Campeonato Paulista. Quando o meio-campista Maritaca deslocou o ombro numa queda no primeiro tempo, Sócrates entrou em seu lugar e mostrou que estava pronto para aquele nível de futebol. Seu bom desempenho ajudou o Botafogo a ganhar por 1 × 0. Os torcedores se surpreenderam pela forma como ele assumiu o controle do jogo e liderou o time. Sócrates se lembra de como a partida mudou sua vida.[3]

"Porra, eu estava num sossego aquele dia... Não esperava jogar e aí deu tudo certo. Eu joguei pra cacete. Ali eu tive certeza de que não ia sair do time."[4] Ele estava certo. Foi o início de uma temporada de sonho para o rapaz de vinte anos. Mesmo depois de recuperado, dois meses depois, Maritaca não conseguiu tirar Sócrates do time, que terminou o campeonato em sétimo lugar na primeira divisão do Paulista. Sócrates fez 49 jogos, marcou doze gols e recebeu o troféu Chuteira de Ouro como jogador revelação do ano.

Sócrates jogava em qualquer posição do meio de campo e do ataque, às vezes aparecendo na ponta esquerda e até como meio-campista defensivo. Sua função principal era criar chances para os atacantes, e aqueles primeiros meses de 1974 foram memoráveis principalmente pela parceria fatal que ele formou com Geraldão, o agitado centroavante do Botafogo.

Com Maritaca ainda no time, Sócrates não havia jogado nas primeiras oito rodadas da temporada e Geraldão não tinha marcado nenhum gol. Mas com o auxílio do novo companheiro, Geraldão encontrou sua melhor forma, fazendo 23 gols e se transformando em artilheiro do campeonato.[5]

Geraldão foi para o Corinthians em 1975, mas não conseguiu repetir o desempenho, o que levou alguns torcedores a brincar dizendo que o clube tinha contratado a flecha, mas havia esquecido o arco. Sua saída do Botafogo, entretanto, permitiu que Sócrates passasse a cumprir um papel mais ofensivo, mesmo que sua posição exata nunca tenha ficado clara. Nessa época, ele usou o número 8 numa formação em 4-4-2, e foi escalado principalmente como ponta de lança — posição entre o meio de campo e o ataque —, normalmente do lado direito do campo. Às vezes, jogava como meia-armador, um pouco mais recuado, e também fez aparições como centroavante.

Independentemente da função, Sócrates queria a bola nos pés, e quando tinha tempo e espaço, fazia mais estragos. Todos viam como ele era diferente, e não por causa de seu peculiar tipo físico, muito alongado, com braços telescópicos e pernas bastante compridas que pareciam ainda mais longas por causa dos calções justos usados na época. Sócrates tinha uma aura, um quê de celestial que as pessoas podiam notar, mas não eram capazes de descrever.

"O que me chamou atenção nele não foi só a técnica, a habilidade, a inteligência, o posicionamento, a versatilidade — porque ele podia jogar como volante, armador, meia, ponta de lança, como centroavante, jogava naquelas três posições no meio, mas, sim, a sensação de que ele trabalhava numa frequência diferente dos demais, entende?", disse Alberto Helena Júnior, colunista do *Jornal da Tarde* e um dos primeiros jornalistas de fora de Ribeirão Preto a escrever sobre Sócrates. "Ele não era um jogador de habilidade extraordinária, não era um grande chutador, enfim, ele não tinha uma característica técnica mais marcante. Por exemplo, o Gérson era um lançador, o Jairzinho era corredor, velocista, enfim, cada um tinha uma característica, mas ele tinha essa coisa, trabalhava numa outra frequência, num padrão próprio, diferente dos demais, mesmo dos grandes craques. E isso foi me entusiasmando."[6]

Sócrates adorava jogar futebol, mas sua paixão era a medicina. O Brasil tinha vencido três das quatro Copas do Mundo anteriores e os brasileiros se viam como os verdadeiros expoentes do jogo. A Grã-Bretanha era o berço do futebol, mas eram os brasileiros que jogavam como se devia jogar e o esporte estava firmemente enraizado na cultura nacional. No entanto, o futebol ainda era muito associado às classes mais baixas e seu Raimundo insistia tanto para que Sócrates cursasse o ensino superior que, mesmo com aparições regulares no Botafogo, ele nunca considerou o futebol mais que um passatempo, algo para fazer quando sua cabeça não estivesse nos livros.

Sócrates se matriculou na USP-RP em fevereiro de 1972 e seus estudos continuaram a ser prioridade em relação aos treinamentos. Mesmo depois de renovar o contrato, no começo de 1974, ele deixou claro que o futebol ainda estava atrás da ginecologia, da ortopedia e da neurociência na sua lista de coisas a fazer. Informou ao clube que tentaria acomodar os treinamentos em sua rotina na universidade, e faria todo o possível para se apresentar para jogar. Mas, na verdade, ele fazia poucos esforços para comparecer às sessões de treinos, a não ser quando se tratava de exercícios de ataque contra defesa ou jogos-treinos entre titulares e reservas. Sócrates odiava qualquer coisa que não envolvesse o ato de jogar.

O clube não ficou muito satisfeito com a situação, mas sabia que não existia alternativa e não queria perder sua estrela.

Os professores de Sócrates, na maioria torcedores e presenças frequentes no estádio do Botafogo, ocasionalmente reagendavam aulas ou provas conforme os compromissos do time. Eles entendiam a pressão que Sócrates enfrentava e colaboravam com ele. Amigos e outros colegas também lhe passavam anotações quando ele perdia alguma aula e o ajudavam nos estudos.

Durante o primeiro ano na universidade, as aulas foram realizadas na faculdade do Hospital das Clínicas, o melhor hospital público de Ribeirão Preto. Eram quatro aulas por dia: duas pela manhã, das 8h às 12h, e duas à tarde, entre 14h e 18h. Sócrates se sentava no fundo da sala, onde era mais fácil manter a cabeça baixa e não ser notado, e tomava notas com uma caligrafia digna das mais ilegíveis receitas médicas.

"Alguns professores pegavam no pé de alguns alunos, pressionavam e chegavam a xingá-los, mas isso nunca acontecia com o Sócrates. As exigências em relação a ele eram um pouco diferentes das que eram esperadas de outros estudantes", relembrou o colega e amigo, dr. Said Miguel.

"Sócrates era muito inteligente, tinha memória de elefante e quase nunca estudava. Ele conseguiu terminar o curso porque frequentava as repúblicas. Eram muitas, incluindo a minha, e ele chegava na véspera das provas e escutava a gente estudando, conversando, debatendo — e ele absorvia tudo. Os professores o adoravam e o ajudavam, e com isso ele conseguia passar, mesmo que raspando. Ele passava com notas cinco ou seis, mas passava. E terminou o curso sem repetir nenhuma matéria."[7]

No Botafogo, a semana era dividida em duas, pois os jogos normalmente aconteciam no domingo à tarde e na quarta-feira à noite. Os jogadores tinham folga na segunda-feira depois da partida de domingo, treinavam a parte física na manhã de terça, e, à tarde, faziam um treino coletivo de preparação para o jogo seguinte. Nas noites de terça, os jogadores ficavam na concentração, isolados. A quinta-feira era de folga, na sexta e no sábado se repetia a programação da terça, e no sábado à noite eles estavam de volta à concentração. No caso do Botafogo, era um rancho convertido em hotel, para que os jogadores pudessem descansar na véspera dos jogos.

Sócrates quase sempre faltava às sessões matinais por causa das aulas, e também não era presença frequente nas sessões vespertinas. Às vezes, aparecia à noite para algum trabalho individual, mas raramente via seus companheiros quando não era dia de jogo ou na concentração, onde ele estudava e jogava cartas. Quando estava no clube à noite, normalmente era para correr uma volta ao redor do campo, só para dizer ao técnico que fez alguma coisa.

Os outros jogadores logo se acostumaram àquela rotina pouco usual e havia pouca contrariedade quanto ao tratamento privilegiado. Quando viam o que Sócrates era capaz de fazer no campo — e ganhavam bichos por vitórias graças a ele —, qualquer possibilidade de reclamação logo perdia força.

"A gente sabia que ele recebia tratamento especial, mas o importante era o que ele fazia no jogo", disse o zagueiro Ney. "Ele recebia esse tratamento especial por um motivo: era o melhor jogador e ganhava os jogos. Dois ou três jogadores falaram com o seu Jorge Vieira, e ele respondeu: 'Sócrates ganha jogos. Melhor não treinar e ganhar jogos do que treinar e não fazer nada no dia do jogo'. Ou ele dizia: 'Vai estudar também e você vai receber o mesmo tratamento'."[8]

Os problemas de peso e falta de massa muscular de Sócrates sempre foram exacerbados por seu curioso desinteresse por comida. Ele gostava de beber, mas virava o nariz para as refeições. Pesava 81 quilos, muito pouco para alguém que media 1,93m. Em casa ou em bares, beliscava aperitivos ou roubava garfadas dos pratos das outras pessoas. Mulheres e mães de amigos cozinhavam refeições para o grupo todo, mas ele pouco tocava na comida. Bebia o que estivesse disponível, mas nunca comia o prato todo. Sua mãe contou que ele tomava copos e copos de suco natural, mas raramente comia as frutas, porque, como se brincava em família, tinha preguiça do trabalho de descascá-las e mastigá-las.[9]

Sócrates sempre foi magro — seu pai, ironicamente, o chamava de "gordo", mas seus amigos o conheciam como Magrão —, entretanto, sua relutância em ganhar massa o tornava ainda mais vulnerável aos defensores adversários e à exaustão física. Ele perdia tanto peso durante os jogos que voltava para o vestiário seriamente desidratado. Mesmo considerando seu reduzido regime de treinos, o dia seguinte às partidas era dedicado a massagens, com os fisioterapeutas tentando injetar um pouco de vida em seus frágeis e doloridos músculos. Quando Sócrates extraiu as amígdalas e ficou uma semana sem conseguir comer nada sólido, seu peso caiu para 68 quilos e ele quase desmaiou nos jogos seguintes, por causa da baixa resistência.

Sócrates estimou que seus níveis físicos eram 30% ou 40% mais baixos que os dos outros jogadores, e seus companheiros sabiam que tinham de compensar sua falta de energia, especialmente quando os jogos se tornavam mais cansativos. Ele ganhou a reputação de jogador de primeiro tempo, e frequentemente pedia a companheiros que lhe dessem cobertura quando a fadiga se instalava. Mas mesmo caindo de produção sensivelmente no segundo tempo dos jogos, ele raramente era substituído porque podia decidir a partida com um de seus passes perfeitos.

O clube tentou fazê-lo aperfeiçoar a forma, mas ele resistia heroicamente a qualquer tipo de treino com pesos ou exercícios físicos. Mesmo quando as tentativas não envolviam treinamentos muito exigentes, ele encontrava um jeito de recusar, porque não gostava de receber ordens e porque as alternativas eram sempre mais atraentes.

"Ele estava bem abaixo do peso porque fumava muito e bebia", contou o veterano massagista e preparador físico do

Botafogo, João Sebinho. "E naquela época a gente fazia Frutoplex na veia, uma vitamina para ganhar peso. Nós tínhamos uma semana de folga. Eu morava perto do estádio. Ele tinha um Opala e ficou de vir todos os dias à tarde: entre 15h e 15h30 ele vinha. Aí, ele me ligava — naquela época não tinha celular, só tinha telefone fixo, então ele me ligava em casa e eu descia pra dar a injeção nele. Nesse dia, eu demorei pra descer e ele começou a buzinar. Eu falei pra minha mulher: 'Esse aí é o Sócrates. Ele não vai querer tomar injeção'. Eu fui lá, abri o portão e ele falou: 'Não tem Frutoplex hoje'. Estava com duas sacolas cheias, com latinhas de cerveja, salaminho, muçarela, presunto, aquela quantidade toda. Nós ficamos lá na escadaria até as 18h tomando cerveja. Só nós dois."[10]

"Nos nossos passes, nossos dribles e nossos floreios com a bola, há alguma coisa de dança e de capoeira, que arredonda e às vezes adoça o jogo inventado pelos ingleses e por eles jogado de forma tão angulosa. O nosso futebol, com a criatividade e a alegria, é uma expressão de nossa formação social, democrática e rebelde a excessos de ordenação interna e externa, a excessos de uniformização, de geometrização, de estandardização, a totalitarismos que façam desaparecer a variação individual ou espontaneidade pessoal. O futebol no Brasil se fez marcar por um gosto de flexão, de surpresa que lembra passos de dança e que permite o improviso, a diversidade e a espontaneidade individual."[11]

Sócrates escreveu essas palavras em 2010, quase quatro décadas depois de impressionar o Brasil pela primeira vez com um movimento que resumia o amor do país pela diversidade e pela espontaneidade pessoal. O toque de calcanhar, desenvolvido durante a transição do futebol de salão para o futebol de campo, o fez famoso. Como muitos jovens brasileiros, Sócrates aperfeiçoou suas habilidades com uma bola menor e mais pesada.

O futebol de salão, ou futsal, era mais adequado para garotos, especialmente em Ribeirão Preto, por ser jogado numa quadra pequena e protegida do sol forte.

O jovem Sócrates se diferenciava graças a seus dribles e seu controle de bola, mas não tardou a perceber que essas habilidades eram de pouca utilidade num campo grande, contra defensores bem mais fortes. No amplo gramado, ele não tinha a velocidade ou a energia para ir muito longe. E os adversários, mesmo quando eram superados, dispunham de espaço para persegui-lo e tentar desarmá-lo pela segunda ou até pela terceira vez. Sócrates logo passou, então, a executar um jogo de toques de primeira no qual a bola era quem mais corria.

Outros motivos para jogar dessa maneira eram seus pés pequenos e a pouca massa muscular. Os pés tamanho 41 ofereciam uma base reduzida para as manobras de um corpo alongado, e ele tinha dificuldades para girar com rapidez. Sócrates aprendeu que soltar a bola com um toque curto mantinha a jogada em evolução e evitava que ele fosse atingido pelos rivais.

"Quando cheguei ao time principal do Botafogo, eu era um antiatleta", disse Sócrates. "Minha realidade física era muito distinta da dos adversários. Eu comecei jogando contra garotos, depois passei a enfrentar gente grande e bem preparada fisicamente. Minha sobrevivência dependia do desenvolvimento de uma técnica alternativa, diferente daquela a que as pessoas estavam habituadas. Comecei a jogar dando só um toque na bola, recebia e passava, porque não podia ter contato físico, eu não tinha estrutura muscular para isso, era muito alto e magro. [...] O que pudesse usar eu usava para dar apenas um toque — bunda, joelho, cotovelo e o que acabou por me caracterizar, o calcanhar. Era um processo de sobrevivência. Foi uma solução minha. Passei a me aprimorar. A sensação que eu tinha era a de não poder errar nenhum passe, porque eu tinha total incapacidade física para enfrentar o contato."[12]

Ele usava o calcanhar sempre que podia, embora a coisa toda fosse um pouco mais complexa. Era mais do que apenas um toque na bola com a parte de trás do pé. Como ninguém, antes ou depois dele, Sócrates usava todas as partes de seus pés para passar a bola. Usava o calcanhar para bater de voleio, para tocar a bola de lado e para fazer passes de vinte metros que rasgavam a defesa, e frequentemente pisava na bola e a rolava para companheiros atrás ou à frente dele.

O calcanhar se tornou sua marca registrada e o estabeleceu como um dos jogadores mais originais e fascinantes da época. Os torcedores vibravam com o que parecia ser uma maneira de se exibir, mas os passes quase sempre tinham um propósito prático. Ele era um jogador pragmático que tocava de calcanhar com um objetivo claro, não para chamar atenção. Segundo Zico, o calcanhar deu a Sócrates uma dimensão da qual os adversários não dispunham e os zagueiros não sabiam se defender. Pelé disse que ele jogava melhor de costas para o gol do que muitos jogadores quando estavam de frente.

"Nunca vimos ninguém jogar desse jeito antes. Os jogadores que o marcavam ficavam confusos. Iam para um lado e, de repente, a bola estava atrás deles", contou Geraldão. "Os defensores rivais não sabiam o que estava acontecendo quando jogavam contra ele".[13]

Outros companheiros disseram que a imprevisibilidade de Sócrates também os fez melhores, porque eles precisavam pensar nas opções disponíveis quando tinham a posse da bola. "Sócrates era muito imprevisível, ele antecipava tudo, e o parceiro dele no jogo precisava entender o seu pensamento com rapidez", disse Casagrande, centroavante que se tornou amigo íntimo de Sócrates quando os dois jogaram juntos no Corinthians. "É até engraçado falar, mas as jogadas dele eram tão elaboradas, às vezes complexas mesmo, que podiam acabar ferrando o centroavante. Quando ele pegava na bola, a gente não sabia o que ia acontecer.

Se você marcasse bobeira e não acompanhasse minimamente o pensamento dele, ia ficar perdido e acabar desmoralizado. Porque ia correr toda hora para o lado errado. Nesse sentido, é mais cômodo atuar com um jogador comum, porque a gente sabe exatamente o que se pode esperar dele. [...] Eu precisava ter na cabeça várias hipóteses que podiam se concretizar com a genialidade do Sócrates. Eu não era gênio nem o craque que ele foi, mas tinha características de jogador que completavam as dele, além de ser inteligente jogando. Eu ocupava o espaço vazio no momento certo e, quando um companheiro pegava a bola, já imaginava três ou quatro possibilidades do que ele poderia fazer."[14]

Muito tempo depois de se aposentar do futebol e alternar empregos e esposas, um amigo perguntou a Sócrates o que ele queria da vida. "Eu quero encontrar a felicidade", foi a resposta. "E a felicidade das outras pessoas?", o amigo insistiu. "Eu não me importo com a felicidade dos outros", Sócrates respondeu. "O meu dever é buscar a minha."

Sócrates tinha dezesseis anos quando encontrou a felicidade pela primeira vez com Regina Cecilio, uma aluna do ano abaixo do dele na escola e praticamente sua vizinha também. A casa dos pais de Regina, na avenida Presidente Vargas, ficava atrás da residência de Sócrates, do outro lado do quarteirão. E quando ele se apaixonou por ela, não tentou esconder de ninguém. Enquanto a maioria dos adolescentes lidava com o amor com algum constrangimento, Sócrates o recebeu com os braços abertos. Mesmo depois de terminar o ensino médio e passar a estudar à noite, todas as manhãs, às 7h, ele estava acordado e de banho tomado, esperando na porta da casa de Regina para acompanhá-la até a escola.[15]

Sóstenes, seu irmão mais novo, os apresentou no carnaval de 1970. Eles se deram bem e Sócrates impressionou a jovem ao subir no palco, tomar o microfone do cantor e interpretar uma canção com uma das piores vozes que ela já tinha ouvido. Nada aconteceu naquele primeiro encontro, mas quando se viram casualmente alguns meses depois, Sócrates a convidou para sair e um encontro oficial confirmou a conexão entre os dois.

O casal esteve sempre junto durante os primeiros anos da década de 1970 e o relacionamento se consumou graças a uma noite de ginástica rítmica no Fusca usado de Sócrates. Se para ele já era difícil entrar no carro para dirigir, imagine fazer sexo. Mas eles conseguiram; e, quando Regina ficou grávida, em setembro de 1974, o badalar dos sinos, anunciando o casamento, não demorou a ser ouvido. Três dias após o Natal, Sócrates acompanhou sua noiva até o altar, trajando smoking e gravata-borboleta, com uma faixa de campeão acrescentada na sessão de fotos que se seguiu. Até então, a união em matrimônio nunca tinha sido discutida, mas deixar sua namorada criar o filho sozinha não era uma opção e Sócrates iniciou, ao lado de Regina, uma feliz — e não planejada — nova vida.

Eles ainda eram estudantes e tinham alguma dificuldade para pagar as contas com o salário de Sócrates no Botafogo, mas recebiam ajuda de suas famílias, especialmente do pai de Regina, que contava com um bom emprego em um banco. Fausi Cecilio tinha algumas propriedades em seu nome e emprestou uma de suas casas a Regina e Sócrates, assim o casal se mudou um pouco antes da chegada do filho Rodrigo, em 1975.

Em muitos aspectos, Regina era totalmente diferente de seu marido. Estudante de matemática que cresceu como filha única em uma boa família, era pacata e de modos tradicionais. Enquanto Sócrates passava todo o tempo na rua, Regina era mais feliz em casa, levando uma vida calma no ambiente familiar. Ela rapidamente se adaptou ao papel de esposa e mãe ao lado do homem que chamava de "Cratêis".

Eles talvez não tivessem se casado se Regina não engravidasse, mas o início de sua vida juntos foi feliz. Regina era o porto seguro de Sócrates. Ela o mantinha tranquilo e cuidava de suas inquietudes. Era excelente mãe e sua firmeza com as coisas da família permitia que ele se concentrasse nos estudos e no futebol. Eles ajudavam um ao outro, respeitavam o espaço de cada um e Regina era muito parecida com a mãe de Sócrates, discreta e equilibrada — satisfeita por cumprir um papel tradicional em casa.

Se as mulheres na vida de Sócrates eram discretas, os homens nem tanto. Seu pai era determinado e reservado, mas era uma dessas pessoas que enlouqueciam quando se tratava de futebol. Seu Raimundo não era o torcedor mais conhecido do Botafogo, mas, definitivamente, podia se converter em um daqueles fanáticos que passam a ser chamados de "figuras" no meio da torcida. Seus gritos de encorajamento e as ofensas que proferia — em boa parte direcionadas ao filho — divertiam as pessoas que estavam por perto quase tanto quanto o jogo. Às vezes até mais.[16]

Em 1968, o Botafogo tinha se mudado da Vila Tibério para um novo estádio chamado Santa Cruz. O estádio foi construído numa colina na parte sul da cidade e tinha arquibancadas descobertas em três lados. A parte construída em alvenaria era pintada com as cores do clube: vermelho, branco e preto. A outra parte era pura terra. Na parte baixa da colina havia um enorme setor coberto, cujo objetivo era proteger os donos das cadeiras, mais do sol do que das tempestades diárias durante as temporadas de chuva. O teto de metal fazia uma sombra que ia cobrindo o gramado vagarosamente durante a tarde, e Sócrates costumava procurá-la como se fosse um pedaço de metal se aproximando de um ímã. Ele nunca fazia esforços quando podia evitá-los, e durante os jogos passava mais e mais tempo perto da linha lateral. Nas cadeiras, o pai de Sócrates assistia a tudo com crescente irritação.

"Sai da sombra, número oito!", ele gritava. "Gordo! Sai da sombra!"

Seu Raimundo ia ver o filho jogar sempre que podia. O velho gritava e gesticulava com as mesmas doses de energia e paixão que o técnico à beira do campo. O pai de Sócrates era um crítico ácido e seu filho não recebia tratamento especial. Um domingo, ele abusou tanto de Sócrates que um pequeno grupo de torcedores ameaçou lhe dar uma surra. Sócrates era a estrela do time do Botafogo e os torcedores mais devotados não queriam que ele deixasse o clube por causa de um crítico mais exaltado. Aproximaram-se de seu Raimundo com intenções ameaçadoras e, se não fosse a intervenção de amigos que estavam próximos, o pai de Sócrates não teria se livrado da enrascada. "Mas Sócrates é meu filho", ele se queixou tentando evitar o incidente.[17]

A fama de Sócrates cresceu em 1974 e ao longo de 1975, sua primeira temporada completa, mas ele continuava sendo uma espécie de *outsider*, cujas peculiaridades intrigavam os companheiros mais velhos. Só aparecia em dias de jogos e se sentava calado no canto do vestiário — às vezes, com livros ou anotações de estudo — quase sempre absorto. Sua aparência era diferente; o rosto era todo marcado por cicatrizes das acnes da adolescência, e ele mantinha uma incontrolável juba de cabelos pretos. Soava diferente, também, por causa do vocabulário mais amplo oferecido pelo ambiente universitário. Mas quando tinha coragem para falar, ele só murmurava. Sócrates era contraditório, erudito e educado, mas simples e com os pés no chão, e seus companheiros não sabiam como lidar com ele.

Dentro do campo, entretanto, as coisas eram diferentes, e ele parecia crescer em confiança no momento em que saía do vestiário. O futebol de Sócrates melhorou pouco a pouco enquanto o Botafogo se estabelecia firmemente na primeira divisão do Campeonato Paulista, e clubes de São Paulo e do Rio de Janeiro começaram a se interessar por ele. A *Folha de S.Paulo*, um dos maiores jornais do Brasil, escreveu o primeiro artigo a respeito dele em outubro de 1975 e o Palmeiras manifestou o desejo de contratá-lo, mas ouviu que a possibilidade estava fora de cogitação enquanto Sócrates não se formasse na universidade.

A atenção não era surpresa para Sócrates, que sempre havia se destacado por causa do futebol. Fosse jogando contra jovens como ele nos campos de Ribeirão Preto ou enfrentando trabalhadores com o triplo de sua idade em fazendas de cana-de-açúcar nas redondezas da cidade, sabia que as pessoas falavam sobre ele. No time júnior do Botafogo e depois na equipe profissional, a atenção aumentou com os elogios de jornais e emissoras de rádio locais, sempre fazendo previsões de um grande futuro para a jovem revelação. A imprensa local o elegeu o jogador do ano em Ribeirão Preto em 1974, 1975, 1976 e 1977.

Toda essa proeminência significava um problema, mas também uma oportunidade para alguém tão tímido. Sócrates havia desenvolvido um senso de autoconfiança que advinha não só do futebol como da escola e da universidade, onde seu desempenho lhe valia elogios permanentes. Mas se tinha consciência de que merecia os aplausos, ele era modesto e tímido demais para manifestar isso. Não gostava de falar sobre futebol porque sabia que isso traria mais responsabilidade e mais exigências. Minimizar as expectativas para evitar a pressão e ao final corresponder a elas foi uma tática que Sócrates utilizou durante toda a vida.

Por outro lado, o novo tipo de atenção que recebia lhe dava mais segurança e o ajudava a enfrentar um mundo que se interessava cada vez mais por sua vida. Mas não era só isso que o ajudava a sair de sua própria casca. Ele já tinha encontrado outra colaboradora infalível. No início, Sócrates relutou em admitir o quanto precisava dela, mas enquanto sua confiança crescia e seu lugar de destaque no Botafogo se consolidava, ele tomou a decisão consciente de reconhecer a verdade: adorava beber e não mais esconderia isso de ninguém.

CAPÍTULO 3

Nossa família é tímida e introspectiva,
e o Magrão contornava isso com cerveja.
Ele era uma pessoa diferente quando
bebia. A bebida, para ele, funcionava como
antídoto à má disposição, à introspecção
excessiva e à rabugice. A cerveja era
como remédio para ele. Libertária.
Raimundo, irmão de Sócrates

Sócrates caminhava lentamente para o treino do Botafogo, como fazia todos os dias, com sua sacola nas mãos e a cabeça nas nuvens. Não havia muitas pessoas no local, mas o diretor Hamilton Mortari imediatamente notou seu principal jogador chegando. Mortari tinha sido informado sobre a escapada de Sócrates na noite anterior, em que uma esticada num bar da cidade se transformou num incidente. Logo ao ver Sócrates, ele se aproximou.

"Sócrates, quero falar com você", gritou Mortari. "Na minha sala." Sócrates olhou para ele e respondeu com sua postura característica: "Você não precisa falar comigo na sua sala. Já sei o que você quer", disse. "E eu quero deixar bem claro pra você. Eu tenho vinte anos. A vida é minha e eu faço o que quiser. Eu tenho um compromisso com o Botafogo da porta pra dentro. Da porta pra fora, a vida é minha. E sabe por quê? Senão eu paro."[1]

Sócrates continuou andando na direção do vestiário, deixando o diretor, estupefato, para trás. Ele tinha manifestado claramente sua posição: não havia problema nenhum com ordens relacionadas ao futebol, mas ninguém diria a ele como viver sua vida.

Sócrates começou a beber aos treze anos, e bebia por uma razão principal. Sem o álcool em seu sistema, era tímido e reservado, um jovem que ficava quieto, à margem das conversas, secretamente desejando se envolver. O álcool lubrificava suas cordas vocais e, quando Sócrates bebia, seu papo — divertido, inteligente e sarcástico — era tão memorável quanto seu futebol.

Não era incomum que jovens começassem a beber tão cedo, porque, em Ribeirão, tomava-se cerveja como se fosse água. Com as altas temperaturas — especialmente no verão, mas até mesmo no inverno —, era uma maneira de as pessoas se refrescarem. A cerveja, leve e clara, era consumida diretamente do congelador, com temperatura negativa, e Sócrates, como quase todas as pessoas na cidade, jurava que beber de manhã até de noite era a única forma de se manter hidratado.

Sua vida em casa era outro fator significativo. Seu Raimundo era conhecido na cidade graças à sua importante posição profissional, e os migrantes chegando do Pará e do Ceará o visitavam em casa aos fins de semana para homenageá-lo. O velho era sério em relação a muitos assuntos, mas adorava socializar e, como seu primeiro filho, ficava mais solto quando bebia. Os fins de semana na casa dos Vieira eram sempre movimentados, e os visitantes do que se chamava carinhosamente de "Embaixada do Ceará" nunca ficavam sem cerveja ou companhia. Os garotos Vieira logo associaram a bebida à diversão e à amizade.

O Sócrates adolescente a princípio bebia de forma moderada, mas logo ficou mais à vontade com os companheiros do time júnior do Botafogo. Eles muitas vezes bebiam até seis ou sete da manhã, corriam para casa para tomar um pouco de leite ou algo que servisse como café da manhã, banhavam-se e iam jogar. Ele sabia que esse comportamento não era aprovado entre os profissionais, mas, ao ganhar confiança em si próprio, não via por que mudar. Com vida social ativa na universidade e noitadas regulares com os colegas de time, não demorou a ganhar fama por causa da quantidade de cerveja que era capaz de ingerir.

Alguns dos jogadores mais experientes do clube se preocupavam com o impacto da bebida em seu futebol e tentaram falar com Sócrates. Maritaca, que era mais maduro e disposto a ajudar, deu-lhe conselhos que entraram por um ouvido e saíram pelo outro. As ideias moralistas de gente como Mortari tinham chance ainda menor de fazer efeito.[2]

A cultura do futebol da época também lhe dava liberdade para se deixar levar. O Botafogo, como a maioria dos clubes brasileiros, tinha um ambiente no qual os jogadores bebiam depois dos jogos e nos dias de folga. As exigências físicas eram muito menores do que nos dias de hoje e muitos dos jogadores conseguiam absorver quantidades significativas de cerveja e de cachaça.

Beber era permitido, desde que os jogadores não perdessem o controle e causassem constrangimentos ao clube. Muitos deles tomavam cerveja após os treinos semanais, e os que mais bebiam reuniam-se depois dos jogos aos domingos ou para churrascos que duravam toda a segunda-feira.

Havia permissão para tomar algumas cervejas no ônibus, na volta de jogos fora de casa, caso tivessem vencido. Na hipótese de derrota, isso não acontecia. Mesmo assim, haveria bebida no ônibus se os jogadores conseguissem algumas cervejas antes de saírem; eles abafariam o barulho da abertura das latinhas tossindo alto ou fingindo espirros.[3]

Sócrates e Zé Bernardes, que era seu colega na faculdade de medicina e no Botafogo, corriam risco ainda maior ao levar cerveja para a concentração. Nos quinze minutos que demoravam para chegar, eles bebiam quantas latas fosse possível para aliviar o tédio de passar a noite com nada além de uma televisão, cartas ou uma mesa de pingue-pongue para entretê-los.

Sócrates nunca bebeu em dias de jogos, mas odiava ficar confinado nos fins de semana longe das bebidas, e logo percebeu que alguns dos jogadores mais velhos do time tinham tomado providências para que os sábados não fossem secos. A cozinheira do clube preparava o jantar e o café da manhã antes de ir embora no final da tarde. Alguns jogadores a convenceram a, secretamente, preparar alguns coquetéis também. Uma ou duas garrafas de batida de cachaça ou vodca ficavam escondidas no freezer, embaixo dos pratos de comida.[4]

Era comum que Sócrates se apresentasse para treinar com sinais de ressaca, mas sua idade ainda lhe permitia escapar ileso e seu estilo de vida boêmio — além de beber, ele também fumava — não afetava sua forma. Os diretores e a comissão técnica se preocupavam com o mau exemplo para os demais, mas ele era tão decisivo dentro de campo, e tão irredutível, que escolheram fingir que não viam nada. Com o tempo, surgiu uma regra dentro do clube para Sócrates e outra que valia para o resto do time.

Isso nunca ficou tão evidente quanto no fim de semana em que o técnico Jorge Vieira pediu a João Sebinho que levasse dois jogadores do Botafogo para representar o clube num casamento importante. Um político local se casaria e Sócrates, junto com o zagueiro Mario, foi à recepção numa noite de sábado, às margens do rio Pardo.

Eles estavam lá fazia poucos minutos quando Sebinho, com uma coca-cola na mão, olhou para o bar e viu Sócrates segurando uma garrafa de uísque. “Magrão, porra...”, disse Sebinho, em uma vã tentativa de fazê-lo mudar de ideia.

“Qual é o problema, Sebinho?”, perguntou Sócrates.

“Eu tenho que ficar de olho em você”, ele respondeu, já temendo o pior. “Você vai me foder.”

“Não!”, disse Sócrates. “Apenas diga o que você viu.”

“Certo. Então pode beber à vontade”, rebateu Sebinho, resignado.

A noite seguiu e Sócrates estava se divertindo, mas os jogadores precisavam descansar. Sebinho os convenceu a ir embora pouco depois de uma da manhã. Quando eles chegaram à concentração, Vieira estava sentado no lobby, esperando.

Sócrates estava claramente embriagado e, quando viu o técnico, abriu os braços e gritou: “Cheeeeeeefe!”.

Vieira olhou para Sebinho e perguntou: “O que aconteceu?” Sebinho deu de ombros. “Eu olhei para ele e disse: ‘Seu Jorge, não precisa nem falar, né?’ E no dia seguinte, o Sócrates marcou dois gols. Não se falou mais no assunto.”[5]

Ninguém estava marcando muitos gols para o Botafogo no começo de 1976. Foram apenas oito tentos nas doze primeiras rodadas — Sócrates tinha feito três —, antes de o torneio sofrer uma pausa no meio de maio para a seleção brasileira jogar sete amistosos.

Quando o campeonato recomeçou, um mês depois, o primeiro jogo do Botafogo era contra a Portuguesa Santista. A Portuguesa, muito distante em termos de desempenho histórico do time mais famoso da cidade de Santos, estava num momento ruim, com cinco derrotas seguidas e saldo negativo de catorze gols. O jogo aconteceu numa tarde de domingo, no estádio Santa Cruz, e foi um evento marcante para Sócrates. Ele colocou o Botafogo à frente aos dezessete minutos e fez outro gol quatro minutos mais tarde, antes de dar passes para os gols de João Marques e Zé Mário. Quatro a zero, antes do intervalo.

Sócrates voltou para o segundo tempo muito inspirado e, depois de Alfredo marcar o quinto, entrou no modo destruição. Marcou mais cinco gols entre os minutos 18 e 42, elevando o placar para 10 × 0. Foi a maior goleada do Campeonato Paulista naquele ano e os sete gols de Sócrates só ficam atrás de uma marca de Pelé — que, em 1964, marcou oito numa vitória do Santos sobre o Botafogo por 11 × 0 — em termos de recorde de gols num mesmo jogo na história do campeonato estadual.

O talento de Sócrates para fazer gols já não era novidade para técnicos e torcedores de São Paulo. Ele foi mencionado pela primeira vez nos jornais do Rio de Janeiro, e os grandes diários paulistas deram a seus correspondentes em Ribeirão Preto o espaço adequado para perfis detalhados do doutor futebolista.

O desempenho também levou a uma nova rodada de consultas por parte de pretendentes mais ilustres. Corinthians, Palmeiras, Portuguesa, Santos e São Paulo entraram em contato para verificar sua disponibilidade, e o Internacional de Porto Alegre se juntou a eles com uma oferta de 2,5 milhões de cruzeiros. Os clubes sabiam que a medicina ainda era a prioridade e alguns incluíam cláusulas específicas sobre esse tema em suas ofertas. O Santos se propôs a providenciar a transferência de Sócrates para um hospital da cidade, enquanto a Portuguesa disse que ele poderia continuar morando em Ribeirão Preto durante a semana e vir a São Paulo nos dias de jogos.

O Botafogo se recusou a cogitar a venda de sua estrela e Sócrates não pensava em deixar a cidade. Gostava da atenção que despertava, mas vivia feliz com a vida que levava. Tinha apenas 22 anos, não sentia falta de sofisticação nem de atrações mais mundanas, e o pensamento de deixar o núcleo da família e dos amigos não era uma perspectiva que o inspirava. Além disso, Sócrates — e seu pai, cuja influência sobre ele permanecia poderosa — ainda enxergava o futebol como um passatempo de importância secundária em relação à medicina. Achava difícil imaginar que não seria médico, muito menos encontrar satisfação por intermédio do futebol.

"Pegar um avião para São Paulo no fim de semana e voltar depois do jogo e ir direto para a faculdade? É muita coisa. Eu prefiro ficar aqui, onde pelo menos tenho tempo de tomar uma cerveja depois do jogo. Depois que me formar, talvez eu pense em ganhar dinheiro e vá para algum clube grande da capital. Mas, mesmo assim, eu não sei se vale a pena. A vida aqui é muito tranquila, sem muita confusão. Ribeirão Preto é uma cidade muito boa para que alguém vá embora dela sem pensar muito. Todo dia vou até minha casa para ver meus pais, sempre vejo meus amigos da faculdade e de infância, às vezes nos reunimos todos na casa de alguém. Hoje seria muito difícil deixar tudo isso para jogar num time grande. Sou meio acomodado para isso."[6]

As boas atuações faziam Sócrates ser cada vez mais citado como futuro jogador de seleção, mas ele ainda tratava o futebol profissional como uma atividade paralela em relação à importância da universidade e da medicina. Raramente falava do futebol com o cuidado devido, e nem mesmo a fama repentina e a perspectiva de uma carreira como verdadeiro esportista o convenciam a rever suas prioridades.

Um exemplo perfeito desse desdém pelo jogo profissional se deu numa noite de quarta-feira, em 1976. Era uma noite cinzenta de julho no estádio do Morumbi, um mês e um dia depois de ele ter ganho as manchetes com os sete gols contra a Portuguesa Santista. O jogo contra o São Paulo terminou em 1 × 1 e era quase meia-noite quando Zé Bernardes saiu do vestiário e encontrou um grupo de amigos da universidade, esperando no estacionamento. A faculdade de medicina tinha um time na Intermed, torneio disputado anualmente entre as universidades do estado de São Paulo; haveria um jogo em Santos naquela noite e os amigos queriam que Zé Bernardes e Sócrates se juntassem a eles. "Zé, nós estamos atrasando o jogo contra a Paulista, em Santos", disse um deles. "Nós precisamos ganhar esse jogo. Vocês não querem ir jogar?"

Zé Bernardes tinha ficado na reserva e estava desesperado para jogar, e foi buscar Sócrates no vestiário. "Magrão, os caras estão aí fora e querem que a gente vá com eles para Santos. Você topa?"

"Claro que topo", disse Sócrates. "Vamos!"

"Como assim, vamos? É melhor avisar o Tiri", disse Zé. "O resto do time está voltando para Ribeirão hoje à noite." Eles foram falar com o técnico do time, Tiri, e, meio que perguntando, meio que avisando, disseram que estavam indo para Santos em vez de voltar para casa com os outros jogadores.

"De jeito nenhum", disse Tiri. "Nós temos jogo no domingo. Eu preciso de vocês dois."

"O caralho!", disse Sócrates, virando-se e correndo para o estacionamento. O motor do furgão já estava ligado, Sócrates jogou sua sacola pela janela e entrou, com Zé Bernardes logo atrás dele.

Eles desceram em alta velocidade pela serra rumo a Santos e, uma hora depois, a pequena quadra de futebol de salão foi à loucura quando Sócrates apareceu com uma lata de cerveja na mão. Os jogos da Intermed eram disputados em ginásios municipais ou de universidades, e centenas de estudantes compareciam para ver seus colegas jogando. Todo mundo conhecia os dois jogadores do Botafogo, e os gritos com o nome de Sócrates tomaram conta do local assim que ele chegou. A USP-RP ganhou por 4 × 0, deixando a torcida ainda mais enlouquecida, e quando soou o apito final, um grupo que tinha dirigido cinco horas desde Ribeirão comemorou virando a noite. Os jogadores pegaram uma carona já com o dia amanhecendo, Sócrates dormindo no banco de trás e Zé Bernardes no da frente. Quando chegaram a Ribeirão Preto, tomaram um banho, comeram alguma coisa e foram direto para a faculdade.

Quando Sócrates apareceu para treinar no Botafogo, naquele mesmo dia, esperava ser repreendido, mas não se preocupava com isso. Realmente acreditava que sua carreira no futebol se encerraria quando se formasse, e jogar com os amigos, diante dos colegas da faculdade, lhe dava muito mais prazer do que atuar por um clube profissional. Para surpresa dele, o técnico agiu como se nada tivesse acontecido.

"Não falaram nada", disse Zé Bernardes. "Você acha que eles iam reclamar do Sócrates?"[7]

O dia da mentira em 1964 não teve graça nenhuma. Durante a madrugada do 1º de abril, tropas motorizadas se deslocaram no Rio de Janeiro para derrubar o presidente de esquerda João Goulart; um Congresso impotente logo capitulou, forçando Goulart a se exilar no Uruguai e marcando o início de uma horrível ditadura que duraria 21 anos e transformaria o Brasil.

Depois de um começo brando, em que tentaram neutralizar os oponentes em vez de assassiná-los, os militares foram gradualmente se tornando mais violentos. Concederam a si mesmos poderes mais amplos e aprovaram uma rígida nova constituição em janeiro de 1967; pouco menos de dois anos depois, antes do Natal de 1968, decretaram no dia 13 de dezembro o Ato Institucional Número 5 (AI-5), dando início ao período mais duro do regime. Com o AI-5, abandonaram qualquer pretensão de legitimidade, fecharam o Congresso e começaram a demitir e aposentar servidores civis que não aprovavam suas ideias, além de pressionar os meios de comunicação de oposição. Acima de tudo, a brutalidade avançou até adotar práticas como sequestro, tortura e assassinato em proporções nunca antes vistas no país.[8]

O período entre 1968 e 1974 ficou conhecido como "os anos de chumbo", coincidindo com a chegada de Sócrates à idade adulta. Embora o envolvimento em política estudantil tenha sido proibido em 1969 e a principal associação de estudantes do país tenha sido banida dois anos depois, a repressão exercida pelos militares não era um segredo na USP-RP. A universidade não constituía um foco de oposição, mas um pequeno grupo de ativistas encontrava formas de transmitir sua mensagem.[9]

Sócrates, entretanto, não se importava. Ele conhecia alguns dos professores e estudantes que tinham sido presos por se manifestar contra a ditadura, e tinha noção de que se opor ao regime poderia cobrar um alto preço. Mais tarde, diria que era de "uma geração alienada, que não tinha informação política, e, além disso, uma geração de medo". É verdade, mas Sócrates também foi honesto ao admitir que se isolou. Com tanta coisa acontecendo em sua vida, ele tomou a decisão consciente de olhar para o outro lado.

"Nós todos sabíamos sobre a repressão, acontecia muita coisa", disse o dr. Said Miguel, um amigo. "Havia um grupo de militantes na universidade. Muita gente da faculdade de medicina foi presa pelos militares por seu ativismo. Muitos professores e estudantes foram presos. Mas nós não podíamos fazer nada. A atmosfera era bem pesada. Havia um grupo mais envolvido com política, mas Sócrates tentava manter distância. Ele só queria viver sua vida e jogar futebol. Sócrates era totalmente desinteressado por política."[10]

Isso ficou evidente em julho de 1976, quando ele deu uma longa entrevista ao jornal *Diário da Manhã*, a primeira vez que falou abertamente sobre assuntos fora do futebol.

Sócrates era um leitor voraz, mas com sua vida girando em torno da universidade e do futebol — recém-casado e com um bebê de um ano em casa —, evidentemente tinha pouco tempo para acompanhar política, e menos ainda para se atualizar sobre o que estava acontecendo no mundo ao seu redor. Ele contou que tinha lido seu homônimo mais famoso e brincava que gostaria de seguir pelo mesmo caminho da filosofia, mas suas opiniões sobre temas não relacionados ao futebol, à saúde pública e à faculdade eram as de um jovem desinformado e indiferente, que acreditava no que os ditadores militares diziam.

Ele admitiu que votou em João Cunha para prefeito de Ribeirão Preto porque era seu amigo — "A maioria da população do país não conhece o que pensam os candidatos. Votam pelo nome, pelo coração e pelo estímulo da publicidade" — e expressou admiração por Mao Tsé-Tung e pelo presidente norte-americano assassinado, John Kennedy. Era contra o controle de natalidade e acreditava que o problema da aceleração demográfica deveria ser abordado com métodos culturais e educacionais, e não com remédios ou DIU. Mas o mais surpreendente era o seu pensamento sobre a censura.

Sócrates protestou contra o Decreto-Lei n. 477, baixado logo após o AI-5, que baniu a possibilidade de qualquer manifestação por parte de professores ou estudantes. Muitas pessoas acusadas de ser contra o governo foram desligadas de centros de estudos, mesmo depois de as principais lideranças estudantis já terem sido presas e torturadas. "A medida preventiva do governo contra elementos mal-intencionados do meio estudantil acabou afetando a totalidade dos estudantes", disse Sócrates. Mesmo assim, em termos gerais, o jovem não se posicionava totalmente contra a censura.

"A censura à imprensa, em termos, é necessária", disse Sócrates. "Mas não deve ser levada até um ponto crítico, porque causa a extinção de iniciativa. E, se a gente for pensar na não existência da censura prévia, ou alguma coisa desse tipo, acredito que as coisas se complicariam para o governo. Aí seria difícil controlar a divulgação dos fatos, em salvaguarda da imagem do governo perante a população. Pessoalmente, acho muito importante o governo manter a boa imagem diante do povo. Aqui está havendo uma transformação desde a Revolução de 1964."

Quando os entrevistadores contestaram seu ponto de vista, ele respondeu: "Pessoalmente acredito que (a censura) é necessária não só no Brasil, como também em outros países que estão em fase de reconstrução governamental".[11]

O uso do termo "revolução" é fundamental para compreender sua visão de mundo. A derrubada de Goulart foi um golpe militar sob todos os aspectos, mas a junta tentou camuflar suas ações batizando-as de "revolução" e a decisão de Sócrates de aceitar esse conto de fadas era um claro sinal de que ele engolia a versão dos generais sobre os eventos.

Havia muitas explicações para essa postura. As escolas da época ensinavam "Educação Moral e Cívica" e "Organização Social e Política do Brasil", disciplinas que tinham o objetivo de doutrinar as jovens mentes em nome do nacionalismo e do governo militar. As crianças eram ensinadas a respeitar Deus e o país acima de tudo e eram avaliadas positivamente caso soubessem cantar o hino nacional. Além da censura estabelecida, o início dos anos 1970 marcou o ponto mais baixo do regime com os decretos destinados a calar a oposição de uma vez por todas.

Outro fator importante era o crescimento da economia. Os militares investiram pesado em infraestrutura e o Brasil cresceu exponencialmente com a abertura de fábricas, a construção de estradas e a expansão da classe média. Pessoas foram do estado de pobreza à condição de comprar televisões, geladeiras e carros. Entre 1968 e 1976, o crescimento anual nunca ficou abaixo dos 5%. Em alguns anos, chegou a 14%.

O ambiente em que Sócrates vivia também contava. Ribeirão Preto era conservadora por natureza, como a maioria das cidades rurais dominadas pela agricultura e rodeadas por proprietários de terras. A cidade crescia rapidamente e já estava na casa de 250 mil pessoas, mas tinha poucos canais de televisão, seis emissoras de rádio e quatro jornais, todos censurados para garantir coberturas favoráveis ao regime. Sócrates prestava pouca atenção à imprensa, e, quando lia, a mensagem que recebia era filtrada para apresentar os militares da melhor maneira possível.[12]

A explicação mais simples, no entanto, é a de que ele ainda era imaturo. Quando não estava jogando futebol ou estudando, estava paquerando ou tomando cerveja — ou ambos. Tinha noção das desigualdades do Brasil e se incomodava com elas, mas ainda era conservador em questões sociais. Ele se opunha ao controle de natalidade, era "totalmente contra" misturar política e esporte, e dispensava qualquer ideia de que sua formação privilegiada ou educação superior faziam dele um líder no time do Botafogo.

"Não gosto de participar. Nunca fui de tomar partido e de ser líder em nada. Enfim, não gosto de manifestar minhas opiniões a ninguém a não ser no círculo de amizade da minha confiança. Sou muito retraído, então procuro manter minhas opiniões comigo mesmo."

Quando perguntado sobre o que seria da sociedade se ninguém expressasse suas opiniões, ele riu: "Uma coisa eu tenho certeza: poderia nao haver progresso, mas também não haveria guerra".[13]

O único progresso que interessava a Sócrates em meados de 1976 era no Campeonato Paulista. O Botafogo voltou ao seu normal após golear a Portuguesa Santista e se classificou para a fase seguinte do torneio graças ao saldo de gols que construiu.

O time iniciou a sequência do campeonato com um novo técnico, Jorge Vieira, que retornava após um período no Coritiba.

Filho de um bem-sucedido industrial carioca, Vieira não chegou a ser jogador profissional e iniciou sua carreira de treinador com vinte e poucos anos. Aos 26, conquistou seu primeiro troféu, quando conduziu o América ao título do Campeonato Carioca. Depois de deixar o América, ele passou dez anos entre o Brasil e Portugal, invariavelmente incutindo em suas equipes a crença de que poderiam ter desempenho superior às próprias expectativas. Levou o desprestigiado Galícia ao primeiro título baiano em 25 anos, foi campeão estadual com o Bahia e com o Coritiba, e, em 1974, dirigiu a melhor campanha do América-MG na primeira divisão do Campeonato Brasileiro. Vieira passou a segunda metade de 1975 no Botafogo e retornou um ano depois com a promessa de que teria a chance de lutar por títulos.

Sócrates sabia que tinha muito a aprender e que técnicos experientes como Jorge Vieira eram vitais para seu amadurecimento como jogador. Mas a abordagem autoritária de Vieira era exatamente o tipo de atitude que o levava a questionar se o futebol realmente valia a pena.

Vieira ficou famoso por ter dito que muitos jogadores precisavam ser tratados como crianças e reuniu o elenco no primeiro dia para avisar que a palavra final seria sempre dele. Ninguém teria tratamento especial, Vieira disse ao grupo ao explicar os planos de construir um time que pudesse competir bem no Campeonato Brasileiro. Acreditando que a mensagem era endereçada diretamente a ele e a seus privilégios de estudante, Sócrates deliberadamente se virou e começou a se distanciar.

Vieira o trouxe de volta e o abraçou. Era um disciplinador, mas não era insensato. Sabia que não poderia fazer nada sem o melhor jogador do time e que os torcedores não o perdoariam se forçasse a saída de sua estrela. Ele acalmou Sócrates e garantiu que seu acordo com o clube não seria alterado.

Os dois não chegaram a ser grandes amigos, mas Sócrates desenvolveu muito respeito pelas habilidades motivacionais de

Vieira, qualificando-o como "o único técnico capaz de mudar um jogo no intervalo". Mas ele não ficou muito impressionado quando Vieira insistiu em adiantá-lo para o papel de centroavante. Sócrates fez três gols nos quatro jogos que se seguiram à goleada sobre a Portuguesa Santista, mas não se adaptou às novas ideias de Vieira e passou nove jogos sem marcar. (Seu irmão, Sóstenes, se deu melhor, marcando um gol contra o Jardinópolis, no primeiro jogo de uma curta carreira profissional.)

Sócrates perdeu diversas oportunidades de encerrar o jejum no empate em 0 × 0, em casa, contra o América, no dia 8 de agosto. Estava sentindo claras dificuldades para jogar de costas para o gol. Sua compleição física — aqueles pés pequenos novamente... — dificultava os giros e, quando ele conseguia se desmarcar, sempre havia outro zagueiro para atrapalhá-lo.

A seca de gols significou que Sócrates precisaria marcar no último jogo do campeonato para ficar com o prêmio de artilheiro, e foi exatamente o que aconteceu. Jogando mais recuado, marcou os dois gols da vitória por 2 × 0 sobre o São Bento. O resultado deu ao Botafogo a quarta colocação no Campeonato Paulista, posição bastante respeitável para um time em construção. Eram boas as expectativas para a campanha seguinte, a primeira experiência em um campeonato nacional. Seria um teste para um time pequeno do interior e não se tratava de um campeonato que eles pensavam ter chances de vencer. Já o Paulista era outra conversa. Eles estavam prontos para fazer história.

Aquela quarta colocação era um sinal de uma mudança maior em curso no futebol brasileiro. Desde que Charles Miller trouxe o primeiro livro de regras ao atravessar o Atlântico em 1894, os clubes das grandes cidades sempre haviam dominado o esporte. Essa supremacia começou a se enfraquecer nos anos

1970 e, em nenhum outro lugar, as mudanças foram tão evidentes quanto em São Paulo, o estado mais rico e populoso do Brasil, onde Miller se instalou. O setor agrícola florescente e o fluxo de migrantes vindos de outras partes do Brasil estimularam as cidades do interior, e seus clubes usaram essa força para investir em estádios maiores e manter seus melhores jovens jogadores. O Botafogo se recusou a vender Sócrates e o atacante Zé Mário; a Ponte Preta manteve Carlos, Juninho e Oscar, futuros jogadores de seleção; e o zagueiro Amaral, de estilo clássico, permaneceu no Guarani.

Eles também receberam a ajuda das novas regras e de quem as fazia. A lei que temporariamente aboliu o rebaixamento, em 1969, permitiu que jogassem sem medo de cair de divisão, e a eleição de Alfredo Metidieri, do São Bento, para o cargo de presidente da Federação Paulista de Futebol — o primeiro presidente de um clube pequeno a dirigir a entidade — lhes deu maior influência.

Os efeitos logo ficaram mais claros. O América de São José do Rio Preto terminou em quarto lugar o Campeonato Paulista de 1975, à frente de Corinthians e Palmeiras. O XV de Piracicaba foi vice-campeão em 1976, e a Ponte Preta, que se estabelecia como potência a ser reconhecida, ficou em segundo lugar em 1977. O Guarani, que chegou entre os quatro primeiros do Paulista três vezes entre 1976 e 1979, foi forte o bastante para se destacar em nível nacional, vencendo o Campeonato Brasileiro de 1978 — um feito que nenhum outro time do interior jamais igualou.

O Botafogo desejava muito se juntar a essa nova elite e o presidente do clube, Atílio Benedini, com o suporte de um grupo de diretores ricos que recebeu o apelido de "os homens de ouro", investiu muito para ter sucesso. Seis jogadores foram contratados antes de o Campeonato Brasileiro de 1976 começar no dia 4 de setembro, e, entrosando-se rapidamente, o time perdeu apenas dois de seus primeiros oito jogos — uma sequência que incluiu um 0 × 0, fora de casa, com o Cruzeiro, então campeão da Copa Libertadores — e se classificou para a fase seguinte em primeiro lugar em seu grupo. O Botafogo não diminuiu o ritmo na segunda fase, perdendo apenas uma vez em cinco jogos e empatando em 1 × 1 com o Fluminense, que tinha Rivellino e Carlos Alberto Torres, diante de um público recorde de 44.292 torcedores no estádio Santa Cruz.

A terceira fase, de acordo com Sócrates, era como prestar o vestibular depois de fazer dois cursinhos preparatórios. Mas se o caso fosse esse, o Botafogo não teria sido aprovado. O time perdeu os dois primeiros jogos, contra a Ponte Preta e o eventual campeão, o Internacional, e, embora tenha se recuperado e vencido três das seis últimas partidas, um Sócrates exausto não conseguiu marcar nenhum gol — e a temporada chegou ao fim.

Mesmo assim, encerrar o campeonato em décimo terceiro lugar entre 54 times foi um resultado muito respeitável para a primeira experiência em competição nacional do Botafogo, e ainda mais impressionante para Sócrates, por causa de sua crescente carga horária na universidade. O quinto ano é quando os estudantes de medicina começam a trabalhar com pacientes, e no início de 1976 ele passou a acompanhar médicos e a colaborar em pequenas cirurgias. Isso significava turnos que atravessavam a noite, começando às 19h e terminando doze horas depois.

Seus colegas alteravam suas agendas para que ele estivesse disponível para os jogos, e Sócrates passava metade de suas férias cobrindo alunos que o haviam ajudado no ano anterior. Ainda que nunca tenha deixado de se apresentar para jogar, isso não aconteceu por muito pouco.

Um dos incidentes mais famosos aconteceu quando o Botafogo jogou com o Corinthians, em São Paulo. A partida era à noite e Sócrates tinha aulas até o final da tarde, de modo que um carro do clube o buscou na universidade e o levou até a capital. A viagem durou mais de quatro horas e ele chegou ao Pacaembu minutos antes do apito inicial.[14]

"Você sabe onde é o vestiário?", Sócrates perguntou ao motorista, enquanto o carro se aproximava da belíssima entrada *art déco* do estádio. "Não tenho a menor ideia", ele disse.

"Merda, nem eu", disse Sócrates. "Me deixa aqui que eu entro e me viro."

Sócrates desceu do carro e passou pelos torcedores em direção à entrada. Comprou um ingresso para o jogo e entrou pelo portão principal na praça Charles Miller. Uma vez dentro do estádio, aproximou-se da primeira pessoa que parecia um funcionário.

"Onde é o vestiário?", perguntou.

"O visitante é do outro lado", o homem respondeu.

Sócrates segurou sua mala embaixo do braço e deu a volta no campo o mais rápido que podia. Do outro lado, um segurança estava sentado numa cadeira perto de um portão de metal.

"Você pode me deixar entrar?", pediu, ofegante. "Eu jogo no Botafogo."

O homem olhou para o jovem à sua frente. Ele era magro, mal conseguia respirar depois de correr desde a entrada do estádio e seu cabelo apontava para todas as direções. Estava vestido com um avental branco e segurava uma mala médica na mão. Parecia alguém que tinha escapado de um hospital psiquiátrico. O segurança riu.

Sócrates reclamou, implorou e conseguiu convencê-lo a mandar um recado para chamar o técnico no vestiário do Botafogo. Pouco tempo depois, o técnico Tiri apareceu e Sócrates entrou pelo portão. Os jogadores do Botafogo já estavam esperando no túnel. Sócrates se trocou o mais rápido que pôde e correu para o gramado pouco antes de a partida começar.[15]

Esse é um exemplo extremo, mas situações similares eram usuais. O clube fazia todo o possível para facilitar seus movimentos, até oferecendo o carro com motorista. O suporte foi particularmente importante durante seus últimos dois anos no clube, quando os estágios de medicina em áreas rurais, as provas e os longos turnos no hospital o impediam de viajar com o restante do elenco. Seu status de estrela tinha crescido tanto que clubes pequenos de todo o Brasil pagavam o Botafogo para disputar amistosos com a condição de que Sócrates jogasse. Se ele não estivesse no time para o início do jogo, o valor da cota caía pela metade, de forma que o clube fazia de tudo para que ele aparecesse na hora combinada. Benedini suspeitava que Sócrates, às vezes, abusava desse privilégio para recuperar algumas horas de sono, mas fingia que não se importava porque o clube queria que ele estivesse descansado e precisava dele em campo.

"Quando ele não aparecia, nós mandávamos um carro para procurá-lo em casa e o colocávamos no avião", disse Benedini. "Eu tinha um pequeno avião, monomotor. Era ele e o piloto, e de vez em quando eu ia junto. Outras vezes a gente alugava um avião. Um dos diretores tinha um avião e a gente usava, também pedíamos que grandes torcedores do Botafogo emprestassem seus aviões. Não eram viagens longas, talvez uma hora até Uberaba, Campinas. Acontecia sempre. A gente precisava dele lá porque, se ele não fosse, a cota não era a mesma. Mas valia a pena. Ele tinha muito mais qualidade".[16]

Como se as coisas já não fossem suficientemente complexas, 1977 era o último ano de Sócrates na universidade e sua vida ficou ainda mais complicada por causa do estágio obrigatório em regiões rurais, que o levou para longe de Ribeirão Preto. Pequenas cidades de todo o Brasil precisavam de médicos, e estudantes no último ano de medicina eram enviados, aos pares, para atender nessas localidades. As clínicas eram bem rudimentares, contavam com um carrinho com alguns poucos medicamentos e o equipamento mínimo necessário para medir frequência cardíaca e pressão sanguínea.

Em março, Sócrates passou duas semanas em São Joaquim da Barra, cerca de setenta quilômetros ao norte de Ribeirão Preto. Em outubro, foi até Cássia dos Coqueiros, oitenta quilômetros ao leste da cidade. No segundo período, ele teve a companhia de Said Miguel e morou num anexo da clínica, onde um cozinheiro providenciava comida e necessidades básicas. A chegada de Sócrates para ser o médico local foi o maior acontecimento da história da cidade, e Miguel suspeitava que os pacientes apareciam com problemas imaginários apenas para encontrar o jogador e conseguir seu autógrafo numa receita.

Sócrates adorava aquele papel, participava de eventos locais e fazia amizade com cantores sertanejos que ele visitava à noite ao longo da semana, para tocar violão e cantar. Ele gostava de estar em contato próximo com brasileiros pobres e até apareceu para jogar no time de Cássia dos Coqueiros no confronto anual com o Cajuru, rival local.[17]

Mas a distância praticamente impossibilitava que ele treinasse e, embora Said o cobrisse nos dias de jogos, as viagens eram cansativas, especialmente na segunda metade do ano. Ele também precisava lidar com os exames finais, além de cuidar da esposa e da família. A pesada carga de trabalho influenciou seu desempenho à medida que a temporada evoluía. Ele estava exausto e todos conseguiam perceber isso.

Mas antes de toda essa correria, vieram os agradáveis dias do início de 1977. Sócrates e Jorge Vieira tinham superado suas diferenças iniciais, após o técnico compreender sua importância para o time e concluir que, com Sócrates, uma relação de cumplicidade seria mais produtiva. Vieira implorou para que ele deixasse de fumar e, ao perceber que não adiantaria, tentou o sucesso com caramelos, imaginando que Sócrates fumaria menos se sua boca estivesse ocupada com outras coisas.

Sócrates liderava o time ao lado do imprevisível atacante Zé Mário, e Vieira foi inteligente ao cercá-los de um grupo de jogadores experientes que ainda tinham algo a provar. Entre os contratados durante a segunda metade de 1976 estavam Raimundo Aguilera, goleiro paraguaio que havia tido problemas nos joelhos; Lorico, meio-campista de 37 anos que tinha jogado com Pelé na seleção do exército; e Arlindo, centroavante à moda antiga, com muito faro de gol. Eles se adaptaram bem e o Botafogo estava pronto para tentar o título paulista.

O time adotava uma formação versátil, que se modificava entre o 4-4-2 e o 4-3-3 dependendo da função de Sócrates, como meio-campista ou atacante ortodoxo. O Botafogo levava poucos gols e a velocidade pelos lados do gramado, combinada aos gols e passes precisos de Sócrates, garantia um contra-ataque letal.

Vieira estava convicto de que o time poderia ir longe e o começo da temporada se deu em ritmo muito bom, com cinco vitórias e dois empates nos sete primeiros jogos. Aqueles primeiros seis meses do ano estão entre os mais memoráveis da carreira de Sócrates. Ele jogou em grande estilo contra o Santos em março, marcando dois gols na vitória do Botafogo, fora de casa, de virada. Seu desempenho num raro jogo transmitido pela televisão, incluindo um gol em que ele rolou a bola para a rede com a sola da chuteira, foi brilhante a ponto de Pelé elogiá-lo mais tarde. Alguns jogos depois, um torcedor ergueu uma faixa no Morumbi, declarando: "Sócrates é o novo Pelé".[18]

Seus gols levaram o Botafogo ao topo da classificação na metade da temporada e direto ao *playoff* decisivo da Taça Cidade de São Paulo, o troféu dado ao melhor time do primeiro turno do campeonato. O Botafogo tinha o segundo melhor ataque e a melhor defesa, e um 0 × 0 com o Guarani valeu uma vaga na decisão contra o São Paulo.

Era o maior jogo da história do clube e, embora a final tenha acontecido no estádio do São Paulo, o Botafogo não se sentiu incomodado. O público de mais de 56 mil pessoas — incluindo 15 mil que viajaram de Ribeirão Preto — viu o time visitante exibir um pouco de nervosismo no início, mas logo se recuperar e se mostrar superior ao rival. Sócrates mandou a bola para as redes depois de ganhar uma dividida na intermediária e bater de fora da área, mas o árbitro julgou que ele levantou demais o pé e anulou o lance. O empate em 0 × 0 durou os noventa minutos e houve pouca ação até os segundos finais da prorrogação, quando Waldir Peres defendeu um chute cara a cara de Motoca.

O apito final soou logo depois e um exausto Sócrates levantou os braços e correu para comemorar no meio do campo. A vitória no jogo não veio, mas o triunfo sim. O Botafogo era campeão do primeiro turno do campeonato, o primeiro time do interior a ganhar esse troféu em 75 anos.

"Um técnico que ganha títulos com times grandes, que estão acostumados a chegar às finais, está apenas fazendo seu trabalho", um extasiado Sócrates disse após o jogo. "No Botafogo, um time pequeno do interior, é diferente. Posso dizer que hoje é um dos dias mais felizes da minha vida profissional."

Muito tempo depois de se aposentar, Sócrates foi perguntado sobre em que ponto da carreira jogou seu melhor futebol. A resposta, para a surpresa de alguns, foi o período no Botafogo. No time de Ribeirão Preto, técnica era tudo o que ele tinha. Ele era magro, não tinha força física e nem sempre estava comprometido como deveria. Mas, mesmo assim, era capaz de controlar um jogo de futebol usando apenas seu talento, e isso bastava para que ele e o Botafogo aparecessem no mapa.

"Pô, time pequeno, eu não treinava, eu tinha que jogar pra caralho! Claro que não era o mais regular dos jogadores, eu não estou falando de regularidade. Juntando tudo, técnica, parte física e tal, foi o Campeonato Brasileiro de 1982, sem dúvida. Mas, no Botafogo, eu tinha que jogar muito tecnicamente, tinha que fazer milagre."[19]

Sócrates já tinha manifestado muitas vezes seu desejo de jogar pela seleção brasileira, e ele esperava que as pessoas que dirigiam a CBD reconhecessem seu brilhantismo e lhe dessem a chance de vestir a famosa camisa amarela. O problema era que poucas pessoas fora de Ribeirão Preto, e quase ninguém fora de São Paulo, o haviam visto jogar regularmente. Longe de sua cidade, ele ainda era percebido como uma anomalia ou um fenômeno passageiro, ou ambos. Tinha fãs, mas ainda existiam dirigentes, técnicos e até mesmo jogadores que o viam com desconfiança. Para quem não o conhecia, sua dedicação à medicina, o valor que ele dava à cerveja e aos cigarros, e sua relutância em treinar, comemorar gols ou repetir frases feitas típicas de jogadores, pareciam não apenas falta de profissionalismo, mas falta de interesse. Após ver Sócrates jogar em 1977, o almirante Heleno Nunes, o presidente da CBD, disse que "era melhor ele se dedicar à medicina", porque não tinha futebol nem para jogar na seleção de Ribeirão Preto.

A seleção brasileira era supervisionada por militares, e os dirigentes e técnicos no comando estavam habituados à hierarquia. Mesmo homens sofisticados como Claudio Coutinho e Carlos Alberto Parreira gostavam de jogadores que seguissem ordens, e temiam que Sócrates, que fazia as coisas a seu modo, fosse um exemplo perigoso para os demais. Ele era um rebelde e os homens que dirigiam o futebol não se davam bem com rebeldes.

A mídia, por sua vez, era mais aberta, e muitos membros da imprensa paulista estavam convencidos de que Sócrates seria convocado para a viagem do Brasil aos Estados Unidos em maio de 1976. O técnico Osvaldo Brandão o ignorou naquela ocasião, e ter sido escolhido para jogar na seleção paulista contra a seleção brasileira, em janeiro de 1977, não foi compensação suficiente para ele. Mas se Sócrates achava que seu bom desempenho nesse jogo poderia lhe abrir algumas portas, infelizmente estava enganado.

Sócrates não foi chamado para os quatro jogos de eliminatórias para a Copa do Mundo, em fevereiro e março, e acabou preterido novamente mais tarde, quando a seleção fez oito partidas amistosas em preparação para a rodada seguinte do torneio eliminatório. Quando Zé Mário se tornou o primeiro jogador na história do Botafogo a ser convocado para defender o Brasil em tais partidas, ninguém se surpreendeu, mas a ausência de Sócrates chamou atenção suficiente para que um grande jornal publicasse a seguinte manchete: "Zé Mário convocado, Sócrates não".[20]

As atuações extraordinárias de Sócrates na campanha do título do Botafogo convenceram muitos torcedores de que ele estava pronto para ir à Copa do Mundo da Argentina, mas suas esperanças diminuíram por causa da queda de rendimento no início de 1978. Coutinho já tinha dado um sinal de suas intenções no ano anterior, ao dizer que Sócrates não era um verdadeiro profissional por ainda estar cursando a universidade. Sócrates observou que tinha sido o maior goleador do principal campeonato estadual do país, mesmo treinando pouco e fazendo turnos noturnos no hospital.

Esse argumento, porém, não impressionou os homens que tomavam as decisões e, depois que Heleno Nunes viu o Comercial controlar Sócrates num empate em 1 × 1 em 23 de abril, ele declarou publicamente que se tratava de "uma estrela em declínio". A CBD deixou suas opções em aberto ao incluir Sócrates na lista de quarenta nomes que poderiam ser inscritos no Mundial, mas quando Coutinho escolheu 22 jogadores na véspera do embarque, Sócrates não esteve entre eles. Seu sonho de jogar pelo Brasil numa Copa do Mundo teria de esperar.

A solução, ele concluiu, era se transferir para um grande clube. E foi o que ele fez.

CAPÍTULO 4

> Jogar no Corinthians é como ser convocado para uma guerra irracional e jamais duvidar que ela é a mais importante de todas as que existiram. É ser sempre chamado a pensar como Marx, lutar como Napoleão, rezar como o Dalai-lama, doar a vida a uma causa como Mandela e chorar como uma criança.
>
> Sócrates

Em dezembro de 1977, Alberto Helena Júnior recebeu uma carta que o convidava para a cerimônia de formatura de Sócrates. Nela, havia uma mensagem escrita à mão: "Muito por sua causa, decidi pendurar o diploma e calçar a chuteira".[1]

A nota era um sensível agradecimento pelos artigos que Helena Júnior tinha escrito desde cedo, cruciais para chamar a atenção da imprensa de São Paulo para o surgimento de Sócrates. Mas as palavras não contavam a história de como ele esteve perto de preferir o estetoscópio ao futebol. Durante os quentes meses de dezembro e janeiro, Sócrates suou até escolher que caminho tomar, chegando ao ponto de se candidatar a uma posição de residente num hospital, para então desistir no último minuto, quando assinou um novo contrato com o Botafogo.

O fator que mais pesou em sua decisão foi o mais óbvio, como seu pai sempre observou: ele poderia praticar a medicina depois de ter jogado futebol, mas não poderia jogar futebol depois de ter praticado a medicina. O dinheiro também foi importante. Mesmo numa era em que a distância remuneratória entre futebolistas e outros profissionais não era tão grande, Sócrates ganharia dez vezes mais como jogador do que como um jovem médico, e não teria de fazer turnos de madrugada todos os meses para pagar as contas.

Seus amigos mais próximos sabiam como a decisão era difícil para ele, mas não ficaram em cima do muro: eles — e às vezes parecia que a cidade inteira também, de companheiros a jornalistas e vizinhos — imploraram para que Sócrates não desperdiçasse seu talento.

Sócrates escreveu a Helena Júnior dizendo que tinha escolhido o futebol, mas não estava cem por cento decidido. Dias antes do prazo final para iniciar a residência, os dois estudantes de medicina que jogavam no Botafogo se sentaram num quarto na concentração do time e debateram o dilema de Sócrates.

"Você ainda não me disse o que pensa. Eu devo desistir ou continuar jogando?", Sócrates perguntou a Zé Bernardes, que estava três anos abaixo dele na USP-RP.

"Você tem que continuar", disse o centroavante.

"Porra", disse Sócrates. "Por quê?"

"Porque eu sei que você é um craque e o Brasil não sabe", Bernardes respondeu. "O Brasil tem que conhecer você também."

Sócrates jogou um travesseiro no amigo e se deitou na cama. Em poucos dias, passaria a ser jogador em tempo integral.[2]

Tomada a decisão mais difícil de sua vida, Sócrates sabia que teria de elevar seu jogo se quisesse ter sucesso. Os primeiros meses de 1978 marcaram o primeiro período em que ele treinou todos os dias, e o aumento da carga de trabalho deveria se traduzir em atuações mais robustas. Mas o ano começou de forma decepcionante, com partidas inconsistentes que evidenciaram como ele sentia o peso das exigências do futebol.

O Botafogo perdeu vários dos jogadores que tinham feito do time um adversário tão difícil de derrotar no ano anterior. Aguilera e Mineiro deixaram o clube e Zé Mário sucumbiu tragicamente à leucemia, com apenas 21 anos. O time teve desempenho decente no Campeonato Brasileiro de 1978, que começou em março, apenas três semanas depois de o título de 1977 ter sido decidido. O Botafogo passou, tranquilo, pelas duas primeiras fases, mas ficou em terceiro lugar no estágio seguinte e, como apenas dois times avançavam às quartas de final, o velho hábito de deixar o ritmo cair na fase mais aguda voltou a cobrar seu preço. A classificação final — 13º lugar entre 62 times — aparentemente confirmava que aquele era o limite máximo para o clube.

Apesar de seus problemas, Sócrates fez bem mais do que o suficiente para assegurar a transferência que tanto aspirava, e o clube favorito para contratá-lo era o São Paulo. Ao lado de Palmeiras, Corinthians, Santos e Portuguesa, o São Paulo compunha o grupo dos cinco clubes grandes do estado, e era considerado um dos mais bem dirigidos. O presidente são-paulino trocou um aperto de mãos com seu colega Atílio Benedini no final de 1977, e eles concordaram que o Botafogo daria ao clube da capital a preferência quando Sócrates estivesse pronto para sair. O São Paulo queria um pacote que incluía também o zagueiro Ney, e os dois clubes decidiram que, no momento apropriado, a dupla custaria 7 milhões de cruzeiros e pegaria a rodovia Anhanguera em direção a São Paulo.[3]

Sócrates assinou um novo contrato em fevereiro, com a condição de que o Botafogo o deixasse sair quando o primeiro clube grande quisesse contratá-lo. Sem receber maiores detalhes, ele sabia do acordo de cavalheiros com o São Paulo, mas esperou pacientemente — e em vão — para que o clube fizesse algum movimento.

O Brasil passou a primeira metade de 1978 focado na Copa do Mundo da Argentina, e, quando o torneio terminou, a atenção se voltou para os jogos decisivos da primeira divisão do Campeonato Brasileiro, em que o Guarani bateu o Palmeiras e se tornou o primeiro clube do interior a ganhar a competição. O bom desempenho do Palmeiras justificou o fato de o clube não estar tão interessado em novas contratações, e o Corinthians, que tinha investido fortunas em alguns jogadores nos dois anos anteriores, nunca foi realmente considerado um candidato. O caminho estava aberto para o São Paulo selar o acordo.

Entretanto, o clube da capital tinha de vender jogadores antes de comprar, e esperava receber o dinheiro proveniente da transferência mais comentada do ano, a ida de Chicão para o Corinthians. O clube alvinegro estava atrás do forte meio-campista havia meses e, no começo de agosto, finalmente parecia estar pronto para contratá-lo. Aos 29 anos, jogador da seleção, Chicão sabia que aquela talvez fosse sua última chance de uma negociação lucrativa e queria sua recompensa — receberia 15% do valor do contrato —, além da oportunidade de brilhar em um time que parecia estar a caminho de grandes objetivos. Além disso, seu estilo incansável tinha tudo para agradar a torcida do Corinthians.

Antônio Leme Nunes Galvão, o presidente do São Paulo, conversou com Vicente Matheus, presidente corintiano, para tentar finalizar o acordo. Os dois dirigentes marcaram um almoço no restaurante do Jockey Club, que ficava no nono andar e oferecia uma vista espetacular da cidade. Matheus era um *showman*, famoso pela filosofia simples de vida e por sacadas hilárias, e sua versão do que aconteceu faz parte do folclore do futebol.

Depois de Galvão concordar em vender Chicão ao clube rival, Matheus disse que foi embora do restaurante e determinou a seu irmão, Isidoro, que acertasse os detalhes finais. Mas o velho cartola tinha preparado uma armadilha. Enquanto seu irmão ganhava tempo, Matheus entrou no carro e dirigiu até Ribeirão Preto. Durante todo o tempo, Matheus queria Sócrates e usou Chicão como cortina de fumaça. Quando o São Paulo percebeu o que estava acontecendo, já era tarde. Matheus e Benedini tinham feito um acordo para tornar Sócrates jogador do Corinthians.

A história é boa, mas a realidade é mais prosaica. O técnico do Corinthians à época era contra a contratação de Chicão, porque a transação daria ao São Paulo o dinheiro para comprar Sócrates e Ney, dois jogadores que reforçariam um time rival. José Teixeira tinha assumido o cargo havia menos de um mês e disse a Matheus para esquecer a contratação de Chicão, que ele considerava muito propenso a lesões, e trazer Sócrates. Ele levou Matheus ao Jockey Club e ficou esperando no carro, enquanto o presidente corintiano informava Galvão de que o clube não contrataria mais Chicão. Na manhã seguinte, por insistência de Teixeira, Matheus dirigiu até Ribeirão Preto e contratou Sócrates.[4]

O vice-presidente do Botafogo à época contou uma história similar. Hamilton Mortari disse que quando a negociação por Chicão foi interrompida, o presidente do São Paulo telefonou-lhe para dizer que demoraria mais do que esperava para arrumar os recursos para contratar Sócrates. O Botafogo, que estava precisando de dinheiro, ligou para o Corinthians para saber se havia interesse e, por volta do meio-dia do dia seguinte, Matheus estava no sítio de Mortari para fechar os detalhes.[5]

Matheus não perdeu tempo. Concluiu rapidamente a transação por 5,68 milhões de cruzeiros (300 mil dólares) e, no final da tarde, telefonou para Sócrates e seu pai para discutir — ou melhor, informar — os termos pessoais do contrato de dois anos. Sócrates tinha solicitado a transferência e estava preparado para ir a qualquer lugar, por qualquer preço. Ele recebeu

1,1 milhão de cruzeiros (61 mil dólares) de luvas, mas ingenuamente aceitou a primeira oferta de Matheus com salários de 30 mil cruzeiros (1.667 dólares) por mês no primeiro ano e 45 mil cruzeiros (2.500 dólares) por mês no segundo.

Foi um erro de principiante que custaria caro. O salário era apenas 2.500 cruzeiros (140 dólares) maior do que ele recebia no Botafogo. Sócrates não apenas deixou de considerar o maior custo de vida na capital do estado, como também se esqueceu de que não pagava aluguel para morar em Ribeirão Preto, pois vivia numa casa emprestada por seus sogros, que o ajudavam a pagar as contas.

O desencontro financeiro causaria vários tipos de problemas a ele e ao Corinthians nos meses e anos seguintes, ameaçando continuamente sua permanência no clube.

Na tarde ensolarada de 4 de agosto de 1978, torcedores do Corinthians, ansiosos para ver a nova estrela, aglomeravam-se na entrada do Parque São Jorge, sede e local de treinamentos do clube. O Corinthians mantinha longa tradição de fazer soar uma sirene para anunciar a chegada de uma nova contratação, e quando Sócrates passou pelo portão numa Mercedes branca, o som foi acompanhado por fogos de artifício.

A contratação de Sócrates tinha sido uma grande jogada e os torcedores depositavam muita esperança no jogador que tinham visto se desenvolver e se transformar numa das grandes promessas do país. O caso de amor de Sócrates com o novo clube, porém, começou com indiferença. O Corinthians tinha demonstrado pouco interesse nele e Sócrates havia retribuído na mesma moeda, mas como o garoto pouco atraente que finalmente é convidado a dançar, Sócrates não prestou muita atenção em quem fez o convite.

Para ele, aquela era uma relação de negócios pura e simples. O Corinthians era um empregador como qualquer outro. Ele precisava estar em um clube grande para concretizar sua ambição de jogar pela seleção brasileira e o nome desse clube tinha pouca importância. Perguntado se era torcedor do Corinthians, sua resposta foi tão chocante quanto sincera: "Eu nunca torci para o Corinthians", ele disse aos repórteres que o cercaram em sua primeira entrevista. "Ao contrário, eu era um grande torcedor do Santos."[6]

Tamanha sinceridade era inédita e rapidamente gerou constrangimentos. Sócrates sabia que suas palavras poderiam exaltar alguns ânimos, mas não conseguia deixar de responder com honestidade. A reação dos repórteres o levou a logo esclarecer que sua lealdade agora era destinada ao Corinthians, e ele assegurou que o amor pelo Santos ficara no passado e que daria tudo pelo novo clube.

"Enquanto for jogador profissional, vou me dedicar apenas ao futebol", ele disse. "Quero conseguir tudo o que não consegui durante a época em que estava estudando medicina. O Corinthians e sua torcida vão me ajudar bastante. A partir de hoje, sou corintiano. Mas nem sempre fui corintiano: quando eu era garoto, talvez influenciado por Pelé, era santista. Não vejo a hora de fazer minha estreia. Já conhecia a torcida do Corinthians como adversária, mas estou ansioso para conhecê-la de perto, como um dos seus jogadores. E do Corinthians, quero chegar à seleção brasileira."[7]

Para o Botafogo, por outro lado, o acordo tinha sido desastroso. Um diretor renunciou ao saber da negociação e os torcedores ficaram compreensivelmente desapontados. O presidente Benedini explicou que o clube precisava de dinheiro para terminar a construção do estádio e disse que vender Sócrates era a única forma de conseguir os recursos.

Ele pediu aos torcedores que tivessem paciência por um ano até que o estádio estivesse concluído, e prometeu que voltaria a investir em jogadores. O diretor financeiro do Botafogo, Benedito Sciência, que acompanhou Sócrates a São Paulo, estava indignado. "Nós não queríamos vender o Sócrates, mas o Matheus insistiu. Nós chegamos a oferecer 500 mil cruzeiros (28 mil dólares) para ele voltar para São Paulo e esquecer o Sócrates", disse. "Agora estou aqui e pensando em oferecer um milhão para ele nos devolver o jogador."[8]

Se era verdade ou apenas um jogo de palavras para acalmar a torcida, só Benedito podia dizer. Mas ele estava certo ao avaliar o tamanho da perda de Sócrates para o clube do interior. No curto prazo, sem ele, o time não ganhou nenhum dos nove jogos seguintes e não marcou gol em seis. Vinte e três anos se passariam até que o Botafogo pudesse sonhar com um título paulista novamente.

O Corinthians era um dos maiores times do Brasil, mas durante um bom período não fez jus a seu tamanho. O clube ganhou quinze títulos estaduais entre sua fundação e o ano de 1954, e depois ficou mais de duas décadas sem tocar em outro troféu. O torturante jejum finalmente acabou em outubro de 1977, quando João Roberto Basílio fez o gol vencedor na série em melhor de três jogos contra a Ponte Preta. O alívio não foi enorme apenas para os torcedores; foi uma bênção para Sócrates, recém-chegado a um clube que tinha exorcizado os fantasmas que o haviam assombrado por quase 23 anos. A atmosfera no Parque São Jorge era mais leve e menos exigente do que em qualquer período desde os anos 1950.

Matheus dispensou metade daquele time vencedor alguns meses depois da conquista, para desgosto tanto dos jogadores quanto da torcida. Mas ele evitou qualquer chance de revolta com uma ida às compras em que o atacante Píter, do Goiás, o zagueiro Amaral, do Guarani, e o meio-campista uruguaio Martín Taborda foram contratados.

A chegada de Sócrates foi a mais curiosa de todas, em parte por ter sido tão repentina. Alguns de seus companheiros no Corinthians o conheciam de alguns jogos amistosos ou pelo torneio estadual, mas eles não sabiam bem o que esperar de um jogador que era obviamente diferente.

"Ele foi uma contratação estranha", disse Zé Maria, líder e capitão do time à época. "O Corinthians queria Chicão. A gente sabia quem era o Sócrates, mas não era ele que a gente esperava. A gente esperava alguém mais eficiente, mas quando o Magrão chegou, ele logo mostrou que tinha talento e inteligência, e que tinha a solução para alguns dos nossos problemas.

"Alguns jogadores demoram um pouco para se adaptar, mas não foi o caso dele; Sócrates logo se encaixou e foi de vento em popa. A gente sabia que os jogadores mudam quando vão para um time grande e o Magrão mudou. A gente sabia que ele era médico e que não ia para a concentração. E a gente sabia que ele gostava da noite, como qualquer estudante. Mas a gente também sabia que ele estava vindo para jogar futebol, não para estudar, então a gente esperava que ele mudasse."[9]

Depois de duas semanas de exames e de idas e voltas a Ribeirão Preto, Sócrates fez sua estreia contra o Santos, no dia 20 de agosto, na abertura do Campeonato Paulista de 1978. Mais de 117 mil pessoas lotaram o Morumbi para ver os dribles de corpo e os passes de calcanhar de Sócrates, jogando à direita no meio de campo. Ele quase coroou o que seria uma estreia perfeita, mas foi derrubado antes de marcar ao tentar passar pelo goleiro na entrada da área. Na cobrança de falta do próprio Sócrates, a bola saiu por pouco, e o jogo terminou empatado em 1 × 1. Foi um bom começo.

Menos de uma semana depois, Sócrates deu um passo à frente, marcando o primeiro gol e sendo o melhor em campo na vitória por 2 × 0 sobre a Ferroviária. O Corinthians continuou invicto nas primeiras seis rodadas, mas os gols escapavam de Sócrates, que demorou mais oito jogos para voltar a marcar. A ausência de um meio-campista defensivo — Taborda foi contratado, mas só estreou em outubro — forçou o técnico José Teixeira a utilizar Sócrates num papel mais recuado, longe do gol. Dois outros jovens estrearam no mesmo dia que ele, e muitos jogadores estavam atuando fora de posição. Quando as lesões impediram o atacante Palhinha de jogar em setembro e outubro, Teixeira pediu que Sócrates atuasse como centroavante ortodoxo, outra função que não o favorecia. O time era desequilibrado e inexperiente, e Sócrates foi um dos que mais sofreram nesse processo de construção.

A lesão de Palhinha era um grande problema. Sócrates tinha se entendido bem com o ex-atacante do Cruzeiro naqueles primeiros jogos e a imprensa elogiava o potencial da dupla para fazer estragos. Teixeira disse que "parecia que eles jogavam juntos há anos" e havia até algumas comparações exageradas com Pelé e Coutinho, o dueto do Santos conhecido pelo entrosamento quase telepático de mais de uma década antes.

Rápido, astuto e com faro de gol, Palhinha tinha sido um jogador fundamental no time do Cruzeiro que conquistou a primeira Copa Libertadores do clube, em 1976, e foi a contratação mais cara do Corinthians no ano seguinte. Sua média de um gol a cada três jogos pelo clube o transformou em um favorito da torcida, e ele foi uma das estrelas do time que ganhou o Campeonato Paulista de 1977. Palhinha gostava de correr e Sócrates gostava de dar passes. O desempenho inicial da dupla prometia grande sucesso à frente.

Palhinha era também o principal parceiro de Sócrates fora do campo. Quatro anos mais velho e com um ano de experiência morando em São Paulo, ele sabia o que era vir de uma cidade mais pacata para a grande metrópole, e cuidou de Sócrates. Encontrou um apartamento para o companheiro no mesmo prédio em que vivia, e eles iam e voltavam juntos dos treinos. Ambos tinham dois filhos e, por coincidência, suas mulheres tinham o mesmo nome: Regina. Elas também ficaram amigas, o que rapidamente os tornou inseparáveis.

"Desde o começo eu tentei ajudar, porque vi que ele tinha dificuldades em São Paulo", lembrou Palhinha. "Quando você vem de uma cidade pequena, como Belo Horizonte ou Ribeirão Preto, para visitar São Paulo, é uma coisa. Mas quando você vem morar aqui... Há pessoas que moram em São Paulo há anos e não conhecem São Paulo. É difícil se adaptar e se acostumar quando você chega. Eu disse a ele: 'Sócrates, você está chegando e, se precisar de uma ajuda, tem um apartamento para alugar no meu prédio. Vamos dar uma olhada'. E ele gostou. Eu morava lá fazia um ano, então ajudou. Nós aprendemos juntos. Ele tinha uma ótima memória. Aprendia um caminho até o clube e me ensinava, e eu aprendia alguma coisa e ensinava a ele.

"Quando ele era seu amigo, era de verdade, e nós nos demos bem, no aspecto familiar e como jogadores. Eu joguei com muitos atacantes e o jeito como me relacionei com Sócrates foi quase perfeito. Isso ajudava muito. Foi o melhor momento da minha carreira. Nessa época, a gente estava atravessando a nossa melhor fase."[10]

Não há nada de que jogadores gostem mais do que jogar com companheiros inteligentes, e os que atuavam ao lado de Sócrates não eram diferentes. Mas depois do apito final, quando voltavam ao vestiário, as coisas ficavam um pouco mais complicadas. Sócrates era claramente diferente da maioria dos jogadores do time e sua chegada alterou a dinâmica do grupo.

Não era só uma questão de parecer diferente. Não era nem mesmo porque ele se sentava sozinho e lia livros. O técnico não sabia direito como lidar com ele e, confuso com sua presença, se dirigia a Sócrates usando um português formal, enquanto falava com os demais de maneira mais simples. Seus novos companheiros o achavam reservado e até mesmo distante, e ficavam perplexos por seu desprezo pela própria aparência. Sócrates quase sempre usava calções e sandálias havaianas sob o calor massacrante de Ribeirão Preto e não demonstrava nenhum interesse não apenas por moda, mas por roupas. Ele manteve esse estilo descompromissado em São Paulo e se apresentava para treinar de camisetas e calções amassados, e usando tênis velhos com solas descoladas. Como é comum no ambiente de vestiários, seus companheiros jogavam seus tênis no banheiro e queimavam suas cuecas, porque eram muito velhas. "Ele não estava nem aí", disse o goleiro Jairo. "Pedia os chinelos do Paulo, o roupeiro. Colocava no pé e ia embora."[11]

Ele também não tinha medo de viver como queria, e continuou com a estratégia, aperfeiçoada no Botafogo, de não treinar pela manhã após uma noite mais pesada. Sócrates frequentemente saía com amigos após os jogos ou os convidava para ir à sua casa, onde bebiam até de madrugada. Na manhã seguinte, seu corpo estava dolorido por causa do esforço do jogo e sua cabeça estava confusa por causa das aventuras posteriores. Ele inventava incômodos e dores e passava a manhã na cama de massagem ou na sauna.

Uma característica que confundia — e muitas vezes irritava — seus companheiros era sua honestidade. Em um de seus primeiros jogos pelo Botafogo, o árbitro marcou um pênalti em Sócrates e ele surpreendeu os repórteres ao dizer, depois do jogo, que a decisão tinha sido errada. Seus companheiros não ficaram satisfeitos e seu pai disse que ele corria o risco de nunca mais ter um pênalti marcado a seu favor. A sinceridade, no entanto, também o ajudava. Ele nunca discutia com árbitros porque sabia que não adiantava, e nunca levou um cartão vermelho na carreira.

"Ele sempre foi muito correto", disse Basílio. "Tem jogador que simula algumas coisas dentro de campo, mas é o aprendizado que ele tem. O Magrão não tinha isso. O Magrão jogava sempre em pé. Dificilmente você via o Magrão cair. Quando caía, era falta. Todas as quedas do Magrão dentro de campo eram falta em cima dele. Caso contrário, o cara podia chegar firme nele e ele ficava sempre em pé, sabia muito bem como proteger a bola. Ele não usava essa manha que outros jogadores usavam."

Sócrates pode não ter sido um malandro no futebol, mas poucos homens eram tão "lisos" quando o assunto era mulher. Seu charme e o olhar sempre interessado lhe garantiam uma boa quantidade de flertes, mas seu sucesso com as mulheres se devia mais à sua fama e carisma do que a qualquer atributo físico ou de indumentária. Ele era desengonçado e despenteado, talvez até mesmo feio, mas os apelidos desagradáveis que seus companheiros lhe davam não o incomodavam de forma alguma. Uns o chamavam de "dez pras duas", por causa do jeito estranho de andar. Seus amigos mais gentis no Botafogo o chamavam de "Magrão", enquanto os apelidos menos elogiosos iam de "Caveira" a "Ducha", porque seu rosto cheio de marcas lembrava um chuveiro.

Sócrates simplesmente ria dos insultos, tranquilo pelo fato de que não precisava estar bonito para se dar bem. Ele tinha uma aura e uma franqueza a respeito de si mesmo que a maioria dos outros jogadores não possuía. Mulheres mais velhas enxergavam essas características como uma vulnerabilidade e tentavam cuidar dele, enquanto as mais jovens eram seduzidas por sua sinceridade e atitude despreocupada perante a vida.

"Era impressionante", contou Zé Bernardes. "Eu saía com ele e você precisava ver as mulheres. Ele era feio pra caramba, mas as mulheres que ficavam olhando..."

Como muitos homens latino-americanos de sua idade, Sócrates perdeu a virgindade com uma prostituta em uma das zonas de meretrício espalhadas pelas grandes cidades brasileiras. Menores de idade eram proibidos de entrar nos bares e prostíbulos e a polícia costumava proteger a área a cavalo ou em viaturas. Sócrates tinha catorze ou quinze anos e seu primeiro encontro sexual foi tenso e rápido. "A experiência não foi das melhores, não...", ele contou em entrevista à *Playboy*, em 1979. "A tensão, os carros da polícia por perto. Imagina o clima de instabilidade emocional. Um garoto... A primeira vez..."[12]

A experiência deixou cicatrizes, mas foram superficiais. Sócrates admitia que o apelo de conquistar mulheres era forte o bastante para que ele procurasse a companhia delas com frequência, e não apenas por sexo. "É um ambiente de que eu gosto", ele confessou mais tarde, sobre os prostíbulos. "Eu gosto de putaria, eu gosto de puta, eu gosto de... São pessoas extremamente interessantes, eu sempre gostei de bater papo e tal. Sempre me envolvi de alguma forma."[13]

Ele não era o único, e os jogadores do Botafogo costumavam ir com frequência aos mesmos bares onde Sócrates tinha perdido a virgindade alguns anos antes. Vários deles eram conhecidos das garotas — muitas eram estudantes tentando fazer dinheiro para pagar a faculdade. Como clientes, eles eram tão bons que quando as garotas descobriam que eram jogadores de futebol, viravam torcedoras e até apareciam nos treinamentos para vê-los. Quando os treinos terminavam, elas ficavam na porta de saída dos jogadores, esperando pela chance de um encontro. Quando a presença delas era muito evidente e os contatos se tornavam escandalosos, os diretores do Botafogo resolviam o problema e faziam as garotas se afastarem.

Sócrates gostava de uma prostituta em especial. Numa noite de bebedeira, ele chegou a escalar o muro do bordel e a gritar o nome dela. Levou uma bronca da cafetina, que disse que a preferida de Sócrates estava com outro cliente. Ele tinha casos com estudantes e mulheres que conhecia em bares, mas conseguia mantê-los com discrição. As pessoas do futebol sabiam desses relacionamentos, que nunca eram divulgados por causa de um código de conduta que prevalecia. Muitos repórteres eram amigos dos jogadores e ninguém tinha interesse em escrever sobre esse tipo de coisa. Além disso, Sócrates nunca falava sobre suas conquistas, mesmo quando os casos já tinham se encerrado.

"Ele não era do tipo que ficava desfilando com mulher, falando de mulher", disse Alberto Helena Júnior, que testemunhou algumas dessas ocasiões e conhecia os jogadores e técnicos dos anos 1970 melhor do que qualquer um. "No fundo, no fundo, ele era um tipo muito romântico, no sentido pleno da palavra, na visão do mundo, na relação com os amigos, com as coisas, com a política. Ele era extremamente romântico, idealista. Não era um tipo galanteador, aquele cara que gosta de se exibir, mostrando a mulher, estou com essa, com aquela, comi, estou a fim daquela... Não tinha muito esse negócio, não. Ele conversava muito sobre política, música, sobre livros, futebol, mas pouco sobre mulher."[14]

As farras, surpreendentemente, tiveram pouca influência em sua vida pessoal e profissional. As infidelidades continuaram depois que Sócrates se mudou para São Paulo, mas sua mulher não sabia ou não queria saber, e ele ainda era jovem o suficiente para ser capaz de beber até de madrugada e acordar cedo para ir treinar.

"Ele chegava para mim e falava: 'Meu irmão, vamos dar uma saidinha à noite', lembrou Arlindo, parceiro de Sócrates no campo e na noite. "Como eu não era casado, a gente saía muito junto. A gente saía com a Regina, a mulher dele. Só que tinha uma hora que ela não aguentava mais e falava: 'Arlindo, me leva embora, me leva embora porque ele vai ficar mais um pouco, eu sei que ele vai ficar'. Eu levava a Regina embora e ele ficava. Aí eu voltava, dava uma hora, uma e meia, e eu falava: 'Magrão, vamos embora, velho, amanhã tenho que treinar'. Ele dizia assim: 'Deixa para lá. Amanhã você põe um chinelinho e nós vamos pra enfermaria'. Eu dizia: 'Você pode fazer isso, eu não posso'. Eu não tinha os privilégios que ele tinha. Se, por exemplo, eu perdesse um gol, a torcida ia me encher o saco. Ele podia perder e a torcida não falava nada. Ele fazia uma jogada errada e cinco boas depois. Não tem como você vaiar um jogador desses."[15]

Sócrates se livrava dessas transgressões porque, como Arlindo e todo mundo sabia, ele resolvia os jogos em campo. Isso não mudou no Corinthians e ele não teve grandes dificuldades para manter o mesmo comportamento. Terminou sua primeira temporada com 25 gols em 52 jogos e confirmou o que se esperava dele. A próxima missão era fazer a mesma coisa na seleção brasileira. Ele não esperaria muito. Seu primeiro sonho futebolístico estava prestes a se realizar.

CAPÍTULO 5

> [O Corinthians] era uma coisa muito agressiva para mim, eu estava num processo, vinha mudando e levando porrada que eu nunca tinha levado... Isso aí é um caminhão passando por cima de você o tempo todo, todo dia. Mas aí você vai, devagarinho, vai criando vínculos, criando relações, sentimentos e tal...
>
> Sócrates

Quando o Corinthians jogava contra o Flamengo, Zico provocava Sócrates chamando-o de "Frankenstein". Sócrates respondia com "Baixinho". Zico, de 1,76m, rebatia que "tamanho não importa".[1]

Era provocação, mas uma provocação amistosa e os astros dos dois maiores clubes do Brasil forjaram uma relação que ultrapassou o campo de futebol. A primeira vez que se cruzaram foi em junho de 1977, quando o Brasil enfrentou a seleção paulista, no Morumbi. Zico já tinha treze jogos pela seleção brasileira e era o homem ao redor de quem o time seria construído por quase uma década. O craque do Flamengo estava ansioso para se encontrar com aquele rapaz de aparência estranha sobre o qual tanto falavam, e que gerava manchetes jogando pelo Botafogo de Ribeirão Preto. Eles sentiram uma afinidade imediata ao conversar antes e depois do empate em 1 × 1.

"Bastou aquela partida", Zico disse, anos depois. "Eu estava diante de um grande craque, sem dúvida nenhuma. Aquela antevisão dos lances, de saber para onde os companheiros iam se deslocar. Ali, ele conquistou minha admiração."

Uma relação de verdade, no entanto, só se desenvolveu em 1979, quando o técnico Claudio Coutinho começou a reconstruir a seleção após uma infeliz Copa do Mundo na Argentina. Os anfitriões ganharam um torneio manchado para sempre por acusações de manipulação dos resultados e, como único time invicto, o Brasil não viu problemas em se considerar o "campeão moral".

Mas a seleção brasileira não tinha um técnico em tempo integral, e Coutinho se dedicou a seu clube, o Flamengo, enquanto o Brasil passava onze meses sem jogar depois do terceiro lugar na Argentina. Quando o time retornou à ativa para uma série de três amistosos em maio de 1979, Coutinho convocou Sócrates, o lateral do Flamengo que gostava de atacar, Júnior, e Éder, ponta-esquerda de 21 anos que colecionava gols pelo Grêmio.

Sócrates diria mais tarde que Coutinho foi um dos melhores técnicos que conheceu, mas ambos pareciam ter pouco em comum. Coutinho era um capitão do exército que nunca havia jogado futebol profissional. Conseguiu uma oportunidade por causa de suas conexões militares — seu pai era general — e a agarrou com as duas mãos. Foi para a Copa do Mundo de 1970, no México, como preparador físico e, junto com Carlos Alberto Parreira, capacitou o time para jogar na altitude e sob forte calor.

Depois, Coutinho trabalhou como supervisor na seleção peruana, e voltou ao Brasil para ser o coordenador técnico de Zagallo na Copa do Mundo de 1974. Após um curto período na França com o Olympique de Marselha, foi convidado para dirigir o Brasil nos Jogos Olímpicos de 1976, em Montreal. Embora não tivesse experiência como técnico, Coutinho levou o time às semifinais, quando o Brasil perdeu para uma seleção polonesa supostamente amadora, que contava com futuros grandes nomes do esporte como Jan Tomaszewski, Grzegorz Lato e Kazimierz Deyna. Foi o melhor desempenho do Brasil nas Olimpíadas até então. Ele acabou contratado pelo Flamengo pouco depois e causou surpresa quando foi anunciado para substituir Osvaldo Brandão como técnico da seleção brasileira, em 1977.

Como muitos torcedores de futebol naquela época, Coutinho havia ficado maravilhado com o futebol total da Holanda, e queria que o time praticasse uma versão tropical da novidade, chamada de "losango móvel". A formação contaria com um diamante giratório no meio de campo e ele via uma parceria entre Zico e Sócrates como parte fundamental da ideia. Coutinho os elogiou durante os primeiros meses de 1979, até mesmo comparando Sócrates a Tostão como um jogador capaz de entrar e sair da área, trocando de posição com Zico — como Tostão fazia com Pelé.

Essa perspectiva encantava Zico e Sócrates, cujo respeito mútuo foi selado quando a *Placar*, revista semanal de esportes, os reuniu antes dos amistosos e perguntou o que eles traziam para a nova seleção brasileira.

Sócrates previu que eles formariam uma "ótima dupla" e que inventariam a "criatividade rotativa".

"Sua capacidade para drible curto e passe de média distância cai bem dentro do meu estilo de tabelinhas curtas, deslocamentos rápidos", disse Sócrates. "Formaremos um ataque móvel, envolvente. De início, você ocuparia mais a faixa central do campo e eu iria mais pelas laterais e, durante a partida, nos movimentaríamos. Formaremos uma seleção livre, solta, descontraída, que devolveria a alegria e a confiança ao povo."[2]

"E nós dois nos entrosaríamos rapidamente", Zico concordou. "Nosso futebol é parecido, se completa — técnica é com a gente mesmo. Vai dar gosto fazermos tabelinhas como as que você faz com o Palhinha. Adoro jogar com toques rápidos e curtos, daqueles que o beque nem vê por onde passa a bola."

"Três coisas me surpreendem nele: a inteligência com que executa as jogadas; o fato de ser alto e, ao mesmo tempo, rápido; e, por fim, sua mobilidade. Ele aparece em vários lugares do campo, sempre criando jogadas."[3]

"Nós vamos fazer muitos gols na seleção", Zico acrescentou, confiante. "Difícil mesmo será ir até aí em cima para abraçar você."[4]

A série de amistosos foi um aquecimento para a Copa América e Sócrates finalmente teve a chance que esperava havia tanto tempo. Estava seguro de que tinha o talento para ser bem-sucedido no nível internacional e só precisou de cinco minutos, contra o Paraguai, para mostrar o que era capaz de fazer, quando passou pelo lateral e cruzou para Éder marcar. Zico fez o segundo, de pênalti, e Sócrates novamente foi o garçom, com um passe pelo meio da defesa para Nilton Batata tocar por cobertura. O Brasil venceu por 6 × 0, mas a diferença poderia ter sido muito maior e Sócrates foi merecidamente apontado como um dos melhores em campo.

Ele não teria de esperar muito até a oportunidade seguinte, quando o Brasil enfrentou um inexperiente time do Uruguai no Maracanã, duas semanas depois. Sócrates estava novamente no time titular e marcou dois gols na vitória por 5 × 1. O primeiro foi um lindo toque com a lateral do pé, após dominar com o peito um passe de Falcão, e o segundo foi de cabeça, de bem perto. Raúl Bentancor, o técnico do Uruguai, escolheu Sócrates e Falcão como os melhores em campo e fez vários elogios a eles.

O jogo mais interessante, no entanto, foi o terceiro, contra um rival europeu pela primeira vez. O Brasil tinha feito planos para jogar contra a Polônia, mas os poloneses desistiram e um amistoso contra o Ajax — que fazia uma turnê pela Argentina

— foi organizado para resolver o problema. Os jogadores brasileiros só viam os times europeus na Copa do Mundo ou em raros amistosos, de modo que os encontros com adversários tão exóticos eram muito esperados.

O Ajax era o campeão holandês e da Copa da Holanda, mas já não tinha a equipe de alguns anos antes e o Brasil venceu com facilidade, por 5 × 0. Sócrates teve outra excelente atuação, marcando dois gols e comandando o meio de campo antes de ser substituído aos dezessete minutos do segundo tempo, por causa de uma pancada no tornozelo.

Seu primeiro gol no jogo foi particularmente memorável porque teve de tudo — elegância, habilidade e precisão. Com menos de nove minutos, Falcão pegou a bola já no campo de ataque e fez um longo passe que cruzou o gramado, da direita para a esquerda, até Sócrates, que estava a trinta metros do gol e posicionado entre dois defensores. Correndo em direção ao gol, Sócrates dominou com o peito e deixou a bola quicar antes de driblar um dos zagueiros com um toque de pé esquerdo. Ele fingiu que ia chutar, enganando o segundo defensor e preparando a finalização com um movimento para a direita. Da entrada da área, e com outro holandês chegando para desarmá-lo, Sócrates bateu no canto esquerdo baixo do goleiro, com incrível precisão.

Foi um lindo lance, que coroou uma grande atuação para surpresa dos holandeses, que nunca tinham ouvido falar dele. “Eu não esperava que este número 9 fosse tão bom”, disse Cor Brom, o técnico do Ajax, após o jogo. “Por ser muito alto, ele parece desajeitado. Mas, na verdade, é um jogador muito útil para seu time. Lança muito bem e se desloca com perfeição.”[5]

O jogo também foi memorável por enfatizar as rivalidades mesquinhas que caracterizavam o futebol brasileiro na época. O Brasil sempre girou em torno do eixo Rio-São Paulo e as duas cidades competiam entre si constantemente.

Os torneios estaduais ainda eram mais importantes do que o Campeonato Brasileiro, e a cobertura de televisão era regional — de modo que os telespectadores raramente viam jogos de fora de seus estados. Isso significava que os torcedores só conheciam os jogadores dos times locais e muitos se recusavam a acreditar que os "de fora" eram tão bons como se dizia. Muitos na imprensa de São Paulo, por exemplo, achavam que Zico era superestimado, que fugia de divididas mais fortes e só jogava bem no Maracanã. Zico marcou os dois últimos gols da vitória por 5 × 0 sobre o Ajax, mas o operador do placar eletrônico do estádio do Morumbi agiu como se nada tivesse acontecido.

"Estava 3 × 0 para nós", lembrou Zico. "Eu marquei um gol e o placar eletrônico não mudou. Marquei outro e o placar continuou ignorando a minha presença. Até o final, o placar mostrava 3 × 0. Eu não sei por que os responsáveis pelo estádio não tiveram a brilhante ideia de contar meus gols para o Ajax."[6]

A imprensa dos dois estados começou a estimular um debate — e até uma rivalidade — entre as qualidades das duas estrelas. Sócrates e Zico eram os mais empolgantes jovens jogadores a aparecer desde que o Brasil tinha vencido a Copa do Mundo no México e, embora fossem completamente diferentes — um era alto e desajeitado, o outro era compacto e ágil —, os papéis que executavam não eram tão distintos.

Ambos eram atacantes modernos que ofereciam uma alternativa instigante aos centroavantes estáticos que ainda estavam na moda. Eram letais dentro da área, mas faziam a maior parte do trabalho mais longe do gol, trocando passes, cobrando faltas de todos os ângulos e recuando para conectar o meio de campo e o ataque.

Em 1979, existiam poucas dúvidas de que Zico era dotado de mais habilidades, como o próprio Sócrates dizia para evitar o acirramento de uma rivalidade. Embora fosse apenas onze meses mais velho, Zico, aos 26 anos, já tinha jogado uma Copa do Mundo e era considerado o principal nome da seleção de Claudio Coutinho. A revista *Placar* calculou seu valor de transferência na casa de 2,4 milhões de dólares, mais do que o dobro da quantia atribuída a Sócrates.[7]

Mas as atuações de Sócrates pelo Brasil chamaram a atenção de todo o país para seu futebol, gerando encantamento por seu estilo dentro e fora de campo. Uma pesquisa feita em cinco das maiores cidades do país mostrou uma população praticamente dividida quanto à indicação sobre qual dos dois era o melhor. Sócrates ganhou em Recife e Salvador; Zico foi o preferido em Belo Horizonte, Curitiba e Porto Alegre. Na média, 54% dos torcedores entendiam que Zico era o jogador mais completo.[8]

Uma semana depois, outra pesquisa da mesma revista perguntou a mais de dois mil torcedores de dezessete grandes clubes qual dos dois eles queriam que seu time contratasse. As torcidas de nove clubes preferiram Sócrates; as de oito escolheram Zico.

Diferentemente de muitos jogadores que vestiram a camisa amarela pela primeira vez, Sócrates não mostrou nenhum receio e seu desempenho lhe deu ainda mais confiança. Um jogador mais assertivo retornou ao Parque São Jorge após a parada para os amistosos da seleção, e seus companheiros no Corinthians notaram a mudança. Jogar pelo Brasil foi um momento transformador para ele, por perceber que era bem mais do que suficientemente capaz de atuar ao lado daqueles que já tinham representado o país diversas vezes.[9]

Sócrates perdeu os dois jogos seguintes da seleção por causa de uma lesão muscular, em julho, mas voltou para partidas importantes da Copa América no mês seguinte. O torneio era diferente do formato atual, que se parece com uma versão em menor escala da Euro ou da Copa do Mundo. À época, a

Copa América era disputada com confrontos em casa e fora, ao longo de cinco meses entre julho e dezembro.

O Brasil ficou num grupo com Bolívia e Argentina, e perdeu o primeiro jogo, em La Paz, por 2 × 1. Depois venceu a Argentina pelo mesmo placar, no Maracanã, no começo de agosto. Sócrates se recuperou da lesão para jogar na vitória por 2 × 0 sobre a Bolívia, no Morumbi, em 16 de agosto, mas foi o jogo contra a Argentina, cinco dias depois, em Buenos Aires, que ficou em sua memória.

Ele nunca tinha jogado fora do Brasil e foi uma experiência assustadora, em todos os aspectos. A Argentina vivia sob uma terrível ditadura militar, com sequestros acontecendo à luz do dia, tortura e assassinato de opositores. Números oficiais registraram 8961 pessoas mortas ou desaparecidas, embora a realidade esteja mais próxima de 30 mil. Foi nessa atmosfera que o Brasil jogou numa noite fria e ventosa na capital argentina, precisando de um empate para se classificar às semifinais.

Sócrates ficou impressionado com as patrulhas da polícia dentro e fora do estádio, e as ensurdecedoras vaias com as quais a seleção foi recebida quando entrou em campo definitivamente não o acalmaram. Mas quando o jogo começou, ele rapidamente mostrou que podia suportar as pressões. Fez o primeiro gol, de cabeça, aos dezessete minutos, e assumiu uma posição de liderança quando Zico foi expulso, dez minutos depois, por causa de uma briga com Américo Gallego.

Daniel Passarella empatou para os anfitriões um pouco antes do intervalo, mas Sócrates continuou bem, e, quando o Brasil teve um pênalti marcado a seu favor, Coutinho ordenou que ele batesse. A decisão foi uma surpresa total, porque não havia um plano B para quando Zico estivesse ausente, mas Sócrates manteve-se inabalável e marcou o gol duas vezes, porque o árbitro mandou voltar a cobrança por causa de invasão à área. Rubén Díaz fez 2 × 2 quando faltavam dezenove minutos, mas o empate era suficiente para o Brasil e Sócrates superarem outro teste.

"É claro que eu já tinha passado por situações estressantes como aquela, mas jamais com tal magnitude. Em Buenos Aires, seria muito diferente: uma experiência nova e assustadora. Mas não havia como fugir: era tudo ou nada. Peguei a bola, coloquei-a sob meu braço e, lentamente, me encaminhei para a área do inimigo. A multidão me vaiava, xingava e tudo o mais que fosse possível naquele momento para me enervar. Quando notei a torcida calada, e a bola no fundo das redes, pude entender que emoção não me faltaria na profissão que havia escolhido."[10]

Em setembro de 1979, o general João Batista Figueiredo fez uma visita ao Corinthians como convidado e foi recebido com sonoros aplausos. Dias antes, o novo presidente tinha assinado um decreto de anistia que daria a liberdade aos primeiros presos políticos no Brasil. Exilados que tinham deixado o país para escapar da perseguição também tiveram permissão para voltar ao país sem medo de serem presos. Figueiredo foi convidado a ir ao Parque São Jorge para celebrar o sexagésimo nono aniversário do clube. Quase duas mil pessoas o aplaudiram de pé quando ele chegou para um almoço cujo cardápio era salada Waldorf e supremo de frango.[11]

Figueiredo disse aos presentes que torceu pelo Corinthians por toda a vida, em seguida ajudou Vicente Matheus a apagar 69 velas e, então, cumprimentou o jogador que ele mais queria conhecer. O presidente tinha requisitado especialmente uma camisa assinada por Sócrates e o jogador, que numa entrevista alguns dias antes havia dado nota dez ao desempenho do ex-chefe do serviço secreto como comandante da ditadura, ficou feliz por realizar seu desejo.[12]

O futebol sempre foi usado pelo regime, especialmente depois de 1970, quando apresentou o triunfo na Copa do Mundo como uma conquista para o "Brasil Grande". O primeiro Campeonato Brasileiro foi organizado pela CBD no ano seguinte como um gesto nacionalista, destinado a unir o país. A competição cresceu de dezenove para 94 times oito anos depois, principalmente porque o governo militar entendia que acrescentar clubes menos conhecidos ao campeonato aumentaria o apoio dos torcedores. Um slogan popular à época fazia referência a essa iniciativa pelo partido do governo, a ARENA (Aliança Renovadora Nacional): "Onde a ARENA vai mal, um time no Nacional". Quando mais clubes foram adicionados ao longo da década, o slogan foi alterado: "Onde a ARENA vai mal, um time no Nacional; onde vai bem, um time também".

Entretanto, embora o torcedor médio fosse proveniente da classe trabalhadora, a maioria das pessoas que frequentava estádios era tão desinteressada por política quanto os jogadores, e somente em 1979 — não muito depois de metalúrgicos lançarem as primeiras greves gerais contra o regime — o esporte e a política chegaram juntos às arquibancadas. Figueiredo tinha revogado o Ato Institucional Número 5, um dos mais severos decretos vigentes até então, e torcedores do Corinthians se sentiram encorajados. Numa noite de fevereiro no Morumbi, um pequeno grupo exibiu uma faixa que tinha entrado secretamente no estádio para um jogo contra o Santos. A faixa dizia: "Anistia ampla, geral e irrestrita". Foi o primeiro sinal de que torcedores de futebol estavam dispostos a assumir uma posição contra o regime.

Sócrates não fez comentários sobre a faixa depois de marcar um gol na vitória por 2 × 1 diante de 109 mil pessoas. Mas Figueiredo certamente a viu, e um protesto público tão ousado sem dúvida teve papel importante em sua decisão de assinar a Lei da Anistia em agosto daquele ano, o primeiro passo para o que foi oficialmente descrito como uma "abertura lenta, gradual e segura" da política brasileira no retorno à democracia. Ele não apresentou um cronograma e suas promessas foram recebidas com ceticismo, mas a linha dura estava definitivamente afrouxando. A economia brasileira estava perdendo força e os efeitos da crise global do petróleo se tornavam cada vez mais evidentes. A moeda, o cruzeiro, foi desvalorizada cinco vezes contra o dólar nos primeiros três meses de 1979, e a inflação estava em quase 50% e ganhando velocidade. A falta de petróleo significava postos de gasolina abertos por períodos limitados, e greves de trabalhadores por aumento de salários para que pudessem suportar a inflação eram cada vez mais comuns. Os generais perceberam que as coisas estavam piorando e precisavam de uma saída.

Como muitas pessoas, Sócrates se esforçava para não se envolver em política. Ainda era politicamente ingênuo — desinteressado, acima de tudo —, mas havia um tema que ele não podia ignorar. Os jogadores brasileiros eram de certo modo "escravos" cujas carreiras eram controladas pelos clubes que os empregavam, e Sócrates não conseguia entender por que seus companheiros permitiam que técnicos e diretores os explorassem.

O assunto chamou sua atenção em 1976, quando o meio-campista veterano Lorico chegou ao Botafogo de Ribeirão Preto. Aos 37 anos, Lorico tinha jogado com alguns dos maiores craques de todos os tempos, como Pelé e Bellini, o capitão do Brasil na conquista da Copa do Mundo de 1958. Sócrates tinha 22 anos, mas ficou chocado ao ver Lorico ser tratado como um "garoto grande" sem se importar. O tratamento a Sócrates era melhor porque ele era da classe média e educado, e seu pai era conselheiro do clube e tinha influência na comunidade. Poucos de seus companheiros contavam com as mesmas vantagens, e sabiam que, caso se manifestassem contra o sistema, suas carreiras estariam em risco. O Botafogo poderia simplesmente mandá-los para outro clube, ou, pior, recusar-se a negociá-los e deixá-los à margem.

Sócrates acreditava que esse tratamento era intencional, para manter os jogadores na linha. "Eu percebi que era uma maneira de desrespeitá-los, colocando-os em uma posição inferior", ele disse. "Desde o começo, sempre achei que o tratamento dado aos jogadores tinha o objetivo de reduzir a sensação de poder que eles poderiam ter em termos de comunicação."[13]

Sócrates identificava a ausência de jogadores com o passe livre como o principal tema relacionado aos futebolistas, e ele tentaria, por anos, fazer seus colegas se conscientizarem da necessidade de mudanças. Ele não se importava com política, mas se interessava por liberdade pessoal, e gostaria que seus companheiros fossem mais independentes. No Botafogo, tentou iniciar conversas sobre assuntos gerais e economia, mas não teve sucesso e tentou outra rota. A cada fim de semana na concentração, ele chegava com um jornal. Sócrates retirava as páginas de esportes e deixava o resto em cima da mesa como um convite para que seus colegas se informassem.

"Ninguém mexia no jornal", lembrou. "Eu disse a eles: 'Pô, gente, vocês têm que se informar, crescer como pessoas'."[14]

Embora essas atitudes fossem um indício do papel de liderança que ele assumiria mais tarde, Sócrates ainda estava muito distante de se tornar o ativista engajado que geraria manchetes nos anos seguintes. Sua visão de mundo tinha avançado desde os elogios aos militares em 1976, mas, mesmo depois de se mudar para São Paulo e passar a jogar no Corinthians, ele admitia que a mudança de suas posições políticas ainda estava em curso. Sócrates continuava acreditando, por exemplo, que jogadores de futebol não tinham obrigação de assumir posturas relativas aos temas do cotidiano fora do esporte.

Em um dos incidentes mais surpreendentes, Sócrates e seus colegas entraram em conflito com Lula, que criticou os jogadores por participarem de uma partida organizada pelo governo de Paulo Maluf, no dia primeiro de maio de 1980. O governo estadual organizou uma festa no Pacaembu e pagou para que as seleções da capital e do interior se enfrentassem. A entrada era gratuita e o cachê pelas aparições foi para o Sindicato dos Atletas, que então era dirigido por Palhinha. A entidade estava em dificuldades financeiras e precisava de dinheiro para as ações trabalhistas de jogadores contra os clubes, e também para abrir sua própria sede, fora do prédio da Federação Paulista de Futebol. Mas o jogo aconteceu na mesma hora em que o Sindicato dos Metalúrgicos organizou um comício com mais de cem mil pessoas em São Bernardo. O encontro no estádio da Vila Euclides foi um dos maiores protestos contra o governo em anos, e os organizadores ficaram irritados com o sindicato dos jogadores. Lula, que ainda não conhecia Sócrates pessoalmente, publicamente chamou os jogadores de "palhaços" e "moleques de calças curtas".[15]

"Pelas minhas próprias características, não sou de reclamar de nada", disse Sócrates, quando perguntado sobre seu posicionamento contra injustiças ou se encorajaria seus companheiros a fazer o mesmo. "Não adianta querer que eles façam o que não podem. Se alguma coisa que eu fizesse resolvesse os problemas, eu tentaria. Mas não resolve. Quando eu acho que não vou conseguir o objetivo que procuro alcançar, não tento."[16]

O mais surpreendente, considerando o homem que viria a se tornar uma liderança na campanha das Diretas Já, é que Sócrates ainda era hesitante em relação ao modo como o Brasil deveria conduzir suas eleições. Ele queria uma transição rápida do governo militar para uma administração civil, que gostaria que fosse "um regime socialista, onde todos tenham os mesmos direitos e deveres". Mas tinha dúvidas sobre como chegar lá. "Existem situações em que as indiretas são necessárias", ele disse em setembro de 1979. "É o caso da presidência da

República atualmente. Porque, com eleições diretas, poderíamos ter presidentes sem nenhuma condição de ocupar o posto."

A falta de interesse de Sócrates pela política formal até então era uma bênção disfarçada. Em 1976, quando ele deu a entrevista ao *Diário da Manhã* em que apoiava os militares, ainda era um jovem talentoso do interior, alguém que não tinha provado que era bom o suficiente para jogar em um clube grande. As pessoas dentro do futebol o enxergavam com desconfiança por causa de sua educação e seu estilo de vida boêmio e despreocupado. Se soubessem que ele também era um progressista radical, sua carreira poderia ter acabado antes de começar.

Havia boas razões para acreditar que uma visão de mundo liberal e articulada poderia ser fatal para a carreira de um jogador. No Botafogo do Rio de Janeiro, um meio-campista criativo tinha sido marginalizado alguns anos antes, após assumir uma postura pública a respeito dos direitos dos jogadores. Em 1970, Afonsinho se desentendeu com Mário Zagallo, então técnico do Botafogo, e foi emprestado ao pequeno Olaria, como punição. Quando retornou, seis meses mais tarde, com cabelos compridos e barba farta, Zagallo disse que o jogador mais parecia um *hippie* do que um atleta de futebol, e ordenou que ele cortasse barba e cabelos. Afonsinho se recusou e foi perseguido com ainda mais intensidade. O clube não o escalava para jogar nem o negociava, então ele foi à Justiça num caso que precedeu o de Jean-Marc Bosman, na Europa, em 25 anos. Em 1971, Afonsinho ganhou os direitos sobre seu passe e, embora a decisão não tenha se estendido a todos os jogadores, ele estabeleceu um precedente tão importante para seus pares que Pelé famosamente o chamou de "o único homem livre no país". Documentários foram feitos sobre o caso de Afonsinho, livros foram escritos, e Gilberto Gil compôs uma canção chamada "Meio de campo".[17]

Vicente Matheus, reconhecidamente autoritário, não tolerava tamanho disparate, e teria pensado duas vezes sobre contratar Sócrates se soubesse dos desafios que ele traria ao clube. Imigrante da Espanha que não terminou o ensino médio, mas cujo tino para negócios ajudou a pequena pedreira da família a crescer e se tornar uma empresa que fabricava asfalto e pavimentava ruas, Matheus era louco pelo Corinthians e atuou como presidente do clube em um primeiro mandato que foi de 1959 a 1961, voltando ao poder em 1972. Era ditatorial a ponto de seus críticos o chamarem de "Idi Amin" (em referência ao ditador ugandês) e famoso por ser econômico nas negociações de contratos.[18]

Sócrates tinha muito respeito pela inteligência e pela sabedoria de Matheus, mas recebia um dos menores salários do clube, menos de um quinto do que os jogadores mais experientes ganhavam. Seu desejo de jogar em um clube grande o levou a aceitar apenas 30 mil cruzeiros (1.667 dólares) por mês, e embora ele quase dobrasse esse valor com os bônus a cada mês, cerca de metade de sua remuneração era usada para pagar aluguel, com o resto destinado à babá de seus filhos e a necessidades essenciais como comida e roupas.

Ele tinha investido as luvas da assinatura do contrato em títulos de um ano, e conseguia se manter graças a patrocínios da Topper, de roupas e chuteiras, e da Arapuã, uma cadeia de lojas que vendia aparelhos eletrodomésticos. Os tempos eram tão apertados que seu sogro enchia o carro com compras de supermercado todas as semanas e dirigia de Ribeirão Preto até São Paulo para ajudá-los.

Sócrates estava voando depois de suas apresentações pelo Brasil e sentia que o momento era apropriado para pedir um aumento. Em julho de 1979, procurou Matheus com uma proposta que entendia ser boa para as duas partes. Seu contrato ainda tinha um ano de duração e seu salário estava prestes a ser aumentado para 45 mil cruzeiros (2.500 dólares) por mês. O valor ainda era baixo, e Sócrates propôs uma renegociação do acordo para estendê-lo por mais um ou dois anos. Passaria a ganhar 125 mil cruzeiros por mês e, em troca, o Corinthians o manteria por mais tempo. Matheus rejeitou a ideia no ato, e Sócrates saiu de seu escritório irritado, mas decidido e com um plano.

Pela legislação brasileira da época, a renda de um jogador no último ano de contrato era utilizada para calcular o valor de seu passe. Quanto mais ele recebesse, em salários e aditivos, mais alta seria sua transferência. Sócrates estava tão bravo com a relutância de Matheus em negociar que decidiu parar de receber qualquer bônus para, com isso, diminuir seu valor de mercado. O clube não queria que ele saísse por pouco dinheiro, e depositava milhares de cruzeiros na conta de Sócrates todos os meses. E todos os meses, Sócrates devolvia o dinheiro.

"Foi uma guerra", ele escreveu anos depois. "Nas primeiras vezes em que eu me recusara a receber os prêmios, todo o setor administrativo do clube estranhou, mas não se deu conta da profundidade daquele gesto. Que só viria a se tornar público alguns meses depois, quando eles tentaram me pressionar especulando sobre um eventual depósito em juízo, o que rechacei de imediato. E assim foi durante boa parte do segundo ano de contrato. Como resultado desse simples ato de exercício de um direito — pouco usual no nosso país, principalmente neste meio —, passei a representar um perigo para as instituições, tamanha reação se produziu. Mas o mais importante foi que eu, naquele momento, possuía um alto grau de valorização no sistema e um valor relativamente pequeno no mercado de transferências, o que me possibilitava até pensar em utilizar alguma forma de viabilizar o resgate da minha liberdade com recursos próprios, já que havia feito alguns contratos publicitários que me deram alguma folga financeira. Além do que, passei uma mensagem clara e direta a todos os meus companheiros de profissão: que eles deveriam conhecer melhor os seus direitos explicitados na legislação vigente na época, que já não eram muitos. O final desse embate com a direção do Corinthians aconteceu um ano após o início dos confrontos. Acabei por renovar o meu contrato com o time por um valor excepcionalmente maior do que aquele que recebia até então: saltei de um salário de 26 mil para 1,25 milhão de cruzeiros por mês, o que correspondia a mais de dez vezes o que havia pleiteado um ano antes. Como veem, valeu a pena o arrocho."[19]

A briga foi muito incômoda para Sócrates e ele diria mais tarde que foi um momento definidor em sua carreira, o ponto em que ele percebeu que precisaria "brigar com o sistema de várias formas" se quisesse viver a seu modo.

Até chegar a São Paulo, Sócrates sempre esteve no comando do seu próprio destino; mas isso mudou no Corinthians e fez de seu primeiro ano no clube um período tenso. Ele enfrentou exigências muito maiores, tanto do ponto de vista físico quanto mental, e recebendo atenção muito mais intensa do que imaginava por parte dos torcedores e da mídia, Sócrates se sentiu à deriva e até mesmo com medo. Sua timidez o impediu de fazer mais e ele admitiu que suava frio com a simples ideia de ter de ir ao banco ou ao correio. Não sabia como falar com pessoas desconhecidas e reconheceu que, quando jovem, "talvez tivesse medo do mundo". Em São Paulo, precisava enfrentar um punhado de situações novas. Os desafios se apresentavam diariamente.

Um dos maiores choques foi ter de se adaptar a novas regras. Ele tinha de treinar todos os dias e passava várias noites por semana na concentração. Sócrates não era mais livre para ir e vir como desejava e as horas intermináveis gastas com pessoas que ele mal conhecia foram um baque. Ele sentia falta do suporte de sua família e dos amigos de Ribeirão — sem falar nos churrascos de fim de semana e nas noites quentes tomando cerveja —, e fazia poucos esforços para se integrar com seus novos companheiros. Foi, como Sócrates disse, um período de sua carreira em que ele nem mesmo tentou se encaixar, e seu impasse com Matheus o diferenciava ainda mais dos colegas. Ninguém jamais tinha se recusado a ganhar os "bichos" por vitória e a posição de Sócrates causou alvoroço. Alguns torcedores achavam que ele estava afrontando o clube, e não incomodado com a situação. Passaram, então, a questionar seu compromisso com a causa.

Sócrates também tinha dificuldades para se adaptar ao ritmo frenético da vida em sua nova casa, São Paulo, uma efervescente aglomeração de diferentes municipalidades em que habitavam milhões de pessoas. Comparada com Ribeirão Preto, a cidade era assustadoramente esquizofrênica: ia da modernidade glamorosa à pobreza rural em questão de quilômetros, e dos tons sombrios ou monocromáticos a um colorido maravilhoso em poucos quarteirões. Cheia de edifícios, impessoal, algumas vezes quente e seca, em outras fria e molhada; os poucos parques em meio à selva de concreto não conseguiam compensar a depressiva ausência de espaços ou de paisagens verdejantes.

Sócrates era um dos rostos mais famosos do país àquela altura, com críticos e torcedores apaixonados por seu futebol e sua personalidade honesta. Em setembro, a revista *Placar* publicou uma edição especial contando sua história de vida, e ele também foi o entrevistado do mês da *Playboy*, uma rara honraria concedida apenas às pessoas mais interessantes do país. O ponto negativo é que ele não conseguia levar seus filhos ao parque por causa do assédio. Restringiu suas idas ao cinema e ao teatro pela mesma razão, e até se mudou para uma casa sem telefone porque seu número foi divulgado e desconhecidos passaram a ligar para conversar. A pressão era maior do que qualquer coisa que ele já havia sentido antes e, como muitos trabalhadores que chegavam a São Paulo vindos do interior, parecia que as paredes iam se fechando à sua volta. Em setembro, a coisa chegou a tal ponto que ele pensou em desistir.

"É uma hipótese sobre a qual tenho pensado muito ultimamente", disse, em entrevista à *Placar*. "Em menos de um ano minha vida sofreu uma transformação radical, que tem me deixado muito confuso. O futebol está se convertendo num peso para mim. No Botafogo, eu jogava pelo prazer e sentia prazer em jogar. O lado profissional era apenas uma consequência. Hoje, as coisas mudaram. O Corinthians é muito grande e exige um envolvimento muito maior. Agora eu sinto cada vez mais o lado profissional de jogar futebol, e isso me assusta. Entro em campo com a sensação de obrigação mais forte do que de prazer. Não é o problema de treinos, concentração, jogos seguidos. Para isso eu estava preparado. O problema é que há uma pressão tão grande, um compromisso tão forte, que fica difícil jogar por simples prazer."[20]

"É um processo difícil, porque quero viver minha vida, dar a atenção que devo à minha família, quero fazer as coisas que gosto e que já não posso. Não tenho mais direito à privacidade, não tenho mais direito de dispor de mim mesmo. Não tenho liberdade para sair de casa, não posso ficar à vontade em lugar nenhum. Mesmo em minha casa, o telefone toca o tempo todo com pessoas me fazendo solicitações de todo o tipo. Estou tentando me reorganizar para enfrentar essa nova situação. Está difícil, mas quero colocar cada coisa no seu devido e merecido lugar. Uma coisa é certa. Se tiver de escolher entre viver minha vida com minha família e jogar futebol, eu não tenho dúvida. Paro com o futebol. E não espero nem a Copa do Mundo."[21]

A ameaça era genuína — naquele momento, ele não conseguia enxergar um jeito de aproveitar sua nova vida de glamour sem perder os benefícios da antiga. Mas isso também era típico de Sócrates. Ele dizia o que passava por sua cabeça o tempo todo. A chance de desistir do futebol antes da Copa do Mundo era quase zero. Ao contrário, como Claudio Coutinho observou com perspicácia, seu desabafo "mais parecia um pedido de ajuda".

Era um pedido exacerbado por sua incapacidade de conseguir uma sequência de jogos com a camisa branca do Corinthians. Sua campanha no Campeonato Paulista começou bem, com três gols em três jogos no início de julho, mas Sócrates perdeu grandes trechos da temporada por causa de lesões e compromissos com a seleção, e, de forma frustrante, tanto ele quanto o time foram inconsistentes durante a segunda metade do ano.

O Corinthians fez o suficiente para se classificar para a segunda fase do Paulista como líder de seu grupo, mas não atuou de forma convincente. Uma derrota para a Internacional de Limeira no Pacaembu foi a gota d'água para os torcedores mais devotados. Alguns tentaram chegar ao camarote da diretoria para tornar suas insatisfações mais claras a Vicente Matheus.

A fúria era típica do Corinthians, mas bastante imerecida. Embora o time tenha sido inconsistente no começo do ano, o desempenho melhorou e levou a uma classificação confortável para o estágio seguinte da competição. A decisão dos jogadores de desacelerar o ritmo e preservar forças para a segunda fase, no entanto, não agradou aos torcedores que exigiam cem por cento de esforço em todos os jogos, assim como um retorno mais perceptível dos 20 milhões de cruzeiros investidos em novos jogadores. O técnico José Teixeira foi um dos principais alvos de protesto — o mesmo aconteceu com seus filhos — e pediu demissão.

Sócrates também foi criticado. Depois dos deslumbrantes primeiros jogos pela seleção, seu desempenho no clube caiu e ele foi prejudicado por lesões persistentes. Precipitou o retorno de um problema no tornozelo e jogou diversas partidas (mal) com medo de piorar o quadro. Uma tosse insistente — "acontece com fumantes de vez em quando" — não ajudou em nada, assim como a tabela de jogos. O Campeonato Paulista foi tão longo que o Corinthians optou por não disputar o Campeonato Brasileiro porque os jogadores estavam exaustos.[22]

Ele estava cansado, estressado e infeliz, e admitia abertamente que o crédito que conseguiu no bom primeiro ano tinha sido apagado por algumas más atuações. Durante uma semana não tão incomum no final de outubro, Sócrates foi ao Paraguai para a semifinal da Copa América numa quarta-feira, voltou para jogar pelo Corinthians no domingo, em Bauru, e três dias depois, estava no Rio de Janeiro para a partida de volta contra o Paraguai. O acúmulo de jogos fazia que ele e os outros jogadores da seleção que viviam em São Paulo "se apresentassem à CBD em estado deplorável", disse Coutinho. Sócrates "está morto, vítima do desorganizado futebol paulista".[23]

A torcida do Corinthians sabia que ele não tinha a mesma energia que os outros jogadores, mas ficava irritada ao vê-lo brilhar pela seleção e desaparecer nos jogos do clube. A paciência estava no fim. Alguns torcedores achavam que Sócrates estava boicotando as próprias atuações para dar o troco em Matheus no conflito pelo aumento de salário e o criticavam mais do que nunca. O "Doutor", cujos passes destruíam defesas, agora era chamado de "Enfermeira".

Grande parte do problema era que Sócrates não entendia os apaixonados torcedores do Corinthians. Logo depois de sua chegada, Palhinha o avisou de que os corintianos precisavam acreditar que os jogadores amavam o time da mesma forma que eles. Como namoradas inseguras, precisavam de demonstrações públicas de afeto.

"Logo no começo, eu disse a ele: 'Sócrates, você precisa comemorar quando fizer um gol'", contou Palhinha. "Ele tinha esse hábito de ser mais reservado, de nunca mostrar emoção. Eu disse: 'Você precisa mudar. Se você jogar mal, mas correr e der tudo, eles vão reconhecer. Mas os torcedores do Corinthians percebem quando você não luta pelo time'."

"Uma vez nós perdemos um jogo e estávamos saindo do Pacaembu no carro dele. E os torcedores cercaram o carro e o levantaram do chão. Nós perdemos, e eles exigiam coragem e determinação. E eu disse para o Sócrates: 'Você entende o que quero dizer? Quando você marcar um gol, corra para a torcida, pule e comemore como eles, porque a torcida do Corinthians gosta'. Depois disso, ele mudou o jeito de comemorar. Ele corria para o alambrado, com a torcida."[24]

O Corinthians tem a segunda maior torcida do Brasil, depois do Flamengo, mas seus torcedores acreditam que são diferentes de maneiras que transcendem os números. A crença vem, em grande medida, de um jogo no Rio de Janeiro, em 1976, quando cerca de setenta mil corintianos viajaram até o Maracanã para a semifinal do Campeonato Brasileiro, contra o Fluminense. O Corinthians não vencia um título importante desde 1954 e sua torcida acreditava que aquele finalmente seria o ano em que a seca terminaria. Torcedores percorreram — de carro, ônibus, avião e até a pé — os 435 quilômetros que separam São Paulo do Rio de Janeiro, em uma gigante caravana para ver o time se classificar para a final, nos pênaltis. Uma semana depois, o Corinthians perdeu a decisão para o Internacional, mas o evento ficou imortalizado como a "Invasão Corintiana" — uma expressão também usada para descrever a presença das dezenas de milhares de torcedores em Tóquio, para a final do Mundial de Clubes da Fifa, contra o Chelsea, em 2012.

A paciência, entretanto, era inversamente proporcional à devoção. Quando o Corinthians jogava em casa e tinha a posse da bola, a bateria de escola de samba que ficava no meio da torcida marcava um ritmo rápido, chamando os jogadores para a ação. Quanto o time perdia a bola, o som desacelerava, e ouvia-se uma batida pesada, quase raivosa. A pressão era tremenda sobre o time da casa, e os visitantes sabiam que, se conseguissem manter as coisas equilibradas no início dos jogos, a torcida do Corinthians logo perderia a paciência.

O mundo tomou conhecimento de Sócrates na Copa do Mundo de 1982, e não apenas porque ele passava a bola melhor do que todos os outros. A seleção brasileira era divertida de ver, a mais legal do torneio, e Sócrates capitaneava essa imagem. O socialista doutor Sócrates era amplamente desconhecido dos telespectadores internacionais e ainda não tinha se estabelecido como defensor dos pobres. Os comentaristas de televisão contavam aos europeus que ele era um médico que fumava como uma chaminé e gostava de tomar cerveja, mas a imagem que ele passava era intrigante. Enquanto os outros 21 jogadores no campo corriam como se suas vidas estivessem em risco, Sócrates era relaxado, sereno, e parecia se esforçar apenas quando realmente não existia alternativa. Falando francamente, ele parecia não dar a mínima.

Havia um bom motivo para que passasse essa impressão. Na primeira metade de sua carreira, por oito anos no Botafogo e mesmo depois de um ano no Corinthians, Sócrates realmente não se importava de verdade. Em 1979, ainda enfrentando dificuldades para lidar com as exigências de um novo clube e uma nova cidade, e ainda dividido pela decisão de abandonar a medicina, Sócrates enxergava o futebol como um jogo inferior a ele. Algo que, de alguma forma, não era digno de sua atenção, um jeito de passar o tempo que era mais uma questão de força do que de agilidade mental. Sócrates regularmente tentava convencer as pessoas de que o futebol era jogado tanto com a cabeça quanto com os pés, e vivia sempre tentando apimentar sua rotina com desafios mais voltados para a intelectualidade.

Ele sabia que os torcedores do Corinthians eram exigentes e queriam ver sangue e coragem em campo. Mas era um corintiano que continuava descontraído e não estava disposto a mudar seu estilo relaxado apenas para agradar alguns milhões de torcedores. A decisão sobre como um time deveria se comportar sempre dependeu de uma espécie de batalha de vontades, e Sócrates estava determinado a mudar a mentalidade vigente na época. O futebol brasileiro vivia um certo marasmo após não ter vencido as Copas do Mundo de 1974 e 1978, e um grupo bastante eloquente atribuía as derrotas a um movimento na direção de um estilo de jogo mais lento e trabalhado, personificado por Sócrates e por Ademir da Guia, meio-campista do Palmeiras. Rondinelli, zagueiro do Flamengo, declarou que o futebol precisava de jogadores mais fortes fisicamente e Búfalo Gil, do Botafogo, culpou os jogadores de classe média que não tinham o desejo e o comprometimento daqueles cuja origem era mais pobre.[25]

Sócrates não se desculpou por ser de classe média e observou que Björn Borg, frio como o gelo, era tão eficaz quanto John McEnroe, sanguíneo e explosivo. Sócrates se comparava ao sueco e acreditava que se ele controlasse o centro do campo e Amaral desse um toque de classe à defesa, o Corinthians não precisaria ser um time apressado e impaciente. Se o futebol fosse música, o Corinthians teria estilo heavy metal e Sócrates gostaria de produzir algo mais agradável aos ouvidos.

Ele conversou com Amaral, que também queria mudar de rota, e os dois se reuniram com os outros jogadores e a comissão técnica para formular um plano. Sócrates e Amaral eram jogadores da seleção que haviam alcançado o topo jogando um futebol de posse e paciência, e convenceram os companheiros de que manter a bola, em vez de persegui-la continuamente, levaria a mais vitórias.

Eles concordaram em fazer uma experiência e os treinamentos foram adaptados para enfatizar o jogo de toques curtos, com menos enfoque na preparação física. Gradualmente, o time passou a evoluir e, para reforçar sua mensagem, Sócrates também se preocupou em ensinar paciência aos torcedores. Quando o Corinthians sofria um gol, o silêncio momentâneo era seguido de manifestações de indignação e revolta. Sócrates tratava de silenciá-las ao buscar a bola no fundo da rede e caminhar lentamente até o círculo central a fim de recomeçar o jogo. Isso permitia não só que ele esfriasse os ânimos, mas também que conversasse com os companheiros enquanto passava por eles. Quando as coisas ameaçavam ficar muito frenéticas, ele fazia o gesto com as mãos e pedia calma ao time. O pedido era para os companheiros, mas também se tratava de uma mensagem à arquibancada.

Os jogadores entendiam, mas a torcida precisava de mais elementos para se convencer. Sócrates e Amaral não estavam apenas tentando alterar um estilo que tinha sido forjado durante décadas. O jogo mais lento e elaborado era muito semelhante ao do Palmeiras, o grande rival. Grupos de torcedores mais apaixonados iam ao Parque São Jorge e exigiam explicações a cada sessão de treinamentos. Sócrates e Amaral, os dois jogadores mais articulados no elenco, ouviam as reclamações.

"Por que o time mudou desde que vocês chegaram?", um torcedor gritou, acusando a dupla. "O Corinthians sempre foi um time de lutadores, agora é só técnica."

"Não estamos mudando, só estamos tentando fazer o time evoluir", respondeu Amaral. "Não podemos jogar do mesmo jeito para sempre; não podemos nos contentar com vitórias por 1 × 0. Temos que mostrar que somos um grande time, um time digno de respeito. Esse time pode ir longe. Mesmo se você vencer todos os jogos em casa jogando um futebol médio, não terá o respeito de ninguém quando estiver fora de casa. Você tem que conquistar o respeito aqui e muito mais lá fora."

"Não queremos ver esse futebol, pelo menos não o tempo todo", outro torcedor gritou. "Queremos jogadores que corram pela camisa."

"Você não pode jogar com um estilo em uma partida e com outro estilo em outra", Sócrates disse a eles. "O time vai mudando aos poucos e vocês verão o nosso novo estilo. Digam daqui a um ano se melhorou ou piorou."[26]

Os problemas que tinham marcado a segunda metade de 1979 foram aliviados por uma série de eventos tipicamente brasileiros, que trouxeram benefícios ao Corinthians. O clube era um dos doze times que haviam se classificado para a segunda fase do Campeonato Paulista e, no meio de novembro, a Federação Paulista de Futebol tomou a incomum decisão de estabelecer uma rodada dupla de jogos no Morumbi. Vicente Matheus se recusou a permitir que seu time jogasse contra a Ponte Preta, argumentando que o Corinthians contava com mais torcedores do que Ponte, Palmeiras e Guarani juntos (os dois últimos clubes fariam o primeiro jogo da rodada dupla). Matheus não queria dividir a bilheteria com os rivais e foi à televisão e ao rádio para dizer aos torcedores do Corinthians que não fossem ao estádio, porque o Corinthians também não iria. A Federação ignorou os apelos para o cancelamento dos jogos, o que levou a um episódio bizarro, no domingo, em que onze jogadores da Ponte Preta entraram em campo e esperaram, em vão, pelos adversários.

O problema foi parar nos tribunais, causando um atraso que fez as semifinais do Paulista de 1979 serem disputadas no fim de janeiro de 1980. Até a pausa, o Palmeiras era o time mais em forma, estava invicto na segunda metade do campeonato e tinha marcado o dobro dos gols de seu rival. Mas a paralisação forçada interrompeu a boa fase e deu força ao Corinthians. Os times empataram em 1 × 1 no primeiro jogo das semifinais, e o Corinthians ganhou o segundo com um gol de canela marcado por Biro-Biro.

A final foi uma melhor de três partidas com a Ponte Preta. O Corinthians venceu a primeira por 1 × 0, e a segundo terminou empatada em 0 × 0. O Corinthians precisava de um empate para conquistar seu segundo título em três anos, mas terminou ganhando com tranquilidade. Sócrates e Palhinha marcaram os gols da vitória por 2 × 0.

Era o maior triunfo de sua carreira, mas Sócrates não se entusiasmou demais. Ele correu para a torcida após marcar o primeiro gol, aos onze minutos do segundo tempo, mas não deu a volta olímpica nem fez saudações à torcida depois do apito final. Tinha prometido sua camisa para um jovem torcedor, mas alguns fãs a tomaram e Sócrates correu até o vestiário para pegar outra e entregá-la ao garoto.

De novo no vestiário, sentou-se calmamente e segurou a emoção, como se estivesse tentando manter a imagem que cultivava: a personificação da frieza. A vitória significava muito para ele, mas os sentimentos eram atenuados pelos dias difíceis que a haviam precedido e pela relação conflituosa com a torcida do Corinthians. "Eu tenho a sensação de que fiz meu dever", disse a repórteres após o jogo. "Tenho a sensação de dever cumprido. Apenas isso. É uma questão de temperamento. Sinto-me realizado, como se tivesse trabalhado direito durante um bom tempo."[27]

Palavras curiosamente insondáveis, proferidas por alguém que tinha acabado de ganhar um troféu importante. Sócrates sentia que a conquista o redimia e que a medalha era uma recompensa por ter suportado os dias sombrios dos últimos meses de 1979. Mas se ele achava que tudo seriam flores de então em diante, é porque ainda não conhecia o Corinthians. O clube era famoso por fazer seus torcedores e seus jogadores sofrerem, e 1980 seria um ano que não apenas poria à prova sua determinação, como também testaria se, em sua essência, ele tinha o que era necessário para se tornar um verdadeiro corintiano.

CAPÍTULO 6

> Ele dizia que o futebol era uma
> atividade intelectual. Você usa seu corpo,
> mas joga com a cabeça. Se ele estivesse
> cem por cento em forma, mas com a
> cabeça fora de lugar, não importava.
> Ele não jogava bem.
> Wladimir

Quando Sócrates ganhava uns trocados de seu Raimundo, uma das primeiras coisas que comprava eram discos. Era a época dos Beatles e dos Rolling Stones, e jovens se rebelavam pela Europa. Mas o rock and roll ocidental era considerado lixo imperialista por muitos brasileiros e, àquela altura de sua vida, Sócrates era um deles. Mais tarde, ele escolheria John Lennon como um de seus heróis, mas, quando jovem, o que realmente amava era a música que falava com ele diretamente, a música cuja letra em português expressava o que ele via e sentia no mundo que se transformava a seu redor.

Os pais de Sócrates gostavam de música popular e foram esses sons, autênticos, mas pouco sofisticados, que o encorajaram a encerrar quatro anos improdutivos de aulas de piano para tentar o violão. Ao longo de sua vida, não havia nada de que Sócrates gostasse mais do que reunir amigos em torno de cerveja e cigarros, tocando violão.

"Sócrates foi a primeira pessoa que eu vi que tinha um acervo gigante de discos", disse seu irmão Raimar. "Tinha de tudo, variedades mil. Ele tinha desde sertanejo, samba, MPB, gostava e tinha de tudo. Ele sempre comprava. E ele conhecia: comprava, gostava e cantava todas as canções. Sabia todas as letras, todos os intérpretes. A música sempre esteve entranhada nele. A arte em si."[1]

No começo de 1980, o diretor artístico da RCA abordou Sócrates com uma ideia inovadora. Osmar Zan frequentava o mesmo bar de karaokê visitado por jogadores de futebol após as partidas e, diferentemente de todas as pessoas que haviam ouvido Sócrates cantar, achou que ele tinha potencial. Ele ofereceu a Sócrates um contrato e a chance de gravar um disco com qualquer repertório, sertanejo ou MPB, o que ele quisesse.

"Eu era próximo dos jogadores do Corinthians e também dos jogadores do São Paulo", lembrou Zan. "E eu sabia que Sócrates era de Ribeirão Preto e adorava música sertaneja. Eu queria fazer coisas novas, então perguntei se poderia conversar com o Sócrates. Ele foi até a RCA, nós conversamos sobre algumas ideias e eu propus que fizéssemos um disco sertanejo. Ele gostou e disse: 'Claro'. E nós escolhemos algumas músicas. Chamamos alguns músicos e gravamos."[2]

O disco se chamou *Casa de Caboclo* e tinha doze faixas, a maioria de clássicos sertanejos ou baladas tradicionais que ele conhecia desde a infância. Composta em 1928, a faixa título fala sobre a população pobre do interior do Brasil e ainda é gravada por artistas nos dias atuais.

A popularidade crescente de Sócrates em um dos maiores clubes do país lhe dava a confiança para tentar coisas novas, e a voz verdadeiramente terrível para cantar não foi um obstáculo. A gravadora contratou um fonoaudiólogo para prepará-lo, mas ninguém estava preparado para o poder de persuasão de Sócrates. Nas duas ocasiões em que o profissional foi à casa dele, Sócrates o convenceu a beber alguma coisa antes de começarem, e as sessões não tiveram nada a ver com gravações, porém tudo a ver com bebidas. Ele teve dificuldades quando entrou no estúdio pela primeira vez e se aproximar do microfone o deixou receoso. Mas se acalmou com o passar do tempo e logo se sentiu seguro o bastante para pedir regravações e alterações à produção.

Cerca de cinquenta mil cópias do disco foram feitas, mas as vendas não foram boas. A RCA o retirou do catálogo dois anos depois e Sócrates não guardou nenhum exemplar do LP. Ele não tinha tempo ou intenção de promover o álbum, e uma vez gravadas todas as faixas, imediatamente se esqueceu do disco. Era apenas uma questão de tentar fazer algo diferente e assim confundir os conformistas. "Eu aceitei o trabalho porque queria combater o preconceito urbano com a música sertaneja", explicou.[3]

A voz de Sócrates podia não ser das melhores, mas ele estava afinado quando voltou a jogar futebol.

O Corinthians começou bem o Campeonato Brasileiro de 1980, ganhando sete dos primeiros nove jogos e se classificando com facilidade para a segunda fase. O bom momento prosseguiu com apenas uma derrota nos seis jogos posteriores, valendo um lugar na fase seguinte — apesar de solitária, a derrota foi marcante: 5 a 2 para o Vasco, com cinco gols de Roberto Dinamite, no Maracanã. Sócrates marcou onze gols em treze jogos na competição.

A terceira fase do campeonato tinha quatro grupos de quatro equipes, que se enfrentavam apenas uma vez para classificar o mais bem colocado para as semifinais. O Corinthians tinha a desvantagem de jogar duas das três partidas fora de casa e começou da pior maneira possível, quando Vilson Taddei acertou um chute de trinta metros para dar ao Coritiba a vitória por 1 × 0.

A derrota significava que o Corinthians teria uma montanha para escalar caso quisesse chegar às semifinais, e a tarefa ficou ainda mais difícil por causa de comentários do presidente Vicente Matheus. O presidente disse que Jairo, o goleiro do Corinthians que tinha jogado no Coritiba, cometeu um "erro estranho" e deveria ter defendido o chute de Taddei. Alguns jogadores acharam que a insinuação tinha motivação racial; outros, que Matheus estava sugerindo que Jairo, goleiro do Coritiba entre 1972 e 1976 e ídolo do clube, deliberadamente havia ajudado seu ex-time. Independentemente da intenção, os comentários do dirigente causaram revolta no elenco.

Jairo ficou em Curitiba após o jogo para ver familiares, e perdeu a maior parte da controvérsia. Quando voltou a São Paulo no dia seguinte, foi cercado por repórteres que queriam saber sua opinião sobre os comentários de Matheus. Jairo ficou furioso e foi direto à casa de Matheus para falar com ele, mas Matheus não estava. Marlene, a mulher do dirigente, prometeu a Jairo que Matheus entraria em contato. O presidente pediu a Jairo que fosse a seu escritório, mas o goleiro se recusou e a atmosfera no clube se tornou mais pesada. Jairo também não quis encontrá-lo no dia seguinte, e só na quarta-feira, três dias depois, o goleiro recebeu um merecido pedido público de desculpas.

A verdadeira história, no entanto, aconteceu naquela noite, quando o Corinthians precisava vencer o Grêmio. O time da casa saiu na frente no segundo minuto, com Geraldão, e Sócrates fez outro gol catorze minutos mais tarde. Na comemoração, ele correu direto para a área do Corinthians para fazer uma homenagem especial a Jairo e lhe dar um abraço. Os outros jogadores, até mesmo os reservas, se juntaram a eles.

"Os outros jogadores sabiam o que ia acontecer, mas eu não sabia", disse Jairo. "Foi muito emocionante. Eles pularam em cima de mim. A Gaviões da Fiel [torcida organizada] aplaudia toda vez que eu pegava a bola. E eles gritavam meu nome o jogo inteiro. Tudo porque o Sócrates me apoiou."

"Nem Sócrates nem ninguém me explicou nada. Eu perguntei a ele depois e disse: 'Magrão, você é fogo!'. E ele respondeu: 'Jairo, é o mínimo que você merece'. E xingou o presidente. Quando Matheus o chamou para conversar sobre o que tinha acontecido, ele disse: 'Não quero falar com ele. Foda-se'. E então o Matheus deu uma entrevista dizendo que o Sócrates estava tentando jogar a torcida contra ele. Foi a mesma coisa que ele disse sobre mim. Mas o Sócrates nem ligava. Ele só disse: 'Foda-se!'. Ele era muito legal."[4]

A vitória do Coritiba sobre o Botafogo por 1 × 0, na mesma noite, significava que o Corinthians precisaria vencer o Botafogo, fora de casa, e torcer para uma derrota do Coritiba para o Grêmio na última rodada. O Coritiba perdeu por 1 × 0, mas o Corinthians não conseguiu os pontos no Maracanã. Outro erro de Jairo custou um gol e, embora Vaguinho tivesse empatado, o resultado deixou o Corinthians em terceiro lugar no grupo e quinto na classificação geral do Campeonato Brasileiro de 1980.

Havia menos de uma semana entre o fim do Campeonato Brasileiro e o começo do Campeonato Paulista, e, nesse período, o ambiente no Parque São Jorge ficou ainda pior. Jorge Vieira, que tinha substituído José Teixeira, deixou o clube após o jogo com o Botafogo, e Julinho, o treinador de goleiros, dirigiu o time enquanto outro técnico era procurado.

Jairo foi forçado a treinar sozinho após Matheus criticar seu erro contra o time carioca e afirmar que o goleiro tinha feito ameaças a ele. Matheus também atacou Wladimir, o vigoroso lateral que liderava o emergente movimento black power no Brasil e que Sócrates rapidamente identificou como alguém que se destacava pela inteligência. Wladimir disse que Matheus tinha prometido que o clube pagaria o imposto referente às luvas da assinatura de seu contrato. Quando notou que o dinheiro tinha sido retirado de sua conta, chamou o dirigente de mentiroso. Matheus exigiu uma retratação formal e Wladimir ficou exposto, enquanto os advogados do Corinthians tentavam um acordo para resolver a questão.

Portanto, apenas cinco dias depois da eliminação no Campeonato Brasileiro de 1980, o Corinthians entrou em campo para enfrentar o Botafogo-SP na estreia do Campeonato Paulista. O jogo terminou empatado em 1 × 1 graças a um gol tardio de Toninho para o Corinthians, e se alguém imaginou que o resultado pudesse trazer alguma estabilidade, estava enganado.

A crise se aprofundou três dias depois, num jogo em casa contra o XV de Piracicaba. O Corinthians foi muito mal na derrota por 2 × 1 e setores do público presente culparam os jogadores. Os principais alvos foram Sócrates e Amaral, que, numa decisão infeliz considerando o momento, tinham sido fotografados na véspera segurando camisas da Roma e da Lazio. Não eram nada mais do que fotos tiradas na hora errada, que só aconteceram pelo pedido de alguns fãs. Mas era fácil fazer uma interpretação equivocada das intenções, por causa da fase ruim do time. Poucos minutos após o início do jogo, torcedores já os chamavam de mercenários, e com apenas doze mil pessoas no estádio do Pacaembu, era possível ouvir todos os insultos e agressões verbais.

As coisas pioraram ainda mais depois do apito final. Um grande grupo de torcedores permaneceu para protestar contra os jogadores. Sócrates e Amaral corajosamente apareceram na porta, mas o estacionamento estava cheio de torcedores que queriam sangue e eles voltaram para a segurança do vestiário. Ambos tinham ido ao estádio dirigindo seus próprios carros e os diretores do Corinthians concluíram que os torcedores se desmobilizariam se todos os jogadores fossem embora no ônibus. Caso contrário, Sócrates e Amaral teriam de esperar até que os ânimos se acalmassem.[5]

Quando eles finalmente conseguiram sair, muitas horas depois e com proteção policial, seus carros tinham sido vandalizados. Um Amaral aterrorizado ficou com tanto medo de futuros ataques que disse a repórteres que buscaria sua mulher e filhos e deixaria a cidade. Sócrates se sentiu ainda mais perseguido porque seu carro, um pequeno Fiat, era da cor verde, a cor do arquirrival Palmeiras — os amigos o pressionavam para pintar o carro de preto ou trocar o modelo, mas ele se recusava.

Ambos ficaram indignados com o que foi, mesmo para os padrões irracionais da torcida do Corinthians, um protesto desproporcional em relação ao resultado. Amaral qualificou o episódio como o momento mais humilhante de sua vida e Sócrates se declarou "profundamente magoado". Ter sido chamado de mercenário foi especialmente difícil, considerando que ele ganhava cerca de um décimo do que recebiam jogadores como Zico e Falcão. Sócrates criticou a falta de respeito da torcida e foi forçado a se retratar no dia seguinte, para evitar ofender a imensa maioria de torcedores que não teve nada a ver com o ato de vandalismo. Ele então culpou um pequeno grupo da torcida organizada pelo problema, mas não conseguia esconder sua dor e, uma vez mais, ameaçou deixar o clube.

"Sempre penso em parar quando acontecem certas coisas", ele disse aos repórteres. "E pensei nisso ontem. É opção de vida. Não estou bem financeiramente, mas isso é o que menos importa. Se ganhar muito pouco como residente, tudo bem. É claro que meu nível de vida vai cair, mas se precisar de dinheiro, consigo, pois tenho dois braços e duas pernas. [...] Não é toda a torcida, mas esses caras me ferem, sabe? É muito fácil dizer: 'Não liga, não', mas não é apenas o ego que pode responder. Para mim, para o meu jeito, é muito chocante. Estão atingindo nesse caso o homem; se fosse o profissional, pouco me importaria."[6]

Mas a novela ainda não havia acabado. A resposta mais memorável de Sócrates veio quatro dias mais tarde, em São José do Rio Preto. O Corinthians viajou cerca de 440 quilômetros para enfrentar o América e precisava de uma vitória para evitar uma crise gigantesca. E conseguiu graças a um gol de Sócrates aos 35 minutos de jogo. Mas em vez de comemorar, ele se virou na direção do círculo central, abaixou a cabeça e voltou andando. Seus companheiros foram cumprimentá-lo e ele os evitou, com expressão séria.

Foi um protesto calculado, que teve pouca repercussão porque o jogo aconteceu numa noite de quarta-feira, sem transmissão pela televisão. Sócrates sabia que precisaria repetir o gesto num cenário mais relevante se quisesse alcançar o objetivo desejado. Então, exatamente uma semana depois de ter sido impedido de sair do Pacaembu, ele retornou para encarar seus algozes com a intenção de enviar uma mensagem. E o fez com estilo, marcando três gols na vitória por 4 × 2 sobre o Comercial.

Sócrates se recusou a celebrar o primeiro gol, uma espetacular cobrança de falta quase da bandeira de escanteio do lado esquerdo, que entrou no ângulo alto do gol. Ele levantou o braço lentamente, de propósito, após marcar o segundo, e repetiu o gesto relutante — além de pedir para ser substituído — quando fez o terceiro, cobrando um pênalti que ele mesmo sofreu.

Não foi a primeira vez que Sócrates visivelmente se recusou a comemorar um gol, mas era a primeira vez que ele fazia isso em resposta ao comportamento dos torcedores. Isso reforçou sua imagem de jogador frio, que não se emocionava, e lhe deu a injusta reputação de um homem infeliz, que não se importava quando marcava um gol. Entretanto, sua reação havia sido atípica e Sócrates explicaria mais tarde que suas comemorações poderiam ser medidas de acordo com a importância do gol. No início de sua carreira, elas eram mais espontâneas, e ele frequentemente corria para a torcida com os braços abertos. Depois, ganharia fama por celebrar erguendo o punho cerrado, numa espécie de saudação militante. Mas ao claramente se recusar a comemorar seus gols contra o América e o Comercial, ele estava enviando uma mensagem à torcida, particularmente aos membros da Gaviões da Fiel, o principal grupo organizado.

"A não comemoração dos gols começou como uma reação contra uma atitude da torcida", Sócrates disse mais tarde a Jorge Vasconcellos, em conversa para seu livro *Recados da bola*. "Havíamos perdido uma partida e, na seguinte, ao fazer um gol, não vibrei. Foi a forma que encontrei para comunicar: 'Olha, não gostei do que vocês fizeram no jogo passado'. A torcida tinha reagido de forma agressiva, então mostrei dentro do campo que não estava satisfeito com aquela reação. Era como se dissesse: 'Vamos jogar aberto: eu sou assim, quando acho ruim alguma coisa, mostro, digo, do meu jeito de me expressar'. [...] Quando alguém trabalha com o público, tem que saber se relacionar com ele, senão está jogando fora um grande potencial. Quem ganha um espetáculo é quem o público quer, por isso é preciso saber trabalhar essa psicologia coletiva, essa energia coletiva. Eu tinha que criar uma comunicação com o meu público para, de alguma forma, trabalhar junto com ele e não contra ele. Caso contrário, estaria prejudicando o meu trabalho e o de todo o time. [...] É preciso ter consciência da importância e do poder da presença do público. Ele derruba e levanta o time, você tem que saber trabalhar isso, quem está no campo tem que saber o que é isso, pois se você conseguir criar essa comunicação e potencializar aquela energia, é muito mais fácil. No Corinthians, então, é aquela coisa emocional, uma loucura. Se você não racionalizar [...] A minha perspectiva era: 'Para colocar rédea nisso aqui, vamos trabalhar direito'."[7]

Sócrates tinha sido celebrado depois de sua atuação espetacular contra o Comercial, mas não estava disposto a declarar um cessar-fogo unilateral em sua guerra com o clube. Tanto ele quanto Amaral se apresentaram à seleção e não jogaram a partida seguinte, uma vitória por 2 × 0 sobre o São Bento diante de apenas 6.571 pessoas, o menor público do Corinthians na temporada. Por acaso ou não, a ausência dos dois coincidiu com semanas difíceis para o clube, com seis empates consecutivos, quatro deles sem gols.

Mesmo servindo a seleção, Sócrates ainda pensava muito sobre o incidente. Ele tinha investido dois anos de sua vida no clube e não queria que esse esforço fosse em vão. Estava se acostumando a viver em São Paulo, com pessoas que já considerava amigos seus. Sócrates era um dos jogadores mais conhecidos do país e não deixaria que alguns torcedores mais exaltados estragassem isso.

Ele decidiu buscar algum tipo de compensação no momento da negociação de um novo contrato, no mês seguinte. Queria permanecer no Corinthians por causa da enorme plataforma que o clube lhe oferecia para falar com uma cidade inteira, além de saber que uma transferência faria pouco sentido porque torcedores são instáveis em qualquer lugar. Ele disse que já sentia "uma conexão" com o clube e que tinha "criado uma base que não deveria e não poderia ser desperdiçada".

Mas se ia permanecer e se arriscar a novos episódios de desaforo da torcida, ao menos gostaria de ser recompensado apropriadamente. Sócrates deu outra longa entrevista enquanto estava com a seleção, repetindo sua preocupação com o comportamento dos torcedores e se comprometendo com o Corinthians. Mas a entrevista foi interessante porque continha a primeira sugestão de que ele queria ter um papel fora do campo. A Democracia Corinthiana ainda estava distante, mas Sócrates começava a pensar em comandar o show.

Naquele momento, ninguém deu muita importância aos comentários. Jogadores nunca tinham almejado o controle de um time de futebol e um homem como Matheus jamais cederia poder, especialmente num país em que a democracia não tinha tido espaço para uma geração inteira. Mas, em retrospectiva, a mensagem de Sócrates era clara. Ele se enxergava como mais do que um jogador de futebol.

"O que eu quero é demonstrar que sou importante para o clube e vice-versa", disse. "Talvez até já existam sinais disso. Eu tenho a sensação de que o presidente está mais próximo, independentemente do fato de eu estar tentando essa aproximação. Eu quero melhorar as relações dentro do clube, fazer mais, participar mais das decisões. O retorno do grupo será imediato e as coisas não serão baseadas apenas no dinheiro. Os jogadores precisam sentir uma conexão emocional e é nisso que eu quero um papel para mim. Talvez até minha racionalidade — o que, no fundo, é a maior barreira entre mim e os torcedores, embora eu ache que eles deveriam entender —, até isso possa mudar. Se eu pudesse participar das decisões dentro do clube, meu comportamento mudaria de várias maneiras."[8]

Antes que pudesse começar a pensar em seu papel fora do campo, Sócrates precisava garantir seu lugar dentro dele, com um novo contrato. Ele tinha ficado irritado com a recusa de Matheus em renegociar o acordo vigente no ano anterior, mas assumiu uma postura pragmática e implacável. Decidiu não reclamar e seguir jogando. Sócrates acreditava que seu desempenho ia melhorar, o que o valorizaria. Estava certo, e queria que Matheus pagasse por sua intransigência.

Sócrates, de forma afetuosa, chamava Matheus de "o velho" desde sua chegada ao clube e tornou-se um dos favoritos do dirigente nos primeiros meses. Via Matheus como "uma das pessoas mais honestas que conheci" e o respeitava como administrador profissional que não apenas tinha os interesses do clube como prioridade, como também "assumia a responsabilidade por seus atos", uma raridade no mundo obscuro do futebol brasileiro. "O Corinthians, na época de Matheus, era corretamente administrado. Gestão absolutamente redonda."[9]

Matheus, entretanto, era também uma das pessoas mais difíceis no trato que Sócrates já havia conhecido, e para alguém que valorizava os compromissos, isso era garantia de sofrimento. O impasse no ano anterior tinha deixado Sócrates perplexo, porque ele entendia que sua proposta era boa para os dois lados. Teve dificuldades para perdoar a teimosia de Matheus.

O contrato de Sócrates expirava em 3 de agosto de 1980 e as negociações para a renovação se converteram numa novela que durou semanas, deixando a imprensa inflamada e os torcedores tensos. Sócrates fez quatro jogos pela seleção em junho — contra México, União Soviética, Chile e Polônia — e retornou ao clube como o novo capitão do Brasil, após receber a faixa na vitória por 2 × 0 sobre o México. Mas ele não ficou no Parque São Jorge por muito tempo.

O Corinthians terminou o Campeonato Brasileiro em quinto lugar e não se classificou para as semifinais do Campeonato Paulista em julho, e a parada forçada de três semanas deu às duas partes a oportunidade de resolver a situação. As posturas de ambos os lados, no entanto, endureceram-se e ninguém queria ceder, mesmo depois que a ausência de Sócrates foi sentida na derrota para o São Paulo por 4 × 0, no primeiro jogo do segundo turno do Paulista. Uma vez mais, Sócrates ameaçou se aposentar se não fosse remunerado como achava justo e, quando perguntado sobre quais eram suas chances de ficar no Corinthians, numa escala de 1 a 100, ele respondeu: "Nenhuma".

Dois dias depois da derrota para o São Paulo, o pai de Sócrates tentou reativar as negociações com uma proposta de

33,6 milhões de cruzeiros (1,24 milhão de dólares) por dois anos. Depois de consultar o Flamengo e o Internacional para saber quanto pagavam a Zico e Falcão, os dois maiores salários do Brasil, o Corinthians respondeu com uma oferta máxima de 28,4 milhões de cruzeiros (1,05 milhão de dólares).

Sócrates tinha três fatores trabalhando a seu favor no impasse frente à famosa teimosia de Matheus. O primeiro era o fato de o Corinthians estar em um momento ruim e obviamente sentindo a falta de seu melhor jogador. O time tinha vencido apenas três jogos em nove rodadas desde o começo de julho, e perdido três de quatro clássicos, dois deles para o São Paulo, rival contra o qual havia ficado invicto durante quatro anos.

O segundo fator era o retorno de Osvaldo Brandão, substituto de Orlando Fantoni, que havia treinado a equipe por apenas treze jogos. Brandão tinha deixado o Corinthians alguns meses antes de Sócrates chegar, em 1978, e tivera algum sucesso na Ponte Preta, na Portuguesa e no Palmeiras. Era muito experiente e tinha ótimo olho para bons jogadores. Brandão queria Sócrates de volta ao Corinthians e uma das primeiras coisas que fez foi insistir com ele e com Matheus para que solucionassem o problema.

O terceiro fator era que outros clubes estavam acompanhando a novela com interesse. O São Paulo pediu publicamente para conversar com Sócrates — oferecendo, numa troca, o centroavante Serginho, que jogaria a Copa do Mundo pelo Brasil — e o Flamengo preparou uma oferta de 30 milhões de cruzeiros (1,1 milhão de dólares) mais o meio-campista Adílio. O Internacional enviou olheiros de Porto Alegre, e o Santos e o Botafogo também demonstraram interesse. Matheus era maluco, mas não estúpido, e sabia qual seria a reação da torcida se ele vendesse seu melhor jogador para um rival.

Seu Raimundo apresentou uma nova proposta que incluía o direito de usar o distintivo do Corinthians em acordos de publicidade, assim como 10% da bilheteria de amistosos no Brasil e 15% de amistosos internacionais. Matheus acusou Sócrates de querer "metade do Parque São Jorge" e vazou suas exigências para a imprensa, descaradamente dizendo a um programa de rádio que Sócrates estava pedindo um percentual da bilheteria de todos os jogos do Corinthians, não apenas dos amistosos. A mentira enfureceu Sócrates ainda mais.

Sócrates estava atento ao fato de que muitos dos torcedores que pagavam ingressos para vê-lo ganhavam o salário mínimo de 4.149 cruzeiros (78 dólares) por mês, e se preocupava com a possibilidade de perder o apoio da torcida definitivamente, mesmo se voltasse ao clube. Torcedores que participavam de programas de rádio por telefone responderam a uma pesquisa que mostrou que a opinião geral era a de que Sócrates estava pedindo demais. Ele já tinha sido injustamente acusado de mercenário e a última coisa que desejava era mais repúdio da arquibancada. Depois de ir a Ribeirão Preto encontrar familiares e amigos, ele voltou a São Paulo com uma atitude diferente. Sócrates retornou aos treinos no dia 19 de agosto e pediu aos torcedores que o apoiassem.

"Nenhum jogador pode se sentir indesejado em seu próprio clube", ele disse. "O maior estímulo para um atleta é ter a torcida a seu lado. Se não fosse por isso, eu não concordaria em permanecer no Corinthians. E para que isso aconteça, eu vou precisar de uma base, de condições psicológicas. [...] Eu não posso assumir a responsabilidade pelo time", acrescentou. "Acho que preciso ter consciência profissional e mostrar meu valor no campo. Se o clube me paga X ou Y, é por causa do que sou capaz de fazer. Eu não vou jogar bem ou mal dependendo do que ganho, mas sim pelo que posso fazer. Eu acho que um cara deve ganhar de acordo com o que ele dá para a empresa."[10]

Era uma estratégia preventiva. Sócrates não aguentava mais a incerteza e os jogos de cena. Ele apareceu sem avisar na casa de Matheus no dia seguinte e ambos rapidamente acertaram um acordo. Quando terminaram, Sócrates telefonou para o pai, para que ele viesse e finalizasse os detalhes. Quando os papéis estavam assinados, Matheus pediu comida, e eles jantaram frango a passarinho e tomaram vinho e uísque por longas horas.

Embora os termos do contrato não tenham sido divulgados, os jornais especularam que Sócrates ganharia luvas de 12 milhões de cruzeiros (219 mil dólares) pela assinatura, e salário de 500 mil cruzeiros (9.100 dólares) por mês no primeiro ano e 700 mil cruzeiros (7.100 dólares) por mês no segundo ano [a diferença de câmbio se deve à redução do valor do dólar]. Matheus disse que Sócrates tinha passado a ser um dos mais bem pagos jogadores do Brasil, e Sócrates declarou que não precisaria mais se preocupar com dinheiro.[11]

Sócrates também afirmou que a promessa de uma maior participação na forma como o time era administrado foi o fator-chave para que ele assinasse o compromisso. Mas ele ainda via um problema. Em meio às negociações, tinha admitido que ainda não amava o clube e se enxergava como um empregado de uma multinacional. Estava apenas sendo honesto, mas sabia que esse nível de franqueza era perigoso quando se tratava de Corinthians. Sócrates estava ansioso pela recepção que teria no jogo contra o América e se sentia nervoso quando entrou no Pacaembu.

A preocupação era desnecessária. Torcedores do lado de fora gritaram "Doutor! Doutor!" quando ele desceu do ônibus, e seu nome foi o mais aplaudido quando as escalações foram anunciadas. Era seu primeiro jogo em quase sete semanas e Sócrates recompensou o público de 37 mil pessoas com uma atuação extraordinária na vitória por 2 × 1. Quando o América saiu na frente, aos três minutos do segundo tempo, ele pegou a bola e lentamente caminhou até o centro do campo, num gesto calculado para dar confiança aos jogadores e mostrar à torcida que, apesar de toda a controvérsia, ele não tinha mudado. Cinco minutos depois, sofreu falta dentro da área e cobrou o pênalti. Sócrates também se envolveu na jogada do gol da vitória, de Toninho, dezessete minutos mais tarde.

Cercado pelos repórteres e câmeras de TV depois do jogo, Sócrates tentou explicar o que aquilo tudo significava para ele, mas logo isso ficou impossível. Cerca de duzentos torcedores extasiados conseguiram entrar no vestiário, gritando seu nome. Eles passaram pelos jornalistas e pelos outros jogadores, então o levantaram do chão, celebrando seu retorno. Finalmente, Sócrates não conseguiu se conter e chorou.

O novo contrato fez dele um dos jogadores mais bem remunerados do país, e trouxe uma nova lista de responsabilidades. A principal era a necessidade de provar aos torcedores que tinha passado a ser um deles, que a luta para assinar um novo acordo o havia comprometido de corpo e, principalmente, de alma com o clube.

Ele comemorou o gol de pênalti contra o América correndo para a torcida, com os braços abertos e os punhos cerrados. O tipo de celebração que seus companheiros tinham insistido para que ele adotasse durante anos, mas Sócrates não se sentia confortável fingindo que amava o time tanto quanto aqueles torcedores de vida inteira, que acompanhavam o Corinthians em fases boas e ruins. Sócrates tentava dizer a eles que ser sereno não significava não ter paixão; que ele era capaz de controlar suas emoções pensando num bem maior, ou, em suas palavras, que tinha um "equilíbrio indispensável nos momentos precisos".[12] Ele entendia que os torcedores eram emocionais e que ele era diferente. E entendia que nem todos se identificariam com sua forma de ser. Era a recusa a aceitá-lo como ele era que o incomodava, e ele muitas vezes pediu aos torcedores que apoiassem o time e transformassem sua impetuosidade em algo mais positivo.

Seus apelos eram sinceros e a promessa de Matheus de lhe dar mais participação nos assuntos do clube foram fundamentais para convencê-lo a se esforçar mais. Agora tinha um dos maiores salários do clube, e amigos o convenceram que era vital que ele desse mais em troca.

Sócrates curtiu uma breve lua de mel após assinar o novo contrato. O Corinthians venceu o Marília, o Santos e o XV de Jaú pelo mesmo placar de 3 × 0, fez 4 × 0 no Guarani e perdeu apenas uma vez em catorze jogos, resgatando suas chances de classificação para as semifinais.

Sócrates fez três gols contra o XV e marcou ambos os gols do Corinthians na vitória por 2 × 1 sobre o Palmeiras, totalizando dez gols em catorze jogos. Mas a esquizofrenia que atormentava o Corinthians nunca esteve distante e inevitavelmente reapareceu após uma derrota por 1 × 0 para a Portuguesa, no Morumbi. O Corinthians criou chance após chance, mas não foi capaz de concluí-las e viu o adversário marcar o gol decisivo nos minutos finais.

Os torcedores ficaram malucos e Sócrates novamente foi o alvo principal. Com gritos de "Mercenário!" soando em seus ouvidos, torcedores violentos tentaram agredi-lo ao sair do vestiário e, embora a polícia tenha garantido sua segurança, seu carro não teve a mesma sorte: os torcedores jogaram uma pedra que atravessou o vidro da frente, quebraram as lanternas e amassaram as portas e o capô.[13]

Ele reagiu com tranquilidade, concluindo que não tinha nada a ganhar se atacasse de volta. Sócrates publicamente admitiu que talvez tivesse tratado o futebol como um hobby por tempo demais e prometeu ser mais profissional no futuro. O Corinthians ainda conseguiu se classificar para as semifinais do segundo turno, graças, em grande parte, aos dois gols de Sócrates contra o Noroeste no penúltimo jogo, mas não foi páreo para a Ponte Preta, que fez 4 × 1 no placar agregado de duas partidas.[14]

Isso significava que o time finalizaria a temporada com três semanas de amistosos sem importância. Eles foram especialmente sem significado para Sócrates, que estava ansioso por uma pausa em toda aquela irracionalidade. Ele tinha batalhas mais importantes para travar. Um novo começo com um novo técnico o esperava na seleção. As preparações para sua primeira Copa do Mundo estavam chegando.

CAPÍTULO 7

> Quem tem o dom de liderar é o Sócrates.
> Ele é inteligente, sério na profissão e
> humilde no relacionamento com a gente.
> Funciona como uma espécie de
> ímã do grupo: atrai as dificuldades e
> se encarrega de resolvê-las.
> Zico

Em 30 de março de 1980, Sócrates entrou no Hotel Paineiras, no Rio de Janeiro, para se preparar para um amistoso contra a seleção brasileira de novos. O hotel ficava no alto de uma colina, com vista para o Cristo Redentor. Papagaios e micos apareciam vindos da floresta verde que ficava ao redor. Sócrates chegou ansioso e cumprimentou seus companheiros com abraços e sorrisos. Sentado num sofá estava o técnico Telê Santana, que levantou e lhe deu um caloroso aperto de mão como boas-vindas.

"Cheguei ao hotel apreensivo, pois seria a primeira vez que nos encontraríamos. Não sei exatamente por que, mas sempre me sinto um pouco desconfortável quando devo enfrentar situações desconhecidas, seja por culpa do ambiente ou das pessoas. Felizmente, a maior parte dos outros companheiros eu já conhecia bem. Entrando no hall, percebo algumas pessoas sentadas à minha direita. Dirijo-me até ali para cumprimentá-las, Telê estava entre elas. Percebi que se vestia com simplicidade e estava sentado confortável e discretamente. Quando ele me viu, abriu um largo e tímido sorriso e fez questão de se levantar para se aproximar. Demo-nos as mãos. Seu olhar era profundo e incisivo e despertava absoluta confiança. Sua pele áspera e rude estampava sua trajetória de vida."[1]

"Apesar de sua pequena estrutura, passava uma impressão forte e segura. Não pude deixar de compará-lo a meu pai. Soube, a partir daquele instante, que nos daríamos muito bem. Indivíduos que possuem entre suas virtudes a sensatez e a sinceridade facilitam os relacionamentos, mesmo em posições hierárquicas diferentes. As relações, nesse caso, sempre são transparentes e honestas."[2]

Telê, nascido numa pequena cidade rural em Minas Gerais, tinha nove irmãos. Seu único interesse era o futebol. Ele começou a carreira de jogador no Itabirense, clube local, e foi para o América de São João del-Rei antes de assinar com o Fluminense, onde seu corpo magro e seu estilo incansável lhe renderam o apelido de "Fio de Esperança".[3]

Depois de ganhar uma série de títulos no clube carioca nos anos 1950, o atacante teve passagens mais curtas no Guarani, no Madureira e no Vasco da Gama, até se aposentar e começar a trabalhar como técnico. Nessa posição, tinha vencido campeonatos estaduais com o Fluminense, o Atlético Mineiro e o Grêmio, e chegou à seleção brasileira em 1980 — o primeiro técnico da história a ocupar a posição em tempo integral.[4]

Telê era um homem do futebol que vivia e respirava o jogo. Ele costumava aparecer no centro de treinamento dos clubes em que trabalhava para regar e cortar a grama, porque sabia que os bons jogadores gostavam de jogar em superfícies impecáveis. Os treinamentos eram mais exercícios com a bola do que atividades atléticas, e quando assumiu a seleção, ele convidou times de juniores e equipes locais para enfrentá-los em amistosos, a fim de que seus jogadores se conhecessem num ambiente competitivo.[5]

Era famoso por ser muito exigente, mas seus jogadores o adoravam porque ele era justo e lhes dava liberdade para jogar futebol. Telê escalava os melhores e os estimulava a fazer o que sabiam, sem muitas preocupações com táticas ou filosofias, preferindo focar em manter um equilíbrio e um espírito de equipe que deixava os próprios jogadores cultivarem.

Telê também insistia para que seus atletas jogassem para ganhar — e com estilo. Para ele, as qualidades mais importantes de um jogador e de um homem eram o trabalho duro, a disciplina e a integridade.

"Um cara faz um gol com a mão aos 47 minutos do segundo tempo e ganha o jogo. Isso me satisfaz? Não. Eu vou receber a gratificação pela vitória, mas vou ficar com vergonha por ganhar o jogo assim. Eu quero ver o bom futebol. Todo mundo quer ver o bom futebol. Isso não é melhor do que ver pontapés, chutar a bola para qualquer lado? Eu não vou ao campo para ver isso."[6]

Telê assumiu a seleção em fevereiro de 1980, apenas quinze dias depois de o Palmeiras que ele dirigia ter perdido para o Corinthians na semifinal atrasada do Campeonato Paulista de 1979. A eliminação do Brasil pelo Paraguai na Copa América de 1979 foi o segundo fracasso consecutivo de Claudio Coutinho, algo imperdoável para técnicos brasileiros. Novas ideias eram necessárias.

Na noite seguinte à apresentação dos convocados para o jogo contra a seleção de novos, Telê deixou claro que Sócrates não seria titular absoluto, o que surpreendeu a muitos porque se tratava de um dos mais extraordinários jogadores brasileiros naquele momento. O técnico explicou que queria ver seus jogadores atuando nas mesmas posições que ocupavam nos clubes, e Sócrates estava jogando como meio-campista mais recuado no Corinthians. Ele queria um centroavante mais ortodoxo e deu o papel a Reinaldo.

Sócrates substituiu Falcão no intervalo do jogo (um de sete substitutos, incluindo, curiosamente, Baltazar, que jogou nos dois times) e deu mais fluidez ao time. Após fazer 2 × 0 no primeiro tempo, o Brasil melhorou no segundo e ganhou por 7 × 0.

A decisão de Telê de manter Sócrates no banco era uma tentativa, sem muita convicção, de testá-lo. Telê não conhecia Sócrates pessoalmente, mas tinha ouvido os mesmos rumores que as outras pessoas e não estava certo de que ele tinha a disciplina necessária para jogar em seu time.

Jornalistas mais próximos tinham avisado Sócrates de que precisava ganhar a confiança do novo técnico, e ele fez o papel do bom moço. Calmamente, aceitou um lugar no banco e passou no teste com louvor. Telê o escalou para começar o jogo seguinte, um mês depois. Outra partida não oficial no Maracanã, dessa vez contra uma seleção de Minas Gerais. Sócrates fez o terceiro gol na vitória por 4 × 0 e causou boa impressão. Quando escolheu o time para enfrentar o México, em junho, Telê deu a faixa de capitão a Sócrates, o que ele chamou de "uma surpresa muito agradável".

"Sabia que aquilo era uma tremenda responsabilidade que ele colocava sobre os meus ombros. Chegar à seleção brasileira sempre foi um sonho e foi o que me fez retardar a carreira médica, mas jamais havia imaginado que um dia assumiria algo tão portentoso. Carregar aquela tarja verde-amarela no braço esquerdo era um peso e uma honra que eu precisava entender exatamente o que representava. Porém, mesmo assustado com a novidade, sentia-me orgulhoso e confiante. O que mais me intrigava era: por que ele havia me escolhido, se no primeiro jogo nem mesmo fui titular? Que tipo de lógica ele tinha utilizado para determinar essa nova ordem? Até hoje não tenho convicção das suas razões, mesmo que tenha suposições que eventualmente possam esclarecer essas dúvidas, mas só ele pode responder a essas questões. Só sabia que a partir dali eu teria, mais do que nunca, que fazer de tudo para corresponder à sua confiança."[7]

O ano de 1980 foi um período de transição na seleção. Depois dos dois jogos contra o time de novos e a seleção mineira, o Brasil jogou nove amistosos oficiais, perdendo apenas um, para a União Soviética, por 2 × 1, em junho. Utilizado fora de sua posição, como atacante pela direita, Sócrates fez seu pior jogo pela seleção até aquele momento e foi vaiado ao ser substituído — merecidamente, disse — porque tanto ele quanto o time não jogaram nada que se aproximasse de seus melhores níveis.

Aquele, porém, seria o único contratempo. Chile, Uruguai, Paraguai (duas vezes) e Suíça foram todos derrotados, e a Polônia saiu do Morumbi com um empate em 1 × 1. Sócrates foi o capitão do time em todos os jogos.

Os amistosos foram uma preparação para a Copa Ouro, no final do ano. Um torneio organizado para comemorar o aniversário de cinquenta anos da primeira Copa do Mundo, no Uruguai, em 1930. Também conhecido como Mundialito, o torneio foi disputado por todos os campeões mundiais, exceto a Inglaterra, que recusou o convite e foi substituída pela Holanda, finalista nas duas Copas anteriores.

Para o Brasil, o Mundialito seria uma reminiscência de duas das suas Copas do Mundo mais memoráveis, mas por razões muito diferentes. Assim como em 1970, a seleção viajou para a competição com poucos torcedores acreditando na conquista. E da mesma maneira que havia feito no México, o Brasil desafiou as previsões mais pessimistas e as probabilidades. O time não teve dois dos seus melhores jogadores, Zico e Reinaldo, que, machucados, nem viajaram. E o goleiro Carlos, titular, voltou para casa após deslocar o ombro no primeiro jogo.

O Brasil ficou no grupo B, com Argentina e Alemanha Ocidental. O vencedor do grupo iria para a final, onde encontraria o ganhador do grupo A, que tinha Uruguai, Holanda e Itália. Sócrates estava em ótima forma, marcando gols por um inconsistente time do Corinthians. Ele se recuperou de uma lesão no joelho sofrida num treino e foi liberado para jogar na estreia do Brasil, contra a Argentina.

Os argentinos não venciam a seleção brasileira desde março de 1970, e estavam dispostos a quebrar a sequência. Foi um clássico sul-americano tipicamente tumultuado, com Diego Maradona abrindo o placar com meia hora de jogo, e Edevaldo empatando logo no início do segundo tempo. O Brasil teve diversas e ótimas chances para marcar novamente, além de um gol equivocadamente anulado por impedimento, enquanto a Argentina teve uma bola na trave e perdeu um gol claro. No apito final, em vez de camisas, os jogadores trocaram socos no círculo central.

O resultado significou que o Brasil precisava vencer a Alemanha Ocidental — que tinha perdido na estreia para a Argentina, por 2 × 1 — por dois gols de diferença para avançar à final.

Uma vez mais, o Brasil ficou em desvantagem, quando Klaus Allofs completou um cruzamento aos 9 minutos do segundo tempo. Mas a seleção se recuperou e atropelou os campeões europeus. Júnior empatou com um bonito gol de falta aos 12 minutos, Cerezo colocou o Brasil à frente três minutos mais tarde, e depois, aos trinta do segundo tempo, veio o gol decisivo, quando Sócrates, em sua única contribuição real em todo o jogo, passou pelo defensor Bernard Dietz e rolou a bola para Serginho marcar. Zé Sérgio ainda fez o quarto gol, aos 36 da etapa final.

A vitória classificou o Brasil para a final contra os anfitriões, que tinham deliciado a torcida local ao bater os frágeis times da Holanda e da Itália pelo mesmo placar, 2 × 0.

A final, entretanto, relembrou uma Copa do Mundo menos feliz para o Brasil: o *Maracanazo* de 1950, quando a seleção perdeu para o Uruguai por 2 × 1. Da mesma forma que trinta anos antes, o Brasil era o favorito, mas foi surpreendido pela força e pela determinação do Uruguai. O time da casa marcou aos 5 minutos do segundo tempo, quando uma hesitação na defesa permitiu um chute de curta distância de Jorge Barrios. Após uma jogada que começou no meio do campo, Sócrates foi derrubado na área doze minutos mais tarde. Ele mesmo cobrou o pênalti e empatou. Mas o Uruguai reagiu e retomou a vantagem faltando dez minutos para o fim do jogo, graças a outro erro defensivo.

E foi isso, com o placar de 2 × 1, não só repetindo o famoso resultado de 1950, mas também marcando a primeira vitória do Uruguai sobre o Brasil em mais de vinte anos.

O torneio deu a Sócrates uma fundamental experiência internacional, mas ele pareceu despreparado para o aumento da exigência física no enfrentamento com os melhores do mundo. Sem Zico e Reinaldo, Telê o escalou fora de posição, como um atacante de referência, e seu real impacto aconteceu quando ele recuou para abrir espaço para o centroavante Serginho. Se o torneio teve algo de memorável para ele, foi o bigode mexicano que usou na estreia contra a Argentina — raspado no dia seguinte, por causa da intensa zombaria dos companheiros.

Do Uruguai, a seleção partiu para uma turnê latino-americana que teve dois amistosos e dois jogos de eliminatórias para a Copa do Mundo. O Brasil levou sorte por cair no grupo mais fácil, com Bolívia e Venezuela, mas se preocupava com o jogo em La Paz, por isso viajou à Colômbia e ao Equador a fim de se preparar na altitude para o que considerava um jogo chave. Após empatar em 1 × 1 com a Colômbia, a seleção venceu a

Venezuela por 1 × 0 pelas eliminatórias, e goleou o Equador por 6 × 0 em um amistoso nas montanhas de Quito.

O jogo contra a Bolívia foi o mais difícil de todos, mas Sócrates deu um espetáculo e justificou a decisão de Telê de fazer dele um líder. Embora tivesse sérias dúvidas sobre sua forma física para suportar o ar rarefeito em La Paz, ele ofereceu uma grande exibição, marcando o primeiro do Brasil e dando o passe para o gol de Reinaldo. Sócrates recebeu oxigênio no intervalo e também ao lado do campo durante a partida, enquanto o Brasil lutava para conter a Bolívia depois da expulsão de Cerezo, com uma hora de jogo. O jogo deveria estar resolvido àquela altura, pois a seleção tinha mandado três bolas na trave, mas o time se segurou até o final, assim como as pernas de Sócrates. Ele perdeu quatro quilos durante o confronto. Mas quando voltou para casa, seu prestígio estava maior do que nunca.

Após as vitórias fáceis em casa, contra Bolívia e Venezuela, garantirem um lugar na Copa da Espanha, a seleção foi para a Europa para testar sua força contra os melhores do mundo. A excursão de duas semanas para enfrentar Inglaterra, França e Alemanha Ocidental foi a primeira viagem de Sócrates para fora da América do Sul, e ele ficou fascinado pelo que tinha ouvido de repórteres a respeito de Londres, Paris, as galerias e os museus. Ver a Mona Lisa no Louvre era sua prioridade, ele disse, mas a fotografia mais memorável da viagem foi a que o exibia feliz da vida ao descer de um ônibus vermelho de dois andares em Londres.

As lições de cultura, no entanto, aconteceram nos campos de jogo, onde o Brasil superou com classe os três adversários. A vitória por 1 × 0 em Wembley marcou a primeira vez que a Inglaterra perdeu em casa para um rival sul-americano. Os 3 × 1 em Paris significaram a primeira derrota dos franceses no Parque dos Príncipes desde 1975. E a vitória por 2 × 1 sobre a Alemanha Ocidental mostrou uma superioridade brasileira bem maior que a sugerida pelo placar.

Os resultados restauraram um pouco do brilho que o Brasil tinha perdido na década sombria depois de sua última conquista de Copa do Mundo. Os alemães chamaram a seleção de "o melhor time do mundo", e as casas de apostas inglesas calcularam que o Brasil era o favorito para ganhar seu quarto Mundial um ano mais tarde. O sucesso levou a torcida brasileira a enxergar a disputa de mais um título quase como uma formalidade, enquanto a mídia europeia elevou Sócrates e Zico ao seleto grupo das estrelas mundiais, junto com Karl-Heinz Rummenigge, Ruud Krol, Diego Maradona e Kevin Keegan.

Sócrates se sentiu lisonjeado pelos elogios, mas, sempre na direção oposta da maioria, disse que talvez fosse melhor o Brasil não ter ganhado os três jogos de forma tão convincente, porque tamanha superioridade poderia levar a crer que não havia necessidade de melhora até o evento principal.

"O perigo está aqui em nós mesmos", ele disse, profeticamente. "Melhor que o Brasil não tem ninguém. Temos que acreditar nisso, pois foi o que constatamos na Europa. Mas — e acho que se concentra aí o ponto central da questão — não podemos nos acomodar e meter na cabeça que ninguém pode nos vencer. Creio que esse será nosso grande desafio daqui para a frente."[8]

Depois de derrotar a Alemanha Ocidental, os jogadores saíram para tomar cerveja e comemorar em Stuttgart. Repórteres, ao encontrarem Sócrates cercado por companheiros e garrafas de cerveja, perguntaram se poderiam gravar uma entrevista. Sócrates concordou e um repórter se moveu para retirar as garrafas vazias da mesa.

"O que é isso, rapaz?", perguntou Sócrates.

"É para não comprometer sua imagem...", o repórter respondeu.

"Larga isso aí!", Sócrates gritou. "Eu bebo na hora que quero. Já estou velho e cheio de filhos. Só tenho um pai e não preciso de outro."[9]

Nem a atenção mais intensa recebida no Corinthians, nem a ascensão na seleção fizeram Sócrates beber menos. Ele se recusava a esconder seus hábitos e queria que as pessoas soubessem que era um futebolista profissional que podia atuar no nível máximo, não se importando com o que pensavam dele.

Vencer depois de beber era melhor do que apenas vencer, porque oferecia a resposta perfeita para quem dizia que jogadores de futebol deveriam tratar seus corpos como templos.

"Hoje, quando me elogiam, ninguém fala que fumo meus cigarros e que gosto de tomar meus chopinhos", disse. "Engraçado, por que só falam isso quando estou mal? O futebol é mesmo uma coisa muito instável e ilusória."[10]

Sócrates já vivia em São Paulo fazia quase três anos e estava começando a ganhar a reputação que merecia em relação à bebida. Depois de passar os primeiros anos na cidade bebendo em casa ou com discrição, ele já havia feito amigos e a metrópole não o assustava mais como antes. Jogadores tinham seus pontos preferidos e os repórteres os conheciam, mas não faziam uso dessa informação, porque isso significaria o fim do acesso privilegiado aos atletas. Ocasionalmente, conselheiros ou outras figuras dentro dos clubes reclamavam dos excessos dos jogadores, mas Sócrates os achava ingênuos por não entenderem que a bebida preferida dos futebolistas não era a cerveja, mas a cachaça, muito mais forte. Tomar cerveja era o menor dos males e ele entendia que os jogadores de futebol deveriam ser parabenizados por pegar relativamente leve e não esconder o que faziam.

Sua recusa em se desculpar por seus hábitos lhe causou dificuldades no Corinthians, mas ele preferia confrontar os críticos a se esconder. Havia bares dentro do Parque São Jorge e, antes de Sócrates chegar ao clube, os jogadores raramente ousavam beber lá, porque os torcedores poderiam ver. Se perdessem um jogo no dia seguinte, eles sabiam que a resposta seria imediata e desagradável.

Após se estabelecer como o jogador de mais destaque no clube no início da década, Sócrates tinha prazer em levar os jogadores ao Bar da Torre. Localizado embaixo de uma torre de água, a cerca de cinquenta metros do vestiário dos atletas, o bar era um humilde café que vendia aperitivos e bebidas. Nos anos seguintes, os jogadores o chamariam de "o Senado", o local onde eles debateriam sobre a Democracia Corinthiana, mas a princípio era apenas um lugar para relaxar depois dos treinos.

"Quando acabavam os treinos, no sábado de manhã, a gente tomava uma, duas, três caixas de cerveja no Bar da Torre", disse o companheiro Basílio. "Os cornetas e os conselheiros do clube — os velhos, como nós os chamávamos — ficavam putos. Não era todo mundo que entendia. Eles diziam: 'Pô, vocês estão na farra, bebendo? Tem jogo amanhã! Isso é uma bagunça, vocês estão de sacanagem? Se o time perder, vamos bater em vocês'. A gente não estava nem aí. Ninguém saía bêbado, porque éramos um mundo de gente. Mas sabíamos que no outro dia tínhamos que nos apresentar bem para que aquilo não virasse contra nós. E quando começamos a ganhar um jogo após o outro, a cornetada passou a falar: 'Podem deixar, essa rodada a gente paga'."[11]

Beber em público tinha a ver com desafiar a autoridade, mas era também uma questão de companheirismo. Sócrates era um animal social e nada o fazia mais feliz do que estar cercado de amigos: bebendo, rindo e caçoando dos outros sem dó. O lado escuro dessa sociabilidade, entretanto, era o medo de se sentir sozinho. Era uma fraqueza tipicamente brasileira, que em seu caso tanto podia ser cômica quanto irritante, e que, por vezes, levou a problemas com seus amigos. Sócrates com frequência dava festas que iam até o amanhecer. Ele não tinha nenhuma dificuldade para beber a noite inteira, mas nem todos achavam tão fácil. Se alguém não aguentasse, tudo bem. Mas deixá-lo beber sozinho era uma ofensa, e se a festa começava a esvaziar antes que ele estivesse pronto para decretar seu final, Sócrates escondia a chave da porta para que ninguém saísse. Em São Paulo, ele fechava a chapelaria do hotel Hilton, onde comemorava seu aniversário, para que as mulheres não pudessem pegar seus casacos e bolsas para ir embora. No Rio, onde morou numa mansão cercada por um muro alto, trancava a porta e jogava a chave fora.[12]

"Depois que todo mundo chegava, ele jogava a chave da casa do outro lado do muro, e o muro era alto", relembrou Leandro, seu companheiro na seleção e no Flamengo. "A primeira pessoa que queria ir embora era quem descobria. Mas ele dizia: 'Eu não sei onde a chave está, alguém deve ter pegado, talvez alguma das crianças, tá cheio de crianças correndo por aqui'. Eu adorava. Era solteiro e se tivesse que ficar até as seis, sete horas da manhã, pra mim estava tudo bem. Mas tinha uns caras que eram casados e precisavam ir embora. Algumas pessoas nunca mais voltavam. Eles diziam: 'Sócrates, eu amo você, mas, da próxima vez, você vem para a minha casa, ou a gente pode se encontrar em algum restaurante, mas eu não volto mais aqui pra ficar trancado de novo'. [...] Quando ele fazia isso de jogar a chave fora, o que ele queria dizer, na verdade, era: 'Que bom que você está aqui, eu adoro ter você ao meu lado. Isso é importante para mim e eu vou manter você ao meu redor o máximo que eu puder'. Ele sempre ficava muito feliz ao estar cercado por pessoas. Tinha dois lados: adorava ler e ficar sozinho, mas preferia estar com muita gente, conversando, bebendo cerveja e dando risada."[13]

Sócrates nunca intelectualizou o futebol. De fato, nunca foi de falar muito sobre o jogo. Ele acreditava que o futebol era um esporte para ser jogado e assistido, não para ser discutido. Escutava pacientemente os torcedores quando eles falavam sobre jogos e gols, mas achava a conversa entediante. Ele não gostava de análises e muito menos de nostalgia. Como muitos outros grandes jogadores, Sócrates não era capaz de explicar como fazia o que fazia, e não tinha nenhuma intenção de tentar.

Ele nem mesmo via os jogos em que atuava. No início de sua carreira, teve a chance de rever seu desempenho em vídeo e concluiu que preferia se lembrar do próprio ponto de vista no campo. Depois disso, quase nunca assistiu a gravações de seus jogos.[14]

Em vez de falar sobre futebol, Sócrates falava sobre todo o resto. Sua persona pública, especialmente depois que ele foi parar nas manchetes por suas visões políticas e ativismo social, era a de um homem sério com voz rouca, que de modo casual transmitia palavras inteligentes sobre temas importantes. Mas para as pessoas que conviviam com ele, para seus familiares, entrevistadores, para os que ouviam suas palestras e apresentações depois que Sócrates se aposentou, ele não era nada sério. Era engraçado e irônico consigo mesmo, tirava sarro de todo mundo sempre que podia.

"Sacaneava tudo, sacaneava todos, como muitos jogadores", disse Mauro Beting, jornalista que trabalhou com Sócrates na televisão e apresentou algumas das palestras corporativas que ele deu alguns anos antes de sua morte. "Mas às vezes, no meio da piada, no meio do humor ferino, na sacanagem, ele vinha com algum conceito de erudição. E aí, nessa erudição, ele ia entrando numa espiral, ia girando, girando, girando e às vezes se perdia completamente. Ele tinha essa coisa de estar sacaneando, mas aí vinha alguma coisa, um tema na cabeça e ele começava a falar sério pra caralho e depois voltava.

"Ele conseguia falar de qualquer coisa. Era impressionante. Ele passava uma paixão e convicção em qualquer assunto, que era muito legal. Um lado meio iconoclasta, mas não daquele iconoclasta inconsequente. Tinha alguns argumentos. Era aquela coisa muito apaixonada e, ao mesmo tempo, um humor ferino muito legal, tão divertido que podia ser a patacoada que fosse, mas era o Sócrates falando. Patacoada no sentido de que era uma bobagem. Podia ser uma coisa mais idiota, mais pueril, ou nada a ver, ou nonsense, ou baseada numa premissa falsa, mas que com ele ganhava um ar de erudição, tipo: 'Não, o Sócrates falou'. E, às vezes, era interessante. 'Não, ele estava bêbado, não estava sóbrio'. E às vezes ele, bêbado, elucubrava raciocínios mais brilhantes ainda. Isso era uma coisa legal, ele já enrolava a voz, porque a voz já era enrolada naturalmente, bebendo às vezes um pouco mais, mas a bebida dava um ar de bom humor, de paz, e ele se divertia pra cacete."[15]

Seu humor cáustico também aparecia em outro de seus passatempos: dar apelidos às pessoas. A informalidade do dia a dia no Brasil faz com que todo mundo tenha um apelido, independentemente de sua origem ou posição social. Essa informalidade prevalece de forma destacada no futebol — onde ninguém conhece Edson, Arthur ou Manoel, mas todos reconhecem Pelé, Zico e Garrincha. Sócrates dava apelidos aos companheiros como uma forma de criar uma conexão instantânea com eles, e não se importava se o alvo tinha alguma objeção. Na verdade, ele se orgulhava por ser capaz de irritá-lo.

Wladimir jamais gostou de ser chamado de "Saci", em referência à mítica criatura do folclore brasileiro. E Zé Maria, o capitão do Corinthians, ficou satisfeito pelo fato de o apelido "Bocão", dado a ele por causa do radiante sorriso que preenchia seu rosto, não ter pegado.

Algumas das ideias de Sócrates eram mais criativas que outras: Maurinho Saquy, amigo que jogou com ele no Botafogo, sempre foi chamado de “Aleijado”, por causa das lesões persistentes que encerraram sua carreira ainda jovem; as entradas no cabelo de Elzo, um meio-campista vigoroso, lhe deram o apelido de “Carequinha”; o lateral Branco era o “Coruja”; Batista era “Barney”, personagem dos *Flintstones*; Júnior era “Capacete”, por causa do corte de cabelo afro; Leandro era chamado de “Piscina de Favela”, pois, de acordo com a explicação de Sócrates, tinha “a cara toda estragada, com dois olhos azuis que destoavam”; o presidente Lula era o “Barba”; e Marinho, também seu companheiro no Botafogo, foi batizado de “Preguiça”, porque odiava treinar. Uma de suas mais memoráveis criações se deu na Fiorentina, com a chegada de um adolescente de Vicenza com um corte de cabelo meio liso, meio ondulado, típico de um pop star dos anos 1980: “Seu nome é Boy George”, Sócrates disse ao garoto, que sorriu com timidez. O nome verdadeiro dele? Roberto Baggio.[16]

Quando Sócrates retornou do giro da seleção pela América Latina, em abril de 1981, encontrou o Corinthians em crise. O clube começou o ano da mesma forma que havia terminado o anterior, ganhando apenas quatro de quinze jogos do Campeonato Brasileiro disputados sem seu líder. Após perder por 4 × 1 em casa para o Santa Cruz, a segunda derrota por três gols em uma semana, Matheus tomou uma decisão drástica: colocou à venda alguns jogadores titulares como Amaral, Geraldão e Vaguinho. Wladimir, o representante dos jogadores, queria que Sócrates interviesse, mas ele estava do outro lado do continente e, quando retornou, três semanas depois, as negociações já haviam sido concluídas.

O futebol de Sócrates melhorou muito durante o ano anterior e suas experiências na seleção haviam sido extremamente benéficas. Telê confiava nele o suficiente para deixá-lo mudar o time ou a tática durante uma partida e ele passou a pensar mais no jogo. Seus chutes ficaram melhores — ele se aproximava mais da bola e batia com mais força — e não havia ninguém no Brasil que passasse e se posicionasse tão bem quanto ele. Tinha se tornado um jogador mais coletivo do que no Botafogo e, ao alcançar melhor forma física, era mais consistente em campo. A subida de produção, ele disse, se devia à maturidade e à responsabilidade que precisava exercitar em casa. Um segundo filho, Gustavo, nasceu em 1977, e Marcelo veio dois anos depois. Ainda que Sócrates frequentemente agisse mais como irmão mais velho do que como pai, ele acreditava que o aumento de responsabilidade produzia um efeito em sua forma de jogar.

"Tenho muito claro para mim que meu jogo melhorou como consequência de um amadurecimento pessoal. A experiência de vida, a tranquilidade interior e a segurança são fatores que influem no meu rendimento. Sabe por quê? Porque eu precisei fazer tudo muito cedo. Antes dos dezessete já estava na faculdade, onde convivi com pessoas mais velhas e interessantes. Aos dezenove anos, era jogador profissional e me mantinha com recursos próprios. Aos vinte, casei — e não precisei pedir dinheiro à família. Aos 21, era pai. Quando cheguei à seleção, aos 25, estava com a cabeça feita. E foi tudo mais fácil."[17]

Mas mesmo com seu principal jogador de volta, o Corinthians não foi bem no Campeonato Paulista. Sócrates estava em forma e, em junho, fez dois gols que estão entre os que considerava os mais bonitos de sua carreira: um de calcanhar contra o Guarani, em Campinas, e outro maravilhoso, uma semana depois, contra o Botafogo, quando, na entrada da área e de costas para o gol, ele ergueu a bola com o pé direito dando um lençol no defensor, girou e bateu de voleio com o pé esquerdo.

Infelizmente para o Corinthians, ele não vinha dominando as partidas como tinha feito pela seleção brasileira algumas semanas antes, e demorou um pouco até recuperar o melhor ritmo. Ele defendeu sua escassa influência nos jogos como algo temporário, uma fase que resultava de sua ausência de quase quatro meses do clube. Sócrates ficou surpreso com as mudanças no time enquanto esteve longe. O Corinthians contratou vários jogadores para substituir os que haviam sido dispensados por Matheus, e Sócrates se preocupava com a possibilidade de o time voltar a jogar da maneira apressada que não via como a ideal. Ele ainda não tinha estabelecido uma conexão com os novos companheiros e sentia dificuldades para jogar com eles e por eles. Os jogadores da seleção eram seus amigos, pessoas por quem ele sentia muito respeito por causa de suas carreiras internacionais, e isso fazia muita diferença em suas atuações. Acreditava que jogava melhor quando estava entre amigos do que com estranhos. "O futebol para mim é apenas uma passagem", disse. "O que vale é a amizade."[18]

Sócrates também era jogador de jogos grandes, um desses homens que têm a capacidade de elevar seu nível de atuação para os encontros que mais importam. Gostava dos jogos em estádios imensos, com ampla cobertura da mídia e intensa pressão da torcida. Não é que simplesmente gostasse dessas ocasiões; ele acreditava que jogar contra a Argentina no Monumental de Núñez lotado era mais fácil do que encontrar motivação para enfrentar o São Bento diante de algumas centenas de pessoas em Sorocaba.

Os jogos do campeonato estadual deveriam ser mais fáceis para os atletas do Corinthians, mas as dificuldades continuaram na segunda metade do ano. Sócrates disputou dezenove das 25 rodadas do Paulista entre agosto e novembro, e o torneio ganhou mais importância do que nunca por ser classificatório para o Campeonato Brasileiro de 1982. Os melhores sete times dos estaduais se classificavam para a competição nacional, mas o Corinthians ganhou apenas oito jogos e ficou em oitavo lugar, fora da zona de classificação. O resultado significou que o clube iniciaria o ano de 1982 na Taça de Prata — efetivamente, a segunda divisão brasileira.

A crise era, em parte, um reflexo do que acontecia no campo. O técnico Osvaldo Brandão pediu demissão em 15 de julho, após um empate em 3 × 3, em casa, com o Juventus. Ele foi substituído pelo treinador de goleiros Julinho, que durou apenas três meses no cargo. Mário Travaglini assumiu no final de setembro e se tornaria um aliado importante para Sócrates no decorrer do ano, mas as mudanças mais importantes haviam acontecido no nível da diretoria.

O estatuto do clube impedia Vicente Matheus de concorrer a um terceiro mandato consecutivo como presidente, mas o astuto dirigente fez um acordo com Waldemar Pires, seu vice e amigo. Matheus não queria deixar o poder e Pires estava satisfeito em ser o número dois — de modo que, embora tenham trocado de papéis na chapa da eleição, eles combinaram que deixariam tudo como era antes, com Matheus no comando e Pires como seu assistente. A manobra era clara para todos, mas ninguém se importava e quando os votos foram contados, no começo de abril, eles venceram. O novo arranjo funcionou bem durante os meses de inverno, mas começou a desmoronar de forma memorável quando o autoritário Matheus foi longe demais: ele não apenas se recusou a desocupar o escritório e a vaga de estacionamento da presidência, como seus seguranças impediram Pires de se sentar no camarote da diretoria para ver um jogo.

A humilhação levou Pires a agir e, em agosto, ele surpreendeu a todos — Matheus, em particular — ao exigir seu devido posto como presidente. A princípio, Matheus hesitou. Depois recuou e, quando percebeu que o ex-aliado não mudaria de ideia, ele renunciou, deixando Pires montar seu próprio time.

O episódio teria profundo impacto no futuro do clube, mas, para Sócrates, o presente exigia mudanças nas suas próprias perspectivas e em sua maneira de ver as coisas. Ele havia enfrentado dificuldades de adaptação no Corinthians, mas, passados dois anos e meio, o pior já tinha ficado para trás e ele estava pronto para admitir que tinha desenvolvido sentimentos pelo clube.

Talvez tenha sido em função de sua posição de destaque em relação aos torcedores. Ele era o único corintiano numa seleção que tinha seis jogadores do São Paulo, cinco do Atlético Mineiro e três do Flamengo, e a torcida do Corinthians percebia que ele era o jogador de brilho intenso em um time que, de resto, era mediano.

Talvez tenha sido por todos os conflitos vividos. Os companheiros sempre pediram para que ele abraçasse o fato de a torcida do Corinthians não se importar apenas com o resultado dos jogos e, após assinar um novo contrato, ele decidiu aceitar a paixão lunática dos torcedores e tentar ver seu lado positivo. Talvez tenha sido todo o tempo passado com a seleção e sua ausência do clube, mas o fato é que seu coração se sentia diferente.

Seja qual for a razão, enquanto estava nas frias montanhas colombianas assistindo ao Corinthians passar de um constrangimento a outro, Sócrates escreveu uma carta de amor apaixonado ao Corinthians, pedindo mais espaço no clube e declarando que, finalmente, não era só mais um jogador do time, mas também um torcedor.

"Descobri um negócio importantíssimo aqui na Colômbia", Sócrates escreveu. "Se por acaso parasse de jogar futebol agora, eu torceria para o Corinthians (e um pouco para o Botafogo de Ribeirão Preto) até o fim da vida. Deve ser por isso que estou cada vez mais louco de vontade de vestir outra vez essa camisa que aprendi a amar por causa de vocês."[19]

Foi uma atitude bastante apropriada. Porque as mudanças na diretoria eram o prenúncio de uma revolução no Parque São Jorge. A forma como Sócrates agiria ao longo do ano seguinte acabaria definindo sua carreira.

CAPÍTULO 8

> O que aconteceu ali é dessas raras coincidências que acontecem na história. De repente, no mesmo lugar, juntaram-se pessoas com cabeças diferentes, mas voltadas mais ou menos para a mesma direção e no meio de uma baita necessidade.
>
> Juca Kfouri

Em 1977, quando o Botafogo estava jogando bem e os prêmios por vitória se acumulavam, Sócrates procurou seus companheiros com uma ideia. Ele ainda não tinha interesse em política ou partidos políticos, mas via injustiças e desigualdades a seu redor e decidiu falar em nome dos homens e mulheres que ajudavam o clube nos dias de jogos. Ele achava que o massagista, a moça da lavanderia e o faxineiro do estádio tinham papéis quase tão importantes quanto os do lateral direito, do goleiro reserva e do assistente técnico, e propôs que ficassem com uma porcentagem da premiação.

"Olha, até a dona Palmira que lava roupa", ele disse aos companheiros depois de um treino. "Vamos estender à dona Palmira, porque se a gente está aqui hoje com o uniforme limpo, isso se deve a ela. E o Compadinho, zelador do estádio? O Sebinho não pegava nada. Isso aqui não está certo. Nós estamos numa fase boa. Vamos dividir com todo mundo."[1]

Seus companheiros gostaram da ideia e decidiram oferecer aos funcionários um quinto dos prêmios pagos aos jogadores. Eles levaram a sugestão aos diretores, que a aprovaram.

Sócrates lutou essa mesma batalha, com sucesso, pouco depois de chegar ao Corinthians, e cerca de um ano mais tarde, liderou outra campanha. Os jogadores recebiam apenas duas camisas oficiais por mês da patrocinadora Topper, e não foram atendidos quando pediram mais à empresa. Se eles quisessem uma camisa extra para alguma ação especial ou para dar de presente a um amigo, teriam de pagar por ela.

Sócrates reuniu os jogadores e sugeriu que treinassem com as camisas viradas do avesso, de modo que a marca da patrocinadora não aparecesse na televisão e nos jornais. Eles concordaram e o efeito foi instantâneo: a Topper reclamou com o clube, que disse que a questão dizia respeito aos jogadores. Dois dias depois, a empresa concordou em dar dez camisas por mês aos jogadores, para uso pessoal.[2]

"Eu lembro que essa foi a primeira vez que ele assumiu um papel de liderança", disse o goleiro Jairo. "Ninguém tinha pensado em Democracia Corinthiana até aquele momento e, para mim, aquele foi o início. Para nós, os jogadores, o respeito que ele tinha por nós e que nós tínhamos por ele não mudou em nada, mas ele começou a ter mais liderança. Ele decidia mais."[3]

Alguns meses depois, em fevereiro de 1981, Sócrates fez seu apelo mais explícito por mais participação na administração do clube. O time do Corinthians passava por um péssimo momento e Sócrates, que estava na Colômbia para disputar as eliminatórias para a Copa do Mundo, fazia muita falta. Para ele, a origem da crise não estava nos jogadores ou nas táticas, mas na hierarquia exagerada que mantinha os jogadores subservientes. Ao mesmo tempo em que expressava seu amor pelo clube, ele pedia mais espaço. A chave do sucesso era fazer gols, dizia, mas a chave para marcar gols era a solidariedade.

"O que se necessita no futebol do Corinthians — e não só no Corinthians, nem unicamente no futebol — é estreitar a distância que separa o patrão do empregado", ele disse à *Placar*. "No nosso caso específico, o empregado, que é o jogador, tem seus deveres muito bem colocados. Tudo perfeito. Só que o relacionamento acaba exatamente aí. Você nunca deixa de ser exclusivamente um empregado. O ser humano não existe. As questões pessoais não são levadas em conta.

"Ora, diante de uma mentalidade dessa, o profissional vai fazer o quê? Vai fazer o essencial, vai bater o seu ponto e vai embora na hora marcada. Ele não tem estímulo para agir além do dever, para criar, para amar seu ambiente de trabalho. Sinceramente, eu respeito e admiro as empresas com capacidade para levar seus funcionários a dizerem em público: 'Nós, da empresa tal...'. Como eu gostaria que o time todo falasse: 'Nós, do Corinthians...' ou 'Nós, corintianos...', e não 'Eu, fulano' ou 'Eu, beltrano'.

"O que eu queria — e sei que outros companheiros também querem — é que o Corinthians fosse a extensão da família de cada um de nós. E, no entanto, não é. Por isso, prometo aos corintianos que, ao voltar a São Paulo, continuarei lutando, com a força do prestígio que adquiri nesses anos de futebol, para mudar esse quadro."[4]

Essas eram as sementes da Democracia Corinthiana que Sócrates vinha plantando havia mais de um ano. Elas finalmente começaram a germinar no final de 1981, nas condições apropriadamente quentes da Bacia do Caribe.

O Corinthians terminou o Campeonato Paulista daquele ano na oitava colocação geral. Como o Estadual definia a classificação ao Campeonato Brasileiro do ano seguinte, o clube, que fez campanha irregular no Paulista, se classificou apenas para a Taça de Prata, uma espécie de Série B. Em 1982, liderou a segunda fase de grupos do torneio e por isso, de acordo com o regulamento da época, saltou para fases avançadas da Taça de Ouro, a primeira divisão.

Ainda em 1981, porém, a eliminação precoce no Paulista deu ao Corinthians tempo no fim do ano para fazer uma excursão de três semanas ao México, Guatemala e Curaçao. O time ganhou o troféu Feira de Hidalgo em Pachuca, ao vencer o Independiente (da Argentina, por 2 × 1) e o Club América (do México, por 2 × 0). Depois, voou para a Guatemala, onde venceu o Comunicaciones por 1 × 0 e empatou em 0 × 0 com o Aurora. A viagem terminou em Curaçao, com uma goleada de 6 × 0 sobre a seleção do país.[5]

Muitos jogadores nunca tinham passado tanto tempo longe de suas famílias e tiveram dificuldades para lidar com o ambiente estranho, o idioma estrangeiro e os longos períodos de tédio que caracterizam essas viagens. Sócrates ficou chateado por perder o aniversário de um de seus filhos; Paulo Cézar expressou sua frustração por não ser titular; e Caçapava chorava quando ouvia os *mariachis* cantando melosas baladas românticas na Cidade do México.

Mas em vez de permitir que a viagem os afetasse, eles se uniram ainda mais. Viram coisas que nunca tinham visto antes e conversaram sobre elas. As conversas extrapolaram o futebol e, na companhia de cervejas geladas — e, de vez em quando, algum coquetel exótico —, eles se aproximaram.

Um dos incidentes mais memoráveis envolveu Paulo Cézar Lima, o PC Caju, exuberante meio-campista ofensivo que jogou no Botafogo e no Olympique de Marselha e atuou em quatro dos seis jogos do Brasil na Copa do Mundo de 1970. Numa noite, os jogadores estavam bebendo no saguão do hotel quando Caju, recém-contratado, juntou-se a eles. Enquanto a maioria saboreava cervejas, Sócrates percebeu que ele pediu duas garrafas de champanhe; pela lembrança de Wladimir, porém, foram quatro doses de licor Grand Marnier.[6]

Fosse como fosse, disse Sócrates, Caju desapareceu sem pagar sua parte da conta. "Depois da segunda garrafa, ele se dirigiu ao sanitário e sumiu, literalmente. Os bobos aqui tiveram de pagar aquela extravagância do PC Caju e até hoje estamos a ver navios."[7]

Os jogadores ficaram chateados e o ambiente não melhorou no aeroporto de Caracas. O voo de volta de Curaçao para o Brasil era via Venezuela, mas um planejamento malfeito e a tentativa de economizar significavam que eles teriam de fazer uma escala de catorze horas, e os ânimos se exaltaram durante a longa espera, com os jogadores sentados em cadeiras de plástico ou deitados no chão diante do portão de embarque. Em certo momento, eles conversaram sobre dividir o dinheiro dos patrocínios pessoais. A maioria concordou com a ideia, mas houve quem manifestasse oposição.

O incidente levou a um debate sobre qual tipo de jogador era mais adequado ao Corinthians, e eles chegaram à conclusão de que estariam mais bem servidos com jogadores experientes que trabalhassem duro em vez de figuras mais individualistas. Caju entendeu o recado e não demonstrou muito incômodo. Quando chegou ao Parque São Jorge, seu armário no vestiário estava cheio de baratas, o que o deixou chateado com a falta de organização e de respeito. Ele deixou o Corinthians algumas semanas mais tarde, depois de ter jogado apenas quatro vezes.[8]

"Nessa excursão, nós percebemos duas pessoas individualistas, que eram o (goleiro) Rafael (Cammarota) e o Paulo Cézar Caju", disse Wladimir. "O Rafael, às vezes, achava que tinha que ganhar a posição no grito. O Paulo Cézar Caju também pensava só nele, achava-se o bambambã, campeão do mundo, essa coisa toda."[9]

"Caju não combinava com a gente", disse Wladimir. "Nós decidimos que queríamos jogadores que contribuíssem para o clube. O Caju se achava melhor do que a gente, então decidimos tirá-lo. [...] Foi na excursão que, realmente, tudo ficou claro. Quando fomos viajar, éramos peças de um quebra-cabeças bagunçado. Durante a viagem, as peças ou se encaixaram em seus próprios lugares ou acabaram de fora."[10]

O outro fator extremamente importante para transformar as ideias progressistas de Sócrates em algo mais concreto foi a nomeação de Adilson Monteiro Alves como diretor de futebol. Filho do vice-presidente Orlando Monteiro Alves, Adilson deixou a administração da empresa de biscoitos da família para trabalhar no Corinthians no começo de novembro.

Ele foi uma escolha incomum, mesmo porque era sociólogo por formação e não escondia sua inexperiência. Seu primeiro encontro com os jogadores era para ser uma rápida conversa de apresentação, mas se transformou num debate de horas em que Adilson admitiu abertamente não saber nada sobre a direção de clubes de futebol, e os jogadores — liderados por Sócrates — aproveitaram a oportunidade para dizer a ele exatamente o que estava errado e o que poderia ser feito para mudar.

Foram discutidas ideias inéditas como o fim da concentração, a diminuição das enormes discrepâncias salariais no elenco e o oferecimento aos jogadores de um percentual da bilheteria.[11]

Surpreendentemente, a conversa tocou em assuntos que iam muito além do futebol, e Adilson disse aos jogadores que eles poderiam ser agentes de transformação.

"Estou transmitindo a eles que não temos de aceitar a vida tal como ela se apresenta", disse Adilson. "Devemos questioná-la, discutir. Mudar, se for preciso. Foi assim que o povo brasileiro conseguiu a abertura. E é assim que o Corinthians poderá se tornar um time espiritual e financeiramente mais forte do que o São Paulo e o Flamengo, por exemplo. Somos potencialmente mais ricos do que eles."[12]

A disposição de Adilson para considerar ideias tão radicais foi apenas uma das razões para que os jogadores o aceitassem rapidamente. Ele ainda estava na casa dos trinta anos de idade, pouco mais velho do que os jogadores que lideraria, era aberto, ambicioso e sensato. Havia sido um estudante ativista, tinha um senso de humor mordaz e o fato de usar barba era um sinal inquestionável de liberalismo num país em que o adereço ainda era exclusividade de roqueiros, *hippies* e comunistas. Em sua apresentação aos jogadores, ele disse: "Eu conheço biscoitos e sociologia, mas não futebol. Então me digam o que estamos fazendo de errado". Foi música para os ouvidos de Sócrates, que imediatamente respondeu: "Nós temos uma solução, vamos começar a exercer".[13]

Antes mesmo da viagem ao Caribe, Adilson tinha apresentado sua ideologia para que todos a conhecessem. Corintiano de toda a vida, ele se entusiasmava com a possibilidade de retorno da democracia ao país e sonhava em usar o clube como um veículo para acelerar o processo. Disse publicamente aos jogadores que eles deveriam questionar o que acontecia a seu redor, e se aproximou ainda mais de Sócrates quando declarou que clubes de futebol não eram "empresas capitalistas que existem para obter lucro".[14]

Adilson tinha um aliado importante em Travaglini, que não era o típico técnico brasileiro. Zagueiro experiente que se aposentou aos 29 anos e passou a ser treinador, Travaglini era uma dessas raras pessoas no mundo provinciano do futebol brasileiro que era tão bem-vinda no Rio de Janeiro quanto em São Paulo, seu estado natal. Ele conduziu o Palmeiras a títulos estaduais e nacionais no final dos anos 1960 e foi campeão brasileiro com o Vasco, em 1974. Um solteiro convicto que vivia com a irmã e exaltava os valores familiares italianos, Travaglini era uma das pessoas mais populares do futebol no Brasil, famoso pela insistência em tratar os jogadores com respeito e dignidade.

Ele rejeitava a ideia convencional de que os futebolistas eram crianças que precisavam ser orientadas, idiotas que queriam ser mimados, ou delinquentes que deviam ser colocados na linha. Enquanto Adilson dizia aos jogadores que eles eram funcionários do clube como todos os outros, devendo ter os mesmos direitos e receber tratamento respeitoso, Travaglini declarava que eles eram adultos mais do que capazes de entender a diferença entre o certo e o errado. Ele os encorajou a estabelecer o próprio sistema de multas e punições e a utilizá-lo sempre.

"Rapidamente eles perceberam que todos tinham poder e que nenhum deles queria ser punido", disse. "Ou eles se disciplinavam ou receberiam as punições previstas."[15]

O efeito global de tudo isso foi aproximar jogadores e diretoria, e eles conversavam muito. Não eram mais eles e nós, chefes e funcionários, mestres e servos. Pela primeira vez em muito tempo, o Corinthians era um time.

Os jogadores retornaram da folga de Natal em janeiro e a nova atmosfera pôde ser notada desde o primeiro dia. Eles normalmente passariam por uma bateria de exames para avaliar a forma física, mas Adilson queria preservar o momento e, em vez de testes, organizou um churrasco. Os jogadores foram avisados com antecedência e César dirigiu cerca de 2.400 quilômetros de sua cidade natal, Maceió, com um dourado de dezenove quilos no porta-malas do carro. O clube ofereceu carne e frango e não economizou na cerveja. Sócrates e Paulinho trouxeram violões e, horas depois, promoveram uma cantoria coletiva.[16]

O elenco era pequeno, mas esses encontros especiais significavam que o grupo se unia cada vez mais, e Adilson, com

Sócrates e Wladimir como tenentes no vestiário, moveu-se rapidamente para colocar as novas ideias em prática. O novo sistema se baseava na participação de todos e na noção de que decisões importantes que envolviam o time de futebol deveriam ser colocadas em votação e aprovadas pela maioria. Embora alguns jogadores nunca tivessem votado na vida, Adilson os convenceu de que deveriam discutir seus objetivos e intenções, e tomar decisões não como indivíduos, mas como um time. A cada semana — ou com maior frequência, se alguém solicitasse uma reunião de emergência — eles se reuniam no vestiário ou na sala de musculação e debatiam os assuntos propostos.

A ideia inicial era fazer os jogadores falarem uns com os outros, mas qualquer tema podia ser discutido: eles votavam em que dia deveriam viajar para jogos em locais distantes, horários de início e fim dos treinamentos, e se o ônibus deveria ou não fazer paradas na volta de jogos fora de casa. Todos os envolvidos com o time profissional, incluindo reservas e equipe de suporte, tinham a chance de dizer o que pensavam, embora, na prática, Adilson, Sócrates e Wladimir liderassem os debates. Eles estavam a par da situação financeira do clube e consideravam essa e outras realidades para tomar as decisões.

Uma das primeiras resoluções foi permitir que os jogadores fizessem o check-in no aeroporto, uma questão menor, mas que decorria da confiança na capacidade deles de realizar suas próprias tarefas. Não demorou, no entanto, para Sócrates puxar suas ideias para a pauta e sugerir um debate a respeito da concentração, a antiga instituição do futebol baseada na premissa de que não era possível confiar na responsabilidade dos jogadores.

Sócrates odiava a concentração por várias razões, algumas mais nobres do que outras. Ele acreditava que quando os jogadores ficavam confinados por dias, não focavam no jogo, mas no apito final que significava liberdade. Odiava ser tratado como um criminoso que precisava ser trancado para seu próprio bem, e ficava indignado que um adulto de 28 anos não pudesse ir e vir como quisesse. Sócrates tinha esposa e filhos em casa e queria estar com eles. Também era um hedonista que queria passar o tempo bebendo e se divertindo.

A discussão sobre a concentração era a mais importante de todas para Sócrates, e encapsulava a razão pela qual ele investiria tanto no novo movimento. O maior objetivo de Sócrates — o que foi a luta de sua vida — não era a democracia, mas a liberdade. Ele odiava que alguém dissesse o que ele deveria fazer, e, quando alguém dizia, seu primeiro instinto era se rebelar.

"Toda a vida ele buscou ajustar a estrutura do futebol profissional a seu estilo de vida boêmio", disse Raimundo, seu irmão. "A questão da concentração, por exemplo, era mais sobre estender sua ideologia pessoal ao grupo social. Ele reivindicava a liberdade de estar em casa numa sexta-feira, ou mesmo num sábado à noite, e de assumir a responsabilidade sobre seus atos, inclusive o de beber, ou não, sua cerveja; para isso, o regime da concentração precisava ser revisto. Ele não poderia conquistar isso sozinho: era necessária a Democracia Corinthiana. Não que tenha feito tudo conscientemente, mas sua motivação era, em grande parte, harmonizar seu ambiente profissional ao seu estilo de vida nada convencional."[17]

Sócrates sabia que a concentração era uma prática arraigada e que eventuais mudanças levariam tempo. Mesmo desejando sua abolição imediata, convenceu-se a ir passo a passo. Primeiro sugeriu tornar a concentração opcional para todos, mas Travaglini queria uma exceção para os jogadores solteiros e mais jovens, muitos dos quais viviam sozinhos ou em condições precárias. Hospedar-se num hotel luxuoso na véspera de jogos lhes oferecia tranquilidade e era uma garantia de alimentação e descanso apropriados.

Levou alguns meses para que uma decisão fosse tomada. A princípio, reduziu-se a concentração de duas noites para uma.

Foi um sucesso e, antes do final do ano, eles resolveram permitir que os jogadores casados não se concentrassem. Não era uma norma obrigatória e muitos dos casados preferiam uma noite tranquila num bom hotel às distrações caseiras com esposas e crianças pequenas. No final da temporada, Sócrates se via tão envolvido em fazer o movimento crescer e tão confortável ao lado dos outros jogadores que até mesmo ele, algumas vezes, escolheu ficar no hotel com os companheiros.

Outra decisão crucial que ficou sob responsabilidade dos jogadores era a relativa a novas contratações. Quando o Corinthians precisava de um novo jogador, a diretoria apresentava uma lista com três possíveis alvos e o elenco debatia sobre uma recomendação. O mundo do futebol era fechado e eles sabiam quais eram os jogadores que resolviam, os que se machucavam com frequência e quem abraçaria ou rejeitaria o projeto de democracia. Quando chegavam a uma decisão, eles informavam o nome escolhido aos diretores, que — se o clube tivesse condições — fariam todo o esforço para contratá-lo.[18]

Os jogadores eram estimulados a discutir seus problemas abertamente, fosse dinheiro, táticas, escolhas do técnico ou temas pessoais. Mas isso transcorria no Brasil do início dos anos 1980, depois de quase duas décadas de um regime repressor e autoritário. As pessoas não estavam acostumadas a ter voz e alguns atletas demoraram um pouco até que se sentissem confortáveis para dizer o que pensavam. Parte deles tinha receio de uma repercussão negativa caso expressassem suas opiniões, e outros tinham medo de soar como estúpidos. O zagueiro Mauro disse que muitos simplesmente decidiram agradar a Sócrates e colaborar. Os jogadores não eram intelectuais. Eles sabiam pouco sobre democracia e se interessavam menos ainda, e acreditavam que era apenas uma questão de tempo até que o clube tomasse medidas ou os militares acabassem com tudo.[19]

A velha guarda estava igualmente cética, e receava que uma flexibilização das restrições poderia dar aos jogadores — muitos dos quais eram, não por coincidência, negros e de formação carente — a chance de acabarem dando as ordens no clube. Os conselheiros do Corinthians relacionavam democracia a anarquia e, quase todos os dias — particularmente depois de um resultado ruim —, reclamavam de maneira clara e áspera, culpando a abertura e declarando o movimento pouco mais do que uma desculpa para que os jogadores fizessem o que quisessem.

Sócrates e seus companheiros tentaram neutralizar essas preocupações esclarecendo que sempre colocavam o futebol em primeiro lugar e que as demarcações rigorosas que separavam os papéis de cada um não seriam alteradas. Numa tentativa de acalmar o temor de uma revolução, criaram um lema: "Liberdade com responsabilidade".

"O que era diferente era a forma como os jogadores participavam", explicou Hélio Maffia, o veterano preparador do clube. "Não era só o técnico dizendo: 'Você faz isso e aquilo'. Nós todos tínhamos as nossas responsabilidades. O departamento médico decidia que tratamento era indicado para cada jogador. E o técnico mostrava aos jogadores como a coisa seria.

"Facilitou muito meu trabalho", disse Maffia. "No sentido da responsabilidade. O jogador, no treino, não está nem aí. Se você manda correr para lá, ele corre; se manda correr para cá, ele também corre. Reuníamos todos e explicávamos que íamos fazer esse tipo de trabalho por esse ou aquele motivo.

"Todo mundo falava em democracia como se fosse uma bagunça. A Democracia Corinthiana não era; era o contrário."[20]

Uma das lembranças mais claras da infância de Sócrates era a de seu pai fazendo uma fogueira no jardim, quando ele tinha dez anos. O golpe militar tinha acontecido fazia pouco tempo, e seu Raimundo estava queimando livros. Sócrates era muito pequeno para entender o porquê e, quando pediu ao pai que explicasse, ouviu: "Ah, são só livros velhos, filho". Sócrates não captou o que estava acontecendo, mas ao ver as chamas aumentarem, instintivamente percebeu que algo estava errado. Só alguma coisa muito séria levaria seu pai a destruir seus objetos mais valiosos.

O incidente se reproduziu na cabeça de Sócrates ao longo dos anos e, quando ele pôde ler os clássicos e os filósofos, costumava checar para ver se o autor era um dos que tinham tido seus livros queimados na fogueira do jardim. Finalmente, juntando algumas pistas com seu pai e se aprofundando na obra de Platão, Nietzsche e Orwell, ele compreendeu o acontecido.

"Ele tinha um pouco de medo por causa da função pública que exercia", lembrou Sócrates. "Tinha literatura, tinha *O Capital*, de Marx, tinha Engels, tinha todo mundo, ele lia tudo, da direita à esquerda. Gramsci, Maquiavel... E ele saiu queimando, porque achava que aquilo poderia criar constrangimentos para ele. E foi chocante. Eu não entendi, porque ele não me explicou.

"Depois comecei a correr atrás dessa literatura. O que era? Comecei a incomodá-lo. Por que queimou? Que tipo de livro era? Aí ia tirando dele os pedacinhos da história e correndo atrás. Mesmo que eu não entendesse muito o conteúdo daquilo tudo, é algo que ficou marcado em mim. A partir do momento que eu comecei a ter noção e capacidade de entendimento daquilo tudo que nos estava sendo mostrado historicamente, comecei a correr atrás de muito mais coisas."[21]

Uma das pessoas que apresentaram a ele ainda mais novidades foi Adilson, o cérebro do novo movimento e um homem que tinha lido muito mais livros do que todo o elenco do Corinthians. Adilson — assim como os jogadores, ele era conhecido apenas pelo primeiro nome — sentiu imediata afeição por Sócrates e rapidamente reconheceu que, para o movimento ter chances de sucesso, ele precisaria do apoio do melhor jogador do time.

Adilson era um animal político e tinha sido líder estudantil. Foi a influência dele que ajudou a transformar o cidadão consciente num provocador político. Ele deu a Sócrates livros para ler, adorava lhe ensinar princípios de filosofia e sociologia, e o apresentou a políticos, acadêmicos e artistas que ampliaram ainda mais seus horizontes. Fez tudo isso enquanto encorajava Sócrates a beber e se divertir, e participava dos momentos de hedonismo quando tinha chance.

Outra grande influência sobre Sócrates foi Juca Kfouri, editor da *Placar*. Kfouri estudou sociologia na Universidade de São Paulo alguns anos depois de Adilson e trabalhou como motorista e mensageiro de militantes de esquerda que se preparavam para lançar uma rebelião armada no final dos anos 1960. Ele ingressou no jornalismo na década seguinte e conheceu Sócrates quando preparou uma edição especial sobre sua vida, em 1979. Embora fosse apenas quatro anos mais velho que o jogador sobre o qual escrevia, Kfouri confrontou Sócrates após uma entrevista em que ele elogiava ditadores e políticos de direita. Sócrates não estava acostumado a ouvir pessoas criticando o regime tão abertamente, mas absorveu tudo e, em pouco tempo, Kfouri passou a recebê-lo para jantares em que compartilhavam fettuccine Alfredo, seguidos de horas e horas de drinques e conversas. Kfouri ficava admirado com a fome de Sócrates por informação de todos os tipos e sua facilidade para compreender.

"Ele sempre me perguntava: 'Que livros está lendo, que filmes você foi ver?'. Ele ia pouco ao cinema, mas lia muito. Era um devorador de livros. Então ele perguntava. Eu me lembro de *Tudo que é sólido se desmancha no ar*, por exemplo. Ele amou. Aquele livro do Marshall Berman... Eu estava lendo e ele me perguntou: 'E aí?'. Eu disse que era muito legal, estava gostando muito. Ele comprou o livro, terminou antes de mim e veio falar comigo. Eu falei: 'Mas eu não acabei ainda!'. 'Pô, você é muito lento', respondia. E era assim. Era sempre assim. Às vezes, eu falava pra ele, de sacanagem: 'Você não leu inteiro, não é possível que tenha lido essa merda inteira'. E ele tinha."[22]

O outro fator fundamental no processo de politização de Sócrates era seu novo entorno. A cidade de São Paulo era tanto um catalisador quanto um teste para ele, o lugar em que amadureceu. A maior metrópole do Brasil estava repleta de músicos, intelectuais, artistas, escritores, políticos, sindicalistas e ativistas de diversos tipos, e, como o maior nome do time de futebol de maior torcida da cidade, Sócrates tinha acesso a todos eles. Ele aproveitou ao máximo e passou tardes e noites em cinemas, teatros, galerias de arte, boates e, mais até do que jogar futebol, adorava passar longas horas debatendo política e filosofia em mesas sobre as quais havia muitas garrafas de cerveja.

Desde o primeiro dia, Sócrates foi o rosto do novo movimento nascido no Corinthians, o jogador que, junto com Wladimir, articulou suas ideias para os torcedores e a mídia. Era uma posição que gerava aplausos e adulação de quem estava do seu lado, mas sobressaltos e indignação de quem era contrário às novidades.

Sócrates aceitou o papel com sua tranquilidade característica. Sabia que poucos de seus companheiros tinham a capacidade intelectual — e ainda menos o desejo — de encarar a imprensa com frequência a fim de explicar o que eles estavam tentando fazer. Muitos dos jogadores haviam tido apenas o ensino primário e, enquanto talvez apreciassem a maior liberdade, essa não era sua luta e eles não estavam prontos para se colocar na linha de frente. A liderança era natural para Sócrates e veio com a vantagem adicional de permitir a ele que determinasse a agenda do movimento.

Ele também sabia que o sucesso em campo era absolutamente vital para a prosperidade do movimento, e as vitórias vieram, embora não tão rapidamente. O Corinthians começou sua campanha na Taça de Prata com uma vitória por 2 × 0 sobre o América, e depois escorregou em empates com o Colatina e o Catuense, resultados pobres que significaram que seria necessário ganhar os dois jogos restantes para manter as chances de classificação. Foi o que aconteceu, graças, em grande parte, a Casagrande — um atacante de dezoito anos que marcou quatro gols em sua estreia, a vitória por 5 × 1 sobre o Guará, e que também fez um gol nos 3 × 1 sobre o Leônico.

Sócrates tinha machucado o tornozelo num amistoso de pré-temporada e não pôde atuar nessa instável primeira fase, mas retornou para ser o parceiro de Casagrande pela primeira vez nos dois jogos seguintes, contra Fortaleza e Campinense. As vitórias obtidas graças ao entendimento que a dupla desenvolveu rapidamente levariam o Corinthians de volta à primeira divisão. Sócrates marcou na vitória por 4 × 2 em Fortaleza e deu assistências para Casagrande e Eduardo nos 2 × 1 sobre o Campinense.

Os resultados conduziram o Corinthians para a Taça de Ouro e, apenas dias depois, o time estreou na fase seguinte num grupo com Atlético Mineiro, Flamengo e Internacional. Os três oponentes já tinham conquistado o Campeonato Brasileiro e poucas pessoas davam ao Corinthians alguma esperança de classificação entre os dezesseis melhores times.

Mas as mudanças que aconteciam dentro do clube tornaram os jogadores mais unidos e deram a eles um senso de propósito. O Corinthians empatou em 1 × 1 com o Flamengo, time que dois meses antes tinha vencido o Liverpool para conquistar o Mundial Interclubes. Depois, fez 2 × 0, fora de casa, no Internacional, e 3 × 1 sobre o Atlético Mineiro, em Belo Horizonte, com Sócrates e Casagrande marcando gols nos dois jogos. As vitórias fora de casa foram muito importantes para os jogadores, que transformaram o time, quase da noite para o dia, de uma equipe oscilante de segunda divisão, que não conseguia vencer adversários inferiores em casa, num conjunto confiante e goleador, capaz de derrotar dois dos maiores times do país em seus estádios.

Os resultados contra o Atlético e o Inter foram seguidos de novas vitórias em casa, o que significou que o Corinthians já estava classificado para a fase seguinte antes de jogar no Maracanã e perder para o Flamengo por 2 × 0.

O time manteve a boa forma nas oitavas de final, vencendo o Bahia por um placar agregado de 6 × 3, e passando depois pelo Bangu, nas quartas, pelos critérios de desempate. A campanha terminou nas semifinais, com uma derrota para o Grêmio pelo placar agregado de 5 × 2, mas um lugar entre os quatro melhores do Brasil foi uma conquista admirável para uma equipe que sequer havia começado a temporada na primeira divisão.

O futuro do Corinthians era bastante promissor, dentro e fora do campo. Sócrates estava jogando bem e se sentia revitalizado, otimista em relação aos destinos do clube. Mas foi forçado a colocar esses pensamentos de lado depois da derrota para o Grêmio. O momento que mais esperava estava chegando. Ele iria para a Espanha para liderar seu país na Copa do Mundo.

CAPÍTULO 9

Só tenho uma certeza: eu vou
ser campeão do mundo em 1982.
Custe o que custar.
Sócrates

Sócrates chegou ao centro de treinamentos do Brasil para a Copa do Mundo prometendo jogar como goleiro se isso ajudasse a seleção a ganhar. Ainda se sentia energizado pelo brilhante início de temporada no Corinthians e estava preparado para fazer qualquer coisa por seu país. Jogar como goleiro era improvável, assim como deixar de beber ou de fumar. Mas essa era, ele acreditava, sua melhor e talvez única oportunidade de tentar a maior glória do mundo do futebol, e assim decidiu que valia a pena abandonar temporariamente os hábitos de uma vida inteira.

Uma das muitas razões pelas quais Sócrates preferiu o futebol à medicina foi a chance de jogar o torneio mais glamoroso de todos, e ele tomou a decisão consciente de fazer todos os sacrifícios necessários para a ocasião. Embora seu pai tivesse insistido durante anos para que ele parasse de fumar, Sócrates só considerou diminuir o uso de cigarros em meados de 1980. Até então, fumava até dois pacotes de Minister por dia, mas tinha conseguido cortar para meio pacote na metade daquele ano e se sentiu muito melhor. Ganhou peso, passou a sentir menos dificuldade para treinar e pôde aproveitar mais o futebol.

Os hábitos ruins eram uma irritação constante para Telê Santana, que parou de fumar em 1965 e sempre falou aos jogadores dos males provocados pelo cigarro. Dois anos antes da Copa, Telê disse abertamente a seu capitão que o que o separava da verdadeira grandeza era o tabaco.

"Se Sócrates se cuidasse como o Zico, que não fuma, ele seria o melhor jogador do Brasil", disse Telê. "Atualmente, Sócrates compensa sua deficiência física com a juventude e uma indiscutível categoria. Mas o tempo passa e, até a Copa, eu não sei se ele continuará a conseguir isso, fumando do jeito que fuma."[1]

Telê falou sobre Sócrates, mas o corintiano estava longe de ser o único futebolista daquele tempo que gostava de fumar — e muito menos de beber. Um a cada cinco jogadores brasileiros admitia que fumava — o número verdadeiro era, sem dúvidas, muito maior — e Júnior, Luizinho, Serginho e Batista eram apenas alguns do elenco da Copa do Mundo que mantinham esse hábito.[2]

Quase todos os jogadores tomavam cerveja e Toninho Cerezo estava acostumado a sempre tomar um gole de cachaça depois do banho, porque acreditava que isso o ajudava a não ficar gripado.[3]

Sócrates tomou a traumática decisão de parar de fumar no começo de 1982, depois de uma longa conversa com o preparador físico Gilberto Tim. Nacionalista convicto, assim como Sócrates, Tim era o grande motivador na preparação da seleção, e disse ao capitão do time que se ele parasse de fumar e bebesse menos, assombraria o mundo.

Sócrates adorava a intensidade e a convicção de Tim e se sentia motivado para tentar deixar sua marca. Quando Sócrates voltou das férias oito quilos acima do peso, Tim, com a ajuda do preparador físico do Corinthians, Hélio Maffia, colocou-o num rigoroso regime para transformar aquela gordura em músculos. Sócrates rapidamente perdeu alguns quilos e estabilizou seu peso em 84 quilos, mais apropriado a alguém que media 1,93m. Após cinco meses de trabalho duro na academia e no centro de treinamentos, seu peitoral, bíceps e coxas ganharam massa, enquanto sua cintura permaneceu com a mesma medida.[4]

As mudanças o transformaram em um jogador mais forte e mais rápido. Quando os médicos da seleção avaliaram o desempenho físico dos jogadores, antes da Copa, Sócrates foi especialmente bem em comparação com seu histórico. Podia saltar mais alto, em movimento, do que qualquer outro companheiro, e ninguém percorria trinta metros mais rápido que ele. Somente Edinho tinha um chute de pé direito mais forte.[5]

Telê anunciou a convocação em três estágios. Sócrates se apresentou em 20 de abril, após a eliminação do Corinthians da Taça de Ouro. O último grupo de jogadores, dos finalistas Flamengo e Grêmio, chegou ao centro de treinamentos do Cruzeiro, em Belo Horizonte, seis dias depois. Falcão e Dirceu se juntariam ao grupo quando as campanhas de seus clubes na Europa, Roma e Atlético de Madrid, terminassem, em maio.

Preocupado com os efeitos do calor espanhol, Tim preparou um ultrarrigoroso regime de treinamentos para todo o elenco, com tiros de velocidade, voltas no campo e exercícios de alongamento. Era como uma tortura para Sócrates, que vomitou ao lado do campo em diversas ocasiões. Mas sua dedicação à causa inspirou os demais. Seus companheiros podiam notar como o capitão da seleção tinha colocado os interesses do grupo acima dos próprios e ficaram impressionados.

"Pô, Magrão, puxando fila, hein?!", gritou Zico, para gargalhada geral. "O que está acontecendo?"[6]

"O grande momento que lembro com muita alegria e prazer foi a transformação dele na Copa de 1982", contou Zico.

"Ele queria ganhar, sabia da importância daquilo, parou com tudo e só se dedicou à parte física, técnica e tática durante aquela preparação para a Copa. Foi muito bacana; como capitão, o cara puxando fila."[7]

A escalação do time estava praticamente definida, com uma questão pendente em relação ao papel de centroavante. Reinaldo era o favorito, mas Telê questionava seu comportamento fora de campo e uma lesão selou seu destino no início do ano. A briga para substituí-lo ficou entre Serginho e Careca, o goleador de 21 anos do Guarani. Careca iniciou os últimos dois amistosos antes do embarque para a Europa e seria o titular, mas teve uma lesão muscular na coxa num treinamento e perdeu o lugar às vésperas do torneio. O papel de centroavante coube a Serginho, com Roberto Dinamite como seu coadjuvante.

Havia outro dilema no meio de campo. Telê estava em dúvida sobre jogar num 4-4-2 com Falcão, Cerezo, Sócrates e Zico na faixa central, ou sacar um deles para a entrada de Paulo Isidoro, meia do Grêmio, que era escalado por Telê na ponta direita e ajudava mais na recomposição.

Pareceu que ele tinha escolhido a segunda opção nos últimos jogos preparatórios em maio, com Paulo Isidoro como titular em todos e o quarteto de meio de campo atuando por apenas vinte minutos no ensaio final, uma goleada por 7 × 0 sobre a Irlanda, em que o placar poderia ter sido o dobro.

Mas não importava quem eram os titulares. O Brasil estava cheio de confiança e tinha convicção de que seria campeão do mundo. Desde o começo de 1980, quando se iniciou o período de Telê Santana, o Brasil jogou 33 partidas, três delas contra seleções estaduais ou de juvenis, e perdeu apenas duas vezes, para a União Soviética e para o Uruguai, ambas por um gol de diferença. O time deixou de fazer ao menos um gol em apenas um jogo, alcançando a média de 2,5 por partida. O futebol da seleção era rápido, de toques de primeira e com todos os jogadores confortáveis com a posse da bola e a maioria predisposta a atacar.

Era um futebol luminoso, que fazia lembrar tanto o Brasil de 1970 quanto a Holanda de 1974 — embora Telê, com certa arrogância, tenha rejeitado qualquer comparação com os mestres holandeses, dizendo: "Nosso jeito de jogar é similar ao da Holanda de 1974, mas nós temos mais jogadores habilidosos e não perdemos tantas chances".

Ninguém tinha dado um nome para aquele estilo ou sistema, mas Sócrates, com seu característico humor direto, resolveu criar uma expressão para caracterizá-lo. Descreveu o futebol da seleção brasileira como uma "bagunça organizada" e algo essencialmente brasileiro, por ser improvisado, criativo e imprevisível.

"Todos têm liberdade para jogar do jeito que quiserem, desde que se cumpram algumas funções básicas. Por incrível que pareça, dá certo. Atuo na ponta, sou centroavante, quarto-zagueiro, médio-volante... Conforme a circunstância da partida", disse. "Surge mais do poder de criação do grupo em campo, da improvisação, mas também do conhecimento que foi adquirido em dois anos de trabalho. Mesmo que não chegue (o título), já terá alterado os esquemas tradicionais do 4-2-4, 4-3-3 e o que mais se tenha inventado."[8]

Quando Sócrates liderou o Brasil na subida ao gramado do estádio Ramón Sánchez Pizjuán, em Sevilha, a ocasião marcou o final de uma odisseia pessoal e o começo de outra. Ele estava finalmente realizando seu antigo sonho de jogar uma Copa do Mundo. Quando olhou para as cadeiras e viu milhares de torcedores brasileiros cantando os primeiros versos do hino nacional, sentiu-se mais orgulhoso do que em qualquer outro momento de sua vida.

A partida de abertura era contra a União Soviética e as condições em Sevilha claramente favoreciam os sul-americanos. Um ambiente de festa permeava a cidade, com os torcedores do Brasil colorindo as arquibancadas de amarelo e o sol da tarde fazendo sua parte, banhando o estádio com um brilho dourado. A temperatura estava ao redor de 25 graus e a seleção se perfilou com sua costumeira descontração ao som de uma bateria de escola de samba. Vestindo calções azuis curtos e as icônicas camisas amarelas, eles até suavam com elegância.

Os soviéticos, no entanto, pareciam inabaláveis. Não só tinham se classificado para o torneio sem perder nenhum jogo, como haviam sido um dos dois únicos times a vencer o Brasil desde que Telê assumiu. Eles atacaram desde o início, criando três boas chances no primeiro quarto de hora e tendo um claro pênalti ignorado pelo árbitro espanhol. A União Soviética claramente jogava melhor e conseguiu o gol que merecia aos 34 minutos, quando Waldir Peres permitiu que um chute de trinta metros, de Andrei Bal, passasse entre suas mãos.

Com Cerezo suspenso por conta de uma expulsão nas Eliminatórias, Sócrates começou o jogo do lado esquerdo do meio de campo, atuando mais recuado do que fazia em seu clube, e sentindo dificuldades para causar impacto no jogo. Em certo momento do primeiro tempo, levou um drible pelo meio das pernas. Ele passou boa parte do intervalo tranquilizando os jogadores e afirmando que o jogo não estava perdido, e o time ganhou fôlego novo quando Telê mandou Paulo Isidoro substituir um ineficaz Dirceu. A mudança deu mais amplitude à equipe e o segundo tempo foi uma história diferente, porque o ponta fez sua presença ser sentida e o meio de campo foi dominado por Sócrates e Falcão. Sócrates avançava mais e mais à medida que os soviéticos se cansavam, e quando o Brasil finalmente teve seus esforços recompensados, foi graças a seu capitão.

Aos 30 minutos do segundo tempo, os soviéticos não conseguiram afastar a bola da defesa e Sócrates a dominou na intermediária. Ele ergueu a cabeça e passou por dois marcadores. A cerca de 25 metros do gol, nem precisou olhar para saber exatamente onde estava, e mandou um maravilhoso petardo de pé direito que o goleiro Rinat Dasaev não alcançou — e a bola entrou no canto direito alto. Treze minutos mais tarde, o Brasil fez o gol da vitória, outra vez por intermédio de uma finalização de fora da área. Éder já tinha tentado meia dúzia de chutes de longe, todos para fora. Mas, desta vez, não errou. Paulo Isidoro fez o passe para Falcão, que deixou a bola passar entre suas pernas. Éder deu um leve toque para levantar a bola e bateu sem deixá-la cair.

O Brasil venceu na estreia, mas teve sorte e sabia disso. Os soviéticos sofreram com o calor e tiveram outro pênalti não marcado no segundo tempo, quando Luizinho tocou a mão na bola dentro da área. Mas uma vitória é uma vitória e, de acordo com suas memórias, publicadas em 2017, aquele foi um dos dias mais importantes de toda a carreira de Sócrates. Ele investiu mais tempo naquele jogo do que em qualquer outro, com a emoção, o orgulho e o alívio do gol tornando a ocasião única.

"Enfrentamos a ansiedade de estar perdendo até quase o final da partida", lembrou Sócrates. "Tentávamos de tudo para alcançar o gol dos russos. Parecia que uma defesa segura e um goleiro magnífico iam nos impedir de realizar o nosso sonho. Em certo ponto, sobrou uma bola para mim. Tinha à minha frente uma barreira de camisas vermelhas dispostas a jorrar sangue para me bloquear. Ameacei chutar e desviei para a direita. Uma brecha se abriu. Ameacei novamente e outra brecha maior apareceu. Era a hora. Descarreguei todas as energias em minha chuteira. E o grito do gol veio à tona: 'Gooool!'. Gol, não. Foi um orgasmo infindável. Inesquecível!"[9]

Os brasileiros celebraram com uma *paella* depois do jogo e alguns dos jogadores tiveram um raro dia de folga no centro de Sevilha. Sócrates queria ver a cidade e aproveitou para se encontrar e tocar violão com seu amigo Raimundo Fagner, grande cantor brasileiro, antes de sair para ver o jogo dos próximos adversários.

A Escócia venceu a Nova Zelândia por 5 × 2 e os brasileiros estavam em dúvida se os escoceses causariam mais problemas do que os soviéticos. Zico achou que os jogadores dirigidos pelo técnico Jock Stein eram mais rápidos e mais criativos, mas Sócrates não tinha tanta certeza. Com sua típica inconsistência, num dia ele os descreveu como "melhores do que os soviéticos", e no outro como "gastadores de tempo" que jogavam o tradicional futebol britânico de bolas altas e por isso não deveriam ser temidos.[10]

O jogo era importante para o Brasil porque marcava o retorno de Toninho Cerezo ao time após a suspensão cumprida na estreia. Zico, que tinha levado uma pancada contra a União Soviética e não treinou, sabia que seu papel mudaria com a volta de Cerezo e o Brasil demorou para se encontrar.

David Narey colocou os escoceses em vantagem após 18 minutos, para surpresa de quase todos os presentes ao estádio. Zico empatou pouco antes do intervalo com uma sublime cobrança de falta, mas os brasileiros não estavam satisfeitos e houve muito descontentamento no vestiário. Zico reclamou que os outros meios-campistas o haviam deixado sozinho no lado direito e disse a Telê e aos companheiros que, se não tivesse mais ajuda, preferia ser substituído.[11]

Eles todos concordaram em se movimentar mais e o Brasil dominou o segundo tempo. Oscar fez um gol de cabeça após um escanteio logo aos 3 minutos, e Éder — num lindo arremate — encobriu o goleiro Alan Rough aos 18, marcando o gol que praticamente tirou a Escócia do jogo. O fato de o travessão ter sido colocado três centímetros mais baixo do que determina o regulamento não fez diferença. Um chute de Falcão de fora da área, faltando três minutos para o fim do jogo, coroou uma ótima atuação.

Sócrates outra vez começou a partida mais recuado do que estava acostumado, mas avançou quando Serginho foi substituído por Paulo Isidoro, a dez minutos do fim. Fez um bom jogo, mas o melhor momento da noite estava por vir. Ele foi escolhido para um teste antidoping, mas estava severamente desidratado por ter jogado noventa minutos sob o calor abrasador e precisava beber alguma coisa para ter qualquer chance de fornecer uma amostra de urina. Os organizadores tinham preparado geladeiras cheias de bebidas e os olhos de Sócrates se arregalaram quando ele viu tanta fartura. Havia cerveja, champanhe, vinho e várias prateleiras de garrafas de água, suco e refrigerante. Ele não precisou ser convidado duas vezes para participar do que chamou de "diuréticos comemorativos".[12]

"Quando o cara abriu a geladeira, eu tentei disfarçar o sorriso", lembrou Sócrates, em seu livro de memórias. "Estava entulhada de todos os tipos de bebidas. Uma beleza! Tomava a minha segunda latinha quando percebi que os outros já haviam terminado a missão. E eu, sem nenhuma vontade. Na verdade, não queria que aquilo terminasse nunca. Acabei com o estoque de cerveja e passei para o champanhe. E nada. Vinho, nada. Refrigerante, nada. Só quase três horas depois, consegui colher o material. Quando saí do estádio, ninguém mais do time me esperava, mas eu era o mais feliz dos homens. Estava em êxtase. Foi um dos melhores dias de minha vida."[13]

Sócrates ficou encantado com a forma como o Brasil tinha vencido a Escócia e atribuiu as críticas ao desempenho no primeiro tempo a ajustes pela nova formação. Mas enquanto as coisas progrediam no campo, o ambiente não era tão agradável do lado de fora, com os jogadores começando a se irritar com o tempo passado longe de casa. A maioria não via suas famílias desde que saíra do Brasil, um mês antes, e a saudade estava batendo forte.

Eles tinham apenas cinco minutos por dia para telefonar para casa, e Sócrates ficou feliz e triste ao mesmo tempo ao falar com o filho Rodrigo no dia do sétimo aniversário dele. Sentia falta de sua família e queria estar em casa com os filhos. Os jogadores tinham muito pouco tempo livre, em dias estruturados em torno dos treinamentos e de outras obrigações do time. Máquinas de fliperama foram instaladas no saguão, mas Sócrates preferia ler. De seu quarto, podia ver os campos de girassóis em volta da cidade de Carmona e se deitava com uma pilha de livros que incluía *O processo*, de Franz Kafka, *O sol também se levanta*, de Ernest Hemingway, e uma edição autografada do romance mais recente de Jorge Amado, enviada a ele pelo autor.[14]

Todos os dias, ele usava o bloco de notas do hotel ou arrancava páginas de um caderno para fazer anotações e escrever seus pensamentos para o diário que seria publicado na revista *Placar*. Escreveu cartas para familiares e amigos, jogava baralho e xadrez no joguinho eletrônico que tinha comprado na Europa no ano anterior, e lia os jornais e cartas que chegavam diariamente do Brasil. Pelé mandou uma mensagem de boa sorte e torcedores enviavam telegramas sugerindo mudanças na escalação e no jeito de jogar da seleção, ideias que o divertiam. "Recebemos telegramas e telefonemas de vários locais do Brasil, em alguns casos querendo até escalar o time, mas fundamentalmente para nos dar os parabéns pela classificação. Em futebol, realmente, o brasileiro quer participar."[15]

Os jogadores também organizavam festas sempre que podiam, especialmente aniversários. E raramente iam dormir antes de uma da madrugada, porque os três jogos da fase de grupos tinham sido marcados para o horário noturno. No dia 15 de junho, celebraram os trinta anos de Dirceu com uma pequena comemoração no hotel; cinco dias depois, fizeram um bolo para o aniversário de 28 anos de Oscar.

Mesmo com saudades, eles estavam adaptados a Sevilha e os primeiros resultados estimularam a confiança de Sócrates, a ponto de ele dizer abertamente como levantaria o troféu dezenove dias depois.

"Às vezes, fico pensando nessa história de ganhar o título", disse. "E no momento de erguer a taça. Não acho justo com os companheiros da seleção que seja apenas um, o capitão, a levantar o troféu. Tem que ser todos. [...]

Eu não gostaria de reproduzir a pose dos outros capitães brasileiros, que ficaram imortalizados pelas fotografias, nas copas anteriores, segurando a Jules Rimet. Seria melhor achar um jeito de todos segurarem o troféu e posarem juntos para as fotos. Os onze, ou até mais, quem coubesse: reservas, comissão técnica..."[16]

Seus comentários soaram como os de alguém colocando o carro à frente dos bois, mas Sócrates estava tentando avaliar a opinião pública sobre como uma comemoração deveria ser. Era, em parte, uma questão de promover uma celebração coletiva, e não individual, mas também uma reflexão sobre o ato de levantar o troféu, que tinha um significado especial no Brasil. Com exceção de Mauro, em 1962, quase todos os capitães brasileiros que levantaram a Copa do Mundo fizeram do seu próprio jeito, começando com Bellini, em 1958, e terminando com Cafu, em 2002, que escreveu uma mensagem na camisa e ficou em pé no pódio para erguer a taça após a vitória por 2 × 0 sobre a Alemanha.

Em 1958, na Suécia, Bellini recebeu a taça das mãos do Rei Gustavo, no campo, momentos após o final do jogo. Um fotógrafo gritou para que ele levantasse o troféu para que todos conseguissem fazer uma boa foto, e a imagem de Bellini erguendo a Jules Rimet sobre a cabeça com as duas mãos se tornou icônica no Brasil.

Mauro repetiu o gesto em 1962, e oito anos depois, na Cidade do México, Carlos Alberto Torres adicionou um toque de classe brasileira ao beijar a taça. Em 1994, o Brasil não ganhava o torneio havia 24 anos, mas o time jogava um futebol feio e os torcedores e a mídia não demoraram a deixar clara sua insatisfação. Ninguém esperava que a seca terminasse e, quando a seleção venceu a Itália nos pênaltis em Los Angeles, o capitão Dunga recebeu a taça do vice-presidente norte-americano Al Gore e gritou, com doses iguais de alegria e provocação aos críticos: "Tetracampeão, porra!". A explosão levou o jornalista Marcelo Barreto a dizer, memoravelmente, que: "Bellini inventou o gesto de erguer a taça. Carlos Alberto, o de beijar a taça. E o Dunga, o de xingar a taça".[17]

Sócrates podia estar se lembrando de algumas dessas celebrações e pensando em uma forma de superá-las, mas falar tão cedo sobre como levantaria o troféu parecia, na melhor das hipóteses, presunçoso; na pior, um desafio ao destino. Não era, no entanto, fora do normal. Sócrates adorava o lado psicológico do jogo — ele sempre dizia que o futebol era jogado mais com a cabeça do que com os pés — e com tempo disponível e a mídia mundial a seu dispor, gostava de poder jogar com as ideias.

Uma das grandes questões que o preocupavam antes do torneio era como incorporar tantos egos no mesmo time. Sócrates, Zico e Falcão eram considerados as três estrelas da seleção, com Cerezo não muito atrás. Esse quarteto representava quatro dos maiores estados do Brasil, e a mídia, às vezes, sucumbia à tentação provinciana de jogar um contra o outro.

Sócrates, o psicólogo, acreditava que se o time se unisse em torno de um jogador, não haveria brigas ou ciúmes. Ele poderia escolher qualquer um deles, inclusive a si mesmo, o capitão do time no auge de sua forma.

Mas Sócrates preferiu o papel de assistente, chegando a dizer que era mais feliz como copiloto. Ele meditou por semanas sobre o que fazer e, por fim, chegou a uma decisão. Embora Falcão estivesse na melhor forma de sua vida, ele vivia na Itália e, por causa da distância, jogou pelo Brasil apenas duas vezes em dois anos. Ele não conhecia os companheiros tão intimamente quanto os outros candidatos. Zico, por outro lado, conhecia toda a equipe e era respeitado por suas habilidades e sua integridade. Sócrates e Zico eram próximos, assim o capitão tomou a decisão consciente de colocá-lo num pedestal e pediu aos jogadores que apoiassem sua escolha.

"Aquela porra: 'Quem é melhor, Zico ou Sócrates?', é o que mais perguntavam pra gente", lembrou. "Nisso, coloquei o Galo na frente. Eu falei: 'O melhor jogador do mundo é o Zico'. Isso eu fazia questão de colocar, primeiro porque eu acho mesmo que ele era um puta jogador, era um cara que definia para o time. Eu podia fazer política, certo? Mas achava que ia me ferrar se fizesse, analisando como o capitão do time. Eu podia fazer política: 'Ah! Todo mundo no mesmo nível'. Me tirava e colocava os outros no mesmo nível. Eu não, tem que colocar um na frente — e era ele. Eu fiz isso por quê? Porra, se você estimula algum tipo de competição interna, jamais vai ter um grupo forte. Então eu, como capitão do time, coloquei isso colaborando para diminuir essa rivalidade que é intrínseca. Senão um vai querer jogar melhor que o outro, claro; mas quanto mais a gente controla, é melhor para o time todo. O objetivo basicamente foi esse, quer dizer, um cara na frente, porque essa é a concepção que eu tenho de um time de futebol. Se você não tem uma referência, um grande jogador, o melhor jogador, esse time jamais vai jogar. Se você não tiver um cara melhor que os outros, não tem time de futebol, é um amontoado de gente se digladiando. Se colocar onze caras no mesmo nível, eles não vão jogar."[18]

A bicicleta de Zico foi o momento mais memorável da vitória por 4 × 0 sobre a Nova Zelândia, no último jogo do grupo, em 23 de junho. Zico estava jogando bem e o resultado deu ao Brasil o primeiro lugar no Grupo 6, o que significava que a seleção se despediria de Sevilha e voaria para Barcelona, onde enfrentaria a Argentina e a Itália na segunda fase.

Todos os três times jogariam entre si, com o campeão do grupo avançando às semifinais. O Brasil era o favorito destacado e, com a melhor campanha na fase inicial, enfrentaria o perdedor de Itália × Argentina, em 2 de julho; no dia 5, a seleção enfrentaria o vencedor. Ambos os jogos estavam marcados para o estádio Sarrià, a casa do Espanyol, com capacidade para 44 mil pessoas.

Os brasileiros se hospedaram num hotel a cerca de cinquenta quilômetros de Barcelona, ao qual se chegava por uma estrada tão estreita e sinuosa que alguns jogadores reclamavam de náusea sempre que desciam do ônibus. O hotel era espartano, mas Sócrates não se importava com o novo ambiente — o que o incomodava era o isolamento. Ele estava se cansando de ficar tão longe de casa e sentia ansiedade pelo nascimento do quarto filho, que se convenceu de que seria uma menina e se chamaria Mariana. Não pela última vez, reclamou de saudade do Brasil e escreveu em seu diário para a *Placar*: "O simples fato de estar longe da minha gente faz com que qualquer hotel seja igual. O Copacabana Palace ou o 'pulgueiro de Sofia' são a mesma coisa. Quero ir para casa".[19]

A mudança para a Catalunha também marcou uma alteração importante na rotina dos jogadores. Nas primeiras três semanas na Espanha, eles acordaram tarde e dormiram tarde porque os jogos na fase de grupos foram à noite. Os dois jogos seguintes em Barcelona seriam à tarde, e por isso eles tiveram de acordar mais cedo e passaram a treinar pela manhã e à tarde.

Os brasileiros acompanharam a vitória da Itália sobre a Argentina por 2 × 1, no dia 29 de junho, e não ficaram impressionados com nenhum dos times. O que chamou a atenção deles foi a violência, e a seleção esperava que a Argentina continuasse a bater no Sarrià, onde o time de César Luis Menotti queria encerrar um período de doze anos sem vitórias sobre os rivais sul-americanos. O técnico italiano Enzo Bearzot chamou os argentinos de "touros que atacam às cegas" e Edinho disse que o Brasil estava se preparando para uma "verdadeira guerra".[20]

"Pancada você está arriscado a levar em qualquer partida. Não vai ser novidade", disse Sócrates. "Que eles batem muito e com maldade não há dúvida, os italianos são testemunhas. Não se espera moleza nem muita lealdade. Vai ser uma partida dura, difícil, provavelmente violenta, e resta só ter a cabeça no lugar e muita disposição para vencer."[21]

Cerca de 13 mil argentinos viviam em Barcelona e Maradona tinha acabado de se transferir para o Barça, de modo que os brasileiros sabiam que a maioria no estádio estaria contra eles. Além disso, o intervalo entre os jogos contra a Nova Zelândia e a Argentina foi de nove intermináveis dias, marcados por solidão e muitos jogos mentais.

Maradona vinha provocando os brasileiros desde o primeiro dia, ignorando Zico e Sócrates ao apontar Éder, Falcão e Júnior como os três melhores jogadores da seleção na fase de grupos, e mais tarde declarando Karl-Heinz Rummenigge "um jogador muito melhor" do que a estrela do Flamengo. Menotti disse que seria mais fácil vencer o Brasil do que a Itália, porque a defesa da seleção brasileira era inferior. Maradona afirmou que a Itália era a favorita para vencer o grupo e chegar às semifinais.

Sócrates pediu aos companheiros que ignorassem as provocações, mas a tensão aumentou com a chegada dos jogos decisivos. Os jogadores italianos não estavam falando com a imprensa, por causa de reportagens a respeito de brigas sobre premiações e a divulgação de que dois deles estavam mantendo casos extraconjugais. Na concentração do Brasil, Edinho declarou que era melhor do que o titular Luizinho, e Batista e Roberto Dinamite reclamaram que não estavam recebendo oportunidades para mostrar o que eram capazes de fazer. A alardeada solidariedade era evidente entre os titulares, mas os jogadores reservas estavam inquietos.

Sócrates seguia muito incomodado com o isolamento, distante de toda a agitação de Barcelona, onde torcedores do mundo inteiro se congregavam para beber e cantar nas famosas Ramblas. Ele queria se envolver com a Copa do Mundo não só como jogador, mas também como cidadão do mundo. A impossibilidade de se engajar com os jogadores e torcedores o levou a uma dessas explosões periódicas que ele mais tarde repudiaria.

“Estou meio deprimido”, escreveu em seu diário para a revista *Placar*, em 30 de junho. “Nem é bom voltar a falar da saudade de casa. É gozado. Toda minha vida eu quis jogar uma Copa. Estou nela, tenho consciência de que não estou indo mal, mas, sem dúvida, estou frustrado. A Copa não é o que eu imaginei, não permite intercâmbio com o pessoal de outros países, fica cada um do seu lado e ponto. Imagino que seja melhor assisti-la do que dela participar. Por isso, não tenho mais dúvidas: outra Copa, nunca mais. Quem sabe eu possa acompanhar a próxima com a Rê e as crianças. Será bem mais divertido.”[22]

Ao final, o jogo contra a Argentina foi mais fácil do que se pensava. Sócrates previu que os argentinos criariam mais chances, mas o Brasil ganharia o jogo no segundo tempo por causa da melhor condição física, e sua análise foi precisa. A Argentina precisava vencer, de preferência por uma boa vantagem, para ter qualquer chance de avançar às semifinais, e começou melhor. Mas o Brasil marcou um gol em sua primeira finalização no jogo. Uma violenta cobrança de falta de Éder bateu na parte inferior do travessão e Zico chegou para o rebote antes do goleiro Ubaldo Fillol.

A Argentina seguiu com mais posse de bola, mas se mostrando vulnerável quando a perdia. Júnior fez uma atuação extraordinária, Zico e Éder criaram muito perigo com a bola nos pés, e as mudanças de ritmo da seleção no último terço do campo causaram todos os tipos de problemas para a defesa argentina.

O Brasil chegou ao segundo gol aos 21 minutos do segundo tempo, depois de desarmar Daniel Passarella no círculo central. O time avançou, Falcão não caiu na linha de impedimento e cruzou para Serginho, na segunda trave, cabecear para o chão e para o fundo das redes. Júnior colocou o resultado acima de qualquer dúvida nove minutos mais tarde, ao receber um passe magistral de Zico pelo meio da defesa e tocar por baixo do goleiro Fillol.

Até aquele ponto, a Argentina tinha mantido a compostura. Mas não durou muito. Passarella atingiu Zico, que teve que sair do jogo. Cinco minutos depois, Maradona deu uma solada na barriga de Batista e recebeu um merecido cartão vermelho. O gol de Ramón Díaz, no último minuto, não valeu mais do que uma anotação de pé de página.

Sócrates teve sua atuação mais discreta, particularmente no primeiro tempo, quando pareceu um pouco sem ritmo. Mas, ainda assim, foi um dos brasileiros mais elogiados, com vários jornais espanhóis o selecionando como um dos grandes jogadores do torneio.

Mas nem todo mundo estava tão otimista. No dia do jogo contra a Argentina, um amigo chegou de Ribeirão Preto com cartas de amigos e parentes. Uma das mensagens tinha a costumeira visão crítica de seu pai, e Sócrates não conseguiu evitar as risadas. "Fiquei muito feliz, apesar das duras do velho. Ele acha que não estou jogando tudo o que posso. Ele quer que eu participe mais do jogo, chute mais ao gol. Gozado: o jornal espanhol me considerando o melhor jogador da Copa, chamando-me de 'cérebro del Brasil'. Acho que eles estão cegos. O velho Raimundo, pela TV, está vendo melhor."[23]

Os torcedores também conseguiam ver que o Brasil era o time mais extraordinário do torneio. Um dos eventos culturais que aconteciam paralelamente com a Copa era um festival com dançarinos dos países participantes. Um pôster do lado de fora da sede do evento, no centro de Barcelona, divulgava um espetáculo de dança das terras altas escocesas e, embaixo, um brasileiro escreveu seu próprio anúncio: "O Brasil vai dar um baile nos adversários nos dias 2 e 5 de julho, no estádio Sarrià". A primeira noite recebeu ótimas críticas. A apresentação final reuniria um elenco de estrelas e era uma das mais ansiosamente aguardadas pelo público.

Sócrates (primeiro à direita), seus irmãos e alguns amigos formavam um belo time. (coleção da família Vieira de Oliveira)

Sócrates às vezes era convencido a deixar a bola um pouco de lado. Aqui o vemos (à direita) com os pais e o irmão Sóstenes. (coleção da família Vieira de Oliveira)

Passeio de família pelo parque em 1960, quando Sócrates (o segundo da direita para a esquerda) tinha seis anos de idade. (coleção da família Vieira de Oliveira)

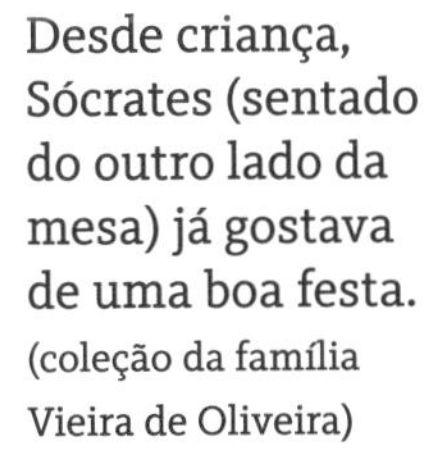

Desde criança, Sócrates (sentado do outro lado da mesa) já gostava de uma boa festa. (coleção da família Vieira de Oliveira)

Posando para fotos (agachado, o terceiro da esquerda para a direita) com o time amador do Botafogo em 1972. (coleção particular de Marinho)

Um valioso acréscimo para qualquer time universitário (em pé, o terceiro da direita para a esquerda). (coleção da família Vieira de Oliveira)

A cerimônia de formatura de Sócrates. (coleção particular do Dr. Said Miguel)

Com cigarro e duas bebidas nas mãos, Sócrates curte sua festa de formatura. (coleção particular do Dr. Said Miguel)

Sócrates, Fagner e Regina. (coleção particular de Fagner)

Ao lado da esposa Regina, foi padrinho de casamento do amigo Maurinho Saquy. (coleção particular de Maurinho e Regina Saquy)

Sempre disposto a tentar algo diferente, Sócrates lançou um disco — com clássicos sertanejos e baladas tradicionais — que não fez grande sucesso. (coleção particular de Kátia Bagnarelli)

Sócrates comemora um gol do Corinthians. (arquivo do Sport Club Corinthians Paulista)

Sócrates em ação pelo Corinthians contra o São Paulo. Um clássico recheado de jogos decisivos. (arquivo do Sport Club Corinthians Paulista)

Sócrates ganhou fama por comemorar seus gols levantando o braço direito com o punho cerrado. (*Estadão*)

Sócrates foi muito mais que um jogador de futebol:

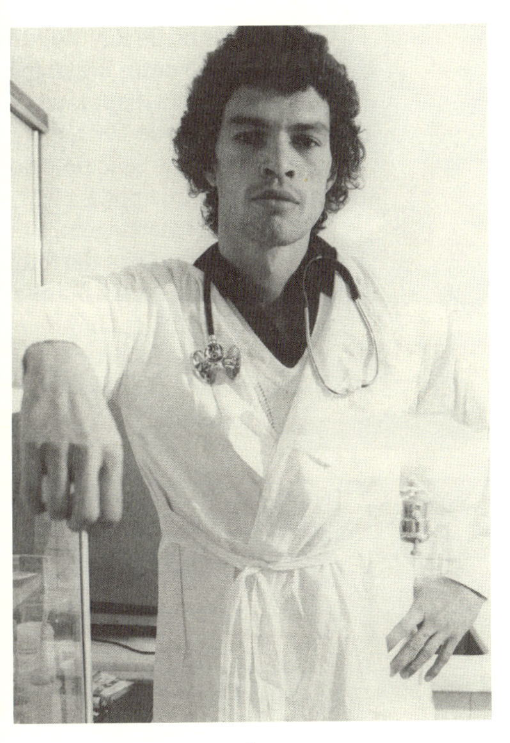

Formou-se como médico. (*Estadão*)

Foi um símbolo da democracia. (*Estadão*)

E foi um ativista convicto. (*Estadão*)

Sócrates se livra de um carrinho de Ray Wilkins no jogo entre Brasil e Inglaterra disputado em maio de 1981, em Wembley, vencido pelos brasileiros por 1 a 0. Na mesma viagem, o Brasil também derrotou a França e a Alemanha Ocidental, ganhando o status de favorito para conquistar a Copa do Mundo de 1982. (PA)

Em um dos jogos mais emocionantes da história das Copas do Mundo, o Brasil foi derrotado pela Itália por 3 a 2, em 1982. Aqui, Sócrates encara Dino Zoff. (Getty Images)

Suas apresentações na Copa do Mundo inevitavelmente atraíram a atenção dos clubes mais ricos da Europa, e em 1984 Sócrates assinou com a Fiorentina, onde não viveu um período feliz. (PA)

Depois da batalha para entrar em forma para a Copa do Mundo de 1986, Sócrates marcou o gol da vitória contra a Espanha, na partida de estreia no torneio. (PA)

Perto do fim da carreira, Sócrates defendeu o clube para o qual torcia na infância, o Santos. (*Estadão*)

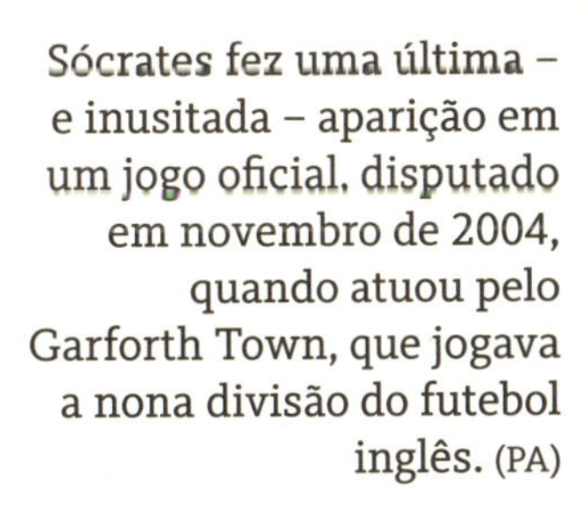

Sócrates fez uma última – e inusitada – aparição em um jogo oficial, disputado em novembro de 2004, quando atuou pelo Garforth Town, que jogava a nona divisão do futebol inglês. (PA)

Depois de se aposentar do futebol, Sócrates continuou sendo uma figura influente no Brasil. Em 2005, juntou-se ao presidente Lula para uma partida na Granja do Torto. (Getty Images)

A terceira vez é a que dá sorte? Sócrates se casa com Simone, dezesseis anos mais nova, em maio de 1997. (coleção particular de Simone Corrêa)

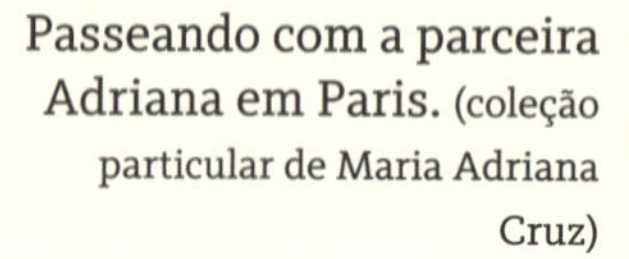

Passeando com a parceira Adriana em Paris. (coleção particular de Maria Adriana Cruz)

Celebrando seu casamento com Kátia, sua última esposa. (coleção particular de Kátia Bagnarelli)

CAPÍTULO 10

> Estamos defendendo o futebol de nosso país e isso tem importância, sem dúvida alguma. Mas não é questão de vida ou morte — é o que procuramos transmitir. Podemos perder. Nós não temos medo de perder. Mas também podemos ganhar, pois nos preparamos para isso.
>
> Sócrates

Os jogadores brasileiros tocaram tamborins, usaram caixas de fósforos como se fossem maracás e marcaram o ritmo batucando o teto do ônibus, sambando no caminho até o Sarrià para enfrentar a Itália. A atmosfera era alegre, mas azedou quando o veículo alcançou o sinuoso trecho montanhoso da estrada. Os organizadores estavam preocupados com a possibilidade de que terroristas separatistas bascos do ETA, ou das Brigadas Vermelhas italianas, grupos ativos na Europa na época, atacassem os times da Copa do Mundo a caminho de algum estádio. Como medida de segurança, os motoristas dos ônibus sorteavam as rotas aleatoriamente. A viagem até o estádio do Espanyol levou quase uma hora — tão longa que os jogadores não tinham mais sambas para cantar. Alguns atletas desceram do ônibus nauseados por causa do trajeto e ficaram aliviados por chegar à "terra firme".[1]

A vitória por 3 × 1 sobre a Argentina deu ao Brasil uma vantagem sobre a Itália, que tinha vencido os argentinos por 2 × 1. A seleção só precisava de um empate para se classificar às semifinais. Os italianos começaram mal o torneio, empatando os três jogos da fase de grupos, contra Polônia, Peru e Camarões, e só alcançaram a segunda fase porque marcaram dois gols nestes jogos, um a mais do que os camaroneses, que também obtiveram três empates.

Menos de dois meses antes da Copa, Telê Santana tinha minimizado as chances dos italianos, dizendo que eles se achavam os melhores do mundo e por isso não mudavam seu antiquado estilo de jogo. Ele criticou a preferência pela marcação individual e sugeriu que a Roma era o único time da Série A que jogava futebol moderno, porque tinha Falcão no elenco. E embora seus espiões tivessem avisado que a Itália contava com uma das melhores equipes do torneio, ele não optou pela prudência na véspera do jogo, declarando: "A marcação italiana não terá êxito contra o Brasil. Nossa seleção não depende de apenas um jogador, como a Argentina de Maradona".[2]

Seus jogadores estavam igualmente confiantes. O Brasil tinha marcado treze gols em quatro jogos, contra quatro dos italianos, e era o melhor time do Mundial até o momento. As atuações tinham trazido ao elenco um perigoso sentimento de euforia e muitos deles estavam tratando o jogo como um triunfo inevitável. Antes de os grupos da segunda fase serem conhecidos, os jogadores brasileiros torceram para enfrentar a Itália, por imaginarem um confronto menos complicado. Suas preces foram atendidas e, depois do que viram no jogo entre Itália e Argentina, a confiança aumentou ainda mais.

"Fomos assistir ao jogo Argentina e Itália", lembrou Oscar. "A Itália ganhou da Argentina e jogou muito mal. Aí jogamos com a Argentina, metemos 3 × 1 e pensamos: 'Porra, a Itália...

Agora vamos atropelar aquele time feio'... Então, a gente tinha quase certeza de que ia vencer..."[3]

Funcionários da CBF pensavam da mesma forma, e nada exemplificava melhor o excesso de confiança do que as discussões sobre premiação. O tema dos prêmios em dinheiro incomodava Sócrates desde antes do torneio. Os jogadores se reuniram previamente à chegada na Espanha para debater sobre como abordar a CBF a respeito das premiações e Sócrates queria assumir uma postura dura. Após alguma discussão, eles decidiram pedir 100 mil dólares e Sócrates convenceu a todos de que deveria ser tudo ou nada. Se a CBF quisesse negociar para pagar menos, como era praxe, Sócrates se manteria irredutível. Se não quisessem pagar os 100 mil dólares, os jogadores tomariam o caminho da superioridade moral e jogariam de graça. Era uma estratégia arriscada, mas os demais concordaram. Sócrates ficou furioso e decepcionado quando a CBF fez uma contraproposta de 35 mil dólares e vários jogadores aceitaram imediatamente.

"A posição, decidida por todos, era simples e radical: não recuaríamos um único centavo. Era tudo ou nada!", lembrou Sócrates. "E assim mantive a postura durante todo o processo de negociação achando que, dando tudo errado, jogaríamos só pelo prazer de jogar. Mas não foi isso que aconteceu. Dias antes da estreia, em uma assembleia, a maioria aceitou a proposta dos dirigentes: 35 mil pelo título. Que frustração! Os caras abriram as pernas. Nunca me senti tão lesado. Infelizmente jamais pudemos quantificar o trauma que aquela decisão provocou na alma de alguns de nós."[4]

A questão dos pagamentos a serem feitos pelos patrocinadores do time foi ainda mais prejudicial, porque surgiu justamente antes do encontro com a Itália. O presidente da CBF marcou uma reunião com o elenco na véspera da partida para atualizar os jogadores sobre o dinheiro dos patrocínios. Sócrates e Zico pensavam que era loucura discutir esse assunto 24 horas antes do jogo mais importante de suas vidas e se recusaram a participar. Com os dois jogadores mais importantes do time ausentes, o encontro terminou depois de apenas cinco minutos.[5]

No entanto, os dirigentes não esqueceram o assunto. Na manhã do dia do jogo, o zagueiro Edinho chegou à preleção e encontrou Giulite Coutinho, o então presidente da CBF.

"Edinho", disse Coutinho, entusiasmado enquanto esperava pelos outros jogadores. "Pô, Edinho, nós conseguimos aquela premiação."

"Presidente, eu acho que não é o momento para falar disso agora, na preleção", respondeu Edinho. "Nós estamos preocupados agora em ganhar o jogo."[6]

Coutinho não valorizava a humildade e logo estava prometendo câmeras de vídeo e outros objetos para a casa dos jogadores. "Os olhos de muitos ficaram arregalados na hora", disse Edinho. "Foi Giulite anunciar o prêmio e a reunião virou falatório. No ônibus que nos levou ao estádio, muita gente boa só falava do dinheiro. Não havia concentração para a partida."[7]

A preleção também foi marcada por uma rápida conversa sobre tática. Bruno Conti, companheiro de Falcão na Roma, conversou com ele após a vitória da Itália sobre a Argentina e disse, na base da brincadeira, que os italianos estavam com as malas prontas porque esperavam ser derrotados. Eles tinham visto como o Brasil estava jogando bem e planejavam se fechar e tentar algo no contra-ataque. Falcão ponderou se o Brasil deveria jogar mais fechado do que o habitual nos primeiros minutos, para assim ter uma ideia mais clara sobre o rival. Eles conversaram sobre manter os laterais mais recuados a fim de conter os contragolpes da Itália, mas a ideia foi recusada pelos companheiros, que não concordavam com a alteração de um estilo que estava funcionando tão bem. Muitos jogadores tinham receio de que, se a seleção abandonasse a ofensividade e perdesse, seria massacrada no país por trair seus próprios ideais. Se fosse para o Brasil perder, que perdesse fazendo jus a seu glorioso futebol ofensivo.

O dia 5 de julho, uma segunda-feira, foi mais um lindo dia em Barcelona; quando os times saíram do túnel, logo depois das cinco da tarde, o sol ainda se fazia presente. A fumaça dos fogos de artifício pairava sobre o gramado e pipas verde-amarelas dançavam no ar. Atrás do gol de Waldir Peres, pessoas nos prédios próximos ao estádio se reuniam nas varandas para assistir ao espetáculo.

O jogo terminou sendo um dos mais emocionantes da história das Copas do Mundo e tinha apenas cinco minutos quando o Brasil sofreu seu primeiro golpe. Antonio Cabrini fez um cruzamento do lado esquerdo e Paolo Rossi, desmarcado, surgiu na segunda trave para cabecear para o gol. Rossi era a surpresa no time italiano, retornando de uma suspensão de dois anos por seu envolvimento no *Totonero*, escândalo de manipulação de resultados, e o gol foi seu primeiro pela seleção em mais de três anos.

A desvantagem no placar assustou o Brasil, mas o time foi para a frente como estava acostumado a fazer e Serginho deveria ter empatado momentos depois, mas errou a finalização diante de Dino Zoff. O 1 × 1 logo chegou, graças a uma ótima jogada de Zico e Sócrates. O craque do Flamengo recebeu um passe de Sócrates e fez um giro brilhante antes de devolver a bola ao corintiano, que já avançava em direção à área. Sócrates passou por um marcador, deu um toque na bola e bateu entre o goleiro e a trave esquerda. Ele correu para o alambrado, exultante, e Zico, depois Júnior, Falcão e Luizinho se juntaram na comemoração.

Mas a alegria deles não durou muito e, treze minutos mais tarde, a Itália estava de novo na frente. Cerezo tinha a bola na intermediária de defesa, pela direita, e fez um passe descuidado que atravessou o campo. Três defensores brasileiros hesitaram, e Rossi correu para roubar a bola, avançar e marcar o segundo gol.

Zoff defendeu uma cabeçada de Sócrates quase sobre a linha no minuto 35, e Zico sofreu um pênalti, não marcado, quando Claudio Gentile rasgou sua camisa com um puxão dentro da área. O placar permaneceu inalterado até o intervalo e Sócrates foi para o vestiário com uma sensação estranha. Antes de o torneio começar, ele comentou com Juninho Fonseca sobre uma premonição: a de que ele marcaria o primeiro e o último gol do Brasil na Copa. Depois que Sócrates fez o tento de empate contra a União Soviética na estreia, Juninho brincou que ele nem deveria pensar em marcar outro até a final. Foram se lembrando disso com bom humor no decorrer do torneio, mas Sócrates estava incomodado e, no momento do gol contra a Itália, sentiu um frio na espinha e disse a si mesmo: "Ah, não, estamos fodidos".

A sensação, no entanto, foi passageira, e o vestiário da seleção durante o intervalo estava excepcionalmente confiante para um time que se via a apenas 45 minutos da eliminação. Todos os jogadores acreditavam que o Brasil não merecia estar perdendo, e nenhum imaginava que o segundo tempo deixaria de trazer os gols necessários para a classificação. Eles se encorajaram mutuamente, com Júnior, Sócrates e Zico, as três personalidades mais fortes do time, pedindo aos companheiros que mantivessem a concentração e continuassem jogando o futebol de sempre.

O segundo tempo foi inesquecível. O Brasil quase empatou segundos após o reinício, quando um chute de Falcão passou na frente do gol e saiu por pouco. Zoff defendeu uma tentativa de Leandro e se antecipou para evitar um gol de Cerezo, após um ótimo passe de Zico pelo meio da defesa. Serginho tentou um gol de calcanhar, bloqueado por Zoff, e Cerezo mandou um voleio na trave. A Itália também teve suas chances. Bruno Conti deveria ter concluído melhor uma perigosa jogada de contra-ataque, e Rossi poderia ter anotado seu terceiro gol após um passe de Francesco Graziani, mas chutou mal.

O Brasil estava jogando melhor e aos 23 minutos do segundo tempo conseguiu o merecido gol de empate, graças a Falcão. Júnior passou por Conte e se moveu da esquerda para o meio, fazendo a bola chegar ao meio-campista da Roma na entrada da área. Cerezo atraiu os defensores para lhe dar espaço, e Falcão controlou a bola movendo-se para a meia-lua. Um grande buraco se abriu à frente dele e o chute de pé esquerdo não deu nenhuma chance a Zoff. Um comentarista da TV Globo mostrou-se tão confiante quanto os jogadores e não tardou a declarar que o gol "permite ao Brasil pensar em vencer, não apenas em empatar". Mas, outra vez, os italianos reagiram. Seis minutos depois, Rossi aproveitou uma bola solta na área após um escanteio e mandou para o gol de Waldir Peres. Com quinze minutos faltando, a Itália vencia por 3 × 2.

Sócrates passou a jogar como centroavante após a substituição de Serginho por Paulo Isidoro, logo depois do gol de Falcão. Ele conseguiu colocar a bola na rede faltando onze minutos para o final do jogo, mas o assistente levantou a bandeirinha, e depois teve muitas dificuldades contra a excelente defesa italiana. Com a seleção brasileira jogando cada vez mais à frente, espaços se abriram no campo de defesa e Gabriele Oriali deu o quarto gol a Giancarlo Antognoni, incorretamente anulado por impedimento. Então, com dois minutos por jogar, o Brasil teve a última chance clara do encontro. Zoff saltou para defender um cabeceio de Oscar, segurando a bola quase sobre a linha do gol. O Brasil tentou, porém não foi suficiente. Zoff fez dezoito defesas contra quatro de Waldir Peres, mas a seleção estava fora da Copa.

Sócrates não foi apenas o melhor brasileiro em campo, foi um dos poucos a manter a cabeça fria quando todos se descontrolavam. Cerezo tinha chorado quando Falcão marcou o gol de empate, e Júnior declarou que precisou dar uma "sacolejada" nele. Sócrates, no entanto, em nenhum momento achou que o Brasil deixaria de se classificar. Até o apito final se manteve calmo, pedindo aos companheiros para jogarem como sabiam, mesmo quando o empate parecia cada vez menos provável.

Quando o árbitro apitou, Sócrates caminhou abatido para o túnel e quase imediatamente encontrou Telê Santana. Sócrates sentia a dor da derrota não apenas por si mesmo, mas também pelo homem que tinha se tornado um segundo pai para ele. Telê foi aplaudido quando apareceu para a entrevista coletiva depois do jogo, um gesto tão tocante quanto inesperado. Críticas de que ele deveria ter protegido o empate se arrastaram durante anos, mas ele se manteve irredutível. O Brasil era um time ofensivo e seus jogadores não poderiam jogar para empatar, mesmo que ele ordenasse. Sócrates, como a maioria dos jogadores do time, concordou plenamente e disse que, se o jogo fosse repetido cem vezes, o Brasil venceria em 99 delas. O resultado foi uma coisa do futebol e ele isentou Telê de qualquer culpa. Quando ambos se encontraram na saída do gramado, abraçaram-se e palavras não foram necessárias, ou possíveis.

"A primeira pessoa que vi depois do término da partida foi ele. Sua face era a própria expressão da dor que todos nós sentimos. Mas ele tentava desesperadamente nos consolar. Esperou-nos à beira do campo e a cada um demonstrava o seu carinho. No vestiário, o sofrimento era imenso. Uns choravam copiosamente enquanto outros remoíam as próprias entranhas para desabafar. Ele olhava para o infinito e parecia tranquilo, apesar do golpe. Sentia-se confortado por nosso esforço, acredito. Nem por isso deixava de sofrer. Eu queria muito abraçá-lo, protegê-lo. Não tive forças. Mais uma vez, transportou-me a meu pai. Julguei que a dor que os dois estavam sentindo era da mesma intensidade. Chorei por eles muito mais que por outra coisa, mas as lágrimas escorriam com dificuldade. Eu estava esgotado e ressecado. Só vim a saber exatamente o que representava aquele sentimento muito tempo depois, quando meu velho partiu. Queria ser um milagreiro para trazê-lo de volta, assim como para resgatar aquele título mundial a quem mais o merecia: Telê Santana."[8]

Do outro lado do mundo, o pai de Sócrates sofria tanto quanto ele. Em Ribeirão Preto, dezenas de pessoas — incluindo alguns jornalistas amigos — se reuniram na sala da casa da família Vieira para assistir à transmissão do jogo e se fez um silêncio sepulcral no momento do apito final. Seu Raimundo ficou desolado e, depois de conversar com Sócrates por telefone mais tarde, passou a maior parte dos dias seguintes dentro de seu quarto, triste demais para enfrentar o mundo. Raí, que assistiu ao jogo com amigos, ficou tão chocado que saiu correndo de casa. Seus irmãos o encontraram horas depois, sentado numa praça próxima, com o rosto ainda vermelho por causa das lágrimas.[9]

A decepção tinha se aliviado um pouco quando a seleção chegou em casa, no dia 7 de julho, e a raiva que os brasileiros frequentemente direcionam a perdedores na Copa do Mundo não se fez presente. A maioria dos torcedores concluiu que a derrota foi uma dessas coisas do futebol e que o time tinha feito tudo o que podia para vencer. O pouco rancor existente tinha sido reservado a indivíduos específicos, e mesmo assim não era muito convicto. Cerezo foi criticado por causa do segundo gol e pela falta de controle emocional; Serginho, Waldir Peres e Luizinho foram apontados como pontos fracos do time, e os pragmáticos culparam Telê por não segurar o empate.

"Nós não tivemos humildade", Luizinho reconheceu anos mais tarde. "Nós queríamos vencer o jogo, mas só precisávamos empatar. No futebol, há dias em que não importa o que você faça, não vai conseguir vencer. Aquele não era o nosso dia e nós deveríamos ter jogado pelo empate. E não havia liderança no campo; alguém dentro do campo deveria ter dito: 'Leandro, Júnior, recuem. Vamos fechar o meio de campo, vamos garantir o empate que nos classifica'. Ninguém disse isso e nós tínhamos jogadores experientes e um técnico experiente, e mesmo assim ninguém mudou nossa maneira de jogar. Alguém deveria ter dito que não era o nosso dia, vamos jogar pelo empate, quando estava 1 × 1 ou 2 × 2. Ninguém imaginou que nós perderíamos; nós sempre acreditamos que reagiríamos."[10]

Sócrates pensou que era bobagem procurar por culpados ou apontar o dedo, mas realmente guardou ressentimentos de um jogador. Nunca mencionou seu nome em público, mas, durante anos, reclamou de Éder, o atacante que tinha sido um dos melhores jogadores do Brasil. Anos mais tarde, Éder foi acusado de comemorar gols durante a Copa de 1982 na frente de certas placas de publicidade, em troca de um pagamento de mil dólares. Jorge Kajuru, amigo de Sócrates, disse que o capitão da seleção descobriu o esquema antes do jogo contra a Itália e ficou magoado, porque isso ia contra o espírito do grupo. "Um dia antes, ele viu o Éder discutindo dinheiro, bicho", disse Kajuru. "E tomou conhecimento de que o Éder estava ganhando dinheiro por fora para comemorar os gols na frente de uma placa de publicidade, e isso o afetou muito, porque ele era grupo." Éder negou que tenha agido assim, mas Sócrates tinha outro motivo para questionar seu comprometimento.[11]

Ele achava que Éder estava jogando para si mais do que para o time, porque tinha ciúmes dos meios-campistas que recebiam todos os elogios. O capitão acreditava que o individualismo tinha sido um dos fatores principais para a derrota contra a Itália. Não era apenas o fato de Éder ter insistido para bater todas as faltas, errando o alvo e chutando cinco de seis tentativas na barreira. Não era nem o fato de ele ter tentado fazer um gol olímpico nos acréscimos. Aos 24 minutos do segundo tempo, segundos após o gol de Falcão, Éder pegou a bola perto da área da Itália. Tinha um defensor à sua frente e Sócrates passando pela direita. Mas em vez de fazer um passe para Sócrates tentar um chute ao gol, ele optou por driblar o zagueiro e perdeu a bola.

Éder tinha sido egoísta numa situação similar mais cedo no torneio, e Sócrates ficou tão incomodado que pediu ao preparador Gilberto Tim que falasse com Telê. Ele nunca soube se Tim de fato falou, mas estava convencido de que o individualismo de Éder tinha sido crucial e não conseguia se livrar da irritação. Tocou no assunto não apenas em seu livro de memórias não publicado, mas também em conversas sobre uma planejada biografia com Juca Kfouri.

"É claro que não conheço todas as variáveis que passaram pela cabeça dele naquele instante e que determinaram a opção pela atitude menos lógica e mais favorável ao adversário, mas não há dúvidas de que foi a pior escolha independentemente do resultado", Sócrates escreveu em sua autobiografia. "Ele até poderia ter driblado o italiano e feito o gol, porém o risco era muito grande para a importância da partida e pelo fato de que o resultado ainda se encontrava em aberto. Quando se está vencendo com larga diferença, este tipo de ação não produz tantas consequências, contudo quando se está em um jogo equilibrado e difícil, pode pôr tudo a perder. E foi exatamente isso que aconteceu."[12]

Sócrates gostava de Éder e eles permaneceram amigos, mas aquela foi uma lição sobre ego da qual ele nunca se esqueceu.

O encontro com a Itália foi o melhor jogo de que Sócrates participou, mas ele havia confessado que "nunca teve coragem" de se sentar diante de uma televisão para vê-lo novamente. Teve coragem de jogá-lo de novo, juntando-se a seus antigos companheiros para enfrentar os adversários italianos na partida de despedida de Júnior em Pescara, em 1990. (Éder foi o único titular que não participou da vitória por 9 × 1)

Então, numa noite no meio dos anos 1990, ele se sentou num bar em Tóquio com o amigo Rui Ramos. Sócrates fazia uma viagem de duas semanas pela Ásia e marcou um encontro com Ramos, jogador brasileiro que se mudou para o Japão e atuou na seleção nacional do país. Eles decidiram sair para passar a noite no bairro de Roppongi, famoso pelos bares, boates e karaokês. Os dois amigos estavam se divertindo num bar brasileiro chamado Amazônia, quando, bem depois da meia-noite, alguns rostos familiares surgiram na tela de uma televisão acima deles. Era Brasil × Itália.

"Lá pelas duas da manhã, começou a passar o jogo Eu estava batendo um papo, o jogo na televisão, eu comecei a olhar e assisti ao jogo inteiro, fiquei lá. Eu achei do caralho, um puta jogo, fantástico, eu acho que foi o melhor jogo que eu vi na minha vida, e nunca tinha visto. Eu não vou atrás, não! Eu não gosto de ver jogo, não, mas coincidiu e acabei assistindo."[13]

Muito antes disso, Sócrates tinha formulado uma leitura alternativa do significado do resultado. O resto do mundo lamentou a derrota e tratou tanto de suas razões quanto de suas consequências, mas Sócrates rapidamente fez as pazes com a eliminação prematura do Brasil. A derrota o surpreendeu e, nos dias e semanas seguintes, ele teve dificuldades para se concentrar em qualquer outra coisa. Mas tinha pensado bastante sobre as consequências de um título mundial bem antes de jogar pela seleção e era ambivalente a respeito delas. Ganhar a Copa do Mundo acabaria com a motivação de qualquer pessoa, e quando você atinge o auge no futebol, o único caminho a seguir é para baixo.

Ponderou esses argumentos no dia seguinte ao jogo, mas iria ainda mais longe no futuro. Com o passar dos meses e anos, Sócrates começou a dizer que a derrota tinha sido uma coisa boa, porque as enormes exigências sobre alguém que era campeão do mundo seriam muito difíceis de administrar. Na verdade, ninguém no elenco de 22 jogadores do Brasil seria mais capaz do que ele de lidar com essas demandas, mas Sócrates usou essa justificativa para racionalizar a mais dolorosa derrota de sua carreira.

"Eu queria ganhar, claro, eu achava que a gente merecia isso, eu queria ser campeão, mas eu não mudaria nada", ele disse. "Ia ser muito mais complicado administrar isso, ia ser uma coisa imensa, eu já tinha uma bomba nas mãos para carregar, ia ser um quilo de bombas. Isso é complicado, você administrar a popularidade e essa coisa virtual que a fama dá, é foda; imagina, campeão do mundo naquele time ainda."[14]

Sócrates sempre falou sobre se aposentar depois da Copa de 1982, mas essa ideia tinha como premissa a conquista do torneio e ele não havia previsto o crescimento da Democracia Corinthiana ou seu despertar para a política. Na manhã seguinte ao jogo contra a Itália, já falava sobre disputar mais uma Copa do Mundo quatro anos mais tarde, estimulado por Zico, que imediatamente se comprometeu a também tentar ganhar o título.[15]

Mas, naquele dia, quando ele se sentou para tomar cervejas à beira de uma piscina na Catalunha, a Copa do Mundo seguinte estava muito distante. Naquele momento, seu foco alcançava apenas os dias e semanas por vir. Seu quarto filho estava para nascer a qualquer minuto, ele ia voltar para casa para ser pai novamente. Se isso não fosse suficiente para animá-lo, o retorno à Democracia Corinthiana era igualmente uma perspectiva atraente. O movimento estava para entrar numa decisiva segunda fase e Sócrates mal podia esperar.

CAPÍTULO 11

> A Democracia Corinthiana ajudou, sim, a levar a mensagem a muita gente. O Corinthians é um dos principais times do Brasil, muito popular, e ver os jogadores colocando em prática a ideia de democracia deu a dimensão da importância daquela luta.
>
> Luiz Inácio Lula da Silva, ex-presidente do Brasil

A decepção do Sarrià ainda estava fresca na memória, mas o brilhantismo da seleção não tinha muita importância para as pessoas que dirigiam o Corinthians. A revolução que ameaçava transformar o futebol no Brasil estava quase encerrada antes mesmo de começar de verdade, graças a outra demonstração de hostilidade no Parque São Jorge. Os clubes brasileiros eram administrados por amadores entusiasmados, eleitos por torcedores, e os presidentes passavam tanto tempo construindo seus próprios pequenos impérios quanto montando times vencedores. Vicente Matheus seguia furioso por ter sido praticamente deposto e decidiu se vingar de Waldemar Pires. Antes do fim de julho, ele iniciou um movimento para remover Pires do cargo com base em uma proposta de patrocínio do Bradesco, um dos maiores bancos privados brasileiros.

O governo tinha legalizado o patrocínio nas camisas e o Bradesco negociava um acordo com o Corinthians para expor seu nome no uniforme do clube. Mário Campos, assistente de Matheus, afirmou que o negócio tinha sido discutido sem consulta aos conselheiros do clube, e Matheus convocou uma reunião extraordinária para propor o impeachment de seu rival. Embora menos de um terço dos trezentos conselheiros do clube tenham aparecido, os presentes eram na maioria pró-Matheus e votaram pela saída do presidente.[1]

Foi uma decisão questionável em muitos aspectos, e a torcida e os jogadores ficaram indignados. Torcedores expressaram seu apoio a Pires com cantos e faixas quando o Corinthians jogou com o Juventus, no Pacaembu, e Casagrande e Zenon seguiram o exemplo de Sócrates ao não comemorarem seus gols na vitória por 2 × 0. Sócrates, cujo contrato terminava no mês seguinte, enviou uma mensagem ainda mais dura ao ameaçar deixar o clube se o golpe prosseguisse e Matheus voltasse.

No âmbito judicial logo se decidiu que a saída de Pires havia sido ilegal e ele foi reconduzido à presidência do clube alguns dias depois. A tentativa de golpe foi uma dádiva para Sócrates, porque a torcida apoiou a marcha progressista que ele e Pires propunham. Adilson, com o suporte de seu capitão, entendeu a rejeição como um sinal de que eles poderiam avançar com os planos ambiciosos de transformação do clube.

Adilson apresentou abertamente ideias para estabelecer um domínio em escala mundial, declarando que o Corinthians tentaria contratar jogadores consagrados, que poderiam levar o clube ao seu primeiro título do Campeonato Brasileiro, depois à Copa Libertadores e ao Mundial Interclubes, no Japão. Fora do campo, eles explorariam novas receitas com parcerias comerciais e acordos de patrocínio como nunca se havia visto no Brasil.

Como o maior astro do Corinthians, Sócrates era parte crucial do projeto, e não via problemas nos objetivos comerciais do clube. Ele enxergava que o futebol estava entrando em uma nova era e a questão principal não era se deviam abraçá-la ou não, mas como fazer isso com integridade. Ele estava aberto ao patrocínio do uniforme, diferentemente de muitos que não queriam ver a camisa do clube preenchida por anúncios, e ficou lisonjeado com os planos para a produção de um boneco do Corinthians que viria em duas versões; uma vestindo o uniforme do time e outra com a roupa de um médico. Tornar-se uma peça de brinquedo não era uma decorrência de ser famoso, ele insistia, mas de ser bom o suficiente para merecer a honra e seguir sendo um jogador de equipe. Se ser bom trazia benefícios tanto para ele quanto para o Corinthians, então essa seria a recompensa, dizia Sócrates.[2]

Ele já era o jogador mais bem remunerado do clube e tinha um quinto das cotas de amistosos internacionais, a mesma porção que era dividida por todos os outros jogadores. Seus companheiros aceitaram o acordo porque suas atuações extraordinárias os ajudavam a ganhar dinheiro e aumentar os valores de suas próprias transferências. Com ele no time, o Corinthians ganhava 20 milhões de cruzeiros por jogo; sem ele, a cota era pouco maior do que a metade.[3]

Os torcedores também toparam seu envolvimento com os aspectos comerciais que envolviam o clube porque passaram a acreditar na maior estrela da companhia. Sua declaração de amor pelo clube no ano anterior não tinha passado despercebida, nem seu compromisso com ela no campo de jogo. Os torcedores perceberam a transformação, deixaram de chamá-lo de "Doutor" e começaram a usar "Magrão", algo mais familiar. Ele já não era o estranho distante que tinha chegado ao clube dizendo que o futebol era apenas um trabalho, e o Corinthians, um clube como qualquer outro. Agora Sócrates era um deles.

Com a seleção retornando às atividades apenas em abril de 1983, Sócrates pôde passar nove meses se dedicando exclusivamente ao Corinthians, e aproveitou ao máximo. Foi seu maior período ininterrupto no clube desde o início de 1979, um dos trechos mais movimentados de sua carreira.

Apesar dos acontecimentos de sua vida pessoal — o quarto filho, Eduardo, nasceu quatro dias após sua chegada da Espanha —, Sócrates passou o tempo todo pensando no Corinthians e na revolução que ajudou a iniciar. Quando não estava jogando ou treinando, ele debatia ou divulgava o movimento e seus objetivos. Os jogadores do Corinthians logo se habituaram à cobertura intensa na mídia esportiva brasileira, mas Sócrates transcendia o esporte. O movimento democrático, imediatamente depois de suas atuações brilhantes na Espanha, elevou-o a um outro nível de estrelato e ele saboreava a atenção recebida.

Sócrates se posicionou como um porta-voz da população pobre do Brasil e passava tanto tempo falando de democracia e justiça social quanto de futebol. Entrevistas de rádio e televisão começavam com perguntas sobre jogos e escalações, mas as respostas de Sócrates logo se dirigiam para política, educação, saúde pública e economia. As entrevistas, que deveriam durar dois minutos e tratar do jogo seguinte, muitas vezes se transformavam em debates de meia hora sobre políticas públicas.[4]

Ele se reuniu com políticos e assumiu posições que chamavam a atenção não só por o apresentarem como uma pessoa sensível aos problemas alheios, mas porque mostravam alguém à frente de seu tempo. Suas propostas de expansão do número de escolas técnicas, aumento do alcance da medicina preventiva e oferecimento de títulos de propriedade a moradores de favelas foram algumas das iniciativas que seriam implementadas pelos governos anos, e até décadas, mais tarde.[5]

Seu ativismo coincidiu com um crescente clamor por mudanças em todos os setores da sociedade brasileira. Os bons tempos tinham acabado, com a economia encolhendo pela primeira vez em mais de trinta anos e a inflação anual saltando para 100%. Os ditadores pareciam cada vez mais anacrônicos e, quanto mais se agarravam ao poder, mais insatisfação geravam. Em 1982, o governo imprimiu mais dinheiro do que jamais tinha feito e baniu a importação de muitos produtos estrangeiros, numa tentativa de proteger a indústria local. Os aluguéis dobraram, os preços de alimentos dispararam e o racionamento de petróleo novamente voltou para as primeiras páginas. A necessidade de mudança estava na boca de todas as pessoas e a voz de Sócrates foi uma das mais ouvidas. Pela primeira vez na história do Brasil, um esportista tinha um megafone e os torcedores estavam prestando atenção.

No final de setembro, não muito tempo depois de assinar um contrato que fez dele o jogador mais bem pago do Brasil, Sócrates foi para os Estados Unidos para jogar na partida de despedida de Carlos Alberto Torres no New York Cosmos. O Flamengo foi o convidado de honra e o Cosmos também convidou alguns jogadores e ex-jogadores a integrarem sua equipe na disputa contra o time carioca. No time habitual, o Cosmos já contava com superastros como Franz Beckenbauer e Johan Neeskens; Sócrates — que graças às suas atuações na Copa do Mundo, atraía cada vez mais atenção de clubes estrangeiros — era um dos convidados especiais que jogariam mais de uma hora de uma partida empolgante.

O Flamengo dominou o primeiro tempo e fez 3 × 0, com gols de Zico, Wilsinho e Júnior. Mas o Cosmos deliciou os 37 mil presentes com uma reação no segundo tempo, e Giorgio Chinaglia fez três gols nos primeiros doze minutos de jogo depois do reinício.[6]

A partida foi memorável, mas não tanto quanto o voo de volta para casa, ao menos para Sócrates, que entrou para o clube do "amor nas alturas" com uma comissária de bordo entre

Nova York e São Paulo. Mas a verdadeira bomba que explodiria em sua vida pessoal chegou mais tarde naquele ano, depois de um jogo no Morumbi. Um evento com músicos e cantores tinha sido organizado para a mesma noite e, quando os maiores nomes do mundo do esporte e do entretenimento se reuniram no saguão do estádio, Sócrates trocou olhares com Rosemary Pereira Gonçalves.

Rosemary — ela era chamada apenas pelo primeiro nome, como os jogadores de futebol — era uma loira estonteante que tinha alcançado a celebridade nos anos 1960 com uma série de sucessos musicais. Também era uma atriz conhecida, cuja voz encantadora lhe valeu um convite para cantar para Jimmy Carter na Casa Branca, e com curvas que a colocaram na capa da revista *Playboy* não apenas uma, mas duas vezes. Eles não tiveram chance de conversar, por causa do constante assédio dos repórteres, mas trocaram números de telefone e o olhar de Sócrates não deixou dúvidas sobre suas intenções. "Eu olhei pra ele, e a gente deu um 'oi'", Rosemary lembrou. "Eu senti que ele me olhou como homem, e eu o olhei como mulher."[7]

O casamento de Sócrates com Regina tinha esfriado após oito anos e quatro filhos, e a deslumbrante cantora o deixou fascinado. As agendas complicadas só permitiram que eles se encontrassem três meses depois, mas ele ligava para ela sempre que podia e os dois conversavam por horas durante a noite, criando uma conexão sólida que ia além do óbvio desejo que sentiam um pelo outro.

Sócrates nunca foi fiel, mas, até conhecer Rosemary, as outras mulheres em sua vida raramente significaram mais do que uma noite. Ele dormiu com secretárias das empresas que visitou, garçonetes de bares que frequentava, além de irmãs, primas e amigas de seus amigos. (Um possível filho não reconhecido apareceu em São Paulo em 2016, solicitando um teste de DNA.) Também se envolvia com mulheres no início de turnês internacionais do Corinthians e as levava para o restante da viagem.

Com Rosemary, no entanto, foi diferente. Ela havia nascido sete anos antes de Sócrates, e tinha uma maturidade que o atraía. Ao contrário de Regina, que era caseira e nunca se interessou muito por moda, Rosemary era uma superestrela que exalava *sex appeal*. Entendia o que era estar constantemente sob os holofotes e Sócrates estava preparado para arriscar tudo para estar com ela.

Rosemary vivia no Rio de Janeiro, a 430 quilômetros de distância, mas isso não era um obstáculo para um Sócrates apaixonado. Ele mandava passagens para que ela viesse visitá-lo em São Paulo, tomava providências para que ela estivesse em cidades onde o Corinthians jogaria, e um dia chegou a pegar seis aviões entre São Paulo e Rio apenas para passar uma ou duas horas com ela.

"Acordei de madrugada para tomar café com ela", ele escreveu em suas memórias. "Logo em seguida, voei para São Paulo para o treinamento da manhã. Ao meio-dia, voei de volta para almoçar com ela. No começo da tarde, nova travessia para a capital paulista. Algumas horas depois, retornei para jantar junto da amada. Quando desembarquei de volta em Congonhas — naquela que seria a última viagem —, lá pelas dez da noite, e ainda na sala de desembarque, bateu uma saudade no meu peito, uma vontade de ficar ao lado de quem amava, daquelas impossíveis de relevar, e senti a necessidade, o desejo, a loucura de dormir com ela. E, quase sem racionalizar, acabei voltando para os braços queridos. Aquele último voo representava o êxtase, a comunhão de sentidos, a felicidade plena."[8]

O affair começou discretamente, mas Sócrates e Rosemary não demoraram para começar a planejar a vida em torno dele. Em pelo menos uma ocasião, Sócrates estava tão desesperado para vê-la que pediu para ser substituído no intervalo de um jogo e foi embora do estádio para se encontrar com ela. Amigos e companheiros encobriam suas escapadas e pressionavam repórteres a não escrever histórias sobre os dois nem fotografá-los juntos. Regina não suspeitou de nada ou talvez tenha decidido olhar para outro lado, e Sócrates sempre tinha algum álibi: sempre estava treinando ou viajando com o Corinthians e a seleção; quando não estava, algum de seus patrocinadores tinha reuniões e eventos agendados. Às vezes, Rosemary descobria onde ele jogaria e o surpreendia com uma suíte reservada quando ele chegasse.[9]

Uma rotina como essa não é simples, mas eles davam um jeito, e se por algum momento ele esteve em dúvida, sua forma em campo era um lembrete de que o caso lhe fazia bem. Sócrates acreditava que as pessoas — particularmente os jogadores — eram mais criativas quando estavam relaxadas e talvez não tenha sido um acaso que algumas das melhores atuações de sua carreira tenham ocorrido durante o período em que se relacionou com Rosemary.

"É que quando estamos apaixonados, parece que o foco do nosso sentimento somos nós mesmos", ele disse. "Nós nos vemos com muito mais carinho e respeito, e acreditamos piamente que estamos acima de qualquer eventual restrição que o cotidiano nos coloque. A paixão nos torna fortes como jamais supúnhamos."[10]

Após um início irregular no Campeonato Paulista, em julho, a campanha do Corinthians decolou contra o rival Palmeiras, no dia primeiro de agosto. Casagrande vinha mostrando a mesma forma letal do começo da Taça de Prata, e marcou gols nas vitórias sobre o Santo André e o Juventus.

Mas ele foi sensacional contra o Palmeiras, fazendo três gols em quatro minutos, para garantir uma vitória por 5 × 1.

Sócrates colocou o Corinthians à frente (2 × 1) ao cobrar um pênalti, na metade do segundo tempo e, com apenas dez minutos por jogar, Casagrande assegurou os pontos da vitória com três gols de oportunismo, todos eles dentro da pequena área.

O jovem centroavante marcou mais dois naquela mesma semana, na vitória por 2 × 0 sobre a Francana, outros dois nos 2 × 1 sobre a Ferroviária, e voltou a marcar duas vezes na vitória sobre a Internacional de Limeira, no dia 11 de agosto, totalizando nove gols em quatro jogos.

Algum tempo antes, Sócrates tinha dito aos repórteres que ajudaria Casagrande a se tornar o melhor centroavante do país e declarou que se dedicaria a colaborar para que o companheiro fosse o artilheiro do campeonato. Ele passava a bola para Casagrande quando podia chutar ao gol e o deixava cobrar pênaltis quando as vitórias já estavam asseguradas.

Os dois jogadores se entrosaram dentro de campo e logo se tornaram inseparáveis do lado de fora, com Sócrates assumindo o papel de irmão mais velho de Casagrande. Nascido e criado na Penha, bairro de classe trabalhadora próximo ao Parque São Jorge, Casagrande sempre torceu para o Corinthians. Havia sido expulso da escola e levou a fama de jovem causador de problemas para o futebol. Fez seu nome ao marcar quatro dos seis gols do Corinthians na Copa São Paulo de Futebol Júnior de 1980, mas os técnicos nunca apostaram totalmente na chegada do adolescente explosivo ao time principal. Osvaldo Brandão chegou perto, depois de convocá-lo para um jogo e, sem cerimônia, dispensá-lo na véspera. Casagrande ameaçou lhe dar um soco e foi emprestado à Caldense, um clube pequeno de Minas Gerais.

Ele marcou muitos gols por lá e foi chamado de volta por Travaglini no começo de 1982, para ter sua chance. Casagrande era o jogador de mais visibilidade de uma geração que surgia justamente quando o futebol brasileiro se transformava. Os brasileiros já não tinham tanto medo de dizer o que pensavam e os futebolistas estavam começando a ganhar mais dinheiro graças ao aumento da publicidade e da capacidade de consumo no país.

Casagrande não era um intelectual como Sócrates, mas era claramente mais esclarecido e independente que a maioria dos jogadores. Vestia-se como um típico adolescente, com jeans e camiseta e tênis da marca Converse de cano alto, completando o visual rock and roll com óculos escuros e cabelos compridos. Com 1,90m, gostava de chamar a atenção no gramado, usava as meias abaixadas, perto dos tornozelos, e a camisa do Corinthians para fora do calção.

Sócrates adorava a energia de Casagrande e se identificava com sua rebeldia juvenil. Ele o via como uma versão mais jovem de si mesmo, de voltagem mais alta, e percebia que Casagrande era naturalmente afinado com a juventude insatisfeita com a qual queria se comunicar. Casagrande, por sua vez, usava Sócrates para se desviar de algumas de suas próprias controvérsias e, ao mesmo tempo, aprender com a experiência dele.

A forma como Sócrates se identificou com um adolescente da classe trabalhadora, nove anos mais novo, e ainda foi seu mentor, era um indicativo de seu impressionante talento para se conectar com as mais distintas personalidades no vestiário do Corinthians, a maioria anos-luz aquém dele do ponto de vista intelectual.

Nos anos 1980, o futebol brasileiro ainda era praticado quase que exclusivamente pelos pobres e desfavorecidos. A classe média do país não tinha começado a crescer, e a elite que comandava a nação ainda enxergava o esporte como um refúgio de delinquentes que não tinham outra forma de escapar da pobreza. No Corinthians, Sócrates estava rodeado de jogadores que não conheciam nada além do futebol. Que nunca tinham tido chance de ir à escola, ou que haviam deixado de estudar muito cedo, e o futebol era sua única esperança na vida. Quando Sócrates falava sobre teorias políticas ou aperfeiçoamento pessoal, eles riam.

"Ele bebia e vinha com essas ideias. Que vocês têm que ler... uma cultura a mais...", disse Ataliba, um dos brincalhões do elenco. "Ô, vai tomar no cu! Para com isso, caralho! Vamos jogar bola, mano. Eu vou ler livro? O outro vai ler livro? O Casagrande, doidão, vai ler livro? Nunca, cara... Ele quis pôr isso aí, mas a gente... 'Porra, Magrão, para, cara!'"[11]

Sócrates conseguia se conectar com pessoas como Ataliba graças, em parte, a um comentário feito por um ex-companheiro mais de uma década antes. Ele ainda jogava pelo time amador do Raio de Ouro e um dos jogadores mais velhos do time elogiou sua atuação com as palavras: "Pena que você não é filho de pedreiro". Sócrates interpretou o comentário como um aviso — o frágil garoto de classe média não sobreviveria num mundo habitado por homens duros e implacáveis. Aquelas palavras permaneceram com ele durante anos e o inspiraram a tentar ser como o filho do pedreiro, ou ao menos a tentar entendê-lo.[12]

Apesar da distância intelectual em relação a jogadores como Ataliba, Sócrates nunca se comportou de forma a evidenciar isso. O doutor, com seus livros, suas palavras complicadas e sua amante capa de *Playboy*, poderia facilmente ser percebido como arrogante ou esnobe. Em vez disso, fazia questão de ajudar os outros jogadores quando não estavam jogando, e em suas declarações costumava dar muito destaque à contribuição deles dentro de campo. Biro-Biro disse que Sócrates às vezes se sentava com eles depois que davam entrevistas e os ajudava com vocabulário e dicção. Sempre que alguém elogiava suas atuações ou seus gols, Sócrates imediatamente respondia com sua própria interpretação, repassando o crédito aos colegas. Sócrates podia ter vencido o jogo, mas sem a entrega de Biro-Biro ou os cruzamentos de Ataliba ou os desarmes de Paulinho nada teria sido possível, ele dizia. O resultado era que, mesmo que seus companheiros o achassem estranho e distante, sempre foram extremamente leais a ele.

"Ele era diferente", disse Ataliba. "Como homem, como pai, mas principalmente como atleta, como gente, fora ou dentro de campo. Eu tenho essa ideia dele, não vou dizer uma gratidão. Gratidão quem cria é a gente. Mas nesse espaço de dois anos e meio juntos, não tem como dizer algo de ruim dele. Não tem."[13]

Uma das características que mais impressionavam seus companheiros era sua confiança. Os jogadores do Corinthians eram pobres, negros, ou ambos, e assim como seus compatriotas pobres e negros, estavam acostumados a ser tratados como cidadãos de segunda classe. A experiência ensinou a jogadores como Ataliba e Biro-Biro que eles não escapariam impunes se fizessem o que o doutor de classe média fazia — fossem os casos extraconjugais, as bebedeiras antes dos jogos ou a maneira como ele audaciosamente dizia o que pensava. Mas tudo o que Sócrates fazia e dizia reafirmava que ele estava do lado dos colegas de time.

"Tem jogo amanhã. A gente chegava no hotel, o Magrão estava lá e ficavam quatro ou cinco com ele e tal", disse Biro-Biro. "Eu não ficava. Eu ia dormir. Mas ele passava essa confiança para a gente, porque chegava no outro dia e era a mesma coisa. Parecia que não acontecia nada. O time jogava da mesma forma, não tinha problema nenhum. Eu sempre falava: é errado. Mas como ele passava essa confiança para a gente, então a gente falava: 'Pô, está tudo bem'. [...] Mesmo não estando bem dentro do jogo, ele não participava nos noventa minutos, mas nos trinta ou vinte minutos de que participava — ou dois minutos —, ele resolvia a partida. Passava essa confiança para o grupo, então o grupo acabou assimilando, aceitando, aquilo que ele fazia fora de campo."[14]

Jogadores de times vencedores — e, às vezes, até de times que não vencem — adoram fingir que são todos melhores amigos dentro e fora do campo. Normalmente é papo furado, porque, como Sócrates sempre salientou, embora o futebol seja um esporte coletivo, cada jogador é um indivíduo competindo com outros indivíduos por mais minutos em campo, mais dinheiro e mais reconhecimento.

O time do Corinthians de 1982 tinha suas divisões, mas eram pequenas. No âmbito dos clubes, foi o time mais unido em que Sócrates jogou. O ônibus trazia os jogadores de volta a São Paulo após as partidas fora de casa, mas o ambiente era tão bom que eles não iam direto para casa. Às vezes, estendiam o fim de semana, saindo juntos ou se sentando para tomar algumas cervejas em vez de voltar para suas mulheres e famílias. Eles estavam ganhando, o que sempre gera uma atmosfera alegre, e estavam jogando bem, com Zenon, Wladimir, Biro-Biro, Paulinho, Casagrande e Ataliba entre os que mostravam, naquele ponto, o melhor futebol de suas carreiras. O que um dia foi heavy metal tinha evoluído para um power pop e já estava se aproximando de algo como o jazz. Nas palavras memoráveis do escritor corintiano Marcelo Rubens Paiva, era futebol ao estilo da banda Earth, Wind and Fire.

O time de personagens fortes, cada um assumindo sua personalidade distinta, era uma dádiva para a mídia. Sócrates era o pensador, que de forma descontraída imitou a pose da escultura de Rodin para a capa de *Placar*. Biro-Biro era o atleta mais reconhecível no campo, com suas meias abaixadas e uma juba loira que não tinha concorrente até o surgimento de Valderrama. Zenon mantinha o visual à la Beatles, o bigode preto e jogava com a camisa para fora do calção — algo raro na época —, enquanto Casagrande era o rebelde, com os óculos escuros, tênis brancos e opiniões sobre tudo. Os veteranos Wladimir, com seu compromisso duradouro tanto com o clube quanto com o movimento black power brasileiro, e Zé Maria, o cavalo incansável, eram os arquétipos do corintiano, e, por isso, imensamente populares.

Essa aura de extravagância sempre havia representado a antítese do perfil trabalhador do Corinthians, mas Sócrates mudou isso também. Os torcedores adoravam a irreverência e, desde que vencessem, os jogadores podiam fazer o que quisessem.

E fizeram. Durante a segunda metade de 1982, eles tentaram coisas que nenhum time de futebol brasileiro tinha tentado antes. O Brasil nos anos 1980 ainda era fechado e conservador, mesmo numa cidade relativamente cosmopolita como São Paulo. Esses limites eram o que Sócrates mais odiava, e, quanto mais poder ele angariava, mais procurava modificá-los.

A seu pedido, o Corinthians contratou um psicólogo pop, famoso por suas colunas de jornal em que tratava de relacionamentos pessoais. Muitos jogadores pensavam que Flávio Gikovate não passava de um promotor de autoajuda — ele disse que o Brasil perdeu para a Itália porque os jogadores brasileiros tinham medo de ser campeões do mundo —, mas Sócrates o adorava e eles foram amigos por um tempo.

Uma das mentes mais criativas do Brasil se juntou ao departamento de marketing do clube. Washington Olivetto, corintiano fanático, formou amizades para uma vida inteira com vários dos jogadores, nenhuma mais forte do que a que estabeleceu com Sócrates. Olivetto era carismático e muito bem relacionado, e procurou seus amigos na indústria da música e da televisão para ajudar a promover o novo movimento.

Os jogadores se envolveram ativamente na renovada cena musical brasileira, com Casagrande levando grupos de colegas a shows todas as semanas. A ideia das bandas de garagem tinha chegado ao Brasil e uma nova onda de roqueiros raivosos descontava frustrações em suas guitarras. Numa noitada planejada dias antes das eleições de novembro, um marco, Sócrates,

Casagrande e Wladimir subiram ao palco durante um show de Rita Lee e cantaram sua música "Vote em mim". Casagrande queria dar uma camisa do Corinthians para a cantora vestir, mas se esqueceu de levar uma e teve de pedir que alguém no público entregasse a sua. Sócrates surgiu no palco com a camisa corintiana sobre a sua camiseta, tirou-a e a ofereceu a Rita Lee, torcedora do clube. Os quatro dançaram animadamente e Sócrates resolveu colocar um dos anões que se apresentavam como dançarinos em seus ombros, mas caiu do palco quando saía — felizmente ninguém se machucou.[15]

Vários jogadores se tornaram politicamente ativos fora do vestiário: Zé Maria se juntou ao PMDB; Casagrande e Wladimir se filiaram ao PT, partido fundado pelo futuro presidente Lula. Sócrates preferiu se manter acima dos partidos políticos, uma posição que decepcionou militantes de esquerda que queriam apresentá-lo como um deles. Nos anos seguintes, ele adoraria falar de política e formaria amizades duradouras com Mário Covas e Fernando Henrique Cardoso, e também com Lula, Eduardo Suplicy e com o ribeirão-pretano Antonio Palocci.

Mas ele seguiu transmitindo sua mensagem de mudança. Em uma de suas atitudes mais ousadas, os jogadores do Corinthians entraram no gramado para um jogo no fim de outubro contra o São Bento com a inscrição "Dia 15, vote" em suas camisas. A mensagem para encorajar as pessoas a participar das eleições estaduais marcadas para 15 de novembro era política demais para os poderes constituídos, e eles foram forçados a tirar a mensagem do uniforme, mas o objetivo em termos de repercussão havia sido atingido.

Alguns problemas também afloraram à medida que os elogios subiam à cabeça dos jogadores. Sócrates insistiu em organizar uma festa antes da decisão do segundo turno contra o São Paulo — se vencesse, o Corinthians seria campeão direto, pois havia vencido o primeiro turno — e ofereceu aos colegas uma feijoada completa, uma refeição sabidamente pesada. O Corinthians perdeu no dia seguinte e alguns companheiros de time ficaram irritados com sua falta de profissionalismo. Num episódio mais sério, Casagrande se envolveu com drogas e foi preso por posse de cocaína, pouco antes do Natal. Embora as acusações tenham sido retiradas mais tarde por falta de provas, o fato chamou mais atenção para o time e cada jogo se tornava um evento. O foco no Corinthians era constante e os jogadores já não jogavam para si mesmos, ou para a torcida. O país inteiro estava olhando e os resultados ganharam um significado que foi além do futebol.

"Nossa responsabilidade aumentava", lembrou Biro-Biro. "Porque nós estávamos criando uma democracia que mexia com o país, pô, e cada jogo que a gente jogava era uma decisão. Cada jogo a gente tinha que ganhar e isso pegava a confiança do torcedor, do povo brasileiro. A responsabilidade aumentava, politicamente, por causa disso. Querendo ou não as pessoas levavam para o campo. Se a gente perdesse, se as coisas dessem errado, seria difícil (a democracia continuar). Sem dúvida, sentimos mais pressão."[16]

Sócrates gostava da pressão, mas não era imune a ela. Ele não tinha superstições, mas lidava com o estresse dos grandes jogos de uma forma peculiar. Quando estava feliz, sua mente viajava e ele tinha dificuldade para se manter concentrado. Então, se chegasse ao estádio de bom humor, tentava encontrar um motivo para ficar triste. Não era sempre uma decisão consciente, mas ele instintivamente colocava o cérebro para dormir antes de jogos importantes.

"O fato de estar triste ajudava a me concentrar, o fato de estar alegre prejudicava a concentração, então eu cortava rápido", disse. "Era intuitivo isso, eu não tinha muita noção. Lembro que quando eu estava triste por algum motivo, ou puto com alguma coisa, eu me encolhia no meu canto, chegava até a dormir no vestiário antes de entrar em campo. Eu me concentrava muito mais no jogo. Gradativamente, comecei a manipular isso. E eu acho que tem a sua lógica, porque era uma forma de extravasar, eu ficava muito mais ligado fisicamente, emocionalmente, naquilo que estava fazendo. O esporte tem essa vantagem, você esquece o mundo."[17]

Seus companheiros e amigos começaram a notar como a preparação mental era importante para ele, e passaram a se comportar de acordo. "Quando eu chegava no vestiário e ele estava quietinho... sentava lá, às vezes nem pegava um livro, eu falava: 'Pô, não mexe com ele... hoje vai arrebentar'", recordou Biro-Biro.

"Quando ele deitava e descansava, porra, ele jogava muito mais do que se chegasse animado. Quando se concentrava, ai, ai..."[18]

Gikovate também acreditava que Sócrates jogava melhor quando estava preocupado e Olivetto, notando sua necessidade de engajamento intelectual, organizava eventos para afastar sua mente do futebol. Antes de jogos importantes, Olivetto convidava um arquiteto, um músico ou um novelista para jantar, e eles ficavam bebendo e conversando por horas a fio.[19]

Os métodos funcionaram e o Corinthians navegou sem problemas pelo Campeonato Paulista, que tinha retornado a um formato mais razoável, com o vencedor do primeiro turno enfrentando o vencedor do segundo na final, em dezembro. O Corinthians dominou a primeira metade da temporada, terminando com cinco pontos de vantagem sobre o São Paulo, bicampeão vigente, e com um saldo de gols que era o dobro do rival. O time ficou muito perto de repetir o desempenho na segunda fase, mas duas derrotas nas rodadas finais deram a posição ao São Paulo, marcando um clássico entre eles na final, disputada em dois jogos.

O Corinthians ganhou o primeiro, graças a um gol de Sócrates num jogo tão brigado que mal lembrou futebol, ele disse. Então, o elenco todo se reuniu antes da finalíssima, três dias depois, no que Sócrates prometeu que seria a última concentração obrigatória antes da abolição da prática no ano seguinte. Foi o septuagésimo sexto e último jogo da temporada corintiana, e o time conquistou o título com uma vitória por 3 × 1.

O sucesso do Corinthians foi o triunfo da democracia e também o dos torcedores neutros que queriam o fim do regime militar. Foi igualmente um ponto alto para Sócrates, que disputou treze dos dezenove jogos do primeiro turno e todas as partidas do segundo. Ele marcou dezoito gols e foi o vice-artilheiro do campeonato, dez gols atrás de Casagrande, goleador do torneio em sua primeira temporada completa como profissional.

A vitória foi importante para o Corinthians, o primeiro título estadual do clube em três anos. O time celebrou direcionando o ônibus para a mansão de Waldemar Pires e surpreendendo o dirigente com a exigência de uma festa. O presidente não pôde dizer não e os jogadores foram da sala para a adega, onde brindaram ao sucesso alcançado.[20]

A conquista foi significativa para Sócrates não apenas por coroar a melhor temporada de sua carreira, até aquele momento, com um troféu. Ele comemorou seu gol no primeiro jogo erguendo o braço para o alto e cerrando o punho numa saudação que lembrava a de um militante engajado. Embora não tivesse certeza do que o levou a adotar essa comemoração, ela se transformou em sua marca. Mais tarde, ele mencionaria o gesto dos Panteras Negras no pódio da Olimpíada do México, em 1968, como uma das suas influências, e tinha clara noção de seu histórico antifascista. Não foi a primeira vez que a usou — suas comemorações nesse estilo começaram em 1978 —, mas o gestual se encaixou perfeitamente com sua nova agenda progressista, e ele passou a usá-la mais frequentemente.

Provavelmente a decisão mais memorável durante aqueles últimos meses de 1982 tenha sido tomada em uma universidade, e não por um jogador, técnico ou mesmo um diretor do clube. Embora já contasse com quase um ano de vida, o movimento ainda não tinha um nome. As pessoas se referiam a ele como "o poder aos jogadores", chamavam o Corinthians de "o time democrático", ou usavam expressões como "a revolução corintiana". Isso começou a mudar em novembro, após um debate na Pontifícia Universidade Católica de São Paulo.

Olivetto, Sócrates e Adilson sentaram-se no palco diante de centenas de estudantes e torcedores para discutir o movimento e seus objetivos, ajudados pelo moderador Juca Kfouri, que, num determinado momento, ironicamente resumiu as coisas com um comentário: "Então se os jogadores continuarem participando das decisões do clube, se os dirigentes não os impedirem, e se a imprensa esclarecida lhes der suporte, o que a gente vê aqui é uma democracia, uma democracia corintiana".[21]

Foi um desses momentos que Olivetto, um homem de relações públicas, jamais esqueceu.

"Quando ele falou aquilo, eu disse: 'Meu Deus, achei o nome!', e anotei: Democracia Corinthiana", contou Olivetto. "No outro dia, cheguei na agência, e pedi que o diretor de arte fizesse um logo da Democracia Corinthiana, que misturasse a estética da marca da Coca-Cola — porque eu queria algo pop, pode olhar, ela tem muito isso — com a estética do PMDB, que era o partido de oposição ao governo. E assim o nome ficou: a Democracia Corinthiana."[22]

Sócrates achou o nome preciso, mas de certa maneira inconveniente, porque a palavra "democracia" seria um problema para os conservadores que trabalhavam para manter o *status quo*. De qualquer forma, a expressão colou e entrou para a história como o nome do movimento mais transformador ocorrido dentro de um grande time de futebol.

Sócrates acreditava que vencer o título paulista em dezembro tinha sido uma prova de que a abertura trazia recompensas, e foi para a praia em suas férias de fim de ano com grandes planos para expandir o movimento em 1983. Seu otimismo, no entanto, mostraria-se excessivo. Na medida em que as ambições cresciam, os problemas decorrentes seguiam no mesmo ritmo. Democracia era agora um nome, mas seu real significado seria dissecado de forma cada vez mais minuciosa. Os meses seguintes ensinariam a Sócrates que o conceito de democracia tinha diferentes sentidos para pessoas diferentes. Poderia ser usado de várias formas. Ou, quando interessasse a ele, não precisaria ser usado de forma nenhuma.

CAPÍTULO 12

Em 1983 foi mais difícil pra todo mundo, mais sofrido. A gente esperava que o ambiente fosse o mesmo de 1982, mas as coisas não são iguais, nunca são iguais.
Casagrande

Numa tarde chuvosa no início de fevereiro de 1983, Adilson chamou os jogadores do Corinthians para uma reunião no Parque São Jorge. Cerca de 24 jogadores formaram um quadrado com os bancos e Adilson começou a falar.

"Nós estamos pensando em contratar um goleiro e estamos pensando em Leão", Adilson disse a eles. "O que vocês acham?"

Émerson Leão era um dos jogadores mais controversos do Brasil, um goleiro brilhante que tinha vencido quatro Campeonatos Brasileiros e disputado três Copas do Mundo, mas cujo individualismo tinha lhe valido inimigos por onde passou.

Muitos jogadores do Corinthians ficaram felizes com a ideia de receber Leão, por causa de suas habilidades como goleiro. Mas alguns foram veementemente contra. Os três goleiros do elenco, além de Casagrande e Wladimir, expressaram oposição de forma clara. O tom subiu no debate que se seguiu, com metade do time temendo que a chegada de Leão viesse a ameaçar a harmonia que eles tanto tinham lutado para criar, e a outra metade disposta a arriscar essa harmonia para contratar o melhor goleiro do país.[1]

"Vamos votar", disse Adilson, quando a discussão perdeu força. Quando a contratação de Leão foi aprovada pela votação, ele fez algo que ninguém ali esperava.[2]

Zenon se lembrou da cena com clareza. "Nós estávamos na sala de musculação. Os banquinhos formando o quadrado, o pessoal ali todo sentado."

"Bom, já que votamos a favor, eu vou apresentá-lo a vocês. Ele está aqui agora", disse Adilson.

O silêncio foi instantaneamente quebrado por um coro de vozes surpresas, perguntando: "Como assim, ele está aqui agora?".

"Ele está aqui", repetiu Adilson, chamando Leão para que se aproximasse e encontrasse seus novos companheiros.

Leão, que ouviu o debate sobre contratar um grande goleiro ou rejeitar um potencial criador de problemas, apareceu e se apresentou. O exercício tinha sido uma farsa, e Leão jogaria no Corinthians com ou sem a aprovação dos companheiros.

"Ficamos surpresos com aquela situação, entende?", disse Zenon. "O cara estava do lado de fora, talvez estivesse escutando tudo o que nós estávamos falando antes da votação, alguns falando que não seria bom..."

Adilson explicou mais tarde que, diferentemente das contratações anteriores, que tinham sido debatidas previamente com todos os jogadores, a chegada de Leão foi acertada com os líderes do elenco. Sócrates, Wladimir e Zé Maria, que tinham jogado com Leão na seleção, foram questionados sobre a aquisição, assim como Travaglini e o preparador Hélio Maffia, que o conhecia dos tempos de Palmeiras. Todos os cinco concordaram que as vantagens de contratar um goleiro tão bom superavam as desvantagens de trazer uma personalidade tão controversa. Isso foi suficiente para Adilson, que fez o negócio. Só então ele informou o restante do elenco, e, graças em parte ao poder de persuasão de Sócrates, uma votação muito equilibrada aprovou a contratação e evitou um racha potencialmente fatal.

Mesmo depois da votação, a decisão enfureceu mais do que apenas os goleiros do time. Casagrande, que disse que seus contatos com Leão "não eram muito agradáveis", foi tão explícito que levou uma suspensão de quarenta dias, e as tensões aumentaram muito no início da temporada.[3]

A forma ardilosa como a contratação havia sido fechada deixou o movimento e os líderes Adilson, Sócrates, Wladimir e Casagrande em uma situação desconfortável. A influência deles levou os críticos a se referirem ao movimento com expressões como "a democracia de quatro homens", ou "a aristocracia corintiana". Eles achavam engraçado, embora reconhecessem que, nas democracias, algumas pessoas se envolvem mais do que outras. O episódio, no entanto, foi uma afronta ao conceito de democracia e colocou o caráter do movimento em questão.

A trama acabou dando certo pela simples razão de que a maioria dos jogadores do Corinthians não se importava com a condução da contratação de Leão, ou não tinha conhecimento suficiente do que era democracia para se opor. O movimento tinha apenas um ano e importância secundária para a maior parte do elenco. Eles eram atletas pouco sofisticados, com mínima experiência em processos eleitorais ou ética coletiva, e não estavam conscientes de que os verdadeiros líderes democráticos não manipulam eleições.

"A gente sabia muito pouco de democracia", admitiu Zé Maria. "A gente queria uma democracia, mas não sabia por que a gente não tinha isso no clube. Passou a ter essa democracia. O pessoal começou a entender melhor o que eles tinham de direito, o que podia, o que não podia."

Sócrates sabia que eles estavam cometendo uma injustiça, mas concordou com o plano porque tinha se convencido de que o clube precisava contratar os melhores jogadores se quisesse conquistar o Campeonato Brasileiro. Vencer era mais importante do que ele admitia e, embora dissesse a amigos que havia cometido um erro, em público não foi tão nobre. Num livro de 2002 sobre a Democracia Corinthiana, do qual foi coautor, Sócrates afirmou não se lembrar das exatas circunstâncias da chegada de Leão.

A controvérsia aconteceu em um momento delicado. A imprensa brasileira estava dividida a respeito da Democracia Corinthiana: alguns jornalistas conhecidos apoiaram seus objetivos, mas a maioria das publicações relevantes tornou-se abertamente hostil. O público em geral, enquanto isso, acompanhava de perto e debatia a importância do movimento numa época que começava a se parecer com uma encruzilhada. No início de 1983, o Brasil estava cada vez mais apreensivo, pois os estilhaços do *boom* econômico começavam a provocar estragos. A moeda nacional foi desvalorizada em 30% no começo do ano, a inflação cresceu ao maior nível mensal em duas décadas, e o governo introduziu controles de preços para tentar manter a economia andando. O desemprego crescia, assim como a dívida governamental, e as tensões chegaram às ruas, onde greves e depredações passaram a ser comuns.

No Corinthians, a contratação de Leão foi seguida de uma eleição crucial disputada entre Pires e Vicente Matheus. Manter Pires no comando era fundamental para a continuação do movimento, e Sócrates se envolveu mais do que nunca. Não só ameaçou deixar o Corinthians caso Matheus retornasse; seu nome integrou a lista de candidatos ao conselho, junto com os de Wladimir e Zé Maria.

A eleição aconteceu no domingo, 6 de março, o dia em que o Corinthians jogaria com o Fluminense, no Maracanã. Mas Sócrates gostaria que seus companheiros participassem. Tentou convencê-los a adiar o voo por um dia e viajar para o Rio apenas depois de terem votado na manhã de domingo, e solicitou uma votação entre eles para resolver o assunto. Sócrates perdeu por pouco, mas, mesmo sem poder comparecer ao clube, ele e os dois companheiros de time acabaram eleitos pelas milhares de pessoas que foram até o Parque São Jorge.

Suas carreiras políticas duraram pouco, porque as reuniões do conselho aconteciam às segundas-feiras, o único dia de folga dos jogadores. Relutantes em trocar um dia de churrasco e cerveja por outras funções no clube, foram retirados do conselho após faltarem a três reuniões consecutivas. Sócrates não se importava, e tinha tentado, sem sucesso, retirar seu nome das cédulas após descobrir que as eleições não eram diretas. O mais importante, porém, foi que Pires acabou facilmente reeleito, com 5.138 votos contra 2.336 de Matheus. A revolução seguiu sua marcha oscilante.[4]

Apesar do episódio com Leão, Sócrates, mais do que nunca, acreditava no poder dos jogadores e estava genuinamente intrigado pelo fato de os outros times não estarem tentando copiar a experiência. Apenas um ou dois jogadores apoiaram publicamente a causa e, embora Carlos Alberto Torres tenha prometido mais abertura no Flamengo e jogadores do Cruzeiro, do Fluminense e da Ponte Preta tenham discutido sobre buscar mais controle das decisões que os envolviam, nenhum clube chegou perto de replicar a Democracia Corinthiana. Vários jogadores de alto nível — particularmente os do São Paulo — disseram que era um modismo e pediram a seus companheiros que se concentrassem no futebol e esquecessem todo o resto.

Sócrates ficou desanimado pela falta de conscientização dos colegas, mas, com o passar do ano, precisou se preocupar com os rumos da democracia em seu próprio clube, pois Leão fez sua presença ser sentida. O goleiro era um profissional consagrado, o primeiro a chegar nos treinos e o último a sair. Mas acreditava que a ideia de jogadores de futebol como agentes de mudanças políticas era uma grande piada e trabalhou claramente para enfraquecê-la. Respeitado e articulado, conseguiu o apoio dos jogadores reservas e dos mais jovens, e os convenceu de que os líderes do movimento ganhavam mais dinheiro do que eles porque eram amigos dos dirigentes. Adilson e Sócrates se reuniram com Leão para discutir sua postura, mas ele riu e disse que se eles o consideravam um problema depois de só um mês de clube, deveriam esperar mais algum tempo, porque conseguiria o apoio necessário para levar todo aquele sistema ao esquecimento.[5]

Sua hostilidade explícita enfurecia Sócrates, que via com desgosto sua influência diminuir e a atmosfera no vestiário se tornar cada vez mais tensa. O racha cozinhou em fogo baixo durante toda a temporada e virou motivo de conflito antes da semifinal do Campeonato Paulista, em dezembro, contra o Palmeiras. Sócrates e Adilson estavam fartos das tentativas de Leão de desacreditar o movimento e o confrontaram no hotel, antes do jogo. Os ânimos se exaltaram, as vozes se levantaram e Adilson teria dito: "Se você levar um gol e o Corinthians for eliminado, nós iremos à imprensa e diremos que você fez de propósito".

Leão deu uma aula de atuação como goleiro, e o Corinthians venceu por 1 × 0, mas as discussões constantes tornaram sua posição insustentável. Quando o campeonato acabou, ele retornou ao Palmeiras depois de menos de um ano jogando pelo rival.

Sócrates nunca perdoou Leão por tentar destruir seu projeto, e os dois passaram o resto de suas vidas em desacordo. Leão se recusava a falar sobre seu desafeto, mas Sócrates não se importava, dizendo certa vez que: "Se Deus criou o homem, então o diabo inventou Émerson Leão". Seu ressentimento era ainda mais notável porque eram raras as inimizades em sua vida. Quando Sócrates não gostava de alguém, simplesmente o eliminava de seu círculo, da maneira mais simples possível, muitas vezes ignorando a pessoa. Refletia e agia rápido quando percebia que alguém queria tirar alguma vantagem dele ou de sua fama. Sócrates não tinha problemas com quem pensasse diferente e gostava de debater ideias com qualquer pessoa que tivesse um ponto de vista contrário, por isso pareceu tão estranho o rumo seguido por seu relacionamento com Leão.[6]

Os conflitos no vestiário tiveram efeito prejudicial, mais no ambiente do que nos resultados do time. Sócrates começou a temporada em ótima forma, marcando quatro gols na vitória por 10 × 1 sobre o Tiradentes, e ajudando o Corinthians em um bom começo de Campeonato Brasileiro. O time perdeu apenas dois dos primeiros dezesseis jogos, mas uma bomba explodiu em março, quando Travaglini inesperadamente pediu demissão.

O popular técnico disse que estava "cansado, desanimado e desgastado", mas também surgiram histórias de que estaria farto da "democracia dos quatro homens" e não queria mais saber daquilo. Ele admitiu que os problemas disciplinares de Casagrande, os protestos públicos dos jogadores ao não serem escalados ou substituídos, e os problemas relacionados à chegada de Leão tinham contribuído para sua saída, mas afirmou ainda acreditar na Democracia Corinthiana e disse que seu ato de demissão não era uma condenação ao movimento.[7]

Travaglini tinha avisado Adilson de suas intenções alguns dias antes de o Corinthians vencer o Bahia, por 2 × 0. Depois do jogo, o diretor de futebol chamou Sócrates, Wladimir, o zagueiro uruguaio Daniel González e o médico Luis Carlos Campos para debater o próximo passo do clube. Adilson sugeriu Zé Maria como um possível substituto e, dispostos a manter a Democracia Corinthiana viva, eles concordaram que escolher uma pessoa de dentro do time permitiria a continuidade do movimento.

Quando vazou a informação de que Travaglini estaria deixando o clube, o nome de Sócrates apareceu como potencial sucessor e ele manifestou interesse na oportunidade. Sócrates disse que dirigir o Corinthians seria uma opção "totalmente viável" e, com sua descontraída autoconfiança, declarou que seria apenas mais um trabalho para alguém que estava sempre disposto a colocar suas ideias revolucionárias em prática.

Adilson, no entanto, precisava de Sócrates no campo, e seus companheiros, quando consultados sobre a escolha de Zé Maria, concordaram que o querido lateral seria o melhor substituto de Travaglini. Super Zé estava prestes a se aposentar como jogador e, quando Travaglini pediu demissão, o clube se preparou para uma transição suave.

Zé Maria assumiu um dia depois de Sócrates receber o prêmio de melhor jogador do ano de 1982, mas Sócrates claramente evitava chamá-lo de técnico, preferindo se referir a ele como "nosso representante". O ex-lateral, entretanto, era um homem tão tranquilo quanto popular, e operar como o "representante" do time provavelmente não era a abordagem ideal para lidar com um grupo de pessoas tão determinadas, especialmente com Sócrates aproveitando todas as chances para mostrar sua própria autoridade dentro do clube. Seu período no comando não foi um desastre completo — o time venceu três jogos, empatou três e perdeu dois — mas não foi suficiente para levar o Corinthians à fase de mata-mata do Campeonato Brasileiro e ele deixou o cargo no dia 3 de maio, apenas cinco semanas depois de ter assumido.[8]

O período de Zé Maria como técnico ficou conhecido como *autogestão*, e deu aos adversários do movimento uma nova oportunidade para atacar a Democracia Corinthiana. Nas palavras de Sócrates, tinha sido "a nossa maior vitória até então", mas a ideia de jogadores comandando seu próprio time significou um abalo não só para as forças conservadoras que comandavam o futebol, mas também para os políticos, executivos e barões da mídia que temiam que o movimento se tornasse um modelo para as classes trabalhadoras que eles haviam controlado por tanto tempo. Os posicionamentos adversos se tornaram mais duros, especialmente na imprensa, e a Democracia Corinthiana, tão legal e inovadora em 1982, lentamente se transformou em algo que devia ser temido e desafiado.[9]

"Em determinado momento, a gente sofreu algumas, como diria... A gente recebeu alguns bilhetinhos, do pessoal lá de cima, do governo, pra gente falar menos... Não ser tão contundente. O governo, os políticos, mandaram mensagens para nós", disse Zenon. "Só que essas intervenções aumentaram nossa responsabilidade, dentro de campo, a responsabilidade de buscar os resultados para que pudéssemos ter a tranquilidade de dar depoimentos a respeito do que gostaríamos que acontecesse no país."[10]

Mais tarde, Sócrates admitiu que talvez tenham tentado fazer muita coisa ao mesmo tempo, e a falta de resultados de Zé Maria os forçou a dar um passo atrás e viver o resto do ano "consolidando uma posição, em vez de avançando", nas palavras decepcionadas e diplomáticas de Adilson.

Parte dessa ideia envolveu a busca por um técnico mais convencional, e Jorge Vieira retornou ao clube para trabalhar com Sócrates pela quarta vez. O treinador, conhecido por ser autoritário, recebeu a tarefa de recuperar o controle do time. Os jogadores tinham se aventurado por outros territórios, e não apenas pelas discussões sobre a contratação de Leão ou a escolha de Zé Maria como técnico. Casagrande e Zé Maria atuaram em filmes de comédia de baixa qualidade, o que gerou críticas de adversários mais conservadores — e Casagrande, ainda lidando com a repercussão da prisão por porte de drogas, teve dificuldades para administrar a pressão e só marcou um gol nos primeiros seis meses do ano.

Na mesma época, Hélio Maffia entrou em seu escritório após uma sessão de treinamentos e encontrou Sócrates, Casagrande e Ataliba com os pés sobre a mesa, tomando cerveja. Indignado, o preparador os expulsou e reclamou que eles estavam muito espaçosos. Sócrates argumentou que estavam bebendo para se reidratar e se refrescar, mas a explicação era bastante duvidosa e reforçou a ideia de que os malucos tinham tomado o controle do hospício.

O poder de Sócrates como astro do futebol, nessa época, estava em seu auge, e não apenas no Brasil. Suas atuações na Copa do Mundo haviam chamado a atenção de clubes estrangeiros e, com o processo de encerramento das restrições de movimento na Europa, clubes da Espanha e, particularmente, da Itália, tornaram seu interesse conhecido.

Sócrates sabia, fazia tempo, que clubes de fora do Brasil queriam levá-lo do Corinthians. Ele recusou uma oferta do New York Cosmos que incluía a garantia de uma residência médica após um contrato de três anos, e também rejeitou uma proposta de Dubai, ridiculamente lucrativa, explicando que "dinheiro não compra felicidade".

O Barcelona o tinha procurado para substituir Bernd Schuster, quando o jogador alemão se machucou, em dezembro de 1981, mas ele temeu que se mudar para a Europa poderia ameaçar seu lugar na seleção para a Copa do Mundo, e recusou. O mais perto que chegou de uma transferência foi em 1983, quando a Roma tentou torná-lo o segundo estrangeiro do time, ao lado de Falcão. Ele discutiu os termos do contrato com o clube da capital italiana e Adilson voou para a Suíça para tratar da parte financeira. Mas as negociações terminaram quando os italianos se recusaram a dispensá-lo da prática da concentração. A ideia de jogar na Itália e conhecer uma nova cultura e um novo idioma era atraente — assim como o dinheiro envolvido — mas não a ponto de fazê-lo perder a liberdade. Para Sócrates, isso não tinha preço.[11]

Sócrates estava feliz no Brasil, onde sabia como usar seu poder e influência, como bem ilustrou o episódio no escritório de Maffia. Se lhe dessem um centímetro, Sócrates avançaria um quilômetro, e sua fama e charme conseguiam livrá-lo das situações mais difíceis. Seu futebol, porém, estava começando a sofrer, e até mesmo seus companheiros questionavam se ele estaria passando muito tempo falando sobre política e pouco pensando em futebol.

Esses receios aumentaram ao longo de uma temporada problemática. Vieira tentou reinstalar a concentração, mas Sócrates se recusou, dizendo que seu contrato o autorizava a se apresentar apenas no dia do jogo. O comando do futebol brasileiro — que ainda estava sob supervisão dos militares — se sentia igualmente ameaçado e obrigou o Corinthians a remover a inscrição "Democracia Corinthiana" de seu uniforme, por se tratar de uma mensagem política.

Sócrates teve problemas até mesmo em casa, quando ladrões invadiram seu apartamento enquanto ele e a família não estavam e roubaram uma mala com 20 mil dólares. Os bandidos tinham a chave e sabiam exatamente onde estava o dinheiro, e a ideia de que amigos ou parentes poderiam estar por trás do assalto era realmente assustadora.[12]

Não havia descanso, também, em seu santuário usual, a seleção. O novo técnico Carlos Alberto Parreira o manteve como capitão numa excursão de quatro jogos pela Europa, em junho, e durante uma malsucedida Copa América. Mas os dois não tinham uma relação próxima e as exigências de Parreira por um estilo mais pragmático ofenderam as sensibilidades de um jogador que acreditava que o Brasil não deveria jamais copiar os europeus.

"Ele ficou mais fechado. Ficou mais mal-humorado", recordou Casagrande. "O ano de 1982 tinha sido tão gostoso, tudo tão maravilhoso, que 1983 deixou a gente chateado porque não foi igual. Eu acho que cada um de nós ficou um pouco mais triste. Ou menos alegre. Acho que o primeiro semestre foi totalmente ruim, em termos de ambiente, de resultado, a gente começou mal no Campeonato Brasileiro. O Sócrates... Não dava pra ele segurar tudo por si só, exceto se a gente estivesse também jogando muito bem. E ele também não esteve bem no primeiro semestre."[13]

Sócrates encontrou algum consolo fora do futebol e da política e seguiu trilhando seu próprio caminho. O caso com Rosemary ainda continuava firme e ele era uma presença frequente no Gallery — na rua Haddock Lobo, a melhor boate de São Paulo na época —, onde aparecia de jeans e tênis apenas para mostrar que as regras valiam para todos, menos para ele.

Ficou amigo de várias celebridades, incluindo os cantores Fagner, Chico Buarque e Toquinho, o escritor Marcelo Rubens Paiva e os editores do jornal *O Estado de S. Paulo*. Gostava da companhia de mentes criativas e resolveu investir o próprio dinheiro numa peça chamada *Perfume de Camélia*, um romance que evoluía para se transformar em drama e terminava como comédia.

Fã de teatro, Sócrates escolheu o diretor, o elenco e participou como pôde dos quatro meses de ensaios. A peça não foi exatamente um sucesso, lotou o teatro apenas na última das trinta noites em que esteve em cartaz, mas Sócrates não desanimou. Estava fazendo algo diferente e criativo e não se importava com a opinião de ninguém. O teatro, segundo ele, era "a arte que mais se identifica com a realidade". Pensou em adaptar outra história para o palco e Wladimir, Casagrande, Juninho e Eduardo concordaram em atuar. Sócrates queria teatro de rua, onde todas as pessoas poderiam ver, e chegou a cogitar a possibilidade de apresentar a peça no Corinthians. Mas com sua agenda tão apertada, a ideia não sobreviveu.

A única vez em que Sócrates sentiu medo de verdade num jogo de futebol foi num Corinthians × Botafogo, em 1974. Com uma hora de jogo, ele deu um passe para Geraldão fazer 1 × 0 para o time de Ribeirão. Os jogadores do Corinthians acharam que o lance era para impedimento e foram reclamar com o assistente. Rivellino deu um chute na canela do bandeira e seus companheiros se juntaram na pressão. O público no Parque São Jorge ficava muito próximo do gramado, e torcedores revoltados tentaram derrubar o frágil alambrado e invadir o campo. Garrafas, pedaços de madeira e de concreto foram atirados e o árbitro foi obrigado a paralisar o jogo. Os jogadores do Botafogo não conseguiram ir para o vestiário e tiveram de se refugiar no centro do gramado, onde, por meia hora, foram protegidos pelos escudos de cem policiais do batalhão de choque.[14]

"O pessoal foi em cima do bandeirinha... uma baita confusão. O Rivellino não queria sair de campo e tal, e a massa começando a se mover, como um leão querendo romper a jaula. Aí foi todo mundo para o meio de campo. Eu falei: 'Vixe, não vou sair vivo daqui hoje'. Deu medo mesmo. Tinha até vivido algumas situações quando moleque, jogando em campeonato amador; a gente jogava em fazenda, sem alambrado, sem nada, aquelas intimidações. Mas, nesse dia, eu passei medo mesmo."[15]

É difícil descrever como as coisas eram malucas nos estádios de futebol no Brasil. A violência aumentou exponencialmente nos anos 1970 e 1980, e embora as torcidas rivais ficassem separadas, existiam confrontos, por vezes com uso de armas de fogo. Era permitido vender cerveja dentro dos estádios, e, do lado de fora, amendoim, cachaça e pernil estavam à disposição nas ruas. Dentro, a atmosfera era elétrica, com faixas, bandeiras enormes e fogos de artifício disparados quando os times entravam em campo. Rolos de papel higiênico eram atirados dos anéis superiores e papel picado era lançado ao ar. Então, os torcedores juntavam os montes de papel e ateavam fogo. No segundo tempo, seções inteiras de arquibancadas se iluminavam com as fogueiras. Os banheiros eram tão rudimentares que torcedores se aliviavam em sacos ou copos e os jogavam fora, ou simplesmente urinavam onde estivessem. Sete torcedores morreram em Salvador, em 2007, após caírem da arquibancada do estádio da Fonte Nova, corroída durante anos por cerveja e urina.

Foi nesse tipo de atmosfera que o ônibus do Corinthians chegou ao estádio do Morumbi, para o jogo de volta da semifinal do Campeonato Paulista, contra o Palmeiras, em dezembro de 1983.

Jorge Vieira tinha conduzido o time à sua melhor forma após o período com Zé Maria, e o Corinthians tinha feito um bom campeonato. Com atuações extraordinárias de Leão no gol, e os recém-contratados Juninho Fonseca e Luís Fernando (elogiado por Sócrates como seu sucessor) jogando bem, o time se recuperou da fase ruim no início da temporada. Em novembro, depois de jogar 38 partidas em seis meses, o Corinthians arrancou para um encontro com seus arquirrivais.

O ônibus deixou o hotel mais tarde que o programado, depois da discussão com Leão sobre sua oposição à Democracia Corinthiana. O time deveria estar no Morumbi uma hora antes do início do jogo, marcado para 21h15, mas o trânsito estava horrível e o motor do veículo, que já apresentava problemas no trajeto, parou de funcionar a uns duzentos metros do estádio. Os jogadores, com a adrenalina em alta, interromperam o samba dentro do ônibus e olharam para seus relógios. Já passava das nove da noite e Sócrates tomou a iniciativa: “Vamos sair daqui”, ele disse e, segundos depois, liderava os jogadores pelas ruas residenciais ao redor do estádio. Quase 96 mil pessoas foram ao jogo e aquelas que chegaram mais tarde não puderam acreditar quando viram os jogadores do Corinthians correrem do ônibus até o estádio, carregando suas malas. Torcedores tentaram agarrá-los e desejar boa sorte, mas os jogadores procuraram se mover o mais rápido possível em meio à multidão. Houve gritos, cantos e fogos em volta deles, mas eles conseguiram entrar quando ainda faltavam nove minutos e evitaram a derrota por não comparecimento ao jogo.

Quando a partida começou, vinte minutos mais tarde, o drama prosseguiu. A partida de ida havia terminado em 1 × 1. Sócrates fez o gol do Corinthians, cobrando pênalti, mas tinha sido anulado por um defensor de 21 anos chamado Márcio Alcântara, que tinha recebido a missão de marcá-lo individualmente e a cumpriu com perfeição, chegando ao ponto de acompanhar Sócrates para fora do campo em certo momento, quando o corintiano foi buscar a bola para cobrar um lateral. Sócrates não estava acostumado a ser neutralizado pelo brilho de um adversário, e se enfureceu com a própria atuação. Minutos após o término do jogo, já dizia aos companheiros que a segunda partida, quatro dias depois, seria uma história diferente.

O encontro foi novamente memorável pelo duelo entre o jovem defensor e o experiente atacante. Desde o primeiro minuto, Alcântara não deu um segundo de paz a Sócrates, mas ele sabia o que o esperava e respondeu com a estratégia mais inteligente — e hilária — possível. Logo após o apito inicial, Sócrates trotou de um lado do gramado para o outro, com Alcântara um passo atrás dele. Sócrates seguiu com esses movimentos, mesmo quando a bola estava do outro lado do campo. Alcântara o seguiu dedicadamente, de uma linha à outra, sem lhe dar sossego. Nos escanteios, Sócrates debochadamente apontava para Alcântara sem que ele percebesse, e aproveitou um momento quando o jogo estava parado para correr na direção da bandeira de escanteio, como se estivesse perseguindo uma bola invisível. Alcântara instintivamente o perseguiu e a torcida vibrou, enquanto Sócrates exibia um largo sorriso. "Sacaneei um pouquinho", Sócrates disse. "A galera delirava."

A cena tinha sido cômica e os torcedores passaram a rir do defensor palmeirense. Alcântara percebeu que tinha sido feito de bobo e se distanciou de Sócrates. Era exatamente o que ele planejava; de repente, estava livre novamente. Apenas alguns minutos mais tarde, com 21 minutos de jogo, ele recebeu um passe de costas para o gol. Estava a uns trinta metros da meta e seu marcador o perseguia com alguma distância. Houve espaço suficiente para Sócrates girar para a esquerda e deixar o adversário para trás. Ele avançou, deu mais um toque na bola e bateu cruzado, rasteiro, para fazer o gol da vitória.[16]

"Foi a melhor coisa que ele fez num campo de futebol", disse Luís Fernando, sobre a estratégia para constranger Alcântara. "E a bola nem estava perto dele."[17]

A vitória levou o Corinthians à final contra o São Paulo, o líder da classificação geral do campeonato. O São Paulo era o favorito não só porque Casagrande e Leão estavam suspensos do primeiro jogo, mas também porque o time era treinado por Mário Travaglini, que conhecia tanto os jogadores do Corinthians quanto Jorge Vieira.

Completamente tranquilo quanto às críticas que sofreu por causa do episódio da feijoada antes de um jogo contra o São Paulo no ano anterior, Sócrates teimosamente decidiu repetir a ideia, se reunindo com Juninho e amigos para comer pizza e tomar cerveja na noite anterior à final.

Ele chegou em casa bem depois da meia-noite, mas isso não fez diferença. Sócrates teve atuação extraordinária na vitória do Corinthians por 1 × 0, marcando o gol decisivo — o terceiro em três jogos — aos 33 minutos. Depois, comandou o time sob a chuva que começou a cair leve antes do intervalo e se transformou numa tempestade de proporções bíblicas, tornando impossível o ato de passar a bola.

O resultado significou que o Corinthians só precisava de um empate na partida seguinte, no dia 14 de dezembro, para levantar o título paulista pelo segundo ano consecutivo. O jogo era muito importante para Sócrates e para a Democracia Corinthiana. O movimento estava sob pressão desde o início da temporada e o time não vinha jogando com a mesma classe do ano anterior. O Corinthians precisava de uma vitória e de um posicionamento firme, e ao se sentarem no saguão do hotel Hilton na manhã do dia do jogo, os jogadores debateram sobre a melhor forma de demarcá-lo.

"Passamos o ano inteiro tomando pancada por causa da defesa da democracia, dos nossos princípios de trabalho", disse Casagrande. "Agora que chegamos à final, está na hora de mostrar que foi pela democracia que chegamos aqui."

Adilson considerou mandar o time entrar em campo com o logo da Democracia Corinthiana na camisa, mas o ambiente político ainda estava sensível e a ideia foi descartada por temor de uma repreensão dos militares.

"E se a gente entrasse em campo com uma faixa falando do Natal e da Democracia, juntando as duas coisas?", sugeriu Casagrande.

"É que Natal é coisa meio elitista, Casa", disse Adilson. "Vamos falar pela democracia, sem o Natal."

"Por que não uma faixa dizendo: 'Vitória ou derrota, mas sempre com democracia'?", sugeriu o jornalista Luiz Fernando Rodrigues, que participava da conversa.

"É isso aí!", Casagrande e Adilson concordaram.[18]

Eles obtiveram a autorização de Waldemar Pires na hora do almoço e a faixa foi produzida rapidamente.

Algumas horas mais tarde, pouco depois das nove da noite, o Corinthians pisou no gramado do Morumbi com uma enorme faixa que trazia uma pequena alteração da ideia original, e dizia: "Ganhar ou perder, mas sempre com democracia".

Os torcedores do Corinthians sempre bradaram que seu clube era maior do que qualquer vitória ou derrota, e Sócrates concordava plenamente com esse sentimento. Mas traduzi-lo em palavras foi um dos mais icônicos momentos da Democracia Corinthiana. Ninguém acreditava, obviamente, que ganhar o jogo não tinha importância — independentemente das visões políticas — e, mesmo que um empate bastasse para ficar com o título, o Corinthians não iria a campo para jogar por um ponto.

Foi uma partida muito disputada, que pendeu em favor do Corinthians quando faltavam quinze minutos para o fim e Darío Pereyra foi expulso por uma falta em Casagrande. O placar permanecia 0 × 0, mas se ainda havia dúvidas quanto ao vencedor, Sócrates, inevitavelmente, lá estava para acabar com elas. Já nos acréscimos, com a torcida do Corinthians se preparando para invadir o gramado, ele recebeu um belo passe de calcanhar de Zenon e bateu para o gol ao entrar na área. Sócrates foi cercado por torcedores e repórteres que invadiram o campo, e o árbitro teve dificuldades para retirá-los dali. Não importou que o São Paulo tenha se lançado ao ataque e conseguido empatar na última jogada da partida. O resultado era suficiente e o Corinthians se sagrava campeão pelo segundo ano seguido — a primeira vez que isso acontecia em mais de trinta anos.

Ironicamente, a chegada de Leão e a maneira ambígua como foi conduzida sua contratação tiveram consequências importantes para o Corinthians e para Sócrates, tanto dentro quanto fora do campo. Leão fez sua estreia contra o Fluminense em março, e uma falha dele foi crucial no gol decisivo. Mas em vez de admitir o erro ou recorrer à ideia coletiva de que se ganha e se perde como um time, Leão culpou os jogadores da defesa. Sua atitude incomodou Sócrates e, depois de uma noite nos bares do Rio, ele bateu no quarto de Casagrande às três da manhã para admitir que o jovem centroavante estava certo. Casagrande, meio dormindo e ainda irritado, mandou-o se foder e fechou a porta na cara dele.[19]

A reação de Sócrates foi elevar seu nível de jogo e fazer tudo o que pudesse para mostrar que, embora fosse responsável pela chegada de Leão, não permitiria que o goleiro afundasse o time. Enquanto Leão se comportava à sua maneira e a Democracia Corinthiana estava sob risco, Sócrates fez de tudo. Seu desempenho excelente durante a segunda parte da temporada foi uma resposta à bobagem que havia feito.

"O ambiente não era tão bom em 1983, e ele tinha responsabilidade nisso, porque foi a favor da contratação do Leão", disse Casagrande. "Eu acho que ele se arrependeu no meio do caminho, aí pensou: 'Putz, o ambiente não está tão legal, então isso é responsabilidade minha. O time não joga tão bem, as pessoas não estão tão felizes, isso é um pouco responsabilidade minha'. Eu acho que ele assumiu isso. E aí acho que ele botou na cabeça: 'Meu, nós temos que ganhar o campeonato de qualquer maneira', pra ele se sentir melhor. Não pra dar uma resposta. Por exemplo: 'Caramba, trouxe o Leão, mas consegui fazer o time ganhar'. Tipo, empatou. Na cabeça dele, empatou, porque eu acho que ele estava se sentindo responsável."[20]

Sócrates recordou 1983 como uma das temporadas mais difíceis de sua vida, mas aqueles quatro últimos jogos se sobressaíram. Sócrates tinha uma definição particular a respeito do que era o futebol. Para ele, a atuação perfeita não era uma questão de marcar gols, ou mesmo vencer, embora essas coisas fossem importantes. Sua visão era mais abrangente e o jogo perfeito acontecia quando os jogadores, os torcedores, o desempenho e o resultado se combinavam harmoniosamente. O time de 1983 não tinha o mesmo atrevimento do ano anterior — e certamente não era tão unido. Mas quando Sócrates se lembrava dos melhores momentos de sua carreira, colocava aqueles onze dias em dezembro de 1983 como algo próximo do auge.

"Eu sempre busquei um objetivo jogando futebol: a perfeição. E todas as vezes que me aproximava dela, eu me sentia extremamente satisfeito", ele contou a Juca Kfouri. "Essa era a grande emoção para mim toda vez que eu jogava futebol, então, o que eu buscava toda vez que entrava em campo era não errar nenhum passe, ser solidário, conseguir perceber cada nuance do jogo, o aspecto psicológico, trazer a torcida para ficar junto do meu time, diminuir a torcida de lá e tal. Perfeição para jogar era isso, quer dizer, se eu conseguisse fazer tudo isso... Chegar perto de tudo isso era ótimo para mim. Nisso não estava incluído fazer um gol, não estava incluída uma coisa específica. [...]

Então, pô, quando você é envolvido por um movimento de massa, tipo o de um título no Corinthians, isso é uma coisa impressionante, é exuberante. Naqueles meses, nos quatro jogos do título, eu fiz um gol em cada jogo, quer dizer, eu me senti extremamente participante daquele processo, é obvio que era importante."[21]

A conquista do título baixou as cortinas de um ano estressante da melhor maneira possível. Os desafios da Democracia Corinthiana poderiam muito bem ter afetado seu desempenho, mas, ao contrário, Sócrates cresceu nas adversidades. Apaixonado por Rosemary, transbordando confiança e livre de lesões, ele disputou 55 dos 72 jogos do Corinthians, marcando 37 gols ao longo do ano. Quando ele estava no time, o Corinthians fez quase dois gols por jogo. Sem ele, a média foi pouco superior a um gol. Seu papel e sua importância eram maiores do que nunca.

Mas havia mais por vir. Em 1984, perto de completar trinta anos, ele transcenderia o futebol ao assumir uma posição central em uma das mais importantes campanhas políticas que o Brasil já tinha visto. A mensagem que ele transmitiu foi tão exemplar quanto inesperada. E teria sérias repercussões em seu futuro.

CAPÍTULO 13

Ele contribuiu com o carisma e a força
dele num momento em que era uma
estrela inquestionável do esporte,
inquestionavelmente também fundamental
no Brasil. Então, a participação política dele,
no que acabou redundando no fim
da ditadura, é indiscutível.

Flávio Gikovate, psicoterapeuta do
Corinthians durante a Democracia Corinthiana

Marinheiros portugueses desembarcaram no litoral nordeste do Brasil em 22 de abril de 1500, e, por trezentos anos, mandaram na costa ornamentada por palmeiras e na exuberante floresta atlântica, eliminando e cooptando povos indígenas e repelindo tentativas de franceses e holandeses de invadir seu novo território. Essa terra que chamaram de Brasil serviu como fonte vital de riqueza para a família real portuguesa, que governava a colônia a 7.300 quilômetros de distância, em Lisboa.

A Coroa Portuguesa se satisfazia em oferecer feudos brasileiros a amigos e colher as recompensas em ouro, prata, madeira, café, cana-de-açúcar e frutas exóticas. Mas quando Napoleão Bonaparte marchou pela Europa no começo do século XIX, aliando-se à Espanha e rumando para Lisboa, a família real de Portugal temeu por sua vida e procurou uma rápida saída. O Brasil oferecia um porto seguro e então, dias depois de as tropas de Napoleão cruzarem a fronteira de Portugal, a família real e centenas de cortesãos embarcaram em navios e atravessaram o Atlântico na direção sudoeste.

O rei João VI adorou sua nova casa no Rio de Janeiro e mesmo depois de Napoleão ser derrotado em Waterloo, em 1815 — um revés que foi um alívio para os portugueses —, não voltou tão rápido para casa. O rei demorou seis anos para finalmente concordar em retornar e, quando o fez, deixou seu filho de 22 anos, Pedro I, no comando.

Um ano depois de voltar a Lisboa, o rei ordenou que seu filho fizesse o mesmo e devolvesse o status de colônia ao Brasil. O jovem príncipe respondeu com uma das declarações mais memoráveis da história brasileira. Em 9 de janeiro de 1822, tomou posição e contrariou o pai com as palavras: "Digam ao povo que fico!", colocando o Brasil, assim, na rota da independência. Esse dia seria, para sempre, o Dia do Fico.

O Dia do Fico de Sócrates aconteceu em 16 de abril de 1984, e não teve menos drama.

Foi um dos dias mais comoventes de um período emocionante que teve início em março de 1983, quando algumas pessoas se reuniram numa pequena cidade do nordeste chamada Abreu e Lima, região do Grande Recife, para exigir eleições diretas para presidente. Os generais finalmente tinham concordado em deixar o poder, mas queriam controlar a transição. Decidiram que o primeiro líder civil seria escolhido não por uma eleição geral, mas por um colégio eleitoral cheio de parlamentares a favor dos militares.

Milhões de brasileiros contestaram o que soava como mais uma afronta, e um congressista pouco conhecido chamado Dante de Oliveira decidiu se arriscar. Oliveira apresentou ao parlamento uma emenda constitucional exigindo a votação direta para presidente. A proposta ganhou suporte gradual ao longo de 1983 e seguiu se fortalecendo após a virada do ano. Mais de 30 mil pessoas saíram às ruas para apoiar a ideia em Curitiba, em janeiro; 250 mil apareceram em São Paulo, quinze dias depois; um mês mais tarde, 300 mil foram às ruas de Belo Horizonte. Um milhão de pessoas compareceram a um comício no Rio de Janeiro, no dia 10 de abril e, quase todos os dias, dezenas de milhares se faziam perceber numa cidade ou outra, expressando seu apoio. A campanha das Diretas Já captou a imaginação das pessoas, e pesquisas mostraram que quase 80% dos brasileiros eram a favor da ideia. Autorizados a votar para governadores dos Estados pouco tempo antes, após anos sem voz, os brasileiros queriam escolher seu próprio líder.[1]

A campanha parecia ter sido feita sob medida para Sócrates, que tinha passado os anos de 1982 e 1983 falando sobre as virtudes da democracia — e ele não perdeu tempo. O homem que, em 1979, disse que os brasileiros não estavam prontos para votar em seu próprio presidente, rapidamente emergiu como um dos mais visíveis e eloquentes propositores do sufrágio para todos. Usou sua posição privilegiada para falar claramente, pelo tempo e com a frequência convenientes, sobre a necessidade das eleições diretas, e encorajou seus companheiros a fazer o mesmo.[2]

Casagrande, Juninho e Wladimir foram os participantes mais dispostos, e embora a maioria do elenco não quisesse se envolver tanto, houve alguns esforços, diferentemente do que se deu na maioria dos outros clubes. A campanha pediu às pessoas que se vestissem de amarelo para mostrar seu apoio, e Sócrates ajudou a convencer seus companheiros no Corinthians a usar algo de cor amarela nos dias de jogos. Ele jogou com uma proteção de tornozelo amarela sobre as meias, Wladimir escolheu uma braçadeira da mesma cor, outros simplesmente usaram faixas amarelas nos pulsos. O acaso também fez sua parte.

Antes de a campanha decolar, alguns jogadores do Corinthians compraram novas chuteiras numa excursão ao Japão. As chuteiras tinham uma listra amarela na lateral e, quando os jogadores voltaram para casa, repórteres quiseram saber se o simbolismo era proposital. "Claro", eles responderam.[3]

A Câmara dos Deputados concordou em votar a emenda de Oliveira e, quando o último comício aconteceu em São Paulo, em 16 de abril, mais de um milhão de pessoas mostraram aos generais o quanto queriam votar para presidente. Foi a maior aglomeração pública desde o golpe militar, vinte anos antes, e uma atmosfera de carnaval se apoderou da cidade, com um dragão chinês se movendo na multidão, crianças empinando pipas e uma orquestra sinfônica e grupos de samba fazendo o acompanhamento musical.

Sócrates concordou em levar um grupo de jogadores do Corinthians para participar, e eles se encontraram no clube antes de sair para o centro da cidade. A tarde estava quente e úmida, e a multidão impossibilitava que os carros passassem, então Sócrates deixou seu carro no metrô e pegou um trem rumo ao centro, com Casagrande, Wladimir e Regina. Os torcedores tiveram de olhar duas vezes para crer que o jovial capitão da seleção brasileira, rindo e brincando com os amigos, estava ali usando o transporte público e caminhando em direção à área em frente à estação Anhangabaú. Enquanto ele andava até o palco em que as autoridades falariam com o público, muita gente o saudou com gritos e abraços. Houve até homenagens a ele feitas das janelas dos prédios das ruas estreitas do centro de São Paulo.[4]

Sócrates adorava a atenção que despertava e adorava representar uma causa, mas, acima de tudo, adorava o fato de as pessoas estarem envolvidas. Era o melhor que o Brasil tinha a oferecer e ele sentiu o potencial do país como nunca havia acontecido antes. Especulações de que seria contratado por um clube italiano circulavam fazia semanas — ele recebeu diretores da Internazionale em Ribeirão Preto, durante o Carnaval —, mas ao subir os degraus em direção ao palco, a conversa sobre ir para a Europa parecia perder importância. Sócrates vivia para aquilo e nenhuma quantidade de dinheiro poderia fazê-lo mudar de ideia. Quando chegou ao microfone, tinha tomado uma decisão. Ele confidenciou o segredo ao mestre de cerimônias daquela noite, Osmar Santos, que rapidamente o puxou para a frente do palco para dar a notícia.

"Sócrates deu a seguinte sugestão", Osmar timidamente contou à multidão à frente deles. "Diga de novo, doutor. Você vai para a Itália ou não?"

Sócrates sorriu e o público gritou: "Nããããoooo!".

"Então diz, Sócrates", repetiu Osmar. "Presta atenção, Brasil!"

Sócrates sorriu novamente e coçou a cabeça, para fazer suspense. Então deu um passo à frente e se abaixou um pouco para alcançar o microfone.

"Se a emenda Dante de Oliveira passar na Câmara dos Deputados e no Senado, eu não vou embora do meu país", disse, exultante.

O público explodiu num urro coletivo e Sócrates deu um passo para trás.

Osmar Santos pegou o microfone e valorizou o momento:

"Repita, doutor, repita. Se a emenda for aprovada, você não..."

"Eu não vou embora do NOSSO país!", Sócrates gritou.

A multidão vibrou e começou a cantar:

"Vai ficar! Vai ficar! Vai ficar!"

Sócrates tinha colocado a democracia no Brasil à frente de sua própria segurança financeira. Tinha declarado publicamente que ficar no país para ajudar na transição rumo a uma verdadeira democracia era mais importante do que assegurar o próprio futuro.

"Foi naquele comício que eu percebi o que era ir para a guerra e morrer", ele disse anos depois. "Porque você não vai com seu corpo, vai com sua alma."[5]

Os companheiros o provocavam chamando-o de "príncipe Pedro" e Sócrates explorou a repercussão alcançada alguns dias mais tarde, aparecendo na capa da revista *Placar* vestido como um nobre português do século XIX. Ele estava sempre disposto a fazer algo divertido, especialmente se houvesse uma causa por trás, e permanecia determinado a fazer qualquer coisa para encorpar o apoio à emenda antes da votação de 25 de abril na Câmara. Os outros jogadores o acharam ridículo naquele traje, mas também se sentiram inspirados, e não foram os únicos. Na manhã da votação, o jornal *Folha de S.Paulo* publicou um tributo às iniciativas de Sócrates, com a manchete: "Não queremos que Sócrates vá embora". Ao lado de uma fotografia dele e da equipe de jornalistas esportivos do jornal, a *Folha* elogiou personalidades como Zico, Emerson Fittipaldi e Pelé, que apoiaram a campanha das Diretas Já. Mas o jornal destacou Sócrates por ter dado um passo mais à frente e apostado na defesa de um princípio. Ele era "gênio, craque e cidadão", escreveu a *Folha*. "O Brasil não pode se dar ao luxo de perdê-lo".[6]

O tributo foi mais uma tentativa de pressionar os deputados que votavam na emenda de Dante de Oliveira naquela noite e Sócrates ficou lisonjeado. Como muitos de seus 130 milhões de compatriotas, ele estava convencido de que a emenda seria aprovada, tal era o apoio percebido no país nas semanas e meses que haviam precedido o debate.

Mas Sócrates subestimou a determinação do governo. Os militares haviam decidido que a emenda não deveria passar e usaram todo tipo de tática de intimidação nos dias e horas que antecederam a votação. Políticos foram impedidos de entrar no parlamento para que sua presença não influenciasse o processo, e a imprensa em Brasília — onde estavam os membros da

Câmara — foi proibida de publicar matérias relacionadas à proposta. Centenas de soldados cercaram o parlamento para impedir que protestantes pró-democracia se aproximassem muito, e tropas entraram na Universidade de Brasília para evitar que os estudantes se envolvessem na militância. Os militares não queriam que ninguém dissesse aos parlamentares como a maioria dos brasileiros se sentia.

Milhões de cidadãos responderam com uma "noite do barulho" na véspera do debate, com buzinaço nas ruas, panelaço nas janelas e fogos de artifício. Sócrates, Regina e seus filhos foram para a varanda e fizeram todo o alvoroço que puderam.

Sócrates ficou em casa na noite da votação, impedido por uma lesão de ir ao Morumbi, onde o Corinthians venceu o Atlético Paranaense por 2 × 0 — e garantiu a passagem para as quartas de final do Campeonato Brasileiro. Ele estava impaciente demais para conseguir assistir ao jogo e passou a noite ouvindo rádio e falando ao telefone, tentando acompanhar a contagem dos votos.

A emenda precisava de maioria de dois terços do total de votos possíveis para passar e, por volta de 2h30, quando o último voto foi contabilizado, o resultado foi de 298 votos a favor e 65 contra. Faltaram 22 votos para a maioria necessária, uma derrota causada pelos 113 parlamentares que, pressionados pelos militares, não compareceram à votação mais importante de suas vidas.

Se a democracia era a razão pública para Sócrates dizer que ficaria no Brasil, o amor era a razão de ordem privada. Quando anunciou que não sairia do país se a campanha das Diretas Já fosse vitoriosa, Sócrates talvez já tivesse feito um rápido cálculo: se eu for para a Itália, terei segurança financeira para o resto da vida, jogarei com os melhores do mundo, e poderei tentar salvar meu casamento. Se ficar no Brasil, eu poderei participar da transição para a democracia, permanecerei no clube que amo, e ainda terei Rosemary. Era uma aposta, mas todas as cartas dele eram ases.

O caso de Sócrates com Rosemary ainda seguia firme um ano e meio depois de ter começado, e o relacionamento tinha sido crucial para ajudá-lo ao longo de uma temporada de altos e baixos. Sócrates havia mudado desde que se apaixonou novamente e, às vezes, era difícil não notar. Ele nunca tinha prestado atenção em dinheiro, mas parou completamente de se preocupar com suas finanças, dizendo a Marinho, um ex-companheiro de categorias de base que o ajudava nas tarefas diárias: "Você cuida disso, eu não consigo pensar em mais nada".[7]

Ele cobria Rosemary de joias e presentes, e até trocou as velhas camisetas e tênis surrados por paletós e camisas depois de a cantora, sempre elegante, convencê-lo de que ele era uma estrela mundial e precisava se apresentar melhor. Isso aconteceu na época em que ele quase foi contratado pela Roma, e Sócrates respondia aos comentários inevitáveis dizendo que estava se acostumando a se vestir como os italianos.

Amigos diziam que ele estava maluco e pediam para ele pensar duas vezes no que estava fazendo, por causa de Regina e dos filhos. Mas Sócrates estava tão envolvido que nada mais importava.

"Um dia, ele me deu uma pulseira e disse: 'Marinho, entrega essa pulseira pra mim'. Eu não sabia para quem era. Quando cheguei no local indicado, vi aquela mulher. Pensei: 'O que é que ele está arrumando?'. Ela era linda. Na hora em que eu a vi, assustei. Muito linda.

"Ela disse: 'Entra, Marinho! Eu já sei, o Sócrates me ligou'. Ela começou a falar: 'Eu sei que o Sócrates não está muito bem no casamento'. E começou a me contar o que ele contava a ela. Aí eu falei com o Sócrates, né? Eu disse: 'Você já pensou no que está fazendo?'. E ele respondeu: 'Eu estou apaixonado por essa mulher'."[8]

Sua promessa entusiasmada de ficar no Brasil se as eleições diretas fossem aprovadas foi uma das declarações mais memoráveis da vida de Sócrates. Mas haveria outra, ainda mais inesquecível, que continuaria viva por mais tempo do que ele. Quando Sócrates morreu, em dezembro de 2011, a internet estava inquieta com a referência a uma previsão que ele supostamente havia feito em 1983: "Eu quero morrer num domingo, num dia em que o Corinthians ganhe um título".

A suposta premonição quanto ao dia de sua morte foi repetida e reimpressa milhões de vezes e lhe valeu a reputação póstuma de um sábio do futebol. Prever a própria morte era exatamente o tipo de coisa que seus devotos mais apaixonados, especialmente os torcedores do Corinthians e as pessoas de esquerda que concordavam com suas visões e já o enxergavam como o mais descolado e espirituoso de todos os jogadores, gostariam que ele fosse capaz de fazer. Entretanto, ninguém jamais apresentou uma gravação ou qualquer registro escrito comprovando essa fala de Sócrates. Depois de sua morte, sua mãe, idosa, afirmou que ele fez a previsão pouco antes de morrer. Os amigos de Sócrates concordam que esse é exatamente o tipo de coisa que ele diria depois de algumas cervejas. Tendo dito ou não, o fato é que a anedota agora faz parte do folclore futebolístico brasileiro.

Quando criança, Sócrates já gostava de dar declarações ousadas para provocar as pessoas. Em casa, com seu pai e irmãos, ele costumava iniciar uma discussão e esperar para ver de que lado eles ficavam, para aí escolher uma visão oposta. Seu gosto inato pela contrariedade permitia que ele assimilasse pontos de vista diferentes e o preparou para uma vida de debates. Sócrates terminou sendo muitas coisas para muitas pessoas — talvez até mesmo um sábio para algumas — mas de todos os papéis que assumiu, nenhum se adequou tanto a ele quanto o de advogado do diabo.[9]

"Quando alguém me diz: 'É assim', a primeira reação que eu tenho é: 'Não é!'", ele disse. "Eu vou buscar respostas, outras diferentes daquela, e isso esteve muito presente em mim. Não é fácil viver comigo, eu sei. Porque eu não consigo deixar de ser assim. Eu sou dez pessoas diferentes em um dia. Todas essas pessoas em uma, é complicado."[10]

Ele aperfeiçoou a arte do antagonismo amistoso à medida em que envelhecia e sentia um prazer especial em ser diferente. Se todos iam a um evento usando ternos, ele fazia questão de ir de jeans e tênis. Enquanto a maioria dos jogadores prometia que não comemoraria gols marcados contra um ex-time, ele dizia que isso lhe causava "um tipo de prazer diferente". Sócrates sentia imenso prazer, como ele mesmo disse, ao vencer o Santos, o clube para o qual torcia quando menino. Quando o Brasil fez um referendo constitucional, em 1993, o ardente apoiador de Fidel Castro defendeu um retorno à monarquia. Seu argumento era o de que sustentar um rei era mais barato do que sustentar um presidente, mas essa lógica era, na melhor das hipóteses, duvidosa. A intenção dele, ao que parece, era confundir a expectativa das pessoas e gerar uma discussão.

Sócrates rejeitava as ideias convencionais por princípio e adorava provocar as pessoas. Ele se livrava de problemas porque era Sócrates, e porque, mesmo quando falava com mais agressividade, sempre dava um sorriso ou uma piscada. Ele condicionou as pessoas a esperar declarações pouco usuais e dispensava as críticas à sua incoerência lembrando de uma frase famosa de Raul Seixas, um ícone brasileiro: "Eu prefiro ser essa metamorfose ambulante do que ter aquela velha opinião formada sobre tudo". Havia poucas coisas que ele odiava mais do que ser enfadonho ou previsível. Da mesma forma que não conseguia tolerar as restrições físicas da concentração, Sócrates não suportava a prisão mental da consistência.

"Eu sou radical até mudar de ideia", disse. "Aí passo a ser radical do outro lado. E nem quero compromissos com a coerência."[11]

Depois de dizer a um milhão de pessoas que ficaria no Brasil se o parlamento aprovasse as eleições diretas, Sócrates se sentiu obrigado a deixar o país por causa do desfecho do processo. Mas, mesmo que a transferência para a Itália fosse se tornando cada vez mais real, ele ainda tinha coisas a fazer no Corinthians. O time estava a noventa minutos da fase decisiva do Campeonato Brasileiro e um título seria a despedida perfeita. E mesmo nessa ocasião tão importante, sua falta de profissionalismo — ou seu compromisso com os amigos e as festas — desempenharia um papel. Na véspera do último jogo da fase de classificação do campeonato, contra o Atlético Paranaense, Sócrates foi a Ribeirão Preto participar de um evento beneficente organizado pelas famílias Vieira e Garcia. Milhares de pessoas se reuniram para assistir às duas famílias mais conhecidas da cidade disputarem um jogo de basquete e um de futebol, mas um desastre aconteceu nos últimos minutos do jogo de futebol, quando Sócrates sofreu uma lesão muscular na perna.[12]

A lesão foi mais um golpe na já pressionada Democracia Corinthiana. Opositores do movimento e torcedores quiseram saber por que o jogador mais importante do clube estava arriscando sua condição física em um momento tão crucial da temporada. A reação negativa foi inevitável e algumas pessoas no clube sugeriram que Sócrates evitasse controvérsias ficando em casa e fingindo que tinha se machucado numa sessão de treinamentos no dia seguinte. Sócrates e Adilson se recusaram a mentir e falaram publicamente sobre o que tinha acontecido, mesmo sabendo que seriam atormentados por isso. A honestidade dos dois ofereceu mais munição para aqueles que queriam o fim do movimento.

O problema muscular impediu Sócrates de atuar na vitória por 2 × 0 sobre o Atlético, resultado que levou o Corinthians às quartas de final do campeonato. Mas sua ausência foi mais sentida quatro dias mais tarde, quando o Flamengo foi muito superior numa vitória por 2 × 0, no Maracanã. O prognóstico inicial foi o de que Sócrates ficaria três semanas em recuperação, mas ele se sentiu culpado por se machucar de forma tão infantil e ignorou ordens médicas, forçando-se a jogar na partida de volta, uma semana depois. Ele não estava em condições — e talvez tenha se arriscado a uma lesão ainda mais grave — mas foi uma figura inspiradora na vitória por 4 × 1. Envolveu-se em três dos quatro gols do Corinthians na melhor atuação do time na temporada, que levou a equipe às semifinais contra o Fluminense.

Sócrates era capaz de heroísmos de vez em quando, mas milagres já eram mais difíceis, e ele não pôde evitar a derrota do Corinthians, em casa, por 2 × 0, no primeiro jogo. Ele insistiu que o confronto ainda não estava decidido, mas um contrato com a Fiorentina já tinha sido acertado e sua cabeça estava em outro lugar. Ele estava em forma para jogar a partida de volta uma semana depois, no Maracanã, mas não foi um fator de desequilíbrio no empate em 0 × 0. O Corinthians foi eliminado, e o sonho de um título nacional e um lugar na Copa Libertadores teve de esperar mais um ano, pelo menos.

Sócrates ficou desconsolado pela forma como as coisas se desenrolaram, mais por causa das Diretas Já do que pela derrota para o Fluminense. O fracasso político o deixou à deriva, e agora ele se sentia forçado a ir embora do Brasil, não apenas porque tinha feito uma promessa, mas também pela decepção de ser forçado a assistir a uma transição vacilante rumo à democracia. Horas depois da emenda de Dante de Oliveira ser reprovada, ele disse aos repórteres que tudo tinha acabado, e que aceitaria a oferta dos italianos e deixaria o país na primeira chance que tivesse.[13]

Não há dúvida de que sua promessa foi sincera e de que ele teria permanecido em São Paulo se a emenda tivesse passado. Por algumas semanas extremamente felizes de sua vida, o futebol foi assunto secundário a ponto de ele jurar que cumpriria qualquer papel que fosse necessário a fim de ajudar a construir uma nova democracia, fosse como médico, jogador de futebol ou até mesmo lixeiro. Ele se inebriou de um senso de propósito coletivo como nunca aconteceu antes — ou depois.

"Nós podemos definir aquele tempo como um período em que o país reaprendeu a sorrir, tentou se reerguer, tentou se reconstruir, encontrar seu caminho", disse ele ao documentário *Democracia em preto e branco*. "O sorriso estava de volta nos nossos rostos. Um sorriso substituiu muitas lágrimas. Foi sem dúvida o período mais rico da minha vida, o período que me deu quase tudo o que eu sou hoje. Como ser humano, como pessoa, como ativista ou qualquer coisa, eu aprendi ali."[14]

A derrota das Diretas Já também foi uma derrota para a Democracia Corinthiana. A saída iminente de Sócrates seria o golpe fatal no movimento. Sem ele como figura central, a mobilização perdeu força e, posteriormente, outros líderes como Wladimir, Casagrande e Juninho Fonseca também saíram do clube, "cada um levando consigo um pedaço da Democracia Corinthiana", na definição de Sócrates.[15]

Quando Adilson perdeu a eleição para substituir Waldemar Pires como presidente do Corinthians, em abril de 1985, o movimento se encerrou definitivamente.

Foi um triste final para algo que havia deixado uma marca tão indelével tanto no clube quanto no país. À medida que a ditadura caminhou para um final previsivelmente patético, a oposição ficou mais e mais ruidosa, com a Igreja, os sindicatos e os partidos políticos de esquerda exigindo o retorno a um governo civil. Poucos grupos, entretanto, foram tão importantes quanto a Democracia Corinthiana. Os demais agrupamentos eram administrados por políticos ou sindicalistas ou ativistas sociais, e seus esforços foram inquestionavelmente vitais para forçar os militares e retornar aos quartéis. Mas apenas os músicos, que usavam suas belas melodias para driblar a censura e transmitir suas mensagens veladas, conseguiam alguma conexão com as massas. Poucos brasileiros sentiam amor por política ou políticos. Muitos milhões — e a maioria ainda vivia na pobreza — nem mesmo sabiam quem eles eram.

O futebol, no entanto, era diferente. Ninguém se importava com o que o presidente dizia numa reunião em Washington, mas todos ouviram o que Sócrates disse antes da Copa do Mundo. Sócrates aproveitou a oportunidade para falar não só sobre futebol, mas sobre tudo o mais também — e, ao fazer isso, ajudou a apresentar o conceito de democracia a quase duas gerações de brasileiros que nunca tinham experimentado nada além de repressão, censura e brutalidade.

No exato momento em que os militares decidiram entregar o poder, Sócrates estava presente para oferecer tutoriais quase diários sobre a alternativa existente — o que era a democracia, como ela funcionava e por que era desejável. Ele explicou o que era uma votação e o que isso significava, e como poderia ser usada para dar uma vida melhor àqueles que nunca tiveram voz. Falou sobre o respeito por pessoas que pensavam de forma diferente, sobre a necessidade de um salário mínimo e de uma rede de proteção para os pobres, e insistiu na necessidade de educação.

"Discutir esses temas num meio como o futebol amplia consideravelmente o espectro da discussão", disse Sócrates. "Quer dizer, ela chega a pessoas que têm menos informação, menos educação, menos tudo, porque é um meio popular. Acho que esse foi o principal benefício do movimento, ter possibilitado a mais gente discutir política. De futebol, no Brasil, todo mundo entende. De política, não, porque a maioria não tem cultura. Mas se você juntar as duas coisas, pode-se educar muita gente e provocar transformações na sociedade."[16]

Sócrates disse muitas vezes que todos os envolvidos no movimento, inclusive ele, poderiam olhar para trás em suas vidas e demarcá-las em dois estágios: o antes e o depois da Democracia Corinthiana. Essa foi a dimensão de sua importância. Mudou as pessoas para sempre.

Infelizmente para ele, o "depois" chegou num momento crucial em sua carreira. Na segunda metade de abril de 1984, a sorte abandonou Sócrates. Depois de anos em que tudo se encaixou — tanto no âmbito profissional quanto no pessoal —, o dilema com Rosemary, mais um fracasso na tentativa de ganhar o Campeonato Brasileiro e a derrota no Congresso foram os primeiros sinais de que sua vida encantada tinha chegado ao fim e de que sua sorte estava mudando. Sócrates ficaria mais rico e mais famoso nos anos seguintes, mas nunca mais voaria até as mesmas alturas. A partir daquele momento, começaria a descer a ladeira.

CAPÍTULO 14

> Estava no auge das Diretas. Cheguei com a cabeça a mil por hora. Foi como sair do carnaval de Salvador para um convento beneditino. Uma broxada.
>
> Sócrates

O presidente da Fiorentina, Ranieri Pontello, assistiu à Copa do Mundo de 1982 com prazer indisfarçado, e quando o torneio acabou, fez uma lista de jogadores que queria levar para o clube toscano. O primeiro era Daniel Passarella, e Pontello não perdeu tempo para contratar o capitão argentino, que se juntou ao compatriota Daniel Bertoni como segundo jogador estrangeiro do clube para a temporada 1982/1983. O segundo atleta a impressioná-lo foi Karl-Heinz Rummenigge. Pontello tentou contratar o astro alemão no verão de 1984 e, quando Rummenigge decidiu jogar na Internazionale de Milão, Pontello se concentrou no terceiro nome da lista — Sócrates.

Clubes italianos foram informados da disponibilidade de Sócrates no começo do ano, quando um ex-piloto de aviões chamado Marcello Placidi convenceu Sócrates a permitir que ele fosse seu representante. O homem de negócios que vivia em São Paulo tinha boas conexões na Série A, e a Internazionale, o Verona, a Sampdoria, o Napoli, o Milan e a Fiorentina estavam entre os clubes que entraram em contato para expressar interesse.

A Fiorentina assumiu a *pole position* para contratar Sócrates em maio, e o diretor-geral do clube, Tito Corsi, voou até São Paulo para abrir as negociações. Sócrates ainda estava sentido pela derrota da campanha das Diretas Já e demorou apenas vinte minutos para concordar com a proposta de dois anos de contrato.

O Corinthians, no entanto, não foi tão receptivo. Waldemar Pires se reuniu com diretores da Fiorentina em seu escritório, na avenida Paulista, e pediu 4,6 milhões de dólares pela transferência, enquanto a Fiorentina avaliava pagar cerca de 1,8 milhão. Pires se encontrou com Corsi numa festa naquela noite, e já tinha baixado a pedida para 3,5 milhões. A distância diminuiu ainda mais no dia seguinte, quando os dois voltaram a conversar na casa de Pires e os italianos aumentaram a oferta para 2,5 milhões.[1]

Sócrates deixou claro que queria sair e as negociações continuaram. Um acordo parecia iminente, mas o Corinthians estava disposto a arrancar o máximo possível dos italianos. Na terceira noite, Pires e Corsi se reuniram com Sócrates e seus advogados uma vez mais, e a coisa quase saiu dos trilhos. A meia-noite se aproximava e ambos os lados ainda discutiam sobre os valores, e Sócrates explodiu numa mistura de frustração e tristeza.

"Eu sou gente!", ele gritou, batendo a mão na mesa. "Me respeitem! Eu não sou uma mercadoria!" Levantou-se, com lágrimas no rosto, e saiu da sala.[2]

Sócrates não era de exibir suas emoções e seu estado de fragilidade estimulou os dois lados a chegar a um acordo. Pires finalmente entendeu o quanto a transferência significava para o jogador e, no dia seguinte, baixou o preço pedido pelo Corinthians para 3,2 milhões de dólares. Corsi concordou em pagar, embora mais algumas negociações tenham levado a um valor final de 2,7 milhões. Os italianos gastaram mais várias centenas de milhares de dólares para cobrir o que Sócrates pretendia receber, e o jogador renunciou a parte de seu percentual relativo à transferência para garantir o negócio.[3]

No começo dos anos 1980, era possível contar nos dedos das duas mãos o número de brasileiros que tinham ganhado títulos em algum dos principais clubes da Europa.

Evaristo de Macedo brilhou durante anos extraordinários no Barcelona, de 1957 a 1962, marcando 178 gols em 226 jogos e ganhando duas ligas e duas Copas das Feiras. Depois de marcar o gol que eliminou o Real Madrid da Copa da Europa na temporada 1960/61, encerrando a sequência de cinco títulos do clube merengue, mudou-se para Madri e venceu mais dois campeonatos com os gigantes da capital espanhola.

Didi jogou pelo Real Madrid entre 1959 e 1960; Mazzola e Dino Sani conquistaram a Copa da Europa pelo Milan, em 1963; Mazzola ganhou Liga e Copa da Itália com a Juventus em 1973 e 1975, e Jair da Costa conquistou títulos na Internazionale e na Roma durante uma década jogando na Itália.

A Fiorentina também teve brasileiros notáveis. Julinho Botelho ainda é considerado um dos grandes jogadores da história do clube graças a um glorioso período de três anos vivido na metade dos anos 1950, em que ajudou o clube a ganhar seu primeiro título italiano. Amarildo, o atacante que substituiu Pelé na Copa do Mundo de 1962 e cujos gols levaram o Brasil ao título e lhe valeram o apelido de "Possesso", também ganhou um *scudetto* pelo time da Toscana em 1969.

Como os únicos dois títulos do clube foram conquistados graças aos gols de atacantes brasileiros, não surpreende que os diretores da Fiorentina tenham enxergado em Sócrates o homem que os conduziria ao terceiro.

O futebol na Itália estava em alta depois da vitória na Copa do Mundo de 1982 e os clubes, ricos, contratavam os maiores nomes do futebol. Glamorosa, atraente e bem-sucedida, a Itália era o lugar para estar e a elite do futebol da Europa embolsou todas as liras que pôde e se mudou para a península.

Foi um dos mais sensacionais períodos de transferências já vistos e, ao longo das seis semanas seguintes à assinatura de contrato de Sócrates com a Fiorentina, Júnior foi negociado com o Torino, Graeme Souness com a Sampdoria e, no maior de todos os negócios, Diego Maradona deixou o Barcelona e foi fazer história no Napoli.

A Juventus tinha o francês Michel Platini e o polonês Zbigniew Boniek; Hans-Peter Briegel e Preben Elkjær desembarcaram no Verona; enquanto os ingleses Mark Hateley e Ray Wilkins chegaram ao Milan.

A Fiorentina tinha terminado o campeonato em terceiro lugar na temporada anterior, e o clube estava otimista a respeito do novo brasileiro que poderia levá-los a voos ainda mais altos. Mais de cinco mil torcedores acompanharam a partida do time para a viagem de pré-temporada e Sócrates não diminuiu as expectativas, dizendo a eles que tinha chegado "para ganhar a Copa da Itália, a Copa da Uefa e o *scudetto*". Era exatamente o tipo de coisa que os torcedores adoravam ouvir.

No primeiro dia em seu novo clube, Sócrates se juntou a seus companheiros para exames médicos. Enquanto esperava para subir na esteira para os testes respiratórios e cardiológicos, ele calmamente acendeu um cigarro. O médico do clube chegou e mal pôde acreditar no que via:

"O que você está fazendo, fumando? Nós vamos examinar sua respiração!", ele reclamou.

"Mas, doutor, eu estou aquecendo meus pulmões para o exame", Sócrates brincou.

Seus companheiros gargalharam e o médico foi embora, irritado.[4]

Foi uma brincadeira, mas também uma espécie de mensagem intencional do brasileiro, e o incidente resumiria à perfeição a passagem de Sócrates pela Fiorentina. Desde o primeiro dia, ele deixou absolutamente claro que faria as coisas como quisesse. As coisas seriam do jeito dele — ou não aconteceriam.

A exemplo de muitos times italianos, a Fiorentina realizou seu período de treinamentos de pré-temporada nas Dolomitas, onde o ar puro, a altitude e as encostas íngremes eram ideais para o novo time e os astros contratados se prepararem para o ano que viria. A região ao redor de Madonna di Campiglio, base da equipe, reúne alguns dos mais belos cenários da Europa, mas Sócrates só conseguia ver agruras. Desacostumado a treinar na altitude ou a longos períodos de preparação intensa, sentiu-se mal e ficou tonto depois de uma sessão de corrida, e, em outra, desistiu após dez minutos. Seus companheiros completaram a sessão de meia hora e encontraram o brasileiro, insatisfeito, esperando por eles com uma pergunta típica de Sócrates.

"Por que eu tenho que subir montanhas correndo?", questionou. "Eu quero correr com a bola."[5]

Os jogadores da Fiorentina não demoraram a se acostumar com as posturas pouco ortodoxas de Sócrates, e inicialmente as atribuíram às dificuldades usuais com os treinamentos de pré-temporada. O preparador Armando Onesti era famoso por seu rigor e nem todos os atletas suportavam seus métodos, especialmente no ar rarefeito das montanhas. Eles também conheciam a reputação de Sócrates e suas excentricidades, algo que logo se confirmou. Na viagem de ônibus para um jogo, ele se deitou num dos bancos na parte de trás, em vez de se sentar ao lado de um companheiro. Contra o Napoli, pela Copa da Itália, jogou de tênis porque o gramado era muito duro. E se irritava com os rígidos horários determinados por Onesti, que dava aos jogadores pouco tempo livre.

"Onesti prestava atenção a detalhes como o tempo das refeições", disse o goleiro Giovanni Galli, companheiro de quarto de Sócrates e um de seus poucos amigos no clube. "Ele não achava necessário gastar um longo tempo comendo, então nos dava apenas vinte minutos para almoçar. Aí ele nos fazia andar ao redor do campo para digerir a comida, e, um dia, Sócrates se levantou da mesa com o prato na mão e andou em volta do campo, comendo."[6]

Sócrates também incomodou algumas pessoas em suas primeiras semanas no clube ao aparecer para eventos oficiais usando jeans e camiseta, e houve algum desapontamento quando, depois de atuar no primeiro amistoso da pré-temporada — uma vitória por 7 × 1 sobre o Pinzolo — ele não jogou o encontro seguinte e nem as duas primeiras partidas da Copa da Itália, em razão de uma misteriosa lesão. Sócrates também se recusou a dar o simbólico pontapé inicial de um jogo beneficente, e um furioso Placidi reclamou dele à imprensa local, que ampliou a controvérsia.

Sócrates não deu valor às reclamações, dizendo aos jornalistas que o que ele fazia com seu próprio tempo era assunto particular. Quando os repórteres o pressionaram sobre o hábito de beber e sobre o que chamaram de posições controversas, ele subiu o tom um pouco mais, respondendo: "Eu fumo, eu bebo e eu penso", acrescentando que as pessoas deveriam se acostumar a isso.

Os incidentes eram sinais de que Sócrates tinha a intenção de desafiar a ordem estabelecida. A liberdade pessoal seguia como prioridade, mesmo em outro país, e depois de dois anos de Democracia Corinthiana, ele tinha se habituado a fazer o que queria. No Brasil, quando discordava de alguma coisa, Sócrates simplesmente ignorava sua existência ou tomava providências para mudá-la. Achou que poderia levar esses mesmos aspectos de sua personalidade forte à sua nova casa, mas toda a estrutura italiana estava estabelecida fazia muito tempo e eles não estavam dispostos a alterar seus hábitos por causa das opiniões de um estrangeiro.

Ignorar as idiossincrasias de Sócrates foi uma decisão fácil, porque a Fiorentina teve um início de temporada decente. O elenco era forte e tinha condições de lutar pelo título. Nas quatro primeiras rodadas do campeonato, a Fiorentina ganhou dois jogos e empatou outros dois. Na Copa da Itália, três vitórias e dois empates classificaram o time para as oitavas de final, e duas vitórias sobre o Fenerbahçe significaram uma vaga na segunda fase da Copa da Uefa. Sócrates atuou por quase todo o tempo nos primeiros seis jogos e foi o melhor jogador em campo em dois deles: a vitória na estreia na liga italiana contra a Lazio, fora de casa, e o triunfo na Turquia, na Copa da Uefa. Um lindo gol na goleada por 5 × 0 sobre a Atalanta, na quarta rodada do campeonato, levou a Fiorentina ao segundo lugar na classificação e pareceu confirmar o otimismo da pré-temporada.

As duas derrotas em jogos equilibrados contra Sampdoria e Verona, no final de outubro, não chegaram a ser desastrosas, mas atrapalharam os planos do clube, e as coisas pioraram alguns dias mais tarde, contra o Anderlecht. O jogo de ida do confronto na Copa da Uefa terminou empatado em 1 × 1, em Florença, com Sócrates marcando o gol da Fiorentina. A partida de volta, no entanto, foi um massacre. Sócrates fez o gol de empate, de pênalti, depois de o Anderlecht ter aberto o placar no início do jogo, mas os belgas demoliram os visitantes no segundo tempo: 6 × 2.[7]

Foi a maior derrota da Fiorentina em torneios europeus até então e Sócrates foi um dos jogadores mais criticados, não apenas por ter jogado mal. Ele tinha sido contratado precisamente para agregar experiência internacional ao elenco, na esperança de dar ao clube seu primeiro troféu europeu desde o título da Recopa, em 1961. Mas, ao contrário, Sócrates desapareceu no jogo mais importante da temporada.

A derrota marcou o começo de uma sequência de nove jogos sem vitória que se estendeu até 1985 e expôs as divisões existentes no time. Os jogadores se trancaram no vestiário por três horas depois de uma derrota para a Roma, onze dias mais tarde, e palavras duras foram trocadas na viagem de ônibus de volta para casa. Um Sócrates indignado deu um sermão aos companheiros no trajeto, dizendo a eles que deveriam estar "envergonhados pra caralho" e exigindo mudanças. Fazia tempo que ele suspeitava que algo estava acontecendo, mas não sabia dizer exatamente o que era, e após a derrota em Roma, as coisas enfim se esclareceram.[8]

O vestiário da Fiorentina estava rachado; um lado era liderado por Daniel Passarella e o outro pelo capitão do time, Eraldo Pecci. O técnico Giancarlo De Sisti tinha conseguido colocar um esparadrapo sobre a ferida, mas quando ele foi hospitalizado com um abscesso no cérebro, no final de agosto, um vácuo de poder destruidor se instalou. Onesti passou a ser o treinador interino e foi incapaz de se impor, o que permitiu que transbordassem os ressentimentos que vinham permanecendo no limite da superfície enquanto o time vencia.

Inicialmente, Sócrates não sentiu nenhuma simpatia particular por Passarella ou Pecci e relutou a escolher um lado, não apenas porque sabia que o time jamais conseguiria vencer se estivesse dividido, mas também porque fazê-lo seria aceitar um papel de subordinado a um dos dois. Mas vários dos jogadores escolheram lados e Sócrates ficou no meio. Ele estava convencido de que alguns de seus companheiros o evitavam deliberadamente e se sentiu perseguido tanto por ser estrangeiro quanto por ser progressista.

Ele ficou vulnerável sem o suporte do técnico que o contratou e, sem aliados, transformou-se em bode expiatório. Muitos de seus companheiros achavam que ele não vinha fazendo sua parte e vários tinham objeções ao que consideravam atitudes antiprofissionais e falta de esforço de sua parte. Sócrates nunca tinha sido de correr muito nos jogos, mas seus companheiros não sabiam disso e se irritavam ao identificar o que viam como egoísmo — e também por causa dos já abundantes rumores de seus excessos fora de campo.

No Corinthians, Sócrates tinha Biro-Biro, Paulinho e vários outros que corriam para ele no meio de campo. Seus companheiros o admiravam não apenas como jogador, mas quase como uma pessoa especial, e estavam preparados para fazer mais por ele e pela causa que compartilhavam.

Ironicamente, os jogadores da Fiorentina eram muito mais igualitários. Homens como Passarella, Pecci e Claudio Gentile não jogavam futebol para se divertir. Eram atletas internacionais estabelecidos e personalidades fortes, não habituadas a ser coadjuvantes de ninguém, muito menos a fazer o trabalho dos outros. Queriam vencer e não se impressionavam com a atitude descontraída de Sócrates.

"Esses caras eram profissionais dentro e fora do campo e não entendiam por que Sócrates, que podia ser grande dentro, não era fora também", disse Galli sobre seus companheiros. "Ele não tinha profissionalismo e não queria fazer sacrifícios. Queria que os outros jogadores corressem por ele e os outros diziam: 'Eu corro por Sócrates, ele precisa correr por mim'. Na cabeça dele, os outros jogadores deveriam ser mais como ele, não o contrário. Mas eles acreditavam que ele precisava se acostumar ao nosso mundo. Esse foi o grande erro de Sócrates. Ele se recusou a fazer qualquer concessão."[9]

Sócrates também foi prejudicado pela decisão dos técnicos de utilizá-lo num papel em que ele tinha pouca margem de manobra. Sua posição em campo, próxima à do centroavante, era similar à função de ponta de lança que desempenhou no Botafogo de Ribeirão, mas os defensores italianos jogavam um pouco mais avançados e estavam sempre próximos dele. Os atacantes — muitas vezes era um só — queriam a bola na frente, para poderem correr, mas Sócrates estava mais habituado a passar a bola no pé e tinha dificuldades com um sistema que lhe pedia para lançar a bola a um jogador que estava de costas para ele.

O dinheiro também foi uma questão. Atletas que chegavam recebendo grandes salários precisavam provar seu valor cedo, mostrando que eram muito melhores do que os outros ou que eram jogadores de equipe. Sócrates não fez nem uma coisa nem outra, e para alguns companheiros era absurdo fazer todo o trabalho duro enquanto ele embolsava o maior cheque.

Sócrates perdeu ainda mais respeito do grupo ao chegar tarde para os treinamentos ou se dirigir frequentemente para a sala de tratamento a fim de fazer massagens em vez de suar ao lado dos companheiros. Quando ele de fato treinava, fazia questão de deixar claro seu desdém por tudo aquilo.

"Ele fazia tudo o que se pedia a ele, mas quando não estava disposto, não se dedicava", disse o defensor Celeste Pin. "Todo mundo fazia tiros [de corrida] em sete segundos, ele fazia em dez. Esse era o jeito dele de dizer não ao profissionalismo. Estava sendo obrigado a fazer algo que não queria fazer. O futebol era um divertimento para ele. Nós achamos estranho. Talvez seja assim quando você é um menino, mas não é assim quando você é um profissional."[10]

O descontentamento de Sócrates era exacerbado pelas dificuldades para se adaptar à vida italiana fora do campo. Florença é uma cidade antiga, cruzada por ruas estreitas que inesperadamente chegam a praças espetaculares com igrejas, bibliotecas e monastérios ainda mais maravilhosos. As ruas são ladeadas por antigos edifícios de pedra, coloridos por séculos de fumaça e fuligem. As igrejas têm mais de cinco andares de altura, torres e cúpulas dominam o horizonte com as colinas da Toscana ao fundo.

Sócrates, entretanto, via muito pouco disso. Ele se mudou com a família para uma mansão em Grassina, uma vila no alto de uma colina a cerca de dez quilômetros do Stadio Comunale. A casa de dois andares tinha uma grande lareira, uma adega e era cercada por pomares que produziam uva chianti e azeitonas.[11]

Giancarlo Antognoni e Gentile estiveram entre os convidados para jantar na casa de Sócrates, mas Antognoni perderia toda a temporada por causa de uma lesão e, embora Sócrates provocasse Gentile — que nasceu na Líbia — apelidando-o de "Gaddafi", eles nunca foram próximos. Certo dia, Sócrates convidou parte dos jogadores para um churrasco e, para seu desgosto, apenas um deles apareceu.

A relutância dos italianos em socializar era um problema sério para um homem que enxergava a amizade e a camaradagem como prioridades, e a frieza dos companheiros aprofundou sua sensação de solidão. Sem amigos no time e com poucos conhecidos na nova cidade, ele se voltou para os brasileiros em busca de conforto.

Sócrates e Regina estabeleceram uma amizade com José Trajano, um jornalista que conheciam de São Paulo e estava viajando num ano sabático com a namorada. Trajano, ex-editor de esportes da *Folha de S.Paulo*, aproveitava o período para escrever sobre o futebol na Itália. Os dois casais se tornaram próximos e, após mais uma de tantas noites regadas a vinho que terminaram com Trajano e a namorada dormindo no quarto de hóspedes, eles foram convidados a deixar a pensão onde se hospedavam e se mudar permanentemente. O isolamento mútuo e a saudade de casa aproximaram Sócrates e Trajano, como, nas palavras de Sócrates, dois bêbados infelizes que se apoiaram um no outro para sobreviver.

Juntos, eles formaram um grupo de amigos um pouco mais amplo, que incluía um cabeleireiro, um agente de viagens, um vendedor de sapatos e um homem de negócios que comprava e vendia mármore. O grupo se reunia na mansão de Sócrates todas as noites para fazer grandes jantares, jogar cartas ou simplesmente conversar e beber. Muitas vezes eram eles que traziam Sócrates de volta para casa após os jogos fora da cidade — sempre parando no primeiro posto para comprar cervejas —, encontrando-se com as esposas e namoradas no meio do caminho para jantar.[12]

Sócrates e Trajano iam à cidade para comprar discos ou comer em alguma *trattoria* local, ou então ficavam apenas em casa bebendo e conversando. Mas mesmo quando seu círculo de amigos cresceu, Sócrates ainda considerava a vida italiana intolerável. Ele tinha ido à Itália, em parte, para aproveitar a cultura do país, mas demorou meses para ver o *Davi* de Michelangelo ou os Caravaggio, Botticelli e Da Vinci na Galeria Uffizi, pois os treinos em dois períodos, combinados com sua vida familiar e social, o mantinham ocupado.

O inverno mais frio em cem anos não ajudou em nada. Sócrates odiava o frio e as temperaturas de 23 graus negativos ao menos permitiam que ele impressionasse os visitantes colocando a cerveja para gelar do lado de fora da casa. Mas o clima gélido também causava hipóxia em seus pés e todas as dez unhas caíram. Correr e dar passes nos gramados enlameados era quase impossível, e sua conhecida falta de condicionamento físico o levava à exaustão muito antes do apito final.

A divisão no vestiário se tornava cada vez mais evidente, enquanto o time cambaleava nos jogos de dezembro e após a virada do ano. Sócrates acreditava que alguns jogadores só passavam a bola para amigos e aliados, e não era o único. Na véspera de um jogo em 19 de janeiro contra a Lazio, e depois de nove partidas sem vitória, Passarella deixou o campo no meio de um treino e foi mancando para o vestiário. Repórteres temeram que ele não pudesse jogar e seus companheiros se preocuparam com a perda de seu líder defensivo. Passarella não disse qual era o problema, mas, no dia seguinte, chamou os jogadores em seu quarto de hotel para uma reunião improvisada.

"Estou perfeitamente bem", disse o zagueiro argentino, furioso. "Não estou nem estive machucado. A razão pela qual deixei o campo ontem foi ter visto jogadores de meio de campo não passarem a bola para certos companheiros."

Passarella, um dos homens mais duros do futebol, apontou de forma ameaçadora para Pecci.

"Eu vou jogar hoje", ele prosseguiu. "E se algo assim acontecer eu vou sair. E se eu sair, estarei esperando por você ao lado do campo no final do jogo."[13]

A ameaça teve o efeito desejado e a Fiorentina venceu por 3 × 0, iniciando uma pequena reação que levou o time à segurança do meio da tabela. De modo mais notável, entretanto, o incidente aproximou Passarella e Sócrates. Tanto no Brasil quanto na Itália, a mídia tentou criar uma cisão entre eles e existiam várias razões superficiais para se acreditar que poderia surgir um conflito. Um dos jogadores era o descontraído líder da seleção brasileira, que tentava se estabelecer como presença dominante em seu novo time, enquanto o outro era o sério capitão da seleção argentina, no clube havia dois anos e já com o seu espaço garantido.

Mas Sócrates gostava de Passarella e viu solidariedade em seu gesto, levado adiante dois dias depois de o argentino ter pedido publicamente aos jornalistas e torcedores que dessem ao companheiro brasileiro mais tempo para se adaptar. Sócrates acreditava que os sul-americanos eram vítimas de preconceito, e sugeriu até mesmo que o tratamento dispensado a eles tinha contornos fascistas. Numa entrevista polêmica à revista *France Football*, em 2007, foi ainda mais longe e acusou Pecci de tentar combinar o resultado de um jogo ao dizer aos colegas que a partida precisava terminar em 0 × 0.

Ele repetiu a acusação em outras entrevistas, mas vários jogadores negaram que o incidente tivesse acontecido e as lembranças de Sócrates não batiam com outros detalhes que ele havia mencionado. Pecci também negou o fato e ameaçou processá-lo por difamação, mas nunca foi à frente. Contrariando todos os outros relatos, argumentou que o elenco não estava rachado, mas admitiu que os italianos não receberam bem os estrangeiros e observou que Sócrates teve muito pouco tempo para se aclimatar a seu novo entorno.

"Sócrates passou apenas um ano na Itália e nós que estávamos aqui não o ajudamos", disse Pecci. "Platini precisou de seis meses para compreender a liga italiana, Falcão também. O único que jogou bem desde o início foi Zico. Um período para se assentar é muito importante."[14]

Soando até mesmo um pouco ridículo, Pecci afirmou ter amizade com o homem que ele chamava de "Magron", e reconheceu que Sócrates não deveria ser responsabilizado por aquela frustrante temporada da Fiorentina. "Muitos jogadores não renderam o esperado. Quando as coisas não vão bem, as pessoas procuram razões em exageros com mulheres ou na vida noturna. A verdade é que vários dos jogadores não jogaram bem e nós não conseguimos os resultados."

E havia também a política.

Horas depois de chegar ao clube, Sócrates foi apresentado à torcida numa cerimônia improvisada no Stadio Comunale. Milhares de torcedores se reuniram do lado de fora para ver a nova estrela, e foram à loucura quando Sócrates lhes fez uma saudação com o braço erguido e o punho cerrado. Ele não sabia, mas o gesto com o punho cerrado era usado pelo Partido Comunista Italiano, o que criou problemas com os donos do clube, todos apoiadores dos democratas cristãos, o partido de direita que era o maior do país. Quando o evento acabou, eles almoçaram juntos e diretores do clube discretamente o puxaram de lado e pediram para que não repetisse o gesto. Sócrates ficou perplexo com a controvérsia, mas não estava disposto a esconder suas preferências.

"Por que você fez aquele gesto?", o presidente do clube, Ranieri Pontello, perguntou a ele.

"Porque aquilo sou eu, é o símbolo da minha vida", Sócrates respondeu.

"De onde vem esse gesto?", Pontello quis saber.

"Eu não sei exatamente, mas me lembra do movimento black power nas Olimpíadas do México, em 1968. Tem a ver com várias coisas. É um símbolo, sei lá, uma comunicação com o público... Seja qual for essa comunicação."

"Você sabia que é o símbolo do Partido Comunista Italiano?", Pontello perguntou.

"Não", disse Sócrates. "Mas adorei saber."[15]

Pontello ficou surpreso, mas depois do almoço levantou uma bandeira branca e convidou Sócrates para uma festa que estava organizando para sua filha. A celebração aconteceria na mansão de Pontello no mês seguinte, e a presença de Sócrates era importante para o que certamente seria um evento bastante formal. Sócrates, no entanto, não pensava em ceder. Estava satisfeito por ter desferido um golpe involuntário na direita local e, ainda que os Pontello fossem discretos e amistosos, ele achava que estava sendo usado para fins políticos e para que a família aumentasse a própria popularidade.

"Agradeço o convite, mas não vou", disse a seu chefe. "O que vocês vivem não é o meu ambiente, prefiro não ir. Não é para mim, gosto da liberdade, gosto de estar junto do povo, esse negócio não é comigo, não."[16]

Sua recusa em dançar conforme a música foi como um tapa na cara do presidente do clube, e, como se não fosse suficiente,

Sócrates ainda piorou as coisas acidentalmente. No mesmo dia em que os Pontello deram uma festa para a filha deles, Sócrates foi a um debate organizado pelo Partido Comunista Italiano na Casa del Popolo, um dos centros comunitários de esquerda que eram comuns em cidades italianas. O debate era sobre futebol e política, e milhares de pessoas compareceram para ver Sócrates falar italiano pela primeira vez. Sua dicção e vocabulário não foram perfeitos, mas não havia como deixar de compreender o duro recado aos democratas cristãos e aos Pontello.[17]

Sua atitude irredutível iniciou um conflito desnecessário com os homens que dirigiam o clube, que se amplificou ainda mais com os rumores de que ele estava tendo um caso com uma mulher do clã Pontello. Anos mais tarde, os Pontello relembraram a passagem de Sócrates pela Itália com resignação. Niccolò Pontello, primo de Ranieri e diretor do clube à época, disse que o problema com Sócrates nunca foi a política. Observou que a Fiorentina não tinha nada a ganhar ao censurar seu astro ou fazê-lo se sentir indesejado. Eles conheciam sua história antes de contratá-lo e, embora seu envolvimento com os comunistas não os deixasse felizes, eles mantiveram essa insatisfação no âmbito privado. O problema, disse Pontello, foi no campo, onde o desempenho de Sócrates foi insatisfatório.

"Todos conheciam a história dele com a Democracia Corinthiana", disse o ex-diretor. "Nós estávamos preparados e sabíamos como ele era. Lembre-se, a Fiorentina está numa cidade tradicionalmente de esquerda e a maioria dos torcedores pensa assim. Não foi um problema para nós. Estávamos mais interessados em que ele fosse um bom jogador.

"Mas ele era tão diferente e peculiar que os outros jogadores o acharam estranho. Se você é diferente e faz o time ganhar, todos os problemas desaparecem. Mas se os resultados não vêm, tudo se torna mais difícil. Ele era um bom jogador, mas isso não foi suficiente. As razões pelas quais ele não foi bem não foram táticas ou técnicas; ele apenas não se adaptou à vida italiana. Ele nunca se integrou.

"Nós tentamos conversar com os amigos dele, saber quais eram os problemas e tentar ajudar, mas não fez nenhuma diferença e não aconteceu quase nada. Fizemos várias reuniões, mas, no fundo, ele era muito peculiar. Não tinha equilíbrio na vida. Ele não era feliz. Um jogador precisa se sentir valorizado e ter um bom relacionamento com os outros, e ele nunca teve isso."[18]

As ideias de esquerda de Sócrates não eram uma surpresa para seus colegas, mas os futebolistas italianos consideravam que o melhor era não se envolver em política, especialmente se isso significasse contrariar seus chefes. Sócrates foi para a Itália com alguma esperança de introduzir um tipo de movimento ao estilo Democracia Corinthiana na Fiorentina, mas subestimou as reprovações e o desinteresse de seus novos companheiros.

Ele tentou falar com alguns sobre os assuntos do dia a dia e fez indagações das mais variadas ao instruído De Sisti, abrangendo temas como as regras de transferências no futebol italiano e a insistência do clube no uso de calças sociais e paletós nas viagens.

"Nós nos encontraremos aqui amanhã às duas da tarde para viajar, e eu quero todos com o traje oficial", De Sisti disse aos jogadores antes da primeira viagem para um jogo fora de casa.

"Isso é mesmo necessário?", Sócrates perguntou a Corsi.

"É assim que viajamos para jogos na Itália", ouviu como resposta.

Sócrates perguntou se podia falar com o capitão sobre isso e abordou Eraldo Pecci para saber a opinião dele.

"É assim que nós representamos a Fiorentina", Pecci disse a ele, e Sócrates questionou se os outros jogadores estavam confortáveis com as regras. Pecci concordou em fazer uma pesquisa e se levantou no vestiário antes do jogo seguinte.

"Sócrates quer saber se todos estão de acordo com o traje para viagens", Pecci perguntou.

Todos concordaram e, no dia seguinte, Sócrates apareceu devidamente vestido com o traje oficial. Nunca mais tocou no assunto.[19]

O envolvimento de Sócrates com a cena política local não foi bom para suas relações dentro do clube, mas o revitalizou numa época em que ainda tentava se acostumar com a cidade e fazer amigos. Ele não conseguia evitar falar de suas posições da maneira mais clara possível, e se aproximar de políticos e ativistas de esquerda o ajudou a se sentir mais em casa. Florença era uma das cidades mais militantes da Itália, com uma câmara municipal de esquerda e um prefeito socialista, e o envolvimento de Sócrates era uma validação bem-vinda. Nas reuniões de que participava, ele incendiava a sala com as ideias e perspectivas de alguém que vinha de fora, falando sobre desigualdades, globalização e direitos dos trabalhadores.

As reuniões também eram uma forma de trazer os torcedores para seu lado. No Brasil, onde os altos índices de analfabetismo tornavam o rádio mais importante que os jornais ou mesmo a televisão, Sócrates repetia incansavelmente as mesmas mensagens — que não recebiam filtros — para microfones e câmeras de televisão. Na Itália, a mídia era dominada pela imprensa escrita e os grandes diários apoiavam os democratas cristãos.

Sócrates — com alguma razão — sentia que eles o perseguiam e tentava contorná-los sempre que podia. Encontros em lugares como a Casa del Popolo eram um jeito de fazer isso. O outro era o contato direto com os torcedores. Ele achava que os italianos eram mais fanáticos por futebol do que os brasileiros, mas eram também mais respeitosos e pensavam duas vezes antes de abordar seus ídolos. Sentia falta dessa conexão humana e demorou até o final da temporada para fazer algo a respeito.

Faltando apenas três jogos para o fim do campeonato, a Fiorentina jogaria contra a Udinese e Sócrates, machucado, foi assistir ao jogo de calção e chinelos. Ele chegou tarde e, em vez de se dirigir ao camarote da diretoria, pegou uma cerveja e se posicionou perto da grade para ver o jogo a poucos metros da linha lateral. Os diretores gritaram para que se juntasse a eles, mas Sócrates ignorou os pedidos e os esnobou ainda mais. Um amigo, comediante local, estava perto dele e, no intervalo, Sócrates sugeriu que eles fossem ver o segundo tempo na Curva Fiesole, o setor atrás do gol onde se reuniam os "ultras" do time — os torcedores organizados.

Eles foram recebidos como heróis quando chegaram e a experiência de passar 45 minutos perto de torcedores reais foi uma das memórias mais duradouras de sua passagem pela cidade. Inevitavelmente, entretanto, a aventura serviu para agravar as relações com os diretores e companheiros. Os Pontello ficaram irritados por terem sido esnobados e os jogadores acharam que Sócrates era louco. A distância entre eles estava ficando grande demais.

Um dos poucos momentos ensolarados durante aquele inverno gelado aconteceu em janeiro, quando Sócrates foi a Roma para se encontrar com Tancredo Neves, o homem que o Congresso tinha escolhido para ser o primeiro presidente civil do Brasil em 21 anos. Sócrates adorou encontrar Tancredo, que morreria tragicamente antes de tomar posse, e sentiu mais saudades de casa do que nunca ao pensar que uma mudança tão profunda estava acontecendo em seu país sem que ele pudesse testemunhá-la. Mas o encontro no hotel Excelsior, em Roma, teve pelo menos um efeito positivo.

Os jogadores brasileiros que foram convidados reclamavam da aborrecida vida social na Itália, e combinaram de organizar alguma coisa na época do Carnaval. Sócrates adorava o Carnaval e enxergou as celebrações como uma oportunidade não só de reunir os jogadores brasileiros, mas também de tentar mostrar aos companheiros de clube como fazer uma festa de verdade. Ele passou semanas gravando fitas cassete com seus sambas favoritos e comprou 200 litros de cerveja *alla spina*, antepasto suficiente para alimentar um estádio lotado e um leitão para fazer um churrasco, na parte de fora da casa, sob temperaturas abaixo de zero.[20]

Sócrates dividiu o evento ao longo de dois dias, com os brasileiros chegando na segunda-feira e os italianos no dia seguinte, que, por coincidência, era seu aniversário de 31 anos. A festa começou timidamente no domingo à noite, quando ele voltou de Bérgamo após marcar no empate em 2 × 2 com a Atalanta, mas as coisas realmente esquentaram na manhã seguinte, quando os brasileiros chegaram para a "fase 1". Zico veio em sua BMW com Pedrinho, do Catania. Cerezo chegou de Roma e Júnior apareceu com toda a família e um pé enfaixado. Edinho chegou em sua Maserati turbo. Só Falcão, que estava machucado, perdeu o evento.

A tradição no Brasil, em tempos carnavalescos, era cheirar lança-perfume, e Sócrates não seria derrotado pela ausência da droga — que era parte integrante do Carnaval brasileiro nos anos 1980, tanto quanto o samba e o sexo. Ele conseguiu que o cabeleireiro de Regina trouxesse spray para cabelo, que tinha o mesmo efeito intoxicante, e quando os convidados passavam pela porta, tentava convencê-los a experimentar.

"Esse baile foi planejado por muito tempo", lembrou Trajano, hoje um respeitado comentarista. "Ele passou dias gravando músicas de carnaval, comprou serpentina para decorar a casa. Ele falou: 'Pô, baile de carnaval sem um lança-perfume não tem graça', e comprou, com esse cabeleireiro da Regina, uma caixa de laquê. Com todo mundo que entrava, os jogadores também, ele pegava o lenço e punha para a pessoa cheirar. Só que cada laquê tinha uma cor. Tinha amarelo, verde... Durante a festa, tinha gente com nariz verde, amarelo, vermelho."[21]

A recepção aos companheiros da Fiorentina, no dia seguinte, foi igualmente inesperada. Eles chegaram vestindo ternos, exibindo a típica elegância italiana, e Sócrates, em seu uniforme usual — roupas amassadas e tênis surrados —, não perdeu tempo na tentativa de tornar a festa mais brasileira. Havia preparado um par de tesouras de jardim para acabar com as formalidades e, quando os convidados entravam na casa, o anfitrião se divertia ao anunciar que as gravatas Armani e Dolce & Gabbana estavam prestes a ser aparadas.[22]

Oriali, Massaro, Galli e Gentile foram algumas das vítimas, que não tiveram escolha a não ser se render. Passarela se ajoelhou e implorou para que Sócrates poupasse seu caro acessório. Antognoni argumentou que sua gravata tinha sido um presente de sua mãe e quase chorou. Sócrates adorou e, com seu típico bom humor, ignorou os pedidos e abraçou cada um deles com metade de suas gravatas nas mãos. Estava radiante com a presença dos companheiros e, por um breve momento, imaginou que o feito de reunir os jogadores italianos para socializar poderia funcionar como um estímulo para o time.[23]

"Agora, sim, somos um time de futebol", ele disse. "O espírito da Democracia Corinthiana bem que podia baixar aqui de vez."[24]

Seu otimismo durou apenas cinco dias. No domingo seguinte, a Fiorentina jogou em casa, contra a Sampdoria, com o objetivo de aumentar a série de quatro partidas sem derrota que tinha começado contra a Lazio. Em vez disso, o atacante inglês Trevor Francis os destruiu, marcando dois dos três gols da vitória do time de Gênova por 3 × 0. Mais duas derrotas nos três jogos seguintes deixaram a Fiorentina apenas três pontos acima da zona do rebaixamento, e a equipe permaneceu dividida.

Sócrates também estava dividido sobre o que fazer a respeito de Rosemary. Ele passou boa parte de seu tempo na Itália sentindo falta dela e pensando se deveria trocar a esposa pela mulher que amava.

Sócrates estava casado com Regina havia onze anos e, embora ele tivesse se transformado radicalmente, ela ainda era a moça discreta que ele acompanhava à escola todas as manhãs. Sócrates tinha mudado mais do que a mulher, mas, no fundo, era um menino tradicional do interior, que valorizava o casamento e a família. Seu coração o mandava deixá-la e assumir o romance com a cantora famosa, e sua cabeça ordenava que ele permanecesse leal à namorada da adolescência e mãe de seus quatro filhos.

Sócrates tinha dezoito voos para o Brasil como parte de seu contrato, e os utilizava para passar fins de semana em casa. Bebia no voo de ida, passava o fim de semana com amigos ou parentes, então bebia no voo de volta para Roma. Teve casos com mulheres na Itália, mas sentia saudades de Rosemary e telefonava para ela de quartos de hotel para cantar o grande sucesso daquele ano: "I Just Called to Say I Love You".[25]

A decisão de encerrar o *affair* com Rosemary e tentar salvar seu casamento lhe custou muito — e não apenas porque seu casamento não duraria tanto. Praticamente desde o momento em que desembarcou na Itália, Sócrates se arrependeu por ter tomado a decisão mais fácil, tendo seu ressentimento se manifestado no que Flávio Gikovate chamou de "um comportamento autodestrutivo cada vez mais forte".

"A impressão que me dá é que ele foi pra lá extremamente autodestrutivo, castigando a si mesmo, não se perdoando por ter feito a má escolha do ponto de vista sentimental. Não estou dizendo que a Regina era uma má escolha, mas ele não teve a coragem de fazer a escolha que queria. Então, por mais extravagante, excêntrico, por mais *outsider* que ele fosse, na hora H, de se separar para casar com uma estrela da música e com uma mulher mais exuberante, mais linda, mais independente... ele não teve coragem.

"Ele fugiu de uma relação maior do que a que tinha com a Regina. Esse era um relacionamento aconchegante em termos de conforto, mas não era emocionante. E ele era um homem que gostava de emoções. Então, ele fugiu do que realmente queria, e acabou ficando acomodado na situação que era apenas confortável. Eu acho que ele nunca se recuperou. É minha impressão. E também um pouco da minha experiência profissional com outras pessoas. Quem evita uma relação amorosa — e no caso quem fugiu foi ele, e por covardia — dificilmente perdoa a si mesmo.

"Por medo da felicidade, ele não se achava competente do ponto de vista psicológico para ter uma mulher daquele tamanho, e aí ficou fragilizado e começou a ter comportamentos que misturavam o ser um *outsider* com a autodestrutividade. Tudo jogando contra ele mesmo, fazendo gol contra. Não acho que ele chegou à Fiorentina tentando fazer amigos, não. E acho que não foi só o fato de os jogadores da Fiorentina terem ficado incomodados com a chegada dele, que era um herói... Ele também não fez nenhum esforço para melhorar a situação."[26]

De Sisti não se recuperou totalmente da cirurgia no cérebro e foi substituído por Ferruccio Valcareggi, o respeitado técnico que tinha dirigido a Itália na Copa do Mundo de 1970. Mas a atmosfera era tão corrosiva que Sócrates pediu uma reunião urgente e os jogadores foram convidados a se encontrar na mansão de Pontello. Sócrates estava convicto de que tinha descoberto a razão para o racha no vestiário, e queria fazer algo a respeito.

"Por que você pediu esse encontro?", Pontello perguntou, de um lado da enorme mesa de seu escritório.

Os jogadores se ajeitaram nervosamente em suas cadeiras e murmuraram alguns chavões inconclusivos, enquanto olhavam para Sócrates, do outro lado da sala.

"Eu quero dizer uma coisa", ele respondeu, e começou com a costumeira cordialidade brasileira, antes de fazer acusações controversas.

"Se eu puder explicar", ele disse. "O que aconteceu foi o seguinte: um cara está dormindo com a mulher de outro e formou seu próprio grupo. Agora esses caras não falam com os outros caras, e esse grupo não passa a bola para os caras do outro grupo. A única solução é mandar o capitão embora."

"De jeito nenhum", disse Pontello. "Não vou fazer isso. Ninguém vai sair."

"Tudo bem", disse Sócrates. "Então me deem licença."

Ele se levantou e saiu.[27]

O desinteresse de Sócrates tornou-se evidente, e ele passou a sentir uma mistura de ressentimento, tristeza e apatia. As relações com os outros membros do elenco eram cada vez mais tensas e o defensor Stefano Carobbi disse que, num trote particularmente maldoso, alguém teria urinado na garrafa de água de Sócrates na volta de um jogo fora de casa. Ele sabia que não tinha chance de ser feliz fora do Brasil e literalmente contava os dias para o fim daquele pesadelo.[28]

"Quando Sócrates entrava no vestiário, ele cumprimentava todos com a seguinte declaração: 'Bom dia, hoje faltam 200 dias', ou 'Bom dia, hoje faltam 150 dias'", lembrou o defensor

Pin. "Era como se ele estivesse contando os dias para poder ir embora. Era sua maneira de mostrar sua insatisfação."[29]

Ele só queria que aquilo acabasse e teve a ajuda de um jovem atacante chamado Luca Cecconi. Faltando quatro jogos para o fim da temporada, uma lesão impediu Sócrates de viajar a Turim para enfrentar a Juventus, e Cecconi, de 21 anos, fez sua quarta aparição no campeonato. Ele marcou um gol na vitória por 2 × 1 sobre os maiores rivais da Fiorentina, e o destino de Sócrates estava selado. Os torcedores tinham encontrado um novo herói. Sócrates nunca mais vestiu a camisa do clube.

"Para ele, o futebol era uma questão de felicidade", refletiu Carobbi, que depois se tornou treinador. "Ele queria estar sempre feliz. Na Itália, temos uma mentalidade diferente. Aqui você precisa ter sua mente focada no jogo. Não é possível sorrir antes de um jogo e isso o fez sofrer. De acordo com ele, o time tinha que transmitir alegria, mas nós transmitíamos o oposto. Hoje eu sou treinador e percebo que ele estava certo. Não é uma questão de vida ou morte. Nós vamos para um jogo para desfrutar. Ele era o único que entendia isso."[30]

Sócrates tinha mais um ano de contrato em Florença, mas sabia onde encontrar a alegria que buscava e não era na Europa. Ele estava desesperado para ir para casa. Talvez um pouco desesperado demais.

CAPÍTULO 15

Era uma loucura. Ele era um cara
que acordava de manhã e dizia:
"Quer uma cerveja?". E eu respondia:
"Eu quero o café da manhã".
Juca Kfouri

Sócrates não foi o único jogador brasileiro que teve um ano para esquecer na Itália. Zico, Falcão e Cerezo perderam longos trechos da temporada por causa de lesões; Edinho não reproduziu a forma do ano anterior na Udinese, e até a consistência de Dirceu no Ascoli foi insuficiente para evitar o rebaixamento do clube. A Lazio de Batista e a Cremonese de Juary também caíram para a segunda divisão, enquanto Pedrinho e Luvanor precisaram lutar para evitar a queda do Catania para a Série C.

O único a melhorar sua reputação foi Júnior, que teve um ano brilhante no Torino, colaborando na campanha do vice-campeonato e terminando a temporada como vice-artilheiro do time, atrás de Aldo Serena. Os jornalistas esportivos italianos o elegeram o segundo melhor estrangeiro do campeonato, à frente de Michel Platini, Karl-Heinz Rummenigge e Liam Brady, e atrás de Diego Maradona.

O desempenho frustrante dos brasileiros e o sucesso de jogadores mais robustos, embora tecnicamente inferiores, como Mark Hateley, Hans-Peter Briegel e Preben Elkjær foram usados como evidências de que os brasileiros não tinham resistência ou vigor, e talvez lhes faltasse até a força mental para lidar com os gramados pesados, o frio e os famosos defensores italianos.

Sócrates refutou essa ideia diversas vezes e tentou convencer tanto a si mesmo quanto aos outros de que sua temporada em Florença não tinha sido um fracasso total.

"Fora o período de inverno, fiz uma boa campanha. No inverno não consegui jogar, mas na primavera e no outono joguei pra caralho. Mas o time era uma bosta, havia uma puta guerra interna, aquela situação que você não consegue imaginar que é possível. O time estava dividido, tinha cinco caras de um lado, quatro do outro, o goleiro e eu. Os cinco daqui não passavam a bola para os quatro de lá, os quatro não davam a bola para os cinco, e os dois grupos não passavam para mim. Como é que se joga num time desses? Os caras não trocavam bola, não se olhavam, não se cumprimentavam. Era uma zona. Esse foi o time em que eu caí. Não tinha como andar."[1]

"O único erro que eu diria que cometi foi falar uma nova linguagem muito cedo e com muita honestidade. E, principalmente, ser algo novo e diferente para o mundo do futebol italiano."[2]

Ele insistiu que não faria nada diferente e que sentiu falta do calor humano e das interações que eram uma parte tão importante de sua vida no Brasil. Sócrates possuía as habilidades para ser bem-sucedido — Giovanni Galli, que jogou com Ruud Gullit, Marco Van Basten e Roberto Baggio, disse nunca ter visto alguém que passasse tão bem quanto ele —, mas tinha tido suas vontades atendidas durante tanto tempo que não entendia a necessidade de fazer concessões. A Fiorentina, também, poderia ter sido mais inteligente e permitir que ele fizesse as coisas como queria. No Botafogo e no Corinthians, Sócrates sempre resolveu as coisas quando foi deixado em paz. Mas o resumo é que ele era incompatível com o futebol italiano, que exigia que os jogadores corressem e se comprometessem, e com a vida italiana, formal e estruturada.

Era o homem errado no lugar errado na hora errada, e a única solução era voltar pra casa.

No começo de agosto de 1985, com a nova temporada italiana se aproximando rapidamente, Sócrates estava tão desesperado para encerrar seu exílio que consideraria qualquer oferta. Havia muitos rumores sobre clubes interessados nele, mas a primeira proposta sólida veio da Ponte Preta.

A Ponte nunca tinha vencido um título importante, mas vivia o melhor momento de sua história: vice-campeã paulista em 1977, 1979 e 1981, com jogadores de seleção como Carlos, Oscar e Juninho Fonseca no elenco, e terceira colocada no Campeonato Brasileiro de 1981. O time não conseguiu repetir esse sucesso nos anos seguintes, mas continuou revelando muitos bons jogadores jovens, importantes nas conquistas em 1981 e 1982 da Copa São Paulo de Futebol Júnior, o torneio de maior prestígio das categorias de base no Brasil.

O acordo para trazer Sócrates foi ancorado por Luciano do Valle, um narrador de futebol que também se envolvia em negócios do esporte e conhecia Sócrates porque cobria a seleção brasileira. Torcedor fanático da Ponte Preta, Luciano queria ver Sócrates jogando em seu time e — com toda a pompa de uma personalidade de televisão — anunciou ao mundo que tinha costurado um acordo para que empresas locais pagassem o salário de Sócrates por intermédio de inovadores contratos de patrocínio.

Em 11 de agosto de 1985, Sócrates deixou a Itália rumo a Campinas e, poucas horas depois de chegar, apareceu diante de torcedores extasiados vestindo a camisa da Ponte Preta. Seis ônibus lotados de torcedores foram recebê-lo no aeroporto, onde todos cantaram: "Doutor, eu não me engano, seu coração é ponte-pretano!". Sorrindo, Sócrates disse a eles que estava "de volta ao lugar que é meu".[3]

A Ponte Preta tinha grandes planos para seu novo astro e Campinas, uma cidade moderna a pouco mais de oitenta quilômetros de São Paulo, borbulhava de expectativa. O clube rapidamente vendeu milhares de carnês de ingressos para toda a temporada, convidou o Boca Juniors para ser o adversário no jogo de estreia, em 23 de agosto, e planejou apresentar o novo contratado num passeio de limusine conversível pelas ruas da cidade. Um dos bares mais conhecidos da região até contratou o barman do local favorito de Sócrates em Ribeirão Preto, para que ele tivesse um rosto familiar para lhe servir cerveja exatamente do jeito que gostava.[4]

Mas Sócrates ainda não tinha assinado o contrato, e menos de uma semana depois de ter vestido a camisa da Ponte, ele estava de volta à Itália com o rabo entre as pernas. O acerto que havia dito estar 95% certo, agora, estava quase morto. Luciano do Valle tinha falado bastante diante das câmeras, prometendo que as luvas da assinatura do contrato estavam esperando por Sócrates no cofre de um banco de Campinas. O dinheiro, entretanto, nunca existiu e, quando Sócrates percebeu a trama, ficou furioso. Luciano pediu que ele esperasse, mas não tinha reunido empresas suficientes para ajudar a financiar o acordo, e com o prazo para a inscrição de jogadores se encerrando, não havia tempo para buscar mais ajuda.

A CBF, ansiosa para ter uma de suas estrelas jogando regularmente no período prévio à Copa do Mundo de 1986, se propôs a levar a seleção brasileira para um amistoso lucrativo em Florença, a fim de disponibilizar a renda para pagar o retorno de Sócrates ao Brasil. O montante cobriria uma parte dos 400 mil dólares que a Fiorentina ainda devia a Sócrates, que de pronto aceitaria um desconto para se libertar de seu purgatório toscano. Mas o acordo foi por água abaixo e seu futuro permaneceu incerto.[5]

Durante todo esse tempo, Sócrates cometeu um erro que lhe custou demais. Enquanto as negociações com a Ponte Preta ainda estavam em andamento, ele assinou um documento em que abria mão dos valores que a Fiorentina lhe devia. Argumentou que o documento continha uma cláusula que determinava sua validade desde que o acordo com o clube de Campinas fosse finalizado, mas a Fiorentina refutou essa interpretação e usou o papel para se livrar de alguém que tinha se tornado um constrangimento. Quando a conversa com a Ponte esfriou e Sócrates voltou para a Itália, ele foi tratado como um ex-jogador. Tentou seguir como se tudo estivesse normal, mas Pontello não queria mais saber dele.

Os torcedores da Fiorentina estavam igualmente irritados — em parte porque Sócrates tinha aconselhado Falcão a não jogar no clube, e em parte porque um jornal local maliciosamente publicou comentários pouco elogiosos, atribuídos a Sócrates, sobre os italianos. Quando ele leu as aspas fabricadas, ficou tão indignado que pegou seu carro e dirigiu cem quilômetros até Viareggio para contar o seu lado da história. Sócrates chegou atrasado para o amistoso da Fiorentina contra o Monza e foi conversar com os torcedores para explicar que não tinha dado nenhuma entrevista no dia anterior, muito menos insultado os italianos. Mas a torcida já queria vê-lo pelas costas para contar com a vaga aberta a outro estrangeiro no elenco, e não estava no melhor dos humores. Sócrates disse que foi bem recebido pela ala mais popular da torcida, mas quem esteve lá se recorda de que ele passou alguns apuros.

"Só havia dois estrangeiros por time naquela época, então o problema era que, se ele não fosse embora, Falcão não poderia vir", lembrou Alberto Polverosi, um jornalista local que conhecia Sócrates e estava em Monza. "Os torcedores estavam furiosos e queriam pegá-lo, fisicamente. Eles gritavam e xingavam, e quando ele percebeu como a coisa estava feia, teve que sair dali. E foi aí que tudo ficou bem complicado para ele."[6]

Sócrates se apresentou para treinar no dia seguinte, mas seu acesso foi negado com a justificativa de que ele não era mais jogador da Fiorentina. O insulto final veio quando ele foi proibido de aparecer na foto tradicional de pré-temporada, com todo o elenco, 24 horas depois. "Você já pertence à Ponte Preta", Pontello lhe disse.[7]

Sócrates ficou indignado pela maneira como foi tratado e prometeu fazer tudo o que estivesse a seu alcance para receber o dinheiro que lhe deviam, chegando até a fazer ameaças vagas ao presidente da Fiorentina.

"Admito abrir mão dos 850 mil dólares que tenho a receber pela temporada que vem. Mas exijo o dinheiro do tempo já trabalhado e irei às últimas consequências. Agito até o Partido Comunista Italiano para não dar sossego ao conde."[8]

Foi uma ameaça inócua, mas que mostrou como ele estava irritado. Sócrates nunca jogou futebol por dinheiro, mas odiava se sentir enganado. Pior ainda, sentiu-se usado e desrespeitado. O tratamento dispensado a ele tanto pelo clube quanto por alguns torcedores durante aqueles últimos dias do verão o deixou revoltado. Ele o descreveu como o lado "o mais frio e sujo do ser humano". Foi a confirmação final — como se ele ainda precisasse — de que não se encaixava ali.

A resposta para os seus problemas veio do Rio de Janeiro, uma cidade apaixonada por futebol, um reduto de descontraída anarquia que era a casa do Maracanã, de Zico, Garrincha e Jairzinho; e do Botafogo, do Flamengo, do Fluminense e do Vasco da Gama.

O prazo para inscrições ainda estava aberto no Rio e quando o Flamengo soube da disponibilidade de Sócrates, quem fez seu movimento foi um prodígio do marketing, de 33 anos, que tinha trazido Zico da Udinese algumas semanas antes: Rogério Steinberg queria os dois maestros juntos no meio de campo do time de maior torcida da cidade, e reuniu patrocinadores suficientes para pagar seus salários.

Era uma vitória enorme para o Flamengo, e a solução perfeita para Sócrates. O Rio era bonito e encantador, conhecido no mundo inteiro pelo futebol, mas também pelas praias, pelo Carnaval, e pelo clima quente que acentuava uma cultura de forte sensualidade. Os cariocas são famosos pelo calor humano, pela sociabilidade e por sua natureza informal e extrovertida. Sócrates estava desesperado por amor e afeto após o ano vivido no frígido norte italiano, e sabia que uma mudança para o Rio seria uma boa ideia.

O Rio era, e ainda é, a cidade da eterna juventude, onde as pessoas falam, se vestem e agem como adolescentes. O uniforme não oficial masculino é calção, camiseta e chinelo; a bebida não oficial é a cerveja gelada, a qualquer hora do dia ou da noite; e planejar as coisas é para os chatos e rígidos. Era sob medida para alguém que dizia não conseguir pensar mais de dez segundos adiante.

"O Sócrates nasceu no Pará e cresceu em Ribeirão Preto, mas sua alma era carioca", disse Paulo Sérgio, goleiro reserva da seleção de 1982, nascido e crescido no Rio de Janeiro. "Para mim, ele era um carioca. Era descontraído e sabia como aproveitar a vida."[9]

Sócrates desembarcou no Rio bem cedo na manhã de 13 de setembro, uma sexta-feira. Centenas de torcedores do Flamengo, incluindo percussionistas da Mangueira, foram recebê-lo com o maior alvoroço. Zico estava lá com Steinberg para dar as boas-vindas ao velho amigo. A torcida cantou: "Retornar é viver, doutor, vou beber com você".

Sócrates deu uma rápida entrevista no aeroporto, foi treinar na sede do Flamengo, na Gávea, e retornou ao clube à noite para uma festa que, ao melhor estilo carioca, acabou às onze da manhã do dia seguinte.

Seus primeiros comentários depois de voltar ao país se limitaram a elogiar o Rio e celebrar os avanços democráticos do Brasil, mas ele tentou concentrar sua atenção no futebol, e não nas atividades fora do campo.

"Sou um privilegiado", disse. "Primeiro, o Corinthians; agora, o Flamengo. Isso é tudo o que um jogador pode ambicionar em sua carreira." Declarou que, junto com Zico, formaria "o maior time do mundo", e o técnico Joubert basicamente o dispensou de cobrir os companheiros no campo, dizendo: "Sócrates não é um jogador para ficar marcando; tem é de ser marcado".

Mas ele sabia que, pela primeira vez em sua carreira, existiam dúvidas sobre suas capacidades, se o que ele não havia conseguido mostrar na Itália tinha se perdido para sempre. Alguns críticos sugeriram que Sócrates poderia ser um mau exemplo para os outros jogadores, que não era suficientemente profissional e se preocupava mais com política do que com futebol, mas ele se recusou a morder a isca e foi admiravelmente honesto em sua resposta.

"Estou precisando refazer minha cabeça e acho que vou mudar de atitude daqui por diante. Chega de botar a cabeça para baterem."

Quando perguntado se trabalharia por mais democracia em seu novo clube, ou solicitaria o fim da concentração, ele pediu mais tempo para tirar conclusões.

"Estou chegando. Não sei o que acontece. Depois eu falo. Quando foi implantada a Democracia Corinthiana, as pessoas confundiram tudo. Era uma democracia porque todos trocavam ideias e isso é sadio. Nada era decidido sem que as partes fossem ouvidas.[10]

"Sou e sempre fui contra o autoritarismo. Primeiro quero entender o clube para depois tomar posições. Se a maioria do grupo é a favor da concentração, serei o primeiro a encampá-la."[11]

Sócrates estava em alto astral quando viajou para Ribeirão Preto, na noite seguinte, para passar o fim de semana com a família e amigos.

Mas não demorou muito para que as coisas começassem a fugir do roteiro. Embora não tivesse treinado durante semanas, o Flamengo esperava que Sócrates fizesse sua estreia contra o Fluminense, uma semana depois de chegar ao Brasil. Dois dias antes do jogo, porém, ele saltou para cabecear a bola num treinamento e torceu o tornozelo esquerdo na queda. O diagnóstico inicial foi uma distensão, mas logo ficou claro que o estrago era mais sério e novos testes revelaram uma fratura na tíbia que o deixaria em recuperação por até quatro meses.

Foi um golpe devastador para o jogador e o time, especialmente por acontecer logo depois de Zico ser diagnosticado com uma lesão no joelho que o deixaria fora de ação até o Ano-Novo. Sócrates queria jogar para mostrar aos torcedores que não havia perdido suas habilidades enquanto esteve na Europa. Os brasileiros tinham acesso limitado ao futebol italiano, mas sabiam das dificuldades do craque, o que contribuía para a sensação de que ele já não vivia mais seu auge. Sócrates também precisava provar que merecia um lugar no grupo que iria à Copa do Mundo do México. Mas, agora, em vez de mostrar seu talento no Maracanã, ele passou o resto do ano usando muletas e fazendo fisioterapia.

Quando Sócrates fez sua estreia, no começo do ano seguinte, ela aconteceu no improvável cenário do deserto árabe. Desde os anos 1950, os clubes brasileiros faziam turnês pelo mundo regularmente, com os gloriosos times do Santos de Pelé e do Botafogo de Garrincha visitando não só a Europa, mas a África, a Ásia e a América do Norte em viagens que duravam meses e rendiam muito dinheiro. Nos anos 1980, essas excursões se deslocaram para o Oriente Médio, onde as nações árabes contratavam jogadores e técnicos brasileiros para aprender com seus conhecimentos e experiência.

Depois de se recuperar da fratura na tíbia, Sócrates estava pronto para jogar em janeiro, e doze mil pessoas foram a um jogo no Bahrein para vê-lo ao lado de Zico, que fazia sua primeira aparição depois de ter operado o joelho esquerdo, em outubro. O Flamengo venceu o West Riffa por 3 × 1, com Sócrates não só jogando bem, mas exibindo boa forma física.[12]

Originalmente, o Flamengo jogaria mais duas partidas na região, mas um jogo no Iêmen do Sul foi cancelado de última hora, por causa de um golpe militar, e um amistoso na Arábia Saudita também não se confirmou. O time encerrou a excursão em Bagdá, onde venceu o Iraque — onde Edu, irmão de Zico, era técnico — por 2 × 0. Mas, antes disso, viajou à Itália para um amistoso com a Fiorentina, acordado como parte da negociação pela transferência de Sócrates — que ficaria com a renda da partida e, em troca, se comprometeria a não entrar na justiça contra o clube italiano por causa do dinheiro que lhe era devido.[13]

Sócrates, de maneira insensata, reabriu feridas antigas antes do jogo ao criticar Pontello por explorá-lo, e achou que os italianos sabotaram o evento deixando de fazer qualquer tipo de divulgação. Para piorar, a Itália jogaria contra a Alemanha num amistoso, em Avellino, dois dias depois, e vários jogadores da Fiorentina não estavam presentes. Passarella apareceu, mesmo com uma lesão na coxa sofrida cinco dias antes, mas a Fiorentina teve apenas quatro titulares em sua escalação. A noite foi fria e úmida. Apenas 4.100 pessoas compareceram.

Sócrates jogou um buquê de flores amarelas aos torcedores na Curva Fiesole, mas não houve muitos outros bons momentos. O Flamengo teve uma atuação ruim e sofreu três gols num intervalo de oito minutos, no primeiro tempo. O clube brasileiro ensaiou uma reação na segunda parte, com dois gols, mas não alcançou o empate. O pequeno público rendeu a Sócrates apenas seis mil dólares, muito longe dos quatrocentos mil que ele tinha deixado de ganhar por causa do imbróglio contratual. Ele não se mostrou arrependido na entrevista depois do jogo, declarando que a vida não era questão de dinheiro.

"O dinheiro não é importante", disse. "A felicidade é feita de homens e não de dólares. Não tem importância quantos torcedores vieram. Nunca provoquei unanimidades nas pessoas. Os poucos que me apoiam são extremamente leais."[14]

Ranieri Pontello, que assistiu ao jogo das cadeiras, disse que se arrependeu da "decisão maluca" de contratar Sócrates e, num último insulto, sarcasticamente declarou aos jornais italianos que: "Pelo que ele jogou, até que recebeu muito dinheiro".[15]

Sócrates afirmou que se divertiu muito e prometeu voltar à Itália quando tivesse férias.

Perguntado se consideraria voltar a jogar no futebol italiano, ele foi direto ao ponto. "Não", respondeu.

Duas semanas depois, o Flamengo estreou no campeonato estadual contra o Fluminense, no Maracanã. O Fluminense tinha conquistado o torneio nos três anos anteriores e queria se tornar o primeiro time em oitenta anos a ganhá-lo quatro vezes seguidas.

O vestiário do time foi decorado com uma faixa que dizia: "Obrigado, Tricampeões! Feliz 1986, o ano do Tetra", e a torcida provocou Zico com cantos homofóbicos que serviram apenas para estimulá-lo. Ele deu um show, com três gols — o terceiro foi seu gol número setecentos como profissional — na vitória por 4 × 1.[16]

Zico não era apenas uma estrela no Flamengo, era um mito. Um garoto que torcia pelo clube e se tornou o maior jogador de sua história. Sócrates ficaria em segundo plano em relação ao número 10 dentro e fora do campo, e estava de acordo com isso. Ele percebeu que não só precisava se provar novamente, como também ajustar seu jogo para se complementar ao maior astro do time.

Para Sócrates, isso significava jogar um pouco mais recuado, algo que o deixava confortável. Ele podia ver o jogo à sua frente e não se importava em ceder a liderança do time em que atuava. Eles se conheciam bem da seleção brasileira e o técnico Sebastião Lazaroni, que tinha substituído Joubert, acreditava que Zico se beneficiaria dos passes de Sócrates.

Sócrates esteve um pouco fora de ritmo contra o Fluminense, mas com Adílio e Andrade completando o meio de campo — a dupla jogou com Zico quando o Flamengo destruiu o Liverpool no Mundial Interclubes, cinco anos antes —, o time pareceu pronto para o que seria uma temporada longa e difícil.

Nenhum dos dois, entretanto, teria papel muito importante nela. Para a sorte de Sócrates, Telê Santana tinha retornado à seleção brasileira, após a relutância inicial do Al-Ahli em liberá-lo do contrato entre eles. O período de Telê na Arábia o impediu de se manter atualizado sobre o futebol brasileiro, e, quando anunciou sua convocação em fevereiro, ele apelou para os homens que o haviam servido tão bem quatro anos antes. Zico, Falcão, Cerezo, Éder, Júnior e Leandro estavam entre os escolhidos, e Sócrates se juntou a eles, ainda que o jogo contra o Fluminense tivesse sido sua primeira atuação oficial em sete meses.

Faltavam três meses e meio para a estreia na Copa do Mundo, mas Telê não queria correr nenhum risco. No dia seguinte ao Fla-Flu, Sócrates e outros 24 jogadores que atuavam no Brasil (quatro que estavam na Itália os encontrariam mais tarde) passaram por exames médicos no Rio e viajaram para Belo Horizonte, onde ficariam hospedados na Toca da Raposa, o mesmo centro de treinamentos do Cruzeiro em que Telê tinha preparado a seleção para a Copa do Mundo da Espanha. Sócrates prometeu parar de beber e fumar, afirmando que "a seleção precisaria de toda a capacidade de todos os jogadores na Copa do Mundo", e disse que estaria ainda melhor do que em 1982.[17]

Era uma promessa otimista, pois ainda existiam dúvidas até mesmo sobre sua presença no México. Suas poucas atuações eram uma preocupação real, e, mesmo que ele ainda fosse popular entre os torcedores — 32 mil leitores da revista *Placar* o incluíram em sua escalação preferida do time que iria ao Mundial —, sua convocação estava longe da unanimidade. Telê não disse nada publicamente sobre o tema, mas mantinha reservas a respeito dele, e os técnicos que conheciam bem Sócrates revelaram suas inquietações.

A exata natureza do risco estava relacionada à sua forma física e a seu comportamento, e foi o segundo assunto que ganhou maior relevância, porque Sócrates se esforçava para prejudicar sua reputação. Uma semana antes de se apresentar à seleção, ele foi um dos jurados do carnaval do Rio de Janeiro.

Sócrates foi convidado para julgar os desfiles porque era considerado "incorruptível", mas essa imagem foi mitigada por sua falta de experiência no assunto — e por sua decisão de beber antes mesmo do início das apresentações.

Sócrates era um dos responsáveis pelas notas das baterias das escolas de samba. Os jurados ficavam nas arquibancadas para poder ver melhor a passagem das escolas, mas ele desceu as escadas e foi para a avenida, tirou sua camiseta e começou a dançar vestindo apenas uma bermuda branca. Os organizadores não gostaram e, relutante, ele teve de retornar ao setor onde deveria assistir aos desfiles. Mas haveria mais. Sem conhecimento técnico, Sócrates resolveu usar seus próprios critérios de avaliação: se o público estivesse de pé e cantando quando uma escola passasse, ele dava nota 10; se estivesse de pé, mas sem cantar o samba, nota 9; se ninguém se levantasse nem cantasse, a nota era 8. Não era nada sofisticado e Sócrates terminou dando a nota máxima a oito das quinze escolas. Outras quatro receberam a nota 9, e as três demais ficaram com a nota 8.[18]

Reunidos para acompanhar a apuração, torcedores da Portela ficaram furiosos com Sócrates por ter retirado um ponto da bateria da escola, ainda que a nota não viesse a fazer diferença no resultado final. Antes mesmo de os votos serem contados, o presidente do Salgueiro o acusou de estar tão bêbado que "não tinha condições de julgar nada". Ele queria anular os votos de Sócrates e teve de ser convencido por amigos a mudar de ideia, o que evitou um enorme constrangimento. O Salgueiro, que ironicamente recebeu nota 10 de Sócrates, terminou em sexto lugar. A escola vencedora do carnaval foi a Mangueira, "um prenúncio da vitória do Flamengo", disse Zico, pelo fato da escola ser muito popular entre os torcedores do clube.[19]

Imagens de Sócrates cambaleando com uma lata de cerveja na mão geraram exatamente o tipo de repercussão da qual ele não precisava às vésperas de um jogo do Brasil, mas, coerentemente, ele não se importou. Talvez a percepção fosse diferente se estivesse jogando bem, ou apenas jogando, mas o Fla-Flu tinha sido sua primeira partida oficial desde junho, e Sócrates deveria estar se preparando física e mentalmente para aquela que seria sua temporada mais importante em anos.

Alguns torcedores, e inimigos que enxergavam seu liberalismo como uma ameaça, aproveitaram o incidente para salientar o que consideravam não apenas falta de profissionalismo, mas algo pior: falta de compromisso com a seleção brasileira.

A revista *Placar* sempre havia apoiado o jogador, e seu diretor, Juca Kfouri, era ainda um amigo e admirador. Mas nem mesmo a *Placar* podia ignorar que a reputação de Sócrates tinha sofrido um baque. Desde seu retorno da Europa, Sócrates não tinha feito nada no campo de futebol e só produzia manchetes por causa do hábito de beber. Para resumir sua situação, um editorial afirmou: "Jornais, revistas, rádio e televisão tratam Sócrates como um fumante inveterado e um bêbado mais interessado em retórica política do que em sua tarefa principal: simplesmente jogar um futebol admirável". Sócrates nem mesmo tentou apresentar explicações para seu comportamento.

"Este é o país em que mais cachaça se bebe no mundo e parece que eu bebo sozinho", disse à *Placar*. "Ou que sou o único a tomar porre. Já levei muita porrada por minhas posições. Há uma tendência a destruir o que presta — querem me destruir. Não fico ofendido, mas as pessoas ao meu redor ficam, e isso me chateia. Não querem que eu beba, fume ou pense? Pois eu bebo, fumo e penso. Fui para a avenida brincar, bebi direitinho. Não fico me escondendo para fazer as coisas."[20]

Questionado se estava prejudicando sua imagem antes da Copa do Mundo, ele respondeu: "Minha imagem de homem público é a de um autêntico. Não sou de falso moralismo. Minha imagem é a de sinceridade, e o público saca. Há pessoas que sentam para escrever e fazer a cabeça do povão. Conservadoras, são resquícios do regime anterior. Estou aqui, convocado por Telê, e não o vejo preocupado com minha imagem."[21]

O escândalo virou manchete não simplesmente por causa do momento, ou porque Sócrates não estava jogando. Na ausência de uma causa política para defender, beber ostensivamente foi a maneira que Sócrates encontrou para desafiar a sociedade, uma nova forma de mostrar a seus detratores que, apesar de todas as críticas, ele ainda podia se comportar como um adolescente e jogar futebol para estar na Copa do Mundo. Mas ele tinha 32 anos e seu corpo estava se recuperando de lesões sérias e meses de inatividade. Como qualquer outro esportista claudicando na direção da quarta década, ele não podia fazer o que fazia cinco anos antes sem pagar um preço. O tempo estava mandando uma mensagem, mas Sócrates não queria ouvir, e os sons estridentes do Rio de Janeiro criavam ainda mais dificuldades.

A atmosfera de festa no Rio era sedutora e amigos percebiam que ele estava se soltando gradativamente. Seu casamento estava em crise e, embora o caso com Rosemary tivesse esfriado, havia vários outros flertes e envolvimentos passageiros para mantê-lo ocupado. No Flamengo, Sócrates às vezes saía de barco no dia seguinte aos jogos, com companheiros e amigos. Eles carregavam cerveja, carne e mulheres e iam para a ilha de Jurubaíba para fugir dos fotógrafos. Os jogadores rebatizaram o local de "Surubaíba".

Sócrates amava o Rio, mas a mídia e os torcedores cariocas nunca entenderam verdadeiramente a Democracia Corinthiana, e a antipatia natural pelos paulistas não ajudou. A imprensa parou de tratá-lo como queridinho e houve mais questionamento do que nunca a respeito de seu futebol, seu engajamento político e até mesmo seu jeito de falar. Ele deixou de carregar no "r", como é comum em São Paulo, e passou a pronunciar o "s" com som de "sh", com sotaque carioca. Sendo ou não algo intencional para se encaixar na cidade, o fato é que todos perceberam e seus amigos achavam cômico. "Você não tem nenhuma personalidade, você muda conforme as circunstâncias", disse-lhe um deles — brincando, pelo menos parcialmente.

Sócrates não queria admitir, mas estava frustrado por seus problemas no casamento e por perder Rosemary, pelo desgaste com a Fiorentina, e pelas lesões que o impediam de jogar ao lado de Zico no Maracanã lotado. Como era típico, entretanto, ele se recusou a reviver o passado, em especial porque o presente era muito atraente, e se dedicou a curtir as atrações que sua nova cidade oferecia. Sócrates subiu em palanques no Rio de Janeiro e em São Paulo para defender seus candidatos a prefeito. Envolveu-se em campanhas educativas para informar os brasileiros sobre a aids. E visitou as favelas do Rio, tomando cerveja, ouvindo samba e comendo espetinhos ao nascer do sol. O simples ato de entrar em seu condomínio fechado acompanhado de músicos pobres e negros lhe causava satisfação. Estava fazendo exatamente o que as pessoas não queriam que ele fizesse, e com isso se sentia vivo.[22]

Enquanto isso, Telê seguia preocupado, mas era muito inteligente para deixar isso transparecer. Ele tinha passado a maior parte do ano anterior na Arábia Saudita e não tinha visto todos os jogadores que gostaria, por isso ainda não havia decidido qual seria seu time ideal no México. Sabia que o futebol tinha se tornado um jogo mais físico desde a Copa do Mundo anterior, e avisou seus meios-campistas de que teriam de trabalhar mais duro e marcar mais do que tinham feito na Espanha. Seu retorno deu esperanças a uma seleção que tinha sido dirigida por três técnicos em três anos, sem que nenhum deles se aproximasse da magia de 1982.

Carlos Alberto Parreira assumiu no começo de 1983, mas suas tentativas de renovar a seleção não tiveram sucesso e ele foi demitido após vencer apenas cinco dos catorze jogos que disputou. Sócrates atuou em três deles e o Brasil não perdeu nenhum, mas sete empates levaram à queda de Parreira, substituído por Edu, irmão de Zico. Seu período começou da pior maneira possível, quando um time que tinha cinco jogadores estreantes perdeu para a Inglaterra de Mark Hateley e John Barnes no Maracanã. Sócrates não jogou esta partida e as duas seguintes, um empate e uma vitória, mas a seleção não agradou e Edu foi demitido depois de apenas três jogos.

Evaristo de Macedo entrou em seu lugar em abril de 1985, mas sua decisão de não convocar nenhum jogador que atuava fora do Brasil não agradou nem a Sócrates nem à maioria dos torcedores. Seis jogos e um mês depois, ele também estava fora, deixando o Brasil à deriva, um ano antes do início da Copa do Mundo no México.

Telê ainda era extremamente leal ao grupo de 1982, mas não podia negar que havia jogadores mais jovens e em melhor forma pedindo um lugar, e no meio de campo isso era mais do que evidente. Uma das surpresas do ano anterior tinha sido Elzo, do Atlético Mineiro. Silas e Alemão estavam muito bem no São Paulo e no Botafogo, respectivamente. Júnior sobressaía no meio de campo do Torino, e tanto Falcão quanto Zico estavam recuperando seu melhor nível, agora que estavam de volta ao Brasil e livres de lesões.

Telê convocou 29 jogadores em fevereiro, com a intenção de cortar sete na véspera da Copa. A decisão foi criticada por criar rivalidades quentes (por vezes, quentes demais) no elenco, com jogadores competindo entre si por um lugar na lista final. Mas com vários deles ainda em recuperação de lesões, Telê queria ter todas as opções à mão para o time titular e os possíveis reservas.

Os 25 jogadores que atuavam no Brasil se apresentaram no Rio e, após fazerem os exames médicos de rotina, viajaram para Belo Horizonte, onde se encontrariam com Cerezo, Júnior, Dirceu e Edinho depois do encerramento do Campeonato Italiano.

Telê se reuniu com Sócrates na Toca da Raposa, e, com a sabedoria paterna que o jogador tanto admirava, deu alguns conselhos a seu ex-capitão. O técnico reforçou sua confiança nele e pediu que Sócrates se concentrasse em provar que seus críticos estavam errados. Sócrates foi ridicularizado em certos círculos por ter dito "eu bebo, fumo e penso", e Telê ficou chateado e preocupado. Na conversa no saguão da Toca, Telê lhe pediu mais maturidade. "Dos jogadores mais velhos, você é o que tem mais responsabilidade", ele disse. "Quero que você seja um exemplo para os mais jovens. Não é útil para ninguém, principalmente para você mesmo, um certo tipo de atitude, certas declarações. A quem serve você dizer à *Placar* que fuma e bebe? [...] Eu gosto de você como se fosse uma pessoa da minha família. E eu sei que você gosta de mim, também. Por isso dói quando vejo alguém querendo ridicularizar uma entrevista sua, uma atitude sua. E eu acredito em você e tenho certeza de que você não vai me decepcionar."[23]

A promessa de Sócrates de que entraria em forma era exatamente o que Telê queria ouvir, e Gilberto Tim foi tão exigente com ele e com os demais jogadores, naquelas primeiras semanas, que eles lhe deram o apelido de "Mengele", por causa do sádico médico nazista. Mas Sócrates sentia um incômodo na coxa que o impedia de se alongar completamente. Começou como um desconforto e depois virou algo mais sério, porém os médicos não conseguiam identificar o problema e tratá-lo. Era mais desconfortável do que dolorido, mas, com o passar das semanas, o problema o irritou cada vez mais e o prejudicou na tentativa de garantir um lugar no time.

Era apenas mais uma das muitas dificuldades daquele outono, e as nuvens negras que pairaram sobre seus primeiros meses no Flamengo o seguiram na seleção e expandiram sua influência negativa. O maior escândalo aconteceu uma semana depois da apresentação. Telê deu uma noite de folga aos jogadores, mas pediu que fossem prudentes e estivessem de volta à meia-noite. Leandro e Renato Gaúcho passaram do ponto e foram flagrados tentando entrar na concentração às quatro da manhã. Telê ficou indignado e queria mandá-los para casa no ato, mas, relutantemente, concordou em lhes dar uma segunda chance após Sócrates e outros jogadores mais experientes apelarem em nome dos indisciplinados. Sócrates afirmou que, se Leandro e Renato fossem cortados, ele também deixaria a seleção.[24]

No dia 4 de março, Zico torceu o joelho seriamente durante um treino — o mesmo joelho esquerdo que tinha sido operado cinco meses antes — e precisou ficar fora por um mês. Três dias depois, Leandro torceu o tornozelo esquerdo. Ambos não puderam jogar os amistosos contra a Alemanha Ocidental e a Hungria.

O jogo em Frankfurt, em 12 de março, evidenciou a falta de seriedade na preparação do Brasil. A temperatura era de apenas três graus, e os brasileiros não quiseram passar um minuto além do absolutamente necessário no frio. Enquanto os alemães enfrentaram o clima para se aquecer para o jogo diante dos torcedores, os jogadores do Brasil fizeram o aquecimento dentro do vestiário climatizado do Waldstadion. Não por coincidência, os brasileiros ainda estavam frios quando a Alemanha fez o primeiro gol, aos noventa segundos de jogo, com Hans-Peter Briegel. Klaus Allofs adicionou mais um no final do encontro para fechar a confortável vitória por 2 × 0. Bobby Robson, técnico da Inglaterra, declarou que "o Brasil usou as mesmas táticas de 1958".[25]

Sócrates foi um dos melhores em campo, mas os problemas na coxa o impediram de jogar contra a Hungria, em Budapeste, quatro dias depois. E, outra vez, a seleção foi muito mal. Telê incluiu os estreantes Elzo e Silas — quatro jogadores tinham feito o primeiro jogo pelo Brasil contra os alemães — no meio de campo, numa formação não testada ao lado de Alemão. O experimento falhou miseravelmente na derrota por 3 × 0.

Os jogadores estavam começando a se preocupar com a falta de comunicação entre eles e a comissão técnica, e Casagrande pediu a Sócrates que assumisse um papel de liderança para melhorar essa relação. Mas, pelo fato de não estar jogando regularmente e ainda sofrer com as críticas, Sócrates não se sentia como o líder que um dia havia sido e relutou a se posicionar dessa forma, especialmente porque o Brasil tinha um capitão perfeitamente capaz em Oscar.

Na verdade, Sócrates tinha se cansado de tentar liderar jogadores brasileiros que, ele concluiu, não podiam ou não queriam ser liderados. O grupo estava reunido fazia menos de trinta dias e a perspectiva de passar mais três meses longe de sua família já o deixava deprimido. Ele passou a ter a percepção de que, mesmo depois de anos de Democracia Corinthiana desafiando o sistema, nada havia mudado. Os jogadores estavam exatamente na mesma posição de quatro anos antes, vivendo sob as mesmas regras restritivas. O jogo ainda era dominado pelos mesmos políticos conservadores de sempre — um deles, chefe da delegação brasileira na Copa do Mundo do México, era José Maria Marin, o futuro presidente da CBF que seria preso por causa do escândalo de corrupção na fifa cerca de trinta anos depois.[26]

“Não é preciso ficar tanto tempo isolado do mundo para se formar um time”, ele disse, em março, em sua única entrevista antes da Copa do Mundo. “É todo um contexto em que ninguém tem peito para mudar nada. Porque, se mudar, aí o país vem abaixo, você sabe disso. Já tentamos mil vezes mexer com isso, agora desisti. Chega. Vou cuidar um pouco de mim. A gente leva muita porrada, tem uma hora em que é preciso dar um tempo.”[27]

Qualquer chance de Sócrates assumir uma posição de influência desapareceu quando Branco e ele foram acusados de ficarem bêbados no voo de volta da Europa. Quando perguntado se ele se sentia sob o risco de ser cortado da lista dos jogadores que iriam ao Mundial, Sócrates respondeu de forma pouco encorajadora: "Ainda não".

A CBF organizou um mês de jogos amistosos com o objetivo de dar a Telê todas as oportunidades para encontrar seu melhor time. Mas os problemas no caminho para a Copa do Mundo se encontravam tanto fora de campo quanto dentro. O presidente da CBF foi a Brasília, no começo de abril, para pedir dinheiro, porque não havia como financiar toda a excursão. Ao final do mês, a CBF ainda não sabia onde a seleção treinaria no México, porque ninguém tinha ido ao país visitar hotéis e locais de preparação. A confederação comunicou aos jogadores que tinha orçamento para levar o time ao Mundial e trazê-lo de volta, mas não para pagar prêmios em caso de vitória. Márcio Braga, o deputado carioca que deveria chefiar a delegação ao México, desistiu da posição no começo de abril, dizendo que o futebol estava podre, "cheio de pederastas, bicheiros e paulistas". As coisas estavam tão ruins que Pelé, aos 46 anos, se ofereceu para deixar a aposentadoria e ajudar o time.[28]

No campo, a situação não era muito melhor. A coxa de Sócrates não melhorava e Zico não conseguia recuperar a forma após a lesão no joelho. O Brasil venceu o Peru por 4 × 0, a Alemanha Oriental e a Finlândia por 3 × 0. Mas Telê fez muitas alterações no time e as atuações não foram convincentes. Sócrates jogou uma hora contra o Peru, não enfrentou os alemães e foi substituído depois de uma partida ruim contra a Finlândia. No dia seguinte, Telê passou a escalá-lo entre os reservas nos treinamentos e disse que estava claro que ele "ainda não estava na melhor forma física ou técnica".[29]

A incerteza de Telê quanto ao time titular era evidenciada pela oportunidade dada a dez jogadores estreantes nos cinco primeiros jogos sob seu comando. Telê queria dar a Sócrates todas as chances de se provar, mas o tempo disponível estava acabando, e as experiências terminaram em abril, quando o Brasil venceu a Iugoslávia por 4 × 2, em Recife. Zico retornou ao time e marcou três gols, e pela primeira vez em meses, pôde se sentir um sopro de esperança. Sócrates ficou fora do time de novo, mas sobreviveu à rodada seguinte de cortes que significou o adeus de cinco jogadores à oportunidade de jogar a Copa, incluindo Renato Gaúcho, que reagiu dizendo a Telê que queria atropelá-lo.

Havia apenas um último amistoso antes da viagem ao México, e o time que iniciou o jogo contra o Chile, em Curitiba, era o que se imaginava que Telê pretendia escalar para enfrentar a Espanha na estreia na Copa, dentro de três semanas. Novamente, Sócrates não esteve entre os titulares, e, novamente, Telê disse que ele não estava em forma. Sócrates acabou jogando, mas pelo pior motivo possível, depois que Zico torceu o joelho e teve de ser substituído no intervalo. Os torcedores ficaram tão irritados com o empate em 1 × 1 que jogaram pedras no ônibus da seleção.

Os jogadores tiveram meio dia de folga antes de voar para o México, e muitos se reuniram na casa de Sócrates, no Rio, para um último churrasco. Ninguém estava satisfeito com a CBF e ninguém acreditava na previsão das casas de apostas de que o Brasil era favorito. Eles tentaram saborear a última refeição antes da viagem, mas enquanto relaxavam os nós das gravatas e esticavam as pernas no avião, ainda em solo, chegou uma notícia bombástica: Leandro tinha decidido deixar a seleção. O lateral tinha feito as malas e estava na porta de seu apartamento, quando disse a um amigo que o levaria ao aeroporto: “Eu não vou”. Depois de tentar convencer Leandro a mudar de ideia, sem sucesso, o amigo correu para o aeroporto para dar a notícia, e Zico e Júnior entraram num carro e voltaram para conversar com

Leandro. Mas ele estava irredutível. Após quase uma hora de apelos, as duas estrelas do Flamengo retornaram ao aeroporto e Telê teve de viajar para o México sem seu lateral direito titular.[30]

Leandro disse que o problema era seu joelho. Argumentou que não aguentaria mais um mês de subidas e descidas pela lateral do campo, e que gostaria de jogar como zagueiro central, como fazia no Flamengo. Telê já tinha três zagueiros muito capazes em Oscar, Edinho e Júlio César. O caráter reservado de Leandro e o isolamento cada vez maior do técnico impediram que eles conversassem sobre o assunto. Rumores maliciosos trataram da amizade entre Leandro e Renato Gaúcho, e muita gente pensou que Leandro estava dando o troco a Telê por causa do corte de seu melhor amigo.

Mais tarde, Sócrates classificaria a atitude de Leandro como "talvez o mais bonito gesto público que eu vi nestes cinquenta anos", e considerou seriamente se juntar ao boicote, mais por solidariedade a seu amigo do que por discordância da decisão de Telê. Adotar uma postura tão radical era algo muito tentador para Sócrates, e ele admirava Leandro por ter a coragem de colocar a própria felicidade acima de tudo. "O ato de Leandro é a maior inveja que eu tenho na vida", disse Sócrates. "Eu queria ter feito aquilo." Mas ele também sentia lealdade por Telê e seus companheiros, e não queria perder o torneio ou magoar o técnico que ainda admirava. Além de ter os próprios problemas para resolver.

Fora de campo, Sócrates tomou a decisão de evitar atrair atenção. Ele sabia perfeitamente que teria de se provar novamente e só poderia fazer isso jogando e tendo atuações importantes. Deu menos entrevistas e evitou manifestar opiniões sobre temas controversos. Em um de seus poucos comentários antes da viagem, tentou encontrar aspectos positivos no caos dizendo: "Se da outra vez fizemos tudo certo e perdemos, quem sabe agora que está dando tudo errado, não podemos ganhar?".[31]

As coisas começaram a melhorar um pouco para o Brasil e para Sócrates pouco depois de chegarem ao México. Os médicos finalmente descobriram a causa de seu problema na coxa e passaram a tratá-lo com intensas sessões de fisioterapia. Em questão de dias, ele passou a demonstrar a serenidade e a confiança que não eram vistas fazia meses. Sócrates substituiu Elzo no intervalo de um amistoso com o Atlante, e o time melhorou imediatamente. Foi dele o gol da vitória por 2 × 1, ao completar um cruzamento de Müller, e se notou algum otimismo por uma atuação que poderia mostrar o caminho, a ele e ao time, para o sucesso.[32]

Essa sensação acabou sendo reforçada três dias depois, quando Sócrates foi igualmente decisivo no amistoso contra o América. Novamente, ele entrou no segundo tempo e conduziu um time que vencia por 1 × 0 ao placar de 4 × 0. Sócrates foi titular no terceiro amistoso, contra a Universidad de Guadalajara, e jogou bem na vitória por 3 × 1, ainda que tenha demonstrado cansaço ao final da partida. Foi suficiente para lhe garantir um lugar entre os titulares contra o time júnior da UdG, em 29 de maio. O Brasil venceu por 9 × 1. Sócrates tinha feito o bastante. Ele seria titular na estreia contra a Espanha.

CAPÍTULO 16

> O gostoso é jogar bonito. Mas, quando isso não é possível, o jeito é jogar para ganhar. E é exatamente isso que nós vamos fazer.
>
> Sócrates

Quando Casagrande se casou, em outubro de 1985, convidou Sócrates para ser seu padrinho. O convite foi aceito com satisfação, mas, quando chegou o grande dia, não foi a noiva que deixou todo mundo esperando. Uma hora e meia depois que a cerimônia deveria ter começado, Sócrates ainda não tinha chegado. O padre ficou impaciente, depois irritado e, em seguida, disse ao noivo que tinha outros compromissos. Afirmou ainda que, se Casagrande quisesse se casar, deveria escolher outro padrinho. Oscar assumiu o posto, a noiva beijou o noivo e eles foram declarados marido e mulher. Bem depois de uma da tarde, com mais de duas horas de atraso, Sócrates apareceu, claramente alterado. "Espera aí", ele disse: "Eu tenho algo contra esse casamento... Ele não pode ser consumado sem o padrinho". Se a intenção era roubar a cena, ele teve sucesso, antes mesmo que o noivo e vários convidados fossem jogados de roupa na piscina.[1]

Uma das consequências de viver só para o momento é que os momentos das outras pessoas não importam. Sócrates fazia o que queria, quando queria, e as pessoas à sua volta deveriam se juntar a ele ou sofrer em silêncio. E quanto mais velho ele ficava, menos tempo tinha para moderação ou restrições.

Era fácil sair impune dessas situações quando ele era um dos rostos mais conhecidos e admirados do país. Mas, agora, com o brilho de sua estrela já esmaecendo, ia se tornando mais difícil. As posições baseadas em princípios que ele assumiu como jogador e ativista passaram a ser frequentemente substituídas por explosões de imaturidade e isso criou um problema entre ele e alguns de seus amigos mais próximos.

Sócrates foi como um irmão mais velho para Casagrande em seus dois primeiros anos de clube, mas as coisas mudaram à medida que Casagrande ganhou experiência e foi perdendo a paciência. Ele se sentia frustrado pela rota "semialcoólatra" trilhada por Sócrates ao longo da vida e os dois se distanciaram no início dos anos 2000, depois de Sócrates dizer que Casagrande tinha se vendido ao aceitar trabalhar na TV Globo. Sócrates tinha pedido a Casagrande que conseguisse um teste no canal alguns dias antes, mas quando a Globo não topou, ele se voltou contra o velho amigo e eles ficaram sem se falar por anos. Quando um amigo em comum finalmente conseguiu reuni-los num debate público, alguns anos mais tarde, Sócrates novamente se atrasou mais de uma hora, enfurecendo todos os envolvidos e aumentando o distanciamento que só voltou a ser encurtado no final de sua vida.[2]

Casagrande sempre considerou Sócrates uma das figuras mais importantes de sua geração — sem falar da importância do amigo em sua própria vida. Mas também era famoso por ser direto com as palavras e não se furtava a dizer para Sócrates as verdades que os outros preferiam evitar.

"Ele era um egoísta que fazia mal para o emocional das outras pessoas", disse Casagrande. "Não era um egoísta de ferrar você. Não era um mau-caráter. Era um egoísta que, emocionalmente, fazia mal para as pessoas."[3]

O individualismo sempre foi uma das características dominantes em Sócrates, mas as pessoas ao seu redor simplesmente não o enxergavam em meio às brumas da grandeza e da fama. A análise de Casagrande se deu depois da morte de Sócrates, mas foi precisa e era especialmente pertinente em relação àqueles tumultuados meses que antecederam a Copa do Mundo de 1986. Sócrates era capaz de tratar mal mulheres e amigos, e nem sempre foi o melhor dos pais para seus meninos. Mas quando se tratava de assuntos profissionais e coletivos, e não pessoais ou individuais, ele era mais do que capaz de dominar seus demônios.

Às vésperas da Copa, Sócrates não conseguia se livrar de sua misteriosa lesão na coxa e seu lugar no meio de campo foi ocupado por vários jogadores inexperientes. Mas mesmo enquanto seu sonho de tentar conquistar um Mundial parecia se dissipar, ele nunca se perturbou demais ou perdeu o controle. Sócrates trabalhou duro para voltar ao time e, de maneira exemplar, fez tudo o que podia para que os jovens se sentissem à vontade.

"Dá pra saber quando um jogador está amargurado, de mau humor, mesmo se ele não fala nada", disse o lateral Édson Boaro, companheiro de Sócrates no Corinthians e na seleção. "Mas o Sócrates não era assim, era sempre profissional. A maioria dos jogadores são egoístas, sempre veem as coisas pelos seus pontos de vista, mas ele não. Ele via o todo e não pensava só nele, mas sempre no grupo. Sempre ajudava e participava com o time todo."[4]

A Copa do Mundo de 1986 foi originalmente planejada para acontecer na Colômbia, mas acabou transferida para o México porque problemas financeiros e políticos obrigaram os colombianos a desistir do evento. Entretanto, na madrugada de

19 de setembro de 1985, o torneio esteve em perigo por causa de um grave terremoto na Cidade do México. Ao menos dez mil pessoas morreram e grande parte da cidade foi destruída. Mesmo que o governo mexicano insistisse que o Mundial seria realizado conforme o planejado, havia muitas dúvidas sobre se seria correto investir dinheiro em futebol enquanto centenas de milhares de pessoas estavam desabrigadas e passando fome, tentando reconstruir suas vidas.

O Brasil chegou à Cidade do México oito meses mais tarde, mas os estragos ainda eram visíveis, e no caminho do aeroporto ao hotel, Sócrates não pôde deixar de notar os prédios destruídos, o entulho espalhado pelas ruas, as calçadas todas esburacadas. Ele instantaneamente sentiu solidariedade pelo povo mexicano e desejou fazer algum tipo de declaração. Refletiu sobre algumas ideias, mas não chegou a nenhuma conclusão sobre o melhor a fazer. Então, algumas noites depois, deitado em seu quarto em frente à televisão ligada, ele viu uma menina usando uma tiara. Foi um "momento eureca". Ele escreveu algumas palavras numa meia e a amarrou na cabeça para ver como ficava. O protótipo era bom o suficiente e, no dia seguinte, ele procurou alguém que pudesse confeccionar uma faixa com aquela mensagem.

Os dizeres que ele escolheu para a estreia contra a Espanha foram: *México sigue en pie* ["México, siga em pé"], e os mexicanos apreciaram seu gesto. Seus companheiros, no entanto, não tinham sido avisados de nada. Sócrates não disse a ninguém o que planejava fazer. Nem a Zico, nem ao capitão Edinho, nem mesmo ao seu melhor amigo, Casagrande. Ele colocou a faixa na cabeça quando estava no túnel, subindo para o gramado.

As fotografias de Sócrates com a faixa na testa, abaixo do cabelo despenteado, tornariam-se algumas das imagens mais icônicas da história das Copas do Mundo. Seu rosto barbado e carrancudo remetia à famosa foto de Che Guevara e ganhou destaque numa carreira que já era repleta de registros fotográficos emblemáticos.

A expressão carrancuda que ficou consagrada se devia em parte ao problema que quase atrasou o começo do jogo e ameaçou arruinar o impacto que Sócrates desejava causar. Ele sabia que as câmeras o focalizariam durante o hino nacional e que as palavras escritas na faixa gerariam manchetes. Mas depois de uma longa espera, os organizadores tocaram a música errada, o "Hino à bandeira", que quase nenhum jogador sabia cantar. Sócrates rapidamente percebeu o que estava acontecendo e ficou indignado. Ouvir o hino nacional antes de todos os jogos o inspirava e, despojado desse prazer, ele balançou a cabeça em reprovação e não esperou a música terminar. Os jogadores do Brasil se dispersaram prematuramente para fazer o aquecimento. Foi um início pouco auspicioso para a última Copa do Mundo de Sócrates.

Para a sorte dele e da seleção, foi a única coisa que não funcionou a favor dos brasileiros. A Espanha teve um gol perfeitamente legal anulado quando o árbitro não viu que a bola chutada por Míchel tinha quicado dentro do gol, depois de bater no travessão. E Sócrates aproveitou um chute de Careca, que também se chocou contra o travessão, para cabecear, sem goleiro, e marcar o gol da vitória.

Num aceno à premonição que havia tido em 1982, Sócrates prometeu marcar o primeiro e o último gol do Brasil no torneio, e causou um alvoroço muito maior nos dias seguintes ao jogo, sugerindo que a Copa do Mundo estava arranjada para favorecer os maiores times. Ele disse que o gol de Míchel tinha sido "totalmente legítimo" e criticou o árbitro que não o validou. Sua afirmação de que o México, anfitrião, e os países com maior tradição no torneio, como o Brasil, tinham tratamento especial provocou um grande escândalo e levou a CBF e a FIFA a abrirem investigações. Sócrates manteve sua posição, dizendo, com certa razão, que as maiores seleções costumam ter para si as decisões mais favoráveis.

"Sobre o jogo Brasil e Espanha, eu disse que o juiz e os bandeiras não estavam bem colocados e poderiam ter dado o gol. Depois, afirmei que times como Corinthians, Flamengo, Juventus de Turim e outros não são campeões apenas por terem os melhores times; eles têm mais torcida, mais força política, mais representação. Com relação à Copa, é obvio que há equipes cuja permanência interessa à competição. Para isso é que existem cabeças de chave. Depois da primeira fase, a coisa fica mais aleatória — não há como controlar, todas as partidas são eliminatórias."[5]

A controvérsia se arrastou por dias, e a CBF terminou proibindo jogadores de fazer comentários políticos, sob pena de serem enviados para casa. João Havelange, o brasileiro que presidia a fifa naquela época, teria ligado para a CBF e pedido que a confederação controlasse Sócrates, como se essa fosse uma opção viável. Sócrates não deu mais entrevistas depois do incidente, mas somente em setembro a justiça esportiva brasileira o absolveu da acusação de ter desobedecido os regulamentos internos que proibiam declarações políticas.[6]

Escândalo à parte, uma das coisas mais notáveis sobre Sócrates no período foi sua relativa quietude. Ele não deu nenhuma grande entrevista nos dois meses anteriores ao Mundial, e mesmo depois de o torneio ter começado, evitou falar com os repórteres após os treinamentos. Em nenhum momento deu detalhes sobre suas razões para a faixa na cabeça ou o significado da mensagem, e claramente não estava tão confortável quanto na Espanha, quatro anos antes.

Em parte, isso acontecia por causa da lesão na coxa e a insegurança a respeito de sua vaga no time. Os meses de dúvida sobre sua titularidade mexeram com sua confiança. Outra razão era a desunião no elenco e sua incapacidade para fazer algo a respeito. Leão, reserva, manteve sua postura arrogante; Casagrande reclamou aos quatro ventos por ter sido substituído após os dois primeiros jogos — ele sentia que Telê dava preferência a seus jogadores favoritos, Sócrates e Zico entre eles; e Edinho, que recebeu a faixa de capitão em cima da hora, irritou muita gente ao revelar que Serginho e Éder tinham recebido dinheiro durante a Copa da Espanha para comemorar os gols em frente às placas de publicidade. Oscar, que seria o capitão, perdeu seu lugar depois de liderar um grupo que reclamou da preparação, e o elenco todo se incomodou com a recusa da CBF em discutir os prêmios em dinheiro e a comunicação de que resolveria o problema em outro momento.[7]

Em um exemplo bastante revelador dos problemas existentes ao longo da preparação para a Copa, o substituto de Leandro, Josimar, não jogava desde o começo de março, quando foi chamado por Telê. O lateral do Botafogo se esqueceu de trazer suas próprias chuteiras e participou dos primeiros treinos com um par emprestado pelo cardiologista do time.[8]

Por estar fora do país, ou machucado, na maior parte dos dois anos anteriores, Sócrates mal conhecia alguns dos jogadores mais jovens do elenco, e havia uma clara divisão entre a velha guarda — que já tinha passado de seu auge — e os novatos inexperientes que queriam se estabelecer. Estavam todos disputando ferozmente o mesmo espaço e as tensões criaram uma atmosfera ultracompetitiva na concentração. A frequência de atritos era praticamente diária, levando a *Folha de S.Paulo* a publicar uma manchete que dizia: "A seleção treinou sem nenhuma briga".

Em outros tempos, Sócrates teria interferido para convencer os companheiros a jogarem uns pelos outros, mas, dessa vez, a desunião não era algo que ele seria capaz de mudar com algumas palavras inspiradoras, e ele não percebia que suscitava nos companheiros o mesmo respeito. Tinha preocupações suficientes, como a de entrar em forma a tempo, e ter recebido a camisa número 18 foi uma indicação clara de que não havia nenhuma garantia de que estaria no time titular.

Quando os jogos começaram, Sócrates ficou um pouco mais relaxado e assumiu com prazer o papel de mentor dos mais jovens, muitos dos quais não faziam ideia do que era representar o Brasil numa Copa do Mundo. Oito dos onze titulares contra a Espanha estavam em seu primeiro Mundial e Sócrates sabia exatamente que tipo de pressão enfrentavam. Ele tomou a iniciativa de chamá-los para conversas frequentes durante a primeira fase, na esperança de que uma voz calma e reconfortante os ajudaria a lidar com a competição.

"Ele sempre se preocupava em falar para a gente não cometer erros", disse Elzo, o estreante meio-campista de 25 anos. "Vinha perto da gente quando tínhamos a bola nos pés e dizia o que a gente tinha que fazer, nos dava confiança principalmente no início do jogo. Sempre dizia: 'Não vamos cometer erros'. Ele queria que a gente começasse bem, dando os primeiros passes de modo simples, e só depois começasse a fazer passes mais longos. Era tipo um pai protetor. Ajudava muito."[9]

O grupo conseguiu se unir, sofreu um pouco para conseguir uma vitória por 1 × 0 sobre a Argélia, e depois bateu a Irlanda do Norte por 3 × 0, no jogo que ficou marcado pelo gol de fora da área de Josimar e pela primeira aparição de Zico no torneio, substituindo um excelente Sócrates na metade do segundo tempo.

Mas as tensões dentro do elenco aumentaram após as oscilações nas duas primeiras partidas. Casagrande e Alemão foram fotografados sem camisa fora da concentração depois de um jogo, e Alemão foi substituído para dar lugar a Müller depois da vitória sobre a Argélia. Ele não ficou feliz, assim como Zico, que queria jogar desde o início. A incapacidade do Brasil de dominar os primeiros encontros levantou todos os tipos de questionamento a respeito do sistema tático e Telê quase brigou com

Gilberto Tim, que ficou ao lado dos jogadores ao opinar que o técnico tinha tido uma postura muito conservadora. Os jogadores também achavam que Tim havia errado em seus métodos de treinamento, exigindo demais dos jogadores mais velhos, e quando Casagrande fez um comentário nesse sentido, Tim o agarrou e ambos quase trocaram socos. Sócrates e Falcão foram excluídos de um treino por ignorarem as ordens de Telê e fazerem as coisas como queriam, um comportamento que enfureceu o treinador. Sócrates imediatamente recuou, mas Falcão saiu do time e nem mesmo ficou no banco de reservas nos jogos restantes.[10]

Com a dupla do São Paulo, Müller e Careca, iniciando o jogo pela primeira vez contra a Irlanda do Norte, o Brasil pareceu mais perigoso e foi igualmente cirúrgico no primeiro jogo eliminatório, contra a Polônia. A seleção brasileira começou mal e os poloneses chutaram duas bolas na trave nos primeiros 25 minutos, mas, para confirmar a tese de Sócrates sobre o favorecimento aos grandes, outro erro de arbitragem ajudou a seleção a encontrar o caminho da vitória. O próprio Sócrates converteu um pênalti duvidoso depois de meia hora de jogo, e outros três gols no segundo tempo selaram a vitória mais convincente do Brasil.

A quarta vitória em quatro jogos significou que a seleção seguiria em Guadalajara, a cidade que sempre foi sua casa longe de casa. Na Copa do Mundo de 1970, o Brasil jogou cinco partidas lá, antes de viajar para a Cidade do México para disputar a final. Desta vez, o encontro de quartas de final, contra a França, ocorreu no mesmo estádio Jalisco onde a seleção jamais tinha perdido e na auspiciosa data de 21 de junho, exatos dezesseis anos depois da atuação histórica nos 4 × 1 sobre a Itália, quando o Brasil ergueu a taça Jules Rimet pela terceira vez.

Sócrates entrou no gramado com uma faixa na cabeça em que se lia: *Violencia No* ["Violência não"], mostrando-se uma presença imponente no que foram os mais emocionantes 45 minutos da Copa do Mundo até então. Ele obrigou Joël

Bats a uma grande defesa aos quinze minutos, e viu Müller chutar uma bola na trave depois de um ótimo passe cruzado de Careca — que havia recebido um longo lançamento de Sócrates. O próprio Careca tinha colocado o Brasil à frente no placar aos 17 minutos, mas Michel Platini empatou no final do primeiro tempo, aproveitando um cruzamento desviado.

O segundo tempo foi igualmente entusiasmante, mas não houve gols, e coube a Zico o maior destaque. O astro do Flamengo tinha pedido para iniciar o jogo, mas Telê não acreditava que seu joelho suportaria os noventa minutos. Zico entrou no lugar de Müller quando faltavam dezoito minutos para o fim da partida, e fez sua presença ser sentida quase imediatamente, com um passe perfeito em profundidade para Branco. O lateral que entrava na área tentou driblar Bats, mas foi derrubado e o árbitro romeno apontou a marca do pênalti.

Sócrates tinha cobrado o primeiro pênalti para o Brasil, na rodada anterior, contra a Polônia, mas Zico era o batedor oficial e queria a responsabilidade para si. Enquanto os brasileiros celebravam a decisão do árbitro como se fosse um gol, Sócrates se aproximou do amigo e disse: "Vai, Galo, é seu".[11]

"Deixa comigo", Zico respondeu.

A cobrança de Zico foi baixa e na direção do canto esquerdo do goleiro, mas Bats espalmou e o placar seguiu em 1 × 1. O jogo ficou lá e cá até o final, e a igualdade permaneceu durante a prorrogação, quando ambos os times mostraram cansaço. A partida tinha começado ao meio-dia, sob forte calor e Sócrates foi um dos que mais se cansaram com o passar dos minutos. Ele teria sido substituído se Júnior não levasse uma pancada e precisasse sair do jogo na prorrogação, mas ainda foi capaz de subir ao ataque nos segundos finais e quase alcançou a glória ao se esticar para completar um cruzamento que passou na frente do gol. O jogo terminou empatado, mas o drama estava longe do fim. Vieram os pênaltis.

Numa noite úmida no começo de 1976, Sócrates estava exausto enquanto caminhava até a marca do pênalti no estádio Moisés Lucarelli, em Campinas. Ele era o último dos cinco cobradores do Botafogo, e, se fizesse o gol, o Torneio Vicente Feola, de pré-temporada, seria conquistado. Nas arquibancadas, o pai de Sócrates sofria e rezava.

Seu Raimundo ainda não tinha visto o filho jogar em uma final profissional e a forma como Sócrates batia pênaltis o deixava nervoso. Não era só sua atitude meio desinteressada, como a de alguém que estava indo pegar uma cerveja. Era o estilo, com a paradinha, a estratégia de fazer uma pausa antes do chute e escolher o canto depois de o goleiro se mover para um lado. O plano funciona quando o goleiro se mexe, mas pode ser um desastre se ele ficar parado. Sócrates fez o gol naquela noite contra a Ponte Preta e o Botafogo foi campeão, mas seu pai não deixou de dizer o que pensava.

"Ele bate com paradinha, não sabe bater de outro jeito. E se o goleiro não se mexer, ele não consegue chutar forte", disse seu Raimundo. "Então ele foi bater, o Carlos escolheu um canto e ele chutou no outro. Depois do jogo, eu disse a ele: 'Você não vai mais bater pênaltis'."[12]

Sócrates ignorou os conselhos do pai e continuou batendo pênaltis. Deixou de fazer a paradinha durante algum tempo, mas logo voltou ao seu truque, e, nos anos 1980, obteve confiança suficiente para diminuir a caminhada até a bola para apenas um passo. Era divertido, e aumentou a mística em torno dele, mas seu pai sofria palpitações quando acontecia.

Quando Telê fez a lista de cobradores ao final da prorrogação, olhou para Sócrates e disse que ele seria o primeiro. Sócrates sempre bateu o último pênalti e imediatamente reclamou.

"Deixa eu bater o último", disse.

"Não", Telê respondeu. "Eu quero que você vá primeiro."[13]

Sócrates gostava de ser o último por duas razões. Num nível pessoal, isso permitia que ele estudasse a reação do goleiro aos quatro primeiros pênaltis. Observando o goleiro, ele conseguia uma ideia melhor de quando e para onde o rival mergulhava, e tomava decisões de acordo com o que via. A segunda razão tinha a ver com a responsabilidade coletiva que tanto apreciava. Ele se sentia bem com a pressão por ser o último batedor e gostava de fazer sua parte ao ajudar na preparação dos que cobravam antes dele.

"Batendo por último, você consegue ajudar os outros porque a responsabilidade é sua", ele disse. "Na cabeça de todo mundo, o último é quem vai decidir se o time ganha ou perde. Se você é o primeiro, porra, se faz o gol já se livrou; se perde, fodeu o time! Essa é a reação de todo mundo, como é que você vai participar ajudando no resto das cobranças?

"[Quando você é o último] Dá para ficar perto do cara dando uma força dentro do possível. Tem uns que estão mais nervosos, outro está mais tranquilo, então você faz uma brincadeirinha com ele, descontrai... Quebra um pouco a pressão em cima do cara. Quando você é o primeiro, acabou, de qualquer jeito acabou, não tem jeito."[14]

Sócrates achou que Telê estava traumatizado com o erro de Zico, e o havia escolhido para ser o primeiro na disputa decisiva porque ele, Sócrates, era o que havia de mais próximo de uma garantia de gol no time brasileiro. Sócrates tinha perdido apenas quatro pênaltis em quatro anos no Botafogo, e só três em quase quarenta cobranças nos seis anos no Corinthians.

Esse excelente retrospecto foi construído sobre o que Sócrates entendia ser um jeito infalível de cobrá-los. A aproximação podia ser com apenas dois ou três passos, com um leve movimento de corpo quase imperceptível para fazer o goleiro se mexer. Quando o goleiro mergulhava, ele simplesmente rolava a bola para o outro canto. Como o goleiro já tinha tomado uma decisão, Sócrates nunca precisava se preocupar em fazer uma cobrança muito colocada ou muito forte. E, embora ele olhasse para o goleiro e não para a bola, essa estratégia se mostrava menos problemática porque ele chutava com precisão.[15]

Contra a França, Sócrates fez exatamente o mesmo que contra a Polônia: deu dois passos adiante, parou e bateu no canto direito alto do rival. O goleiro polonês foi para o lado errado e a bola entrou, mas o francês Bats havia feito sua lição de casa — ele tinha visto a cobrança de Sócrates alguns dias antes e se recusou a escolher um canto. Quando o chute veio, Bats foi para a direita e espalmou a bola. O Brasil já estava em desvantagem.[16]

Os seis jogadores seguintes, incluindo Zico, acertaram suas cobranças. E então Michel Platini, no dia de seu trigésimo primeiro aniversário, foi para a cobrança e chutou por cima, para trazer a seleção de volta à disputa. Com o empate na contagem, cada time ainda teria uma cobrança. O zagueiro Júlio César vinha sendo o melhor brasileiro no torneio, de modo que era provavelmente inevitável que ele chutasse a bola na trave e devolvesse a chance da vitória aos franceses.

Com a missão de decidir o jogo, o meio-campista Luis Fernandéz caminhou lentamente para a área, com a cabeça baixa. Carlos tentou desconcentrá-lo ao pisar na marca do pênalti no caminho para o gol, mas Fernandéz estava imperturbável. Carlos escolheu um lado, a bola entrou no outro, e o Brasil foi eliminado. Pela segunda vez consecutiva, a geração de ouro do Brasil falhou e a última chance de glória na Copa do Mundo foi desperdiçada.

O momento *post mortem* se concentrou nos pênaltis perdidos por Zico e Sócrates, os dois cobradores regulares e jogadores mais talentosos do Brasil. Especialistas ofereceram explicações, muitos deles argumentando que o astro do Flamengo não estava apropriadamente aquecido e ainda não tinha se habituado ao ritmo do jogo. Sócrates achou que essa análise era ridícula e defendeu o amigo por ter tido a coragem de bater um pênalti logo depois de entrar em campo.

"Pênalti só perde quem bate", ele disse. "Dizem que Zico estava frio. Pô, que frio! Para bater pênalti você precisa estar quente? Se eu levantar da cama e for bater pênalti, faço 99 e erro um."[17]

Quando o assunto foi seu próprio erro, Sócrates mostrou-se igualmente irredutível.

"Agora vão dizer que bati de forma displicente, só porque não marquei o gol. Cobrei como sempre faço, só que desta vez o gol não saiu. Contra a Polônia, consegui fazer, começou a goleada e tudo foi festa. Todo mundo está sujeito a errar uma cobrança de pênalti. Só perde quem está dentro de campo e é escalado para bater. Neste jogo, ou o goleiro francês foi feliz ou eu, infeliz. Só acho que todo mundo tem o direito de errar e não posso ser crucificado."[18]

Sócrates alegou ter experimentado a mesma sensação de derrota vivida na Espanha, mas o fato é que nenhum dos jogadores veteranos se sentiu da mesma forma que quatro anos antes, o que também era verdadeiro quando se tratava dos torcedores, que não estabeleceram a mesma relação com a seleção e não tampouco esperavam que ela vencesse. O time foi reunido tardiamente, com os testes e as mudanças acontecendo até as vésperas da estreia. Os torcedores não se conectaram com os jogadores, que, por sua vez, não tiveram a chance de mostrar a mesma paixão testemunhada em 1982. Os principais entre eles, Sócrates, Zico, Falcão, Júnior, tinham todos já ultrapassado o próprio auge e os jovens ainda não haviam se estabelecido. De forma mais evidente, a seleção não jogou com a mesma alegria do Mundial anterior e a saída precoce, num momento de crise no Brasil, foi apenas mais uma entre tantas decepções, uma metáfora para uma promessa não cumprida. No final, a Copa do Mundo de 1986 ficaria na história como um torneio para ser esquecido, como os de 1966 e 1974. Livros não foram escritos sobre ela, não se falou em grandes aventuras ou fracassos gloriosos, e muitos jogadores simplesmente caíram no esquecimento.

Entretanto, em muitos aspectos, a eliminação foi mais injusta do que a derrota para a Itália quatro anos antes. O Brasil não perdeu por causa de repetidos lapsos defensivos ou por uma estratégia equivocada, e não existiu uma figura como Paolo Rossi que, na maior atuação de sua vida, acabou com as chances do Brasil. A seleção não se viu atrás no placar em nenhum jogo da Copa do México. Foram quatro vitórias, um empate e uma eliminação invicta, com dez gols marcados e apenas um sofrido, e desempenho melhor que o das quatro seleções semifinalistas. O Brasil também contou com a melhor defesa, com Carlos ficando 401 minutos sem sofrer um gol, quase alcançando o recorde de 445 minutos de Gordon Banks em Copas do Mundo. Um dos pênaltis cobrados pelos franceses bateu na trave, nas costas de Carlos e entrou no gol. Desta vez, a sorte simplesmente esteve contra eles. O Brasil de 1986 pode não ter sido o cintilante Brasil de 1982, mas ficou longe de passar vergonha.

"O time era diferente", disse Sócrates. "Foi mais ou menos formado na última semana, tinha muitas deficiências, era um time mais fraco. Então, talvez a expectativa fosse um pouco diferente. A gente estava se divertindo muito mais, claro, no time de 1982. Nesse do México, a gente tinha mais preocupações — consertar aqui, consertar ali e tal. O time foi se estruturando durante a Copa, mas o grau de envolvimento era diferente. Ao mesmo tempo, eu achei também que, na Copa de 1986, o melhor jogo nosso foi o que nós perdemos, não é?"[19]

"Estou triste, mas não tenho nenhum arrependimento e nem me sinto frustrado pelo que aconteceu em 1982 ou 1986. O que aconteceu com a gente, aconteceu com os húngaros em 1954, com os holandeses em 1974 e 1978, e mesmo com o Brasil em 1950 e 1954. Não é incomum que grandes jogadores e grandes técnicos não ganhem os títulos que merecem."

Provavelmente nada ilustrou melhor a mudança no humor geral do que a reação dos jogadores à derrota. Em 1982, eles concordaram que dividiriam a responsabilidade, reuniram-se e beberam. Em 1986, cada um tomou seu caminho.

"Depois do jogo contra a Itália, a gente bebeu toda a cerveja do hotel, não sobrou uma lata", lembrou Júnior. "Foi um momento de consolação para nós, depois de passar tanto tempo juntos. Foi um festival de lágrimas. Quando perdemos para a França, éramos casados e fomos jantar com nossas esposas, o Sócrates, o Zico, o Edinho e eu. As mulheres ficaram conversando. Sabíamos que tinha sido a nossa última chance."[20]

O pênalti perdido foi o último chute de Sócrates pela seleção. Ele sabia, antes de o torneio começar, que viveria seu canto do cisne e, apesar de nunca ter acreditado que o time montado às pressas venceria, ao menos esperava sair da Copa com sensações positivas. Em vez disso, suas memórias mais duradouras foram de sofrimento. Ele sofreu tentando garantir um lugar no time. Sofreu com a dor da lesão na coxa. Sofreu pelo amigo Zico. Sofreu nas cobranças de pênaltis. E ele sofreu por Telê, que entrou no vestiário após o jogo contra a França e soube que seu pai, o senhor João Veríssimo, teve um ataque cardíaco no Brasil.

Como sempre, Sócrates quis deixar a derrota para trás o mais rápido possível, e impôs a si mesmo o desafio de entrar em forma e se motivar para o que inevitavelmente seria uma lenta caminhada até a aposentadoria. Ele queria se estabelecer no Flamengo e retribuir a confiança que o clube havia depositado nele, mas suas costas doíam e ele podia sentir o desgaste de tantos anos começando a cobrar seu preço. Pelo lado bom, também conseguia ver o ilimitado potencial da cidade maravilhosa. Mais diversão o aguardava.

CAPÍTULO 17

> Sempre achei que o Magrão tinha parado cedo demais. Ele criou uma ideia utópica sobre a medicina e não percebeu como seria difícil se desligar assim de uma atividade que exerceu por tanto tempo. Eu sempre soube disso e ele está descobrindo agora.
>
> Zico

Em 29 de julho de 1986, Sócrates se submeteu ao que deveria ser uma cirurgia de rotina para reparar uma hérnia de disco. A operação durou quatro horas, porque o estrago era mais sério do que os médicos pensavam. Quando o viram por dentro, eles mal podiam acreditar que Sócrates tinha conseguido jogar por tanto tempo com lesões tão debilitantes.

A cirurgia o deixou fora de ação por quatro meses, tempo que ele passou lendo, bebendo e fazendo campanha em favor de candidatos da eleição que se aproximava. Já era novembro quando ele voltou a estar em condições de jogar novamente, e, quando o fez, 132 dias depois de perder o fatídico pênalti contra a França, foi contra o Goiás em uma atuação bastante convincente.

Num dia muito quente em Goiânia, ele deu um passe perfeito para Kita marcar o primeiro gol. Mais tarde, aos 26 minutos do segundo tempo, quando Bebeto se preparou para cobrar uma falta, Sócrates lhe disse: "Deixa comigo, é meu último chute". E colocou a bola no ângulo, antes de sair aplaudido.

Os resultados do Flamengo antes do Natal foram irregulares, mas, como se tratava de Brasil, o Campeonato Brasileiro de 1986 ainda continuaria em 1987 e o time acabou ficando entre os dezesseis classificados — antes de perder o confronto de dois jogos, pelas oitavas de final, contra o Atlético Mineiro, em fevereiro. A eliminação foi um baque para Sócrates, que sonhava vencer seu primeiro título nacional e esperava que aquele fosse o ano em que ele conseguiria ter uma boa sequência de jogos para retomar sua melhor forma.

Mas enquanto Sebastião Lazaroni em público destacava sua importância para o time no torneio estadual que se aproximava, Sócrates mantinha nos treinamentos uma atitude apática que irritava o treinador, efeito idêntico ao que provocava com sua tendência de passar tempo demais perambulando pelo círculo central durante os jogos. A cirurgia nas costas tinha sido um sucesso, mas a dor e a rigidez no local nunca desapareceram totalmente. Sócrates foi sincero com Lazaroni e explicou que precisava diminuir o esforço em determinadas ações, como a marcação. Assim teria mais liberdade para fazer o que sabia de melhor: criar jogadas de ataque. Ele não conseguia se mover como antes e Lazaroni começou a utilizá-lo como substituto, quando o time precisava de uma injeção de criatividade.

Sócrates e Lazaroni não mantinham um bom relacionamento e o jogador passou a evitar o clube sempre que podia. Contra a vontade do Flamengo, Sócrates começou a voar para São Paulo com frequência cada vez maior após os jogos realizados aos domingos, para voltar apenas três ou quatro dias depois. Lazaroni decidiu que a conhecida baixa resistência de Sócrates havia se reduzido ainda mais, a ponto de impedi-lo de atuar por noventa minutos, e ele não jogou por mais de meia hora, sempre saindo do banco, em nenhuma das quatro primeiras partidas da temporada de 1987.

"Ele ficou de fora por conta de sua condição física", disse Lazaroni. "Sócrates queria passar a segunda, a terça e a quarta-feira em São Paulo, e depois fazer um treino light na quinta, antes de jogar no sábado ou no domingo. Isso é impossível para um jogador profissional. Talvez uma vez ou outra, quando um atleta tem que resolver algum problema pessoal, mas com ele acontecia constantemente e isso causava o conflito entre a gente.

"Talvez eu não tenha sido claro o suficiente para convencê-lo a mudar seu comportamento, mas ele tinha esse problema pessoal que o estava afetando, uma separação é sempre difícil. A gente discutia muito sobre isso. Cara, existem dois Sócrates e eles estão em conflito. Um era o craque nos gramados e o outro era o não muito craque fora do campo. Existia um grande conflito entre os dois, e eu questionava isso e queria que ele pensasse sobre o assunto, mesmo estando no final da carreira. Eu queria que ele entendesse que para o Sócrates que era o grande, que triunfava dentro dos campos, para que ele mostrasse o seu melhor, teria que superar o Sócrates que existia fora dos campos."[1]

Sócrates, entretanto, acreditava que seus problemas se originavam da lesão — "Eu não consigo girar, me sinto como um navio", ele contou a Zico — e sugeriu a Lazaroni que usasse Zinho, futuro jogador da seleção e campeão do mundo em 1994, nas funções defensivas que o liberariam para um papel mais ofensivo. Mas Lazaroni achou que Sócrates estava tentando passá-lo para trás e o manteve fora do time. A impressão de Sócrates era a de que estava sendo punido por ser honesto.

"Aquela situação era para mim um misto de injustiça e traição pela forma como nasceu", Sócrates declarou. "Se eu não tivesse colocado nada sobre as minhas condições físicas, jamais teriam tido coragem de me tirar do time."

Outros jogadores não teriam falado nada sobre suas lesões, ele acreditava, e seguia pensando que era bom demais para ficar no banco do time.[2]

Seus companheiros concordavam com essa visão e o queriam na equipe. Numa repetição da situação vivida dez anos antes no Botafogo, seus colegas não se importavam que ele estivesse em forma, pois sabiam que Sócrates ainda era capaz de momentos de magia que poderiam transformar jogos difíceis em importantes vitórias.

"Sócrates não era um jogador para se deixar no banco de reservas", disse Leandro. "Se ele não estava em forma, tinha que treinar até que entrasse em forma de novo. Não é que ele tinha problemas em ficar sentado no banco de reservas, ele ficava sem problemas, mas eu percebia que isso era doloroso para ele. E vê-lo fora de campo doía em mim também."[3]

Depois das quatro aparições como substituto em fevereiro e março, a gota d'água veio em Itaperuna, uma pequena cidade ao norte do Rio, onde o Flamengo foi enfrentar o Porto Alegre. Sócrates ficaria na reserva e, quando Lazaroni terminou a preleção no hotel, ele indagou calmamente, bem ao seu estilo:

"O que você entende por justiça?", perguntou ao técnico.

"Lazaroni disse que ele não jogaria", relembrou Leandro. "E ele lançou uma pergunta que deixou o Lazaroni meio chocado. Eu não lembro bem o que ele disse, mas demorou para responder e, no final, ele só murmurou alguma coisa. Mas foi meio surpreendente. Ele ficou vermelho ao responder, e o Sócrates disse: 'Obrigado'."[4]

E foi isso. O pequeno Porto Alegre colocou o Flamengo na roda e, embora o time tenha melhorado quando Sócrates entrou — o Flamengo perdia por 2 × 0, já aos onze minutos do segundo tempo —, sua participação não foi suficiente para mudar o jogo. Sócrates não estava contente, e, quando o ônibus parou num posto de gasolina na volta para o Rio, ele comprou uma garrafa de uísque. Lazaroni não estava no ônibus, mas ficou sabendo e o desafiou.

"Eu disse a ele que aquilo não aconteceria de novo. Mas ele mudava de assunto. Não queria enfrentar esse tema."[5]

A relação entre os dois ficou insustentável e alguns dias depois, em 16 de março de 1987, Sócrates decidiu que não dava mais. Ele participou de uma leve sessão de treinamento na Gávea e, ao caminhar para a saída do campo, tirou suas chuteiras e as atirou num cesto de lixo. 'É isso", anunciou. "Para mim, deu. Vou me aposentar."

Dos 67 jogos que o Flamengo fez em 1986, Sócrates atuou em apenas treze e fez dois gols. No total, ele jogou vinte vezes pelo clube, com cinco gols. Ele e Zico jogaram juntos em apenas três ocasiões, e em só um jogo oficial, a vitória por 4 × 1 sobre o Fluminense.[6]

Lazaroni tratou a partida de Sócrates com tranquilidade, dizendo que ele não estava física, técnica e psicologicamente preparado para jogar futebol de primeiro nível. Ficou satisfeito por se livrar de um jogador que tinha prometido muito e entregado pouco. Sócrates, àquela altura já cansado das idas e vindas e aliviado por ter tomado uma decisão, optou por não entrar em discussões, mas explicou sua atitude aos perplexos torcedores.

"Tenho consciência de que posso ser titular do Flamengo. Ele, não. O que me segurava era jogar. Cheguei à conclusão de que, com essa comissão técnica, nunca jogaria. Se não posso jogar, não posso também fazer jus ao salário que recebo. É uma questão de ter uma posição crítica."[7]

"Sei que meu padrão de vida cairá sensivelmente. Começarei a trabalhar como médico residente, possivelmente na Ilha do Fundão, o mais rápido possível. Estou preparado psicologicamente para este reinício de vida. Não me faltam forças para superar o que terei pela frente. A começar, os estudos, já que há muito tempo não leio nada sobre medicina. O que me auxiliará neste período de estágio é um contrato de dois anos que fiz com a Topper há cerca de oito anos, já pensando no dia em que trocasse o futebol pela medicina.

"O importante é estar bem com a minha consciência. Não poderia continuar a receber altos salários sem merecer."[8]

Na verdade, Sócrates já pensava havia algum tempo em se aposentar. Ele sempre disse que pararia de jogar quando não estivesse mais desfrutando e esse momento tinha chegado. Suas dores nas costas eram mais ou menos constantes e ele não tinha mais capacidade de competir com os jovens nos treinamentos e jogos.

Sócrates odiava a concentração, em que, no Flamengo, dividia um quarto com quatro ou cinco jogadores, e um banheiro com quase dez. Até poderia lidar com essas situações se realmente quisesse, mas o fato é que não queria. Ele não tinha disposição para treinar, sentia-se entediado e num beco sem saída, e ser colocado na reserva lhe deu a desculpa que procurava para sair seis meses antes do final do contrato.[9]

A natureza abrupta de sua aposentadoria o impediu de cumprir uma antiga promessa. Sócrates sempre disse que, no dia em que encerrasse a carreira, interromperia o treino e colocaria um barril de chope no meio do campo, para que todos pudessem celebrar sua retirada.[10]

Em vez disso, deu seu uniforme de presente ao roupeiro e não olhou mais para trás.

Paulo Roberto Falcão costuma dizer que jogadores de futebol morrem duas vezes: a primeira é quando são forçados a parar de jogar. A falta repentina da droga que os manteve tão vivos por tanto tempo é um choque no sistema que pode se provar letal para muitos futebolistas. Sócrates foi um pouco menos fatalista e disse que jogadores não abandonam o futebol, o que acontece é o inverso.

Desde que se mudou para o Rio de Janeiro, Sócrates teve de viver sem muitas outras coisas além do futebol. Sentiu uma afinidade com a cidade e as pessoas, e adorava estar cercado pelas praias, as montanhas e as lagoas próximas à sua casa. Mas algo estava faltando. Ele não tinha um propósito.

"Eu largaria tudo por uma paixão, e não necessariamente uma mulher", disse certa vez. "Paixão, para mim, é mais importante do que tudo, é um momento sublime. Se você me perguntar se eu fiz algo pela metade, eu diria que não. Eu fui tão longe quanto sentia que poderia e fiz todo o possível."[11]

A falta de uma paixão se tornou mais evidente do que nunca em 1987. Ele tinha deixado o futebol e não era mais uma figura relevante no mundo da política. Até mesmo sua vida amorosa tinha esfriado. Sócrates não se encontrou com Rosemary desde que passou a morar no Rio, e embora a tenha procurado quando saiu do Flamengo, foi para passar uma noite como amigos, não como amantes.

A medicina foi um consolo temporário, com um curso na Universidade Federal do Rio de Janeiro se iniciando logo depois que ele deixou o futebol. As aulas eram similares às do terceiro ano da faculdade, e ele aproveitou tanto o aprendizado quanto as oportunidades de beber e flertar com as alunas mais jovens.

Mas a nova rotina também gerava complicações. A universidade ficava do outro lado da cidade em relação à casa onde Sócrates morava, na Barra da Tijuca, e enfrentar o trânsito diariamente, sob o forte calor, o deixava exausto. Mais importante, o hospital da universidade estava sucateado e sem verbas, e ele se sentia como se estivesse trabalhando com uma camisa de força. Quando o Natal chegou, Sócrates decidiu se transferir para Ribeirão Preto e continuar seus estudos no Hospital das Clínicas da cidade. Ficou imediatamente mais feliz com a volta ao lugar que considerava sua casa, cercado de amigos e parentes e frequentando uma universidade que conhecia bem. E poucos meses após a mudança, sua vida sofreu uma reviravolta inesperada por causa de um encontro com uma jovem tenista.

Silvana Campos — que vivia em Ribeirão e já tinha sido a número um do mundo juvenil do tênis — idolatrava Sócrates, o herói local. Torcedora fanática do Corinthians, acompanhou a carreira dele desde o começo no Botafogo e, alguns anos antes, só concordou em sair com um pretendente depois que ele prometeu dar a ela uma camisa da Fiorentina. Com vinte anos de idade, Silvana sempre tinha sonhado em conhecer Sócrates e a oportunidade surgiu uma tarde, na escola que ficava do outro lado da rua da casa de seus pais. Sócrates tinha voltado ao Colégio Marista para participar de um jogo beneficente envolvendo ex-alunos, e Silvana foi assistir. Lá, encontrou Zé Bernardes, que se ofereceu para apresentá-la a Sócrates. Ele estava atrás do gol, sem camisa, quando Zé Bernardes fez as introduções.

"Ô Magro, essa aqui é a Silvana. Silvana Campos", ele disse.

"Ah, a tenista", disse Sócrates, suado, ao se mover para cumprimentá-la com um beijo.

"Prazer", disse Silvana.

"Prazer", disse Sócrates. "Você não está fazendo nada, pega uma cerveja para mim."

Silvana era jovem, mas tinha personalidade forte e não estava acostumada a ser tratada dessa forma.

"Eu sou atleta", ela respondeu. "Não gosto que me vejam com bebida na mão."

"Metida, hein?", disse Sócrates, rindo.

Silvana ficou um pouco envergonhada, mas eles conversaram por alguns minutos e ela foi para casa, contente por ter encontrado o homem de seus sonhos. Ela enxergava Sócrates como um homem bonito, charmoso e engraçado, e ele ficou igualmente impressionado com ela. Sócrates pegou o telefone de Silvana com Zé Bernardes e, algumas semanas depois, eles passaram a primeira de muitas tardes juntos num motel local.[12]

Sócrates tinha tido vários relacionamentos como esse, mas, desta vez, a sensação era diferente. Ele descreveria o momento como um dos períodos mais vulneráveis de sua vida, e estava definitivamente à procura de algo novo. A louca chama da paixão por Rosemary tinha se abrandado e o casamento com Regina havia se transformado a ponto de se tornar mais um relacionamento entre amigos do que entre amantes. Ele precisava se apaixonar de novo e a jovem Silvana preencheu sua vida do sentimento de desejo na hora em que ele mais precisava.

Sócrates hesitou por algumas semanas quanto a deixar Regina e finalmente chegou a uma decisão numa noite de sexta-feira, na Câmara Municipal de Ribeirão Preto. Ele recebeu a chave da cidade numa cerimônia especial e Silvana foi convidada, como uma das personalidades esportivas da região. Sócrates não sabia que ela estaria presente, por isso teve de olhar duas vezes quando a viu sentada na primeira fila, vestindo uma minissaia e sorrindo.

A família de Sócrates também estava no local, por isso ele e Silvana não se falaram. Mas quando o evento terminou, por completa coincidência, ambos foram a um show do Gonzaguinha, que era amigo de Sócrates havia anos. Sócrates e Regina se sentaram numa mesa grande ao lado da família de Silvana; embora eles tenham controlado os olhares, ao final da noite ele a seguiu até o banheiro feminino para beijá-la.

"Não dá mais", ele disse. "Não dá mais pra gente disfarçar."

"Eu vou para São Paulo amanhã pra jogar um torneio", disse Silvana. "Vou ficar duas semanas lá e você não vai me achar, porque não sabe onde vou ficar. Chega, não dá mais."[13]

Foi um ultimato disfarçado de convite, e Sócrates captou a mensagem. Ele tinha planejado levar a família, no dia seguinte, para o sítio de Maurinho Saquy, onde eles costumavam passar as tardes na piscina, bebendo e fazendo churrasco. Regina chegou no início da tarde, mas Sócrates deu uma de suas sumidas e só apareceu à meia-noite. Ele passou quinze minutos conversando como se nada estivesse acontecendo, depois puxou Maurinho para contar que estava prestes a deixar sua mulher. Pediu ao amigo para cuidar dela e dos meninos, e ainda avisou que era possível que eles não se vissem por um tempo. Maurinho sabia que Sócrates estava envolvido com Silvana, mas ficou surpreso pela decisão repentina. Tentou convencer Sócrates a não encerrar seu casamento, mas a decisão estava tomada. Quando eles terminaram a conversa, Sócrates calmamente se aproximou de Regina, a informou que o casamento deles de treze anos tinha chegado ao fim e saiu pela porta, deixando a mulher em choque.[14]

Na manhã seguinte, Sócrates deu a notícia ao pai de Regina e levou os meninos novamente ao sítio de Maurinho. Ele tocou a campainha, deixou os filhos e desapareceu de novo. Foi a última vez que seus amigos o viram em anos.

Silvana, por sua vez, tinha resolvido terminar tudo. Estava sentimentalmente envolvida, mas desconfortável por ser "a outra", então decidiu que a única forma de esquecer Sócrates era saindo da cidade e não o vendo mais. Mas enquanto ela esperava pelo ônibus que a levaria a São Paulo naquela tarde de domingo, o alto-falante anunciou seu nome, com o pedido de que fosse ao escritório da rodoviária. Quando ela chegou lá e pegou o telefone, Sócrates estava do outro lado da linha.

"Oi, tô no posto de gasolina, na saída de Ribeirão. Pega um táxi e vem para cá agora. Eu saí de casa. Já conversei com a Regina e já comuniquei todo mundo. Tô fora, acabou, nós vamos ficar juntos."[15]

Ela pegou um táxi, e, algumas horas depois, eles estavam em São Paulo, prontos para iniciar uma nova vida.

A separação de Regina — e particularmente a forma fria como aconteceu — desagradou muitas pessoas que conheciam Sócrates muito bem. Regina era uma santa, sua companheira de alma e seu refúgio, uma mulher que se manteve a seu lado por toda a sua vida adulta. Ela amava Magrão, o homem, não o futebolista ou a celebridade, e muita gente temeu que Sócrates entraria em parafuso sem sua presença para proporcionar a estabilidade que ele obviamente não tinha.

Mas Sócrates estava decidido, e quando contou ao pai, Seu Raimundo lhe apresentou um retrato de seu próprio casamento. O patriarca aconselhou o filho a ficar com a esposa, mas Sócrates detalhou todas as razões que o faziam pensar que o casamento não sobreviveria. Seu Raimundo tinha uma resposta para cada uma delas. Ao final, um exasperado Sócrates disse: "Pai, o casamento não está bem". "Filho", disse Seu Raimundo, "e qual casamento está bem?" A união dele com Guiomar durou décadas, até Raimundo morrer em 2003. Houve altos e baixos, mas eles nunca pensaram em desistir.

Sócrates sumiu depois de encontrar Silvana. Foi o primeiro de uma série de desaparecimentos que viriam a acontecer logo que uma nova mulher aparecesse em sua vida. Quando ele conhecia alguém, o que se dava com frequência, nada mais importava. Velhos amigos eram abandonados e novas amizades eram iniciadas. Ele estava sempre à procura de uma paixão, sua curiosidade natural e inteligência o estimulavam a encontrar algo que alimentasse seu coração e sua mente. Quando se tratava de mulheres, ele adorava o suspense da conquista e, quando sua presa era abatida, costumava ser apenas questão de tempo até que ele saísse para caçar de novo.

"Eu sou uma pessoa extremamente inquieta, e não tenho limites para nada", afirmou. "A busca por prazer enquanto ele existir é única, e isso, eventualmente ou em boa parte da minha vida, é incompatível com uma série de outras necessidades e responsabilidades que eu tenho... Então, o tempo todo é essa eterna briga na minha vida e o casamento, na verdade, é um limite para mim, um grande limite."[16]

Sócrates acreditava que a maneira como agia com as mulheres se explicava pelo fato de nunca ter tido uma forte influência feminina em sua casa. A mãe sempre esteve por perto e foi uma presença amorosa por toda a sua vida, mas com seis filhos e um marido que frequentemente viajava a trabalho ou estudava à noite, ela era obrigada a desempenhar um papel paterno também. Ele admitiu que tinha tido "erros gritantes" em sua formação como pessoa, até mesmo em relação a tarefas simples que nunca aprendeu, como cozinhar coisas básicas ou lavar a louça. Seu pai proibia os meninos de entrar na cozinha, e eles bagunçavam todos os outros lugares da casa, deixando roupas e sapatos por todo lado e fazendo a mãe arrumar tudo. Sócrates saiu ao pai. Seu Raimundo fazia o tipo machão à moda antiga e queria que seus filhos estudassem, em vez de cozinhar ou lavar.[17]

Essas deficiências foram amplificadas com Silvana, que era assertiva e confiante. Eles rapidamente foram morar juntos, mas ela não era o tipo de mulher que ficava em casa e não estava habituada a um papel submisso. Silvana também era mais próxima, em idade, do filho mais velho de Sócrates do que propriamente de seu novo parceiro. Havia doze anos de diferença entre ela e Sócrates, e quando eles passaram a viver juntos, ela não estava preparada para ser uma esposa, muito menos uma madrasta para quatro rapazes. Os filhos de Sócrates gostavam dela e eles se relacionavam bem, mas Sócrates nunca se interessou em lidar com crianças, mesmo com suas próprias. A chegada de um filho para o novo casal em 1990 — o primeiro dela e o quinto dele, chamado Sócrates Júnior — não fez nada para aliviar a tensão.

"Eu queria coisas que uma jovem quer", disse Silvana. "Eu era uma jovem com físico perfeito, na minha idade, era atleta, cheia de gás, a mil por hora, e o que eu tinha ao meu redor? O Rodrigo tinha dezesseis anos e eu tinha só oito a mais que ele. Eu era muito mais próxima do filho mais velho dele do que dele mesmo. Eu ia no shopping com os cinco moleques e parecia irmã deles; era uma maluquice, eu tinha 24 anos."[18]

Sócrates não encontrou apenas um novo amor naquela primavera. Seu relacionamento com Silvana foi seguido de um reencontro com o seu primeiro amor.

Encorajado por Silvana, que queria ver o parceiro voltando a fazer o que mais gostava, Sócrates assinou contrato de um ano com o Santos em outubro de 1988. O casal queria escapar dos olhares de reprovação em Ribeirão Preto, onde eram figuras públicas, e a perspectiva de viver perto da praia parecia mais atraente do que nunca. O Corinthians se interessou e ele recusou uma oferta de um milhão de dólares do México, mas na verdade não havia real competição. Sócrates sentia dificuldades para se acostumar à vida como médico e decidiu que um ano jogando futebol seria exatamente a terapia de que precisava para ajudá-lo a refletir sobre seu futuro na medicina. Sócrates se encontrou com dois diretores do Santos e eles demoraram poucos minutos para chegar a um acordo que incluía uma promessa do Flamengo de pagar a fortuna que lhe devia com a renda de três amistosos. O Santos ofereceu a Sócrates um salário fixo e um percentual de direitos de imagem, mas não faria nenhuma loucura financeira, porque ambas as partes sabiam que o mais importante não era o dinheiro.[19]

Para o Santos, que se debatia na parte debaixo da tabela de classificação, era uma questão de evitar o rebaixamento e trazer um pouco de experiência ao meio de campo de um time jovem. Para Sócrates, o movimento tinha como motivação seu desejo de jogar no clube pelo qual torceu quando criança, e ele fez questão de estabelecer uma rotina em seus próprios termos: treinaria quando quisesse, não era obrigado a ir para a concentração, e Silvana poderia acompanhá-lo em jogos fora de casa e viagens. Ele tinha 34 anos e as dores nas costas ainda eram um problema. Antes da estreia, ele praticamente admitiu que estava retornando ao futebol para se divertir.

"Agora é que me dei conta de que curti muito pouco a minha carreira", disse. "Ficava incomodado com o assédio dos torcedores etc. Agora, não. Nunca estive tão bem comigo mesmo e quero aproveitar cada momento daqui por diante."[20]

Sócrates estreou num amistoso contra o Cerro, do Uruguai, no dia 29 de novembro. Ele jogou à direita no meio de campo, ao lado de César Sampaio, então aos vinte anos — dez anos mais tarde, ele marcaria o primeiro gol do Brasil contra a Escócia, na abertura da Copa do Mundo da França — e não mostrou nenhum sinal de que se tratava de seu primeiro jogo de futebol em mais de um ano. Sócrates criou o primeiro gol do Santos com um passe de cabeça para Mendonça, fez o segundo com um lindo cabeceio e quase marcou um dos gols mais bonitos da sua carreira ao arrancar do meio do campo, driblar três jogadores e tocar por cima do goleiro, mas muito alto.

"Foi a realização de um sonho e muito mais", ele declarou, depois do jogo.

A realidade, no entanto, não estava tão distante, e, dois dias depois, torcedores invadiram o vestiário após o time perder para o Cruzeiro, por sorte, por apenas 3 × 1. Um segurança deu tiros para o alto para assustar os invasores e a magnitude da tarefa que Sócrates teria pela frente logo ficou mais evidente.

Ele, contudo, fez sua presença ser sentida e liderou o time numa rápida reação, suficiente para evitar o rebaixamento.

O Santos perdeu só um dos últimos cinco jogos e venceu o Corinthians por 2 × 1 numa noite emocionante no Pacaembu, para terminar o campeonato em décimo oitavo lugar entre 24 times.

"Nós tínhamos muitos jogadores jovens e ele os liderou", disse o técnico Marinho Peres. "Era um herói para muitos e eles gostavam de ir ao quarto dele na véspera de um jogo para conversar. Sócrates participava das preleções antes dos jogos e era quem falava com os jogadores antes de entrarem em campo. Ele foi brilhante na psicologia. Disse aos jogadores que eles eram bons o suficiente para sair da situação em que a gente se encontrava e também disse que ficaria tudo bem se não conseguíssemos, que o futebol não era uma questão de vida ou morte. E eles absorveram tudo."[21]

Àquela altura, Sócrates tinha descartado qualquer chance de reproduzir um movimento como a Democracia Corinthiana em outro clube. O Brasil já contava com um presidente civil, uma nova constituição, e os eleitores votavam para prefeitos, governadores e deputados. O fim da ditadura, em 1985, roubou da esquerda um motivo para se reunir em torno de uma causa, e, com a inflação superando os 700% anuais em outubro, as pessoas estavam mais preocupadas com a economia do que com a política.

O país seguiu em frente e Sócrates, mesmo relutando, fez o mesmo. Ele ainda acreditava que havia muito trabalho a ser feito, especialmente para que os jogadores tivessem mais consciência de sua força, mas sabia que a maioria não se importava, e, então, se concentrou em se divertir. Deu certo.

Com as expectativas reduzidas e sua vida pessoal se acalmando, o ano de Sócrates no Santos foi seu período mais feliz desde que deixou o Corinthians, em 1984. Ele sentia falta do jogo e se arrependeu por ter tratado o esporte com tanta indiferença. O futebol, ele concluiu afinal, não era apenas um passatempo; era algo mais sério do que isso, que tinha um valor intrínseco. Tardiamente, percebeu que era um jogo que ele de fato amava. Sócrates sabia que o Santos não tinha os jogadores necessários para brigar pelo título do Campeonato Paulista ou do Campeonato Brasileiro, mas ele não estava ali para ganhar troféus. Sua única motivação era realizar o sonho de jogar pelo clube pelo qual torcia quando menino. Pela primeira vez, desde que começou a jogar pelo Botafogo, estava jogando futebol, acima de tudo, para se divertir.

Sócrates teve a ajuda de diretores e de membros da comissão técnica, e os jogadores assumiram uma postura de reverência frente à lenda que convivia com eles. Sócrates não passava muito tempo no clube, mas era amistoso e prestativo. Era um prazer estar na sua companhia. Sócrates costumava tomar cerveja com os companheiros depois dos jogos e se sentia bem no papel de um veterano sábio.

"Uma vez nós tivemos um problema. Não lembro se foi um jogador que foi substituído ou não foi escalado, mas houve um conflito", recordou César Sampaio. "Ele reuniu o time para resolver as coisas e disse que tínhamos de nos respeitar, independentemente do que acontecesse, e que tínhamos de mostrar nossos sentimentos. Aquilo foi uma novidade para mim: dizer o que eu achava que estava certo ou errado. Ele falou com todos, perguntando o que eles pensavam. E me perguntou se eu queria falar alguma coisa e eu respondi que não. Naquele momento, eu achava que era muito jovem para ter o direito de dizer o que passava na minha cabeça. Mas me lembro de pensar como era legal que ele quisesse nos ouvir. Aquilo nos ajudou. Nós nos respeitamos mais."[22]

Sócrates retornou ao Santos depois do Natal e do Ano-Novo, mas o desempenho do time no Campeonato Paulista de 1989 foi pobre, e o time só se classificou para a segunda fase por causa do esdrúxulo regulamento do torneio. O Santos se classificou em oitavo num grupo de onze times, e, como era de se esperar, foi eliminado na fase seguinte, ganhando apenas um jogo em quatro rodadas e se despedindo do campeonato em junho.

A saída precoce deu ao clube dois meses em que poderia tentar explorar o potencial comercial de seu novo astro, mas uma série de amistosos deprimentes era exatamente o que Sócrates não precisava viver. Ele jamais conseguiu se animar para jogos sem significado e o final de sua carreira estava próximo. Quando chegou, foi no Extremo Oriente, onde o Santos se tornou o primeiro time brasileiro a jogar na China em 25 anos. O clube ganhou uma cota de 20 mil dólares em troca de cada um dos oito jogos no país e em Hong Kong, mas houve descontentamento desde o início, com alguns jogadores insatisfeitos por Sócrates ganhar três vezes mais dinheiro em diárias do que eles.[23]

A viagem foi longa e mal planejada, com alguns jogos adicionados durante a excursão. Sócrates atuou na maioria dos amistosos, porque a cota seria diminuída se ele não estivesse em campo, mas logo se cansou de viajar e quis ir embora. Para piorar as coisas, na hora em que parecia que a provação estava terminando, o clube agendou mais dois amistosos nos Estados Unidos. Os jogos estenderam a viagem para cinco semanas, e aquilo foi demais. O melhor amigo de Sócrates no time era Juary, um atacante veterano que ele conhecia dos tempos de Itália. Na véspera da partida para os Estados Unidos, eles se sentaram no bar do hotel em Hong Kong e afogaram suas angústias.

"Não aguento mais", Sócrates confessou.

"Por quê, Magrão? As coisas estão começando a ficar boas", disse Juary.

"Não, para mim não dá. Não quero mais."

"Só tem mais uma semana. Vamos para os Estados Unidos e depois vamos para casa", Juary disse a ele.

"Não. Chega. Vou voltar para o Brasil, quero descansar", respondeu Sócrates.

Juary olhou para o amigo e não disse mais nada. Sócrates parecia querer chorar.[24]

Na viagem de volta ao Brasil, ele fez uma escala em Los Angeles, onde levou Silvana à Disneylândia antes de pegarem um avião para São Paulo. Sua partida foi um constrangimento para o Santos, que já havia marcado amistosos nos Estados Unidos em função dele. Seus companheiros também ficaram insatisfeitos, pois Sócrates já tinha recebido mais dinheiro e tido mais privilégios — por exemplo, o fato de Silvana tê-lo acompanhado o tempo todo — e, de repente, desistiu. Eles tinham passado mais de 24 horas em três voos diferentes, de Hong Kong para Tóquio, Los Angeles e depois Boston, e estavam exaustos. Saber que Sócrates havia ido embora foi a gota d'água.[25]

Os dirigentes tentaram convencer Sócrates a voltar aos Estados Unidos para os dois últimos jogos e discutir a renovação de seu contrato, que terminava no último dia de setembro. O Campeonato Brasileiro começaria no dia 7 daquele mês e o Santos queria que ele assinasse um novo contrato antes do início da temporada. Mas Sócrates não entrou no avião, explicando que tinha ficado preso no trânsito a caminho do aeroporto. O presidente ficou furioso por ter esperado por ele em Boston, e, para piorar, os jornais santistas informaram que, em vez de retornar aos Estados Unidos, Sócrates havia se encontrado com dirigentes do Corinthians para discutir o encerramento de sua carreira no clube.[26]

A conversa com o Corinthians não deu em nada, em parte porque os diretores não queriam arriscar a volta do líder da Democracia Corinthiana ao clube para desafiar o *status quo*. Sócrates finalmente abriu negociações com o Santos sobre um novo compromisso, mas pediu valores tão obscenos que os dirigentes santistas decidiram não fazer uma contraproposta.

Sua carreira no futebol, ao que parecia, estava encerrada. Ou quase.

Sócrates rejeitava jogos de despedida por considerar essas ocasiões um *nonsense* sentimental e se retirou da maneira que queria: com o mínimo alarde. Ele chegou a imaginar uma festa de adeus que não se realizou, mas o foco seria reunir amigos e tomar cerveja, sem futebol e certamente sem a presença do público.

"Viriam todas as pessoas que conviveram comigo de que eu gostei, seria fechado, chope pra caralho e tal, a minha galera. É isso que eu tinha imaginado, mas não um jogo. Seria uma confraternização com as pessoas com quem convivi. Isso eu gostaria de ter feito, tipo reunir a galera toda, dirigentes que fizeram parte da minha vida e que de alguma forma criaram uma relação legal comigo. Convidar para um churrascão e jogar uma bolinha. Despedida, não. Eu não gosto de despedida."[27]

Em vez disso, sem poder encerrar a carreira no Corinthians e rejeitando ofertas de lugares distantes como o Japão, Sócrates deixou o Santos e foi para o Botafogo, para um breve "canto do cisne" no clube em que tudo começara quase duas décadas antes. Ribeirão Preto sempre foi sua casa; embora ele tivesse se ausentado durante dez anos, em muitos aspectos Sócrates nunca saiu realmente de lá. Não era só o lugar onde estava seu coração. Sua família vivia lá, seus amigos estavam lá, e tanto sua atual mulher quanto sua ex-esposa — àquela altura, ele tinha se divorciado de Regina — eram da cidade. Ele voltava sempre que podia, muitas vezes dirigia durante a noite para passar a manhã com sua mãe ou ficava até tarde no sítio de Maurinho Saquy para aproveitar todos os momentos possíveis de um churrasco com os amigos mais próximos.

O retorno ao Botafogo não seria muito mais do que um pretexto para conferir alguma simetria a uma trajetória de carreira que sofreu guinadas de todos os tipos. O clube passava por momentos difíceis na segunda divisão do Campeonato Paulista, e, embora o técnico fosse ninguém menos que Mário Travaglini, existiam poucos sinais de que seu retorno seria triunfante. Até mesmo os torcedores estavam divididos, alguns encantados com o retorno do herói, outros insatisfeitos pelo fato de o clube estar gastando um dinheiro de que não dispunha com alguém que claramente já tinha deixado para trás seus melhores dias.

Uma semana depois de deixar o Santos, Sócrates assinou um contrato curto e fez sua estreia em 16 de setembro, na vitória por 2 × 1 sobre o Uberlândia no estádio Santa Cruz. Ele sentia dores quase constantes por causa da hérnia de disco, e as coisas pioraram quando uma joelhada forçou sua substituição depois de apenas 23 minutos.[28]

O momento pareceu lhe oferecer uma pausa para refletir e ele não disputou o jogo seguinte, contra o Goiânia, fora de casa. Sua segunda aparição aconteceu três semanas mais tarde, numa vitória por 2 × 1 sobre o Grêmio Catanduvense, o segundo de quatro jogos com sua presença em que o Botafogo ficou invicto. O desempenho foi suficiente para que o time se classificasse para a segunda fase, mas o elenco era tão vulnerável quanto as pernas de Sócrates, e o Botafogo caiu no primeiro confronto eliminatório, em dois jogos contra o São José.[29]

Teria sido o final, mas ainda faltava um desnecessário amistoso. Em 26 de novembro de 1989, Sócrates fez seu último jogo profissional, um empate em 1 × 1 com o Itumbiara, em Goiás. Pouco mais de mil pessoas apareceram para vê-lo comandar o meio de campo, antes de sair discretamente na metade do segundo tempo.

E foi isso. Não houve alvoroço ou anúncio oficial de que ele estava pendurando as chuteiras. A dor era muito grande, assim como a amolação. Depois de dezessete anos, mais de setecentos jogos e mais de trezentos gols, um dos mais inspiradores futebolistas que o Brasil já produziu encerrava sua carreira. Ao menos como jogador.

CAPÍTULO 18

Ele estava buscando algo
que nunca encontrou.
Sóstenes, irmão de Sócrates

Os estudantes de medicina no campus da USP de Ribeirão Preto têm uma associação chamada Centro Acadêmico Rocha Lima. O nome, no entanto, não enganava ninguém. Na verdade, o centro era um prédio de bares e instalações esportivas dirigido pelos alunos, que organizavam conferências, festas e competições entre faculdades dentro da USP-RP e também entre as universidades do estado.

O presidente da associação era eleito pelos estudantes, e, após uma noite de bebedeira, Sócrates e seu amigo Aloisio Abud decidiram concorrer. Eles achavam que os dois candidatos principais eram chatos e muito "políticos", então resolveram se apresentar como uma terceira via cuja plataforma era, basicamente, promover festas. A campanha que criaram com quatro amigos recebeu o nome sem sentido de "Itch Le Nitch", e seu manifesto era um comando à diversão. Foi só quando o boca a boca indicou um certo equilíbrio e começou a dar a impressão de que a nova chapa poderia ganhar que eles perceberam que a brincadeira estava fugindo do controle. Pressentindo o peso da responsabilidade, eles recuaram em desespero e pediram às pessoas que não votassem neles, por medo de serem encarregados de dirigir uma das instituições de maior visibilidade da universidade.[1]

Na noite da votação, reuniram-se no bar dos alunos para assistir à apuração e tirar uma onda com os outros candidatos. Sócrates enviou telegramas falsos aos adversários, em nome do presidente norte-americano Jimmy Carter e do líder soviético Leonid Brejnev; quando o vencedor foi anunciado e sua chapa perdeu por apenas treze votos, o alívio foi grande.[2]

Esse flerte precoce com o poder foi o primeiro contato de Sócrates com um cargo eletivo, mas não sua última incursão na política organizada. Em 1991, sentindo-se numa encruzilhada e ainda sem ter certeza do que queria fazer pelo resto de sua vida, ele foi encorajado pelo futuro presidente Fernando Henrique Cardoso a se juntar ao PSDB, partido que emergia como um dos mais importantes do país. Sócrates mantinha uma relação de amizade com Mário Covas, que era próximo de seu pai e uma das lideranças do partido, e foi sondado para concorrer à prefeitura de Ribeirão Preto contra Antonio Palocci, um médico, torcedor do Botafogo, que ele conhecia da universidade e do futebol.

O candidato do Partido dos Trabalhadores não queria disputar a eleição com alguém que ele considerava um amigo e que tinha potencial para constrangê-lo nas urnas. Palocci entrou em contato para discutir uma aliança — o PT acabaria formando uma chapa junto com o PSDB — e ficou agradavelmente surpreso quando ouviu de Sócrates que ele não queria concorrer e estava se retirando da corrida antes mesmo de a disputa começar.[3]

Palocci agradeceu profundamente e mais tarde lhe ofereceu a posição de secretário de esportes da cidade, que Sócrates imediatamente aceitou. Sua reputação como alguém que se esquivava dos detalhes e de qualquer medida de administração ou planejamento — sem falar no hábito de abandonar os projetos bem antes de sua conclusão — não era alvissareira, mas, para a surpresa de Palocci, Sócrates se envolveu bastante com o trabalho.

“Ele era conhecido por ser um cara que não gostava de tocar projetos por muito tempo”, disse Palocci. “Mas não foi o que aconteceu de fato: ele se dedicou muito na secretaria e teve resultados muito bons. Para minha surpresa — achei que o Sócrates ia mais emprestar seu nome —, ele ia todo dia trabalhar na secretaria. E, em cada programa que ele lançava, não precisava fazer propaganda: apareciam mil meninos, dois mil meninos, teve muito impacto, foi muito legal. Ele investiu o prestígio dele, não só o nome. Ia lá, participava, organizava, fazia reunião com a equipe. Eu fiquei surpreso por ele ter se dedicado assim, cinco a oito horas por dia, todos os dias.”[4]

A política de uma cidade pequena tem seus problemas, mas Sócrates compensava a falta de experiência com carisma e bons contatos. Um de seus maiores feitos foi convencer a CBF a levar a seleção brasileira a Ribeirão Preto para um amistoso com a Polônia, em março de 1993. Quando uma data foi acordada, ele ligou para o Botafogo para saber se o estádio Santa Cruz poderia ser utilizado. O clube disse que sim, mas quando uma equipe chegou para preparar o gramado, os planos quase foram abandonados por um problema ligado a... cervejas. A CBF era patrocinada pela Brahma, mas as placas publicitárias do estádio eram da concorrente, a Antarctica. O impasse entre duas das maiores cervejarias do Brasil poderia facilmente terminar em desacordo e ações na justiça. Em vez disso, Sócrates telefonou diretamente para os presidentes das duas companhias, que não quiseram desapontar uma lenda. As coisas foram resolvidas amigavelmente e o jogo aconteceu como planejado.

“Ele resolvia as coisas muito bem”, lembrou Palocci. “Fazia do jeito dele, da maneira dele. Era muito informal, mas nunca irregular. Essas coisas ele ia atropelando, não ficava parado.”[5]

Depois de mais de um ano no cargo, Sócrates finalmente se cansou do trabalho, e uma questão envolvendo a melhor localização para um parque público foi a gota d’água. Moradores de uma comunidade de baixa renda queriam o parque diante de suas casas, em vez de entrar em acordo sobre onde a comunidade mais precisava do equipamento. Sócrates ficou decepcionado com o egoísmo que presenciou e concluiu que, se as pessoas não pensavam coletivamente, não havia mais o que fazer.[6]

A incapacidade de união das pessoas em torno de planos que beneficiariam a todos, ou ao menos à maioria, era uma frustração constante para ele. De jogadores do Botafogo que não queriam estudar, a jogadores da seleção que não passavam a bola para companheiros em melhores posições, a comunidades que não colocavam suas necessidades coletivas acima dos interesses individuais — esse tipo de coisa fazia Sócrates se desesperar. Quando se tratava de projetos pessoais, ele era, em muitos aspectos, o perfeito individualista; mas enxergava no egoísmo um defeito nacional que custava muito ao Brasil.

"É o grande problema do nosso país", ele declarou em 1999. "Por que o nosso país não saiu do buraco? Nosso povo tem uma cultura individualista. A culpa não está em cima, não está nos governantes: a culpa está embaixo. O dia em que nós tivermos espírito comunitário, disponibilidade comunitária, não tem quem segure esse país. Cada um individualmente não vale nada, aí o mais forte ganha do mais fraco. Agora, se você junta um monte de gente, não tem quem derrote isso."[7]

A vitória de Lula, sob o tema da "esperança que venceu o medo", o levou a repensar essa convicção, mas o estrago já estava feito.

No geral, entretanto, a experiência na política foi positiva para Sócrates e para o PT, e o partido sugeriu que ele fosse candidato ao Congresso no ano seguinte. Sócrates concordou, mas mudou de ideia algumas semanas depois, e, apesar de receber ligações de Palocci, Lula e outras figuras do partido, manteve-se irredutível. O PT queria fazê-lo viajar pelo estado como uma celebridade capaz de angariar votos e ele percebeu a enormidade do trabalho que teria pela frente. Sócrates quase concorreu ao senado pelo PT, em 2002, mais uma vez com o apoio de Lula. A ideia acabou vetada e lhe ofereceram, como prêmio de consolação, a chance de disputar a eleição para deputado federal, mas ele recusou.

O que Lula fez, como presidente, foi utilizá-lo como conselheiro ocasional, mas até mesmo essa experiência foi infeliz. José Dirceu convidou Sócrates, Soninha e Juca Kfouri para que ouvissem as ideias do governo a respeito da Timemania (loteria de incentivo fiscal para ajudar os clubes esportivos a saldarem suas dívidas com o governo), no começo de 2005. O trio conversou com Dirceu e Lula, então fez suas recomendações, aconselhando o governo a tratar qualquer recurso enviado aos clubes como contrapartida social à obrigatoriedade de profissionalização. Mas, dias depois, Lula assinou a medida provisória da Timemania sem observar nenhuma sugestão e Sócrates lamentou que os conselhos tenham sido ignorados.[8]

Sócrates sabia muito bem que se frustrava quando as coisas não corriam do jeito que ele queria, por isso viu que seria difícil promover grandes mudanças por intermédio da política. Ele entendeu a complexidade de desafiar o sistema e, embora soubesse que poderia ser eleito com o apoio de um partido grande, tinha receio de se desiludir e decidir abandonar seu cargo, decepcionando os eleitores que teriam confiado nele. Sócrates acreditava que poderia ter mais influência do lado de fora — e a ideia de perder a independência e passar horas, dias e semanas em meio a longas reuniões não o agradava.

E, o mais importante, a perspectiva de longos e sóbrios encontros com homens vestidos de ternos era a visão do inferno para Sócrates, que também odiava a ideia de ser obrigado a apoiar políticas com as quais não concordava. "Eu adoro política, mas odeio partidos políticos", ele disse alguns anos depois, num perfeito resumo do que pensava.

O futebol era o meio em que ele poderia criar impacto, e havia poucos clubes mais apropriados do que o Botafogo, onde ele ainda tinha amigos tanto no vestiário quanto na diretoria. Sócrates foi nomeado treinador em 1994, e logo em seu segundo jogo no comando, disse aos jogadores o que esperava deles.

"Tirei todo mundo da sala [menos os jogadores] e falei: 'Por cinco minutos, eu não quero ver jogo de futebol, eu quero ver show'."

Os jogadores olharam primeiro uns para os outros, depois para ele, sem saber o que dizer.

"Como assim?", um deles perguntou.

"Eu não quero que vocês joguem para ganhar, para fazer gol... É para dar drible, chapeuzinho, ficar prendendo a bola e tal."

"Porra! Sério?", perguntou um atleta. "Tem que fazer isso mesmo?"

"Sim", disse Sócrates. "Eu quero que vocês façam isso. Depois vão jogar bola, mas nos primeiros cinco minutos tem que ser isso. Eu quero ver levantar a torcida."[9]

O jogo terminou 2 × 2, mas a estratégia pedida aos jogadores resumia a filosofia de Sócrates como técnico e era inteiramente compatível com sua forma de jogar futebol. Seu trabalho dependia dos resultados, mas, para ele, o prazer era mais importante do que os pontos. Perder era aceitável desde que os jogadores ao menos tentassem entreter.

Sócrates tinha retornado ao clube em 1993. O Botafogo era o lugar em que seu legado ainda resistia e onde os diretores o adoravam e faziam suas vontades. Ele aceitou um convite para servir como "conselheiro" do presidente Laerte Alves, e quando o técnico José Galli Neto foi demitido pelos maus resultados que levaram o time ao nono lugar na segunda divisão, Sócrates concordou em substituí-lo até que outro treinador fosse contratado.

Ele trouxe seu estilo ao clube imediatamente, observando treinamentos de bermuda e chinelos enquanto seus auxiliares coordenavam as atividades. Sócrates aboliu a concentração e às vezes era o último a se apresentar para os jogos, chegando ao estádio após passar o dia bebendo e fazendo churrascos com amigos. Tratava os jogadores como iguais — algo novo e surpreendente para a maioria deles — e raramente se importava com tática, esquemas ou o que o adversário podia ou não fazer.

"Ele reunia o time e perguntava como a gente queria jogar. Sempre queria ouvir a nossa opinião, se a gente queria ficar recuado ou marcar mais alto", disse Édson Boaro, ex-jogador do Corinthians e da seleção, que jogou sob a direção de Sócrates no Botafogo. "Queria nos dar liberdade para jogar e fazia isso para diminuir a pressão sobre nós. Era interessante, porque a gente não ficava tão preocupado em fazer gols ou com medo de perder. Como técnico, ele nos deu essa liberdade de expressão."[10]

Como era seu costume, Sócrates levou a coisa ao extremo. Certo dia, ele colocou o gelo usado para tratar lesões no freezer cheio de cervejas. Quando um dos jogadores se machucou, seu assistente teve de pedir sacos de gelo emprestados ao time adversário.

A estratégia de aliviar a pressão dos jogadores, no entanto, teve efeito positivo. O time empatou o primeiro jogo, contra o São-Carlense, por 0 × 0, em 27 de fevereiro. Uma semana depois, no dérbi da cidade contra o Comercial, novo empate por 2 × 2. Embora o Botafogo não tivesse somado todos os pontos, os jogadores atenderam a seu pedido por um futebol expansivo e o desempenho foi suficiente para que Sócrates fosse efetivado no cargo. Seu estilo de comandar era pouco ortodoxo, mas o time ganhou dois dos três jogos seguintes e subiu para o sexto lugar na classificação.

Entretanto, um episódio no último dos três jogos, uma vitória em casa sobre o Paraguaçuense, o incomodou e o levou — uma vez mais — a abandonar um projeto precocemente.

Sócrates repetiu o pedido por espetáculo e disse aos jogadores que a única coisa que deveriam fazer nos primeiros dez minutos era passar a bola para o atacante Toninho. Eles seguiram as instruções perfeitamente e Toninho fez o lateral direito adversário sofrer tanto que o jogador foi substituído no intervalo por alguém cuja única função era conter seus avanços. A resposta de Sócrates foi tirar Toninho do jogo e passar a concentrar os ataques do Botafogo no outro lado do campo. Os torcedores ficaram furiosos com ele e o vaiaram por ter substituído o melhor jogador do time, mas a decisão surtiu efeito: o Botafogo marcou três gols e venceu por 3 × 1.

O grande problema aconteceu no intervalo, quando o assistente Tiri — o mesmo Tiri que trabalhava no clube quando Sócrates iniciou sua carreira — orientou os jogadores. O veterano auxiliar criticou o time por ter ficado muito tempo com a bola e não ter marcado gols; mas quando ele saiu do vestiário, Sócrates teve que dizer aos jogadores que esquecessem tudo o que tinham ouvido e continuassem fazendo o que ele havia pedido antes. Sócrates não queria desautorizar Tiri, que era um de seus amigos mais antigos e uma lenda no Botafogo, mas refletiu sobre o incidente quando voou para o Japão alguns dias depois.

Ele tinha um compromisso acertado para dar algumas clínicas de futebol em Tóquio e Osaka, e cedeu o comando do time do Botafogo por duas semanas. Seu primeiro jogo depois da volta foi uma vitória por 3 × 0 sobre o Olímpia, seguida por uma derrota por 4 × 0 para o Araçatuba. Quando o Botafogo não conseguiu vencer a partida seguinte, em casa, contra o Catanduvense, ele decidiu que já tinha visto o bastante. Seu período como técnico do clube teve três vitórias, três empates e duas derrotas, desempenho que levou o Botafogo do nono para o quarto lugar na tabela. Mas ele não tinha estômago para aquilo. Era muito estresse, muito trabalho duro e muitas inconveniências.[11]

"Um técnico tem que ser o primeiro a chegar de manhã e o último a sair à noite", disse Serginho, seu amigo e companheiro na seleção de 1982, que também trabalhou como treinador. "Você tem que ser capaz de pegar pesado com os jogadores, às vezes tem que gritar com eles. Não pode ser amigo deles. Sócrates não tinha a personalidade para ser técnico."[12]

O retorno de Sócrates ao Botafogo foi uma diversão para os torcedores, mas não tanto para Silvana Campos. Nos primeiros anos da década, Sócrates bebeu e fumou menos enquanto vivia uma lua de mel prolongada com a mulher com quem se casou numa cerimônia discreta em maio de 1990. Como atleta que era, Silvana gostava de estar em forma e tentou que seu marido fizesse o mesmo. Eles saíam juntos para caminhar pela manhã e andavam de bicicleta nos fins de semana, e a chegada do primeiro filho do casal, em setembro de 1990, deu a Sócrates um incentivo a mais para cuidar da saúde.

O que também o ajudou foi seu tão aguardado retorno à medicina. Ele passou o início dos anos 1990 estudando para se atualizar em relação às técnicas mais recentes e depois passou a atuar como médico em tempo integral pela primeira vez na vida. Adorava fazer as duas coisas e aquele período foi um dos mais felizes de sua vida, ainda que tivesse se mantido sempre extremamente ocupado. Em 1990, ele dirigia 650 quilômetros para ir e voltar de São Paulo três vezes por semana, a fim de frequentar um curso de medicina esportiva, e também viajava pelo Brasil para encontros e congressos das suas áreas de especialidade.

Sócrates esteve indeciso durante anos a respeito da área à qual se dedicaria, primeiro imaginando ortopedia e pediatria, e nunca se enxergando seriamente no mundo do futebol. Isso mudou quando ele percebeu que não queria passar os dias dentro de um hospital, e se inscreveu num curso de pós-graduação em medicina esportiva na Escola Paulista de Medicina. Ele acreditava que a especialidade ainda era muito subestimada e inteligentemente percebeu que, com o aumento dos casos de diabetes, obesidade e hipertensão, seu campo de atuação só se ampliaria.

Alguns anos antes, Sócrates havia comprado uma propriedade em Ribeirão Preto, quando pretendia abrir uma clínica esportiva, e começou a contratar pessoas e equipar o local para lidar com seus novos pacientes. Administrar o Centro de Medicina Sócrates, no início de 1992, começou como um sonho realizado, mas logo se converteu em pesadelo. Seu maior desafio era moral: enfrentar os conflitos éticos profissionais. Ele ficou chocado com o número de diagnósticos errados e recomendações de cirurgias desnecessárias, e constantemente se deparava com a difícil escolha entre criticar colegas ou deixar as coisas acontecerem. No final, um de seus funcionários o processou por uma questão administrativa e facilitou sua decisão: Sócrates não tinha tempo nem energia para uma arrastada batalha judicial e fez um acordo, fechando o centro de medicina.[13]

Perder a clínica e o trabalho que havia planejado por toda a vida foi um dos maiores reveses que ele sofreu, e Sócrates voltou a beber em excesso. O processo se iniciou quando ele retornou ao Botafogo, primeiro como conselheiro e depois como técnico. Jogadores de futebol gostam de beber e a socialização era parte importante do trabalho, especialmente em Ribeirão Preto, onde o calor exige a hidratação e tantos amigos antigos estavam sempre disponíveis para compartilhar cervejas e conversar sobre os velhos tempos.

Silvana, entretanto, não aprovava esse hábito, o que desgastou o relacionamento deles. Os desentendimentos se repetiam; e, em maio de 1994, Sócrates saiu de casa. Eles quase reataram no Natal, mas — mesmo depois de voltar à clínica, após ter deixado novamente o Botafogo — ele continuou bebendo demais, muitas vezes ligando para o trabalho com a desculpa de que estava doente apenas para poder sair e beber mais algumas cervejas. Seu coração não estava mais no trabalho, tampouco no casamento, e ele decidiu pôr um fim em ambos.

Sócrates dizia orgulhosamente que vivia apenas para o momento presente e que o futuro cuidaria de si. Mas a insistência em viver dessa maneira trazia um problema. No mundo de Sócrates, tudo era fugaz e ele não tinha a capacidade de relaxar e aproveitar os bons momentos. A satisfação era como uma droga e cada instante de felicidade era rapidamente esquecido, para que ele fosse à procura do próximo.

Isso era compreensível no mundo do futebol, onde um título ou uma atuação extraordinária rapidamente tem de ficar no passado, numa cultura em que o que importa é essencialmente o resultado seguinte. Porém, era uma dinâmica mais prejudicial no aspecto pessoal, porque a família e os amigos tinham dificuldades para acompanhá-lo.

"Eu diria que o grande prazer para mim é aquilo que eu estou vivendo", disse. "Vamos imaginar que fazer o gol da final da Copa do Mundo seria um grande prazer. Duas horas depois, a gente se sentaria para bater um papo superlegal, que a gente não ia querer acabar nunca. Já matou isso aí, matou o gol, não vale mais nada, já foi, é sempre o atual esperando o próximo.

"A glória, qualquer que seja, é absolutamente efêmera. Para o indivíduo em si, para um jogador de futebol ainda mais, ela não vale nada. Eu nunca penso no que vai acontecer amanhã, bicho, nunca. Minha mulher fica louca. 'Pô, vamos programar...'. Que programar! Vamos viver, vamos viver!"[14]

Silvana culpava o álcool e sentia que o hábito havia transformado seu marido numa caricatura de alguém que ele não era. Sem a bebida, Sócrates era quieto e pacato. Em casa, sozinho, sem uma cerveja na mão, ficava tão absorvido por um livro ou um programa de televisão que esquecia que havia outras pessoas na sala. Mas quando bebia, Sócrates era agitado e imprevisível.

"Uma pessoa que vive somente o hoje, usando um artifício que a modifica, está escondendo alguma coisa", opinou Silvana. "Então, não está vivendo o hoje como a pessoa que é. Está vivendo o hoje como uma pessoa que ela está criando. Que a bebida está criando."[15]

Silvana salientou que, quando a bebida estava sob controle, Sócrates se dedicou a projetos que o faziam feliz — primeiro como um jovem na universidade e no Botafogo, e mais tarde a seu lado, no começo da década de 1990, fazendo o curso de pós-graduação e trabalhando como secretário de esportes. Mas quando a muleta do futebol deixou de estar à disposição, ele flertou com iniciativas variadas, jamais se apegando a nada nem sendo totalmente feliz. Como uma criança viciada em açúcar, Sócrates admitia abertamente que precisava de estímulo constante.

"Eu tenho que estar criando", disse. "O que passou, passou. Eu tenho que estar criando e tem que ser coisa nova, nada é igual. Quando eu faço alguma coisa que se repete com alguma regularidade, me dá uma angústia filha da puta, a sensação que eu tenho é a de que estou morrendo, eu não consigo. Preciso inventar, inventar alguma coisa diferente.

"Claro que há coisas que me dão muito prazer e de alguma forma eu consigo mantê-las próximas a mim — e elas continuam me dando prazer. Mas elas não podem ser únicas, jamais, porque eu não consigo conviver com isso, com um negócio único."[16]

Depois de deixar o Botafogo e fechar a clínica, Sócrates passou os anos seguintes tentando trabalhar na televisão. Ele brincava que nunca foi bonito o suficiente para estar na TV, mas chegou a fazer pequenas participações em alguns programas, como apresentador ou convidado, sempre com desenvoltura. As pessoas que trabalhavam com ele ficavam contentes por estar ao lado de um ídolo, e os telespectadores adoravam sua visão e sua sinceridade. As primeiras tentativas em programas de entrevistas, em Ribeirão Preto, serviram como experiência vital para trabalhos posteriores em rede nacional, como convidado nos programas de debate esportivo que dominam a televisão brasileira quase todas as noites.

Seu maior fracasso aconteceu na posição de comentarista. Sócrates foi contratado pelo SporTV, em 1995, para analisar partidas de futebol, mas chegou atrasado a uma de suas primeiras transmissões, a final do Campeonato Paulista, entre Corinthians e Palmeiras. O jogo foi realizado em Ribeirão Preto e ele foi para o estádio direto de um churrasco na casa de Maurinho Saquy. Era perceptível que ele tinha bebido e não havia se preparado para a transmissão. Para agravar a situação, passou boa parte do jogo torcendo ostensivamente para o Corinthians.[17]

Executivos do SporTV receberam reclamações de torcedores do Palmeiras, mas não encontraram outro ex-jogador do Corinthians para substituir Sócrates no segundo jogo da decisão, por isso foram obrigados a seguir com ele. Sócrates chegou na hora, mas entrou no campo para saudar a torcida corintiana antes do jogo e deu um grito quando o time marcou um gol. Os torcedores do Palmeiras ficaram indignados, os executivos do canal de televisão não sabiam o que fazer e a carreira de Sócrates como comentarista se encerrou praticamente antes de ter começado de verdade.

A separação de Silvana o levou a uma espiral negativa, e, quando o divórcio foi concluído, em 1996, Sócrates saiu do país para tentar um recomeço. Depois de seu ano desastroso na Itália, ele nunca tinha voltado a considerar viver fora do

Brasil novamente. Adorava o caos informal de sua terra natal e considerava a Europa muito estruturada e impessoal.

Mas, quando a chance de ir para o Equador se apresentou, ele a agarrou não exatamente com as duas mãos, mas com a clareza de que a experiência poderia lhe dar algo em que concentrar suas energias. O presidente da Liga Deportiva Universitaria (LDU), clube da primeira divisão do futebol do país, tinha bons contatos no Corinthians e visitou São Paulo com a intenção de contratar alguns jogadores. As conversas o levaram até Sócrates, e Darío Ávila retornou ao Equador com quatro jogadores do Corinthians e um novo técnico.[18]

Sócrates não fez grandes exigências e ficou feliz em receber um salário razoável e um pequeno apartamento para chamar de casa. Ele levou seu próprio assistente e um preparador físico, mas teve dificuldades desde o momento em que desembarcou no país. A LDU estava construindo um novo estádio e queria um técnico famoso para inaugurá-lo no ano seguinte, mas logo ficou claro que Sócrates não permaneceria no clube por tanto tempo.

O principal problema foram os resultados — apenas uma vitória em cinco jogos e três derrotas por 1 × 0, todas em casa. Ainda mais surpreendente foi o fato de Sócrates não ter conseguido se conectar com os jogadores. Ele reclamou que os equatorianos não tinham boa técnica, e, quando um dos atletas contratados do Corinthians criticou publicamente a falta de profissionalismo dos jogadores locais, criou-se uma divisão incontornável.

Fora de campo, Sócrates nunca se dedicou a aproveitar Quito, uma das capitais mais charmosas do mundo. Na altitude dos Andes, a cidade é rodeada por vulcões nevados e tem um belo e preservado centro em estilo colonial. Sócrates pouco viu além do estádio e do apartamento em que passava noites escrevendo poesias e assistindo a vídeos dos adversários. Ele arrumou uma namorada local, mas nem isso foi capaz de animá-lo. Apenas duas semanas depois do início de sua estada nos Andes, disse ao presidente do clube que estava pensando em se demitir. Os diretores tentaram convencê-lo a permanecer e se revezaram em jantares para que ele se sentisse mais em casa. Mas os esforços dos equatorianos foram em vão, e Sócrates deixou o cargo após menos de dois meses.[19]

"Ele reclamava da técnica dos jogadores. Com quinze dias, disse que desistiria e que queria ir embora, como se tivesse se dado conta de que aquilo não era para ele", disse Edwin Andara, diretor de futebol da LDU à época. "Era um sujeito melancólico, de uma tristeza profunda. Nunca o vi alegre com a vitória ou triste com as derrotas, ele estava sempre do mesmo jeito, com a mesma expressão. A princípio, os jogadores o admiravam. Quem não admiraria um monstro do futebol mundial? Depois, não o entendiam e passaram a evitá-lo. Lamentavelmente, ele não conseguia motivar os jogadores, era alguém muito triste. Esteve aqui por dois meses, mas não se acostumou. Depois do último jogo, quando perdeu para o El Nacional, veio falar conosco e disse que ia embora, que não havia nenhum problema para resolver, não queria nem receber. Para nós foi um alívio, porque o time não andava bem, não jogava nada e o impacto midiático já tinha se diluído."[20]

Sócrates ainda tentava encontrar seu lugar, mas continuava, como sempre, disposto a fazer o que não fosse usual, e, em 1996, aceitou um convite para conhecer Muammar al-Gaddafi na Líbia, país que sofria um embargo econômico. Ele dirigiu durante a noite, partindo da Tunísia num comboio de veículos 4×4 e os dois se encontraram primeiro no deserto, depois na casa em que o ditador havia criado um altar para sua filha adotiva, assassinada por um bombardeio norte-americano ocorrido uma década antes.[21]

Eles conversaram sobre "futebol, política, história e sentimentos", e Gaddafi ofereceu a Sócrates apoio financeiro para concorrer à presidência do Brasil, o que ele educadamente recusou.[22]

Em vez de tornar a enveredar pela política, ele retomou passatempos mais mundanos, principalmente o hábito de escrever, que considerava estimulante. Sócrates assinou uma coluna na revista *Carta Capital* que duraria uma década, foi coautor de um livro sobre a Democracia Corinthiana com Ricardo Gozzi e se dedicou a escrever uma autobiografia que misturava memórias, filosofia e histórias do futebol. Ele costumava brincar que era um artista multimídia e que escrever e apresentar programas de TV eram acréscimos a um currículo que já registrava suas investidas no teatro e na música nos anos 1980. Sócrates continuou compondo músicas até o fim de sua vida, muitas vezes escrevendo letras em guardanapos encontrados na mesa de bares em Ribeirão Preto — ao lado de Bueno, seu fiel parceiro de bares e composições. Projetou parcerias com Toquinho, Zeca Baleiro e Fagner, e até gravou um CD chamado *Sócrates, Bueno e convidados*. Mais tarde, ainda pintaria e escreveria poemas.

Escrever era fácil para ele, mas a atividade nunca se pareceu com uma carreira, e quando Sócrates foi apresentado à oportunidade de voltar ao futebol, não conseguiu dizer não. A chance veio no final de 1999, quando o prefeito de Cabo Frio abordou o velho amigo Leandro e lhe perguntou se queria dirigir o time local. O ex-lateral do Flamengo e da seleção nasceu em Cabo Frio, e voltou à cidade para abrir uma pousada depois de se aposentar do futebol. O local era popular entre turistas — especialmente entre torcedores do Flamengo —, que iam aproveitar as praias de areias branquíssimas e conhecer a coleção de troféus de Leandro, ao lado de uma parede com registros fotográficos de seus dias de glória.

Leandro não se enxergava como treinador, mas gostou da ideia de se envolver com o lado administrativo do clube e ligou para Sócrates para contar a notícia. Ele ficou surpreso com a resposta entusiasmada do amigo.

"Ele me disse: 'Leandro, me leva contigo. Eu quero me envolver nisso, quero ajudar'", relembrou Leandro. "E eu disse: 'Você tem certeza? Realmente quer deixar Ribeirão Preto e vir para Cabo Frio?'. Ele disse: 'Sim, tenho certeza'."[23]

A ideia de dirigir um time pequeno perto da praia se aproximava da perfeição nos parâmetros de Sócrates, mas logo no início ele percebeu que se tratava de algo mais do que futebol. Ainda que estivesse fora daquele ambiente fazia anos, ele ainda acreditava na filosofia da Democracia Corinthiana, e queria ver se conseguia fazê-la funcionar em um clube menor, sem estrelas e com pouca atenção da mídia. O futebol estava se tornando uma atividade muito mais comercial, o que serviu apenas para incrementar o desafio, e seu entusiasmo cresceu após a primeira visita ao lugar onde o time jogava.

O estádio tinha salas vazias embaixo da arquibancada, e as preocupações de Sócrates envolvendo a questão da educação logo afloraram. Ele tinha colocado caixas com livros no carro — mais livros do que roupas, lembrou o amigo Bueno — e dirigido quase novecentos quilômetros com a intenção de estimular seus novos jogadores. Como já dispunha do espaço, Sócrates conseguiu alguns computadores e quadros-negros; duas semanas depois de chegar a Cabo Frio, já estava liderando grupos de discussão sobre os temas do momento antes dos treinamentos. Algumas vezes, pegava uma página do jornal e a fixava na parede para que os jogadores a lessem. Em outras ocasiões, eles conversavam sobre um livro. E, de vez em quando, ele simplesmente escolhia um assunto que o interessava. O tema e o método não importavam. O mais importante era ver jovens jogadores falando sobre algo diferente de futebol.[24]

O experimento foi um sucesso, e Sócrates decidiu seguir e tentar criar outro movimento como a Democracia Corinthiana. Seu sonho era acabar com a concentração e ele colocou a ideia em votação para os 41 funcionários do clube. Notando como os jogadores respondiam aos debates diários, ele estava otimista. Achava que teriam coragem de assumir mais responsabilidades fora do campo. Mas o resultado foi um golpe que, de uma vez por todas, confirmou a morte dos ideais que ele lutou incansavelmente para implantar.

"Coloquei em pauta também o processo democrático. Vamos votar o que interessa a todos, né? A concentração, por exemplo, perdi de 40 a 1. O único voto contra foi o meu."[25]

Sócrates teve mais sucesso com o time dentro de campo, mesmo que tenha chegado a um clube com apenas dez jogadores sob contrato, seis deles machucados. Como não havia categorias de base e nenhum trabalho de observação, eles recorreram a velhos amigos para ajudá-los. O irmão de Leandro sugeriu jogadores que tinha visto em São Paulo. Sócrates ligou para ex-colegas e pediu recomendações. Zico emprestou alguns jogadores de seu clube no Rio.

A ideia era usar os últimos meses de 1999 para construir um time que pudesse competir no campeonato estadual do Rio de Janeiro na temporada seguinte, e eles foram bons o bastante para subir da segunda para a primeira divisão — embora não fosse uma tarefa muito difícil, já que oito de dez times conseguiram o acesso. Entretanto, o clube não tinha dinheiro para qualificar a equipe depois da promoção e o nível de dificuldade da primeira divisão foi demais para eles. Após dois empates e uma derrota nos primeiros três jogos, a Cabofriense demitiu Sócrates.

"A gente tinha um time capaz de nos levar para a primeira divisão, mas não um time que pudesse nos manter na primeira divisão", reconheceu Leandro. "O que importa são os resultados e a gente começou a perder. O prefeito pediu para eu despedi-lo, mas eu disse que não ia fazer isso: 'Você pode pedir pra outra pessoa, eu não tenho coragem pra isso'. Então, alguém tomou a providência. O Sócrates não fazia ideia de que isso aconteceria. Ele tinha assinado um contrato só de quatro meses com um apartamento, mas sabia que o futebol é assim, que essas coisas acontecem quando você perde. É normal."[26]

Os seis meses que Sócrates passou em Cabo Frio foram profundamente prazerosos no aspecto pessoal, mas também uma trágica confirmação de que sua ética democrática era anacrônica. As sementes que ele plantou com tanto sucesso no Corinthians não criaram raízes. Nenhum clube adotou suas ideias e, até os dias de hoje, os clubes brasileiros funcionam muito mais como ditaduras do que como democracias. Os melhores clubes do Brasil se tornaram mais profissionais também e agora têm modernos departamentos de marketing, observadores por todo o país e centros de treinamento tão bons quanto os europeus.

Mas a participação dos jogadores é limitada a jogar futebol, e eles têm pouca ou nenhuma influência sobre como as agremiações são dirigidas. Alguns clubes suspenderam temporariamente a concentração ao longo dos anos, mas não porque os jogadores tenham exigido mais liberdade ou porque os clubes os tenham considerado maduros o suficiente para cuidarem de si mesmos na noite anterior aos jogos. Ao contrário, atletas de clubes como o Botafogo, a Portuguesa e o Vasco da Gama se recusaram a se concentrar, como forma de protesto pelo atraso no pagamento dos salários. Em alguns casos, os clubes estavam tão endividados que eliminar custos com hotéis foi uma opção fácil. Mas assim que as finanças se reequilibraram, a concentração acabou restabelecida. Os jogadores que, de repente, foram liberados das restrições pré-jogo revelaram satisfação, mas nenhum deles jamais solicitou o fim definitivo do sistema.

Em vez de dar mais liberdade aos jogadores, os clubes tomaram providências para contê-los ainda mais. Atlético Mineiro, Cruzeiro e, ironicamente, o Corinthians estão entre os que construíram suas próprias acomodações dentro dos centros de treinamento, como forma de manter os jogadores isolados antes das partidas.

"O jogador é conservador, em geral, porque o sistema é conservador", disse Sócrates, em 2011, muito tempo depois de ter ficado claro que a Democracia Corinthiana nunca se repetiria. "Ele nasce dentro desse sistema e não consegue romper com ele. Aceita porque é cômodo para ele. Aceita ser tratado como criança a vida toda. Por isso eles têm grandes problemas quando encerram a carreira. Porque aí você tem que virar gente, tem que fazer as coisas."[27]

Sua saída forçada da Cabofriense não o perturbou em nada. Sócrates ficou mais preocupado por não poder mais andar na areia e sair à noite com Leandro do que por ter perdido o emprego no time. Sabia que as demissões eram inevitáveis no futebol e sua saída foi notável, acima de tudo, por ter sido a primeira vez desde que deixou a Fiorentina que Sócrates não escolheu o momento de partir.

A demissão, no entanto, se tornou significativa por outro aspecto: foi seu último trabalho em tempo integral num clube de futebol. Quando saiu, Sócrates sentiu mais falta do jogo do que deixou transparecer, mas o que mais o afetou foi não ter um propósito na vida. O novo milênio traria outras oportunidades e ele estava pronto para elas. Mas a maioria eram atividades passageiras. Preso entre um passado que ele não tinha desejo de revisitar e um futuro para sempre indefinido,

Sócrates se concentrou no presente e no que mais gostava de fazer: na última década de sua vida, sua companhia mais constante foi a bebida.

CAPÍTULO 19

> Ele era um homem desencantado.
> Não tinha nenhum motivo que o prendesse
> o bastante. Eu acho que ele era um homem
> muito atormentado e que procurava um
> sentido para a vida e nunca o encontrou.
> Mino Carta, amigo de Sócrates,
> editor da revista Carta Capital

Em dezembro de 1980, a revista *Placar* pediu a Sócrates que imaginasse como seria sua vida em 2004, aos cinquenta anos.

Então com 26, ele imaginou que estaria aposentado após conquistar a Copa do Mundo de 1982 e que se dedicaria a trabalhar numa clínica de ortopedia infantil em Ribeirão Preto. A clínica teria poucos sinais de que ele tinha sido um jogador de futebol famoso, sem fotos nas paredes ou revistas esportivas na sala de espera, e ele não teria nenhum interesse em visitar o estádio com capacidade para duzentas mil pessoas no qual o Corinthians estaria mandando seus jogos.

Ele participaria de peladas aos fins de semana com amigos da faculdade e do trabalho, e talvez fosse ver o Botafogo jogar de vez em quando. Mas, em sua projeção, o futebol profissional estaria no passado e ele estaria feliz assim — ou, ao menos, era nisso que ele queria que as pessoas acreditassem.

Sócrates pensou em algumas palavras que Regina diria, projetando a vida imaginária do marido: "Sócrates disse ao mundo que não quer saber de futebol, mas tem momentos em que ele não consegue resistir e pega o álbum de recordações para olhar para trás".

"Eu acho que esse álbum está trancado numa gaveta e só ele tem a chave", imaginaria Regina. "Às vezes, ele passa horas em seu escritório e, quando sai, seus olhos estão vermelhos, como se ele tivesse chorado. Sócrates não diz nada, mas eu sei por quê. Ele nega, mas o futebol marcou sua vida."[1]

O futebol teve um efeito muito maior em Sócrates do que ele jamais admitiu, e uma das tragédias de seus últimos anos foi não ter encontrado nada que, mesmo remotamente, lhe trouxesse tanta satisfação. Sócrates nunca tinha imaginado fazer qualquer outra coisa que não fosse praticar a medicina, e quando esse sonho desmoronou, ele também ficou aterrado.

"A vida inteira ele imaginou que, na hora em que parasse de jogar, seria médico", disse seu irmão Sóstenes. "Isso estava colocado para ele. Fez seis anos de medicina, deixou aquilo de lado para ter uma carreira no futebol e, quando terminasse, voltaria à carreira de médico. Como isso não deu certo, ele não se adaptou, acho que se perdeu, não sabia mais o que fazer. Eu acho que ele estava naquela fase também de muita boemia, se apaixonou aqui, se apaixonou ali — eu acho que isso não ajudou. Ele estava procurando alguma coisa, mas não encontrou. Nunca o vi empolgado com um projeto. Ao começar um projeto, ele falava muito a respeito, mas nunca vi uma consistência, uma coisa que ele realmente quisesse."[2]

Na verdade, naquele ponto, mais do que antes, Sócrates tinha se tornado um filósofo. Era um homem de palavras, conceitos e teorias, não um homem de obras e ações. Sempre tinha ideias, mas não contava com a energia ou a paciência para convertê-las em projetos de trabalho. Ele rapidamente perdia a paciência com o mundo real e suas tediosas barreiras burocráticas, administrativas e financeiras.

Seu velho amigo Trajano conta que os encontros com Sócrates muitas vezes eram sobre planos que nunca decolavam. "Sempre era uma coisa que começava, às vezes nem começava; quando começava, terminava dois dias depois. Uma hora ele ia empresariar torneios de tênis, outra hora ia cantar música sertaneja, fazer cineclube, filme, o escambau."[3]

A última ambição não realizada de Sócrates era a de trabalhar com jogadores jovens, preferencialmente no Corinthians. Ele queria dirigi-los dentro e fora do campo, ensinando-lhes sobre a vida e a política e as armadilhas que os aguardavam. A finalidade do trabalho seria produzir grandes jogadores, mas, acima de tudo, ele queria produzir jovens lúcidos que estivessem prontos para o mundo e cientes de como o status de que gozariam poderia transformá-lo. Infelizmente, ele nunca chegou a formular um plano detalhado, e, mesmo que tivesse feito isso, os clubes de futebol do Brasil, sempre tão conservadores, não cogitariam contratar alguém com as visões independentes dele. No século XXI, revolucionários eram ainda menos bem-vindos do que na época da Democracia Corinthiana.

Em vez disso, ele seguiu escrevendo colunas de jornais e revistas e até mesmo um livro de memórias [que seria publicado postumamente], e produziu e apresentou programas de entrevistas na televisão em Ribeirão Preto. Compôs e gravou com seu amigo, músico, Roberto Bueno; envolveu-se com o Cineclube Cauim, uma entidade cultural em Ribeirão; e viajou pelo país ensinando esportes para crianças carentes em locais distantes das maiores cidades brasileiras. Também frequentou um curso MBA de administração esportiva na Fundação Getúlio Vargas. Ocasionalmente deu palestras com foco no mercado corporativo, e permaneceu como embaixador da marca Topper, cuja linha de produtos associados a Sócrates ainda era uma das mais bem-sucedidas de seu catálogo vinte anos após seu auge como jogador. Em 2004, Sócrates esteve em Paris para receber um prêmio da fifa como um dos maiores jogadores de futebol ainda vivos.

Sócrates encontrou um propósito, embora breve, para estimulá-lo no início do milênio, quando participou de uma campanha por mudanças na CBF. Os líderes da organização, entre os quais haveria indiciados no escândalo da fifa mais de uma década depois, foram acusados de crimes como evasão de divisas, extorsão e lavagem de dinheiro numa CPI conduzida pelo Congresso brasileiro. Sócrates ficou indignado com as descobertas, e embora o estatuto da confederação não lhe permitisse nenhuma chance de ser eleito presidente, ele se apresentou como candidato alternativo para poder bater forte nos dirigentes. Mais tarde, dias após o Brasil ter sido escolhido como sede da Copa do Mundo de 2014, ele manifestou preocupação com os perigos de superfaturamento e uso inapropriado de dinheiro público, além das inúmeras promessas de maravilhosos legados e benfeitorias fantásticas. Ele nunca aliviou as críticas a Ricardo Teixeira — presidente da CBF durante 23 anos e um dos que seriam indiciados nos Estados Unidos — e deliciou os repórteres, ao deixar o hospital, perto do fim de sua vida, gritando "Fora, Teixeira!", quando perguntado como estava se sentindo.

Em novembro de 2004, numa de suas experiências mais memoráveis, Sócrates, aos cinquenta anos, deixou a aposentadoria para jogar no Garforth Town, um clube da nona divisão do futebol inglês. O dono do clube, Simon Clifford, era um grande fã do Brasil e adorava futsal, esporte que levou ao Reino Unido por intermédio de uma organização com seiscentas escolinhas de futebol. Sócrates fez um acordo para disputar algumas partidas, mas o frio extremo o afetou demais e sua única aparição foi nos treze minutos finais de um empate em 2 × 2 entre o Garforth Town e Tadcaster Albion. Clifford e Sócrates viajaram pelo país dando clínicas de futebol todos os dias e bebendo todas as noites, e, juntos, planejaram uma revolução no futebol mundial. Inevitavelmente, Sócrates não foi adiante, e a memória mais duradoura de Clifford a respeito da viagem é a do amigo brasileiro tentando convencê-lo a começar a fumar, porque era cruel permitir que ele bebesse e fumasse sozinho.

"Numa das primeiras noites, estávamos num restaurante e ele disse: 'Se você não vai beber, podia pelo menos fumar'", lembrou Clifford. "Sócrates disse: 'Ou você é meu irmão, ou não é'. Eu fumei quando estava na escola, mas fazia muito tempo, então pensei: 'Ok, vou fumar um cigarro. Posso parar na semana que vem'. Bem, nove anos depois, eu ainda continuava fumando."[4]

Essas iniciativas punham Sócrates em contato com gente nova e interessante, o que ele adorava. O público que apareceu para vê-lo jogar pelo Garforth foi dez vezes maior do que o habitualmente visto no campo, e ele era festejado por onde passava, inclusive no Manchester United, onde Sir Alex Ferguson interrompeu um treinamento para apresentá-lo a seus profissionais multimilionários, muitos dos quais eram jovens demais para se lembrar de Sócrates. Mas tudo aquilo era mais entretenimento do que trabalho, e certamente não havia futuro ali. O objetivo principal, como era comum em seus últimos anos, era simplesmente se manter ocupado e se divertir.[5]

"Ele realmente não conseguia se achar profissionalmente", disse Sóstenes. "Se você não tem uma profissão e também não está estável na vida sentimental, a boemia toma conta. Ele não conseguia se apegar a uma coisa. Então ficou, de certa forma, pulando de paixão em paixão. Ficou com essa vida, de boemia."[6]

Sócrates estava descendo a avenida Nove de Julho, em Ribeirão Preto, quando encontrou Hamilton Mortari, ex-diretor do Botafogo. Foi no começo dos anos 2000 e Mortari estava indo comprar um celular. Sócrates foi junto.

"Eu vou com você e ajudo a escolher um número", disse Sócrates.

Mortari, já envelhecendo, ficou feliz por encontrar o amigo e eles se sentaram juntos diante de uma tela para escolher um número.

Quando o cursor mostrou "51", que é também o nome da marca de cachaça mais conhecida do Brasil, Sócrates disse: "Para aí, esse número é pra você!".

"Por que 51?", Mortari perguntou.

"Porque, com o 51, você vai se lembrar de mim pelo resto da vida", Sócrates respondeu, sorrindo.[7]

Sócrates sempre brincou com seu caso de amor de uma vida inteira com a bebida. Disse a seu amigo e parceiro de bar, Fernando Kaxassa, que sua mulher, Barbara, era a mulher perfeita, porque tinha dois bares em seu nome.[8] Quando foi apresentado a Fernando Beer, um executivo de vendas na Topper, ele sorriu e disse: "Eu já gosto de você" [*beer* é "cerveja" em inglês]. Ao menos dois bares em Ribeirão Preto tinham mesas especialmente reservadas para ele — e um deles, o Pinguim, permitia que ele bebesse de graça, porque sua presença atraía clientes.[9]

Para Sócrates, beber era sinônimo de diversão. Ele nunca levou o alcoolismo a sério ou sequer admitiu que tinha um problema. Saindo do hospital semanas antes de sua morte, ainda insistia que não tinha nenhum arrependimento e prometia que não mudaria. "Eu faço o que eu quero e vou continuar fazendo. Se me dá prazer, vou continuar. Se eu não quiser fazer, não faço. Eu não sou viciado em nada, não sou dependente de álcool. Não tenho sintomas de abstinência, não sou quimicamente dependente."[10]

Sócrates escolheu viver a vida ao máximo, mas os longos anos de abuso do álcool começaram a cobrar seu preço e os amigos passaram a notar sutis mudanças em seu comportamento. Ele nunca foi do tipo que ficava agressivo ou caía de tanto beber — e como preferia beber cerveja fraca, sem pressa, era difícil notar quando estava mal. Mas, quando passou dos cinquenta anos, seu corpo apresentou dificuldades para suportar o hábito. Ele já não conseguia beber o dia inteiro sem sentir os efeitos. As ocasiões em que tropeçava ou falava enrolado ainda eram raras, mas estavam se tornando mais comuns.

Seu primeiro susto com a saúde aconteceu em 1996, quando ele tossiu sangue no meio da noite e teve de dirigir sozinho até o hospital. A mesma coisa se passou nove anos depois; mas, em ambas as ocasiões, ele ignorou as ordens médicas para parar de beber e fumar, ou pelo menos diminuir a frequência. Na verdade, Sócrates fez o oposto: sem um trabalho para preencher seus dias, a bebida se tornou seu único passatempo regular; no final dos anos 2000, ele estava bebendo como se não houvesse amanhã.[11]

Seus amigos perceberam que ele ia ladeira abaixo e alguns ligaram para um amigo de Sócrates dos anos de faculdade, dr. Aloisio Abud, para pedir ajuda. Depois de não ir à primeira consulta com Abud, Sócrates apareceu para fazer exames de sangue, uma endoscopia e um ultrassom. Os resultados não foram encorajadores, mas Sócrates não se preocupou em buscá-los por seis meses. Ele não se importava com nada e Abud, preso aos princípios éticos de sua profissão, não podia comentar a gravidade do caso com amigos e parentes.

Os exames revelaram que o fígado de Sócrates estava afetado a ponto de não conseguir trabalhar em toda a sua capacidade, mas ele se recusava a admitir que tinha cirrose e descrevia sua condição como uma fibrose, algo menos sério. A fibrose inevitavelmente leva à cirrose, mas o "doutor" Sócrates vivia em estado de negação e ninguém conseguia fazê-lo se preocupar.

Em vez de mudar de hábitos, ele continuou a beber, convencendo-se de que, se a cerveja poderia lhe fazer mal, o vinho lhe fazia bem. Sócrates não sabia, ou não queria saber, que há mais álcool no vinho do que na cerveja. Alguns amigos se recusavam a lhe servir sua bebida favorita, e ele odiava tomar cerveja sem álcool porque, dizia, "tem gosto de merda". Então, eles relutantemente tomavam vinho juntos e Sócrates bebia cabernet e merlot com litros e litros de água, pois acreditava que a prática diluía o teor alcoólico do vinho.[12]

"Ele estava indo para a beira do precipício e, em vez de diminuir a velocidade, acelerou", disse Maria Adriana Cruz, sua parceira por oito anos no início da década. "Todo dia era uma festa. Ele acordava, tomava café e saía para andar. Às 10h, abria uma cerveja e ia para o computador, escrever. Ele almoçava, depois descansava e, às 16h, encontrava um amigo para beber com ele. Ficava bebendo até tarde e fazia isso todos os dias da semana".[13]

Kátia Bagnarelli era jovem, loira e atraente; em janeiro de 2010, foi contratada para produzir uma série de palestras corporativas que Sócrates faria para empresas multinacionais com sede no Brasil.

Na primeira vez que se encontraram, eles debateram as apresentações que ele faria aos clientes dela. Na segunda vez, Sócrates já falava abertamente sobre se tornar marido dela. No terceiro encontro, Sócrates cantou sambas para Kátia e eles dormiram juntos. Logo estavam morando juntos e, em novembro de 2010, casaram-se numa pequena cerimônia civil em Campinas, cidade natal dela.[14]

Sempre que encontrava uma nova namorada, Sócrates abandonava os antigos amigos e se dedicava cem por cento ao novo amor, e isso aconteceu especialmente após sua separação de Silvana Campos, em 1994. Sócrates odiava ficar sozinho e o fim do casamento com Silvana o levou a olhar para o passado. Não foi a primeira vez que ele percebeu que tinha cometido erros com as mulheres de sua vida e, depois de romper com Silvana, tentou voltar com Regina, ligando para ela e pedindo a amigos que interferissem. Não importava que sua primeira mulher tivesse se casado novamente com um homem que Sócrates conhecia e de quem gostava, que era um maravilhoso padrasto para seus quatro filhos. Sócrates percebeu que tinha errado e insistiu em reconquistá-la; chegou a parar seu carro diante do portão da casa dela e aumentar o volume do som, colocando músicas que haviam marcado o relacionamento deles. Regina ligou para a melhor amiga, que, sabendo o quanto ela ainda amava o ex-marido, manteve-se com ela ao telefone e a convenceu a não descer para não ceder à tentação.

Depois de retornar do Equador e ter um rápido caso com uma modelo adolescente, Sócrates conheceu Simone Corrêa, uma estudante de odontologia dezesseis anos mais jovem que ele. Ele se apaixonou instantaneamente pela prática Simone, e — após uma campanha planejada para seduzir a moça de 26 anos, que ainda hesitava — ela se tornou sua terceira mulher em maio de 1997. Simone conseguiu fazê-lo reduzir a bebida, dizendo a Sócrates que cerveja era algo que se bebia em bares à noite, não durante o café da manhã em casa, e o casal ficou devastado quando ela sofreu um aborto durante a Copa do Mundo de 1998.[15]

Eles se distanciaram no ano seguinte, quando Sócrates conheceu Maria Adriana Cruz ao participar de um torneio de veteranos durante a Copa América de 1999. Aos 45 anos, Sócrates ficou tão enfeitiçado pela divorciada de 34 anos, que dirigia 570 quilômetros de Cabo Frio a São Paulo apenas para vê-la por algumas horas, antes de voltar no meio da madrugada. Maria Adriana era um animal social como Sócrates, e, embora o relacionamento entre eles tenha sido um dos mais tempestuosos de sua vida, eles tinham um bom entrosamento.

Entretanto, isso mudou quando tiveram um filho, em setembro de 2005: outro menino, chamado Fidel, em homenagem ao líder cubano que Sócrates tanto admirava. Crianças faziam Sócrates se sentir preso — "Era como se ele achasse que, com a criança, o que nós tínhamos precisava durar para sempre", disse ela — e ele tratou o filho recém-chegado como algo a ser evitado. Começou a frequentar bares novamente e a inevitável separação, quando aconteceu, foi diferente de todas as outras. Sócrates sempre se esforçou para garantir que os rompimentos fossem amigáveis; mas, desta vez, as coisas foram lentas e difíceis. Fidel tinha apenas três anos e a amargura se arrastou durante anos, enquanto eles brigavam por pensão alimentícia e acesso à criança. Sócrates chegou a ficar longos períodos sem ver o filho mais novo.[16]

Houve outras namoradas nos intervalos entre os quatro casamentos, e ele perdeu contato com muitos de seus amigos mais próximos. Quando uma nova mulher aparecia, ele se atirava de corpo e alma ao relacionamento — sempre chamando a nova parceira de "minha linda", para não trocar nomes — e os amigos eram esquecidos em detrimento do amor que o cegava completamente. Quando conheceu Kátia, ele não via amigos próximos, pessoas como Palhinha, Adilson e Casagrande, fazia anos.

"Ele simplesmente desaparecia", disse Regina Saquy. "Quando não o víamos por meses, sabíamos que as coisas estavam indo bem com a nova mulher. Mas quando os problemas começavam, ele voltava correndo."[17]

O padrão se repetiu com Kátia. O casal se mudou para uma nova casa em Alphaville, em janeiro de 2011, dois meses depois do casamento, e comemorou com uma festa no mês seguinte. Só um de seus filhos foi ao casamento — os outros cinco irmãos não foram convidados — e o casal se distanciou dos amigos ao se estabelecer no novo endereço. A diferença de 26 anos não foi um obstáculo para o amor entre eles, e Kátia adorava o novo marido a ponto de acreditar que ele tinha o poder de curar doenças apenas impondo as mãos sobre um paciente. (Mais tarde, ela chegou a aparecer na televisão em emocionantes entrevistas com médiuns que a convenceram de que Sócrates lhe enviava mensagens do túmulo.)[18]

Anos antes, Sócrates tinha encontrado o Espiritismo, o que lhe deu uma paz interior que nunca tinha sentido — a ponto de ele começar a frequentar os centros espíritas, onde participava das palestras sobre a doutrina.[19]

Ele, no entanto, continuava bebendo, e os efeitos acumulados do álcool eram cada vez mais visíveis. Sócrates apareceu no casamento de seu afilhado, João, em outubro de 2010, com uma gravata amarrada ao redor da cabeça e carregando um quadro, que tinha terminado horas antes, como seu presente para os noivos. Seu estado era lamentável e o pai de João, Maurinho Saquy, tentou convencê-lo a morar com sua família por algum tempo. O sítio deles foi um santuário para Sócrates durante toda a vida, um lugar em que ele podia relaxar na com panhia dos amigos mais íntimos. Eles acreditavam que Sócrates poderia ficar ali e melhorar, mas o amigo estava apaixonado por Kátia e não demorou para o inevitável acontecer. Em julho de 2011, Sócrates acordou no meio da noite com dores na barriga e, antes que chegasse ao banheiro, caiu vomitando sangue sobre a parceira. Kátia o levou às pressas para o hospital, onde ele passou dois dias antes de voltar para casa.

O diagnóstico foi de hemorragia digestiva crônica, causada pela cirrose. O mais claro aviso até então. O casal manteve o incidente em segredo, torcendo para que fosse um episódio isolado, que poderia se resolver com abstinência e hábitos mais saudáveis. Kátia tentou mantê-lo afastado dos antigos amigos, pessoas que ela acreditava serem más influências (porque bebiam junto com Sócrates), e ele foi capaz de controlar melhor sua rotina, dedicando-se à pintura e a escrever sua autobiografia.

Estava determinado a se manter saudável o suficiente para aproveitar uma lua de mel tardia em Cuba, onde havia concordado em discutir a hipótese de dirigir a seleção nacional. Também queria ir à Venezuela, entrevistar o presidente socialista Hugo Chávez.[20]

Entretanto, antes de poder viajar ao Caribe, voltou a tossir sangue e, em agosto, passou nove dias no hospital e um mês convalescendo em casa, muito fraco para ir ao casamento de seu filho Marcelo. Dessa vez os vômitos foram mais intensos e se estenderam por mais tempo, e ele entrou em coma. Os médicos conseguiram salvá-lo, mas a situação era muito grave, e quando ele foi liberado para voltar para casa, quase uma semana depois, recebeu um duro aviso: "É sua última chance. Nem uma gota de álcool. Não pode beber absolutamente nada. Se parar de beber, aí você pode pensar num transplante".[21]

Sócrates finalmente foi a Havana, em setembro, com Kátia, mas para uma viagem mais curta do que eles gostariam. As planejadas entrevistas com Fidel Castro e Chávez, que estava na ilha para um tratamento de câncer, não aconteceram. Sócrates estava tão fraco que Kátia o convenceu a adiar mais um plano: o de fazer tratamento de inseminação para ter as filhas gêmeas com as quais os dois sonhavam.

Mas não havia descanso. Um dia depois de retornarem do Caribe, Sócrates foi novamente levado ao hospital em razão de novos sangramentos, provavelmente devidos à sua insistência em tomar vinho quando visitaram o centro de Havana. O clima na capital cubana era quente e abafado, e Kátia sentia um frio na espinha cada vez que Sócrates erguia uma taça de vinho tinto. Mas não conseguia fazer nada para impedi-lo. O estado de saúde de Sócrates era o pior possível; e, embora os médicos tenham cauterizado algumas de suas veias para conter a hemorragia, seu estômago também começou a sangrar — e houve momentos em que pareceu que, daquela vez, não haveria como salvá-lo. Uma equipe de cirurgiões novamente foi capaz de trazê-lo de volta do precipício, mas o quadro era tão ruim que ele passou mais dez dias em coma. Incapaz de aprender a lição, muito menos de acatar ordens, ele insistiu em fumar um cigarro na sacada do hospital antes de ir embora.[22]

Sócrates diminuiu a frequência dos compromissos e melhorou gradualmente entre outubro e novembro. Estava saudável o bastante para recomeçar a trabalhar, fazendo palestras e participando do programa *Cartão Verde*, na TV Cultura. Mas ainda fumava e seus amigos se preocupavam. "Você resolveu ligar o 'foda-se' e desistir?", um exasperado Juca Kfouri perguntou a ele pouco antes de sua morte. Sócrates apenas deu de ombros.[23]

Em 2007, logo depois de se separar de Maria Adriana Cruz, Sócrates procurou uma velha amiga no Rio de Janeiro. Mais de vinte anos após encerrar o tórrido caso com Rosemary, ele queria vê-la de novo.

O rompimento com Rosemary, em 1986, foi traumático. Ele decidiu terminar o relacionamento ao retornar da Itália, porque tinha medo do desconhecido e se preocupava com o que poderia acontecer com sua mulher e filhos se os abandonasse. Mas nunca teve certeza se havia feito a coisa certa. Suas dúvidas se originavam do fato de ter tomado a decisão com a cabeça, não com o coração. Confiava mais em suas emoções, e nunca tinha deixado de sentir afeto por ela. Rosemary não era o amor de sua vida — essa posição talvez fosse de Regina — mas definitivamente era a mulher que mais ele havia desejado, sua musa inspiradora durante um dos períodos mais tumultuados de sua vida.

Assim, quando o casamento com Maria Adriana terminou, ele procurava um rosto familiar e o óbvio a fazer era tentar reacender uma antiga chama. Àquela altura, Rosemary tinha quase sessenta anos, mas ficou encantada com o contato de Sócrates. Ela também sentia que havia coisas mal resolvidas, e assim os dois iniciaram um novo affair que prosseguiu até o último ano da vida de Sócrates.

Rosemary manteve um digno silêncio durante mais de 25 anos, recusando-se a falar sobre o relacionamento deles. Mas ela também sentia que o amor que nutriam um pelo outro nunca havia morrido. "Nós fomos um quadro inacabado", disse. "Era difícil para ele, com todas as responsabilidades. Nós não conseguimos ficar juntos. Eu coloquei meus sentimentos numa caixinha e tranquei. Mas ele sempre soube o que eu sentia por ele, e eu sempre soube o que ele sentia por mim."[24]

Eles continuaram se encontrando em intervalos irregulares; no começo de 2011, semanas depois de se casar com Kátia, Sócrates levou o filho Gustavo para passar o Carnaval na casa de Rosemary, no Rio de Janeiro. Eles se sentavam na varanda, à noite, para tomar prosecco, e ele foi vê-la cantar com a Mangueira. Foi a última vez que se viram e a viagem terminou em frustração. Sócrates não conseguiu se abrir e dizer a ela como se sentia, e não queria preocupá-la revelando a gravidade de sua cirrose. Rosemary suspeitava que seu estado era grave e notava como a bebida cobrava seu preço. De seu jeito, sutil, pediu a ele que parasse de beber e se cuidasse melhor. Mas nem as palavras de Rosemary surtiam efeito. Sócrates não podia mais ser ajudado.

A questão sobre como um homem tão inteligente pôde enganar a si mesmo tão profundamente se apresenta tanto como uma contradição quanto como um mistério. Sendo médico, Sócrates claramente sabia o que a bebida fazia com seu organismo, mas mesmo depois de vomitar sangue, das internações e dos dias em coma, ele não conseguia ou não queria fazer nada para se ajudar. Ainda mais intrigante era sua incapacidade de admitir que tinha um problema. Quando questionado se se considerava um alcoólatra, Sócrates quase sempre se escondia atrás da indiferença ou de explicações pretensiosas.

"É tudo semântica", disse a um repórter do SporTV que fez a pergunta com todas as letras, depois de uma das internações de Sócrates. "As pessoas gostam de rotular as coisas. Se me chamam de literato porque gosto de ler, não há nenhum problema. Na verdade, sou pouco afeito a dogmas, rótulos. As pessoas têm que buscar aquilo que lhes interessa, que as deixa bem e felizes, satisfeitas. Não sou dependente de nada. Não sou dependente do álcool. Não sou dependente do cigarro, apesar de fumar. É uma opção pessoal, faz parte do meu cotidiano. No caso da bebida, fazia, porque não quero mais, já que criei uma hipersensibilidade. E o cigarro, vou continuar fumando, até achar que está me incomodando. Tem essa possibilidade, como qualquer um de nós. A escolha é sempre pessoal e individual."[25]

Outra escolha pessoal foi a de não buscar um transplante de fígado o quanto antes. O médico e amigo Zé Bernardes o encorajava desde 2008 a colocar seu nome na lista de transplantes porque, ainda que precisasse parar de beber por seis meses antes de uma eventual cirurgia, primeiro ele tinha que entrar na lista e avisar os médicos de que era um candidato. Sócrates suspeitava que seus amigos quisessem fazer seu nome subir na lista e se recusava até mesmo a considerar uma opção que desse a impressão de que estava querendo passar na frente de alguém em maiores dificuldades. Ficava espantado quando estranhos se ofereciam para doar seus próprios órgãos, mas ainda assim parecia não perceber que seu problema era real.[26]

Bernardes, um dos melhores hematologistas de Ribeirão Preto, tentou fazê-lo entender a severidade de sua condição, mas o velho amigo era impermeável à lógica e ao bom senso.

"Eu acho que ele não acreditava que aconteceria com ele", disse Bernardes. "Eu já pensei muito, muito nisso. Não consigo entender, mas, na minha opinião, na cabeça dele, ele falava: 'Não vai acontecer nada'. Médico é assim. Vou falar uma coisa pra você, mas sou eu que estou falando, não é ele, não. A faculdade ensina você a mandar. Médico é mandão. Manda no paciente, manda na mãe da criança, manda na avó, manda na enfermeira, manda no serviço social. Então, você fica meio prepotente. Claro que está cheio de médico que não é, mas a faculdade treina pra isso. Aí você se julga um pouco Deus: 'Eu sou imune, então eu trato da doença, mas comigo não vai acontecer'."[27]

Na quarta-feira, 30 de novembro de 2011, após mais um mês de vida relativamente normal em sua espaçosa casa em Alphaville, Sócrates deu uma palestra para documentaristas. Ele não parecia bem e teve dificuldades para encontrar as palavras, mas sentiu vontade de comer alguma coisa após o evento. Ele, Kátia e cerca de vinte produtores e diretores foram almoçar um estrogonofe num hotel próximo.

À noite, ele comeu apenas um picolé e biscoitos de água e sal. Ao acordar na manhã de quinta-feira, estava com 39 graus de febre. Queria suar até melhorar, e Kátia o manteve aquecido como ele pediu. Juntos, eles torceram para que o pior passasse.

Mas logo ele começou a vomitar de novo e Kátia, em pânico, ligou para o médico. Sócrates implorou para ficar em casa, mas já estava cinza e parecia mal. Uma ambulância chegou rápido e os levou para o mesmo hospital Albert Einstein onde ele havia passado boa parte dos últimos quatro meses. Sócrates estava lúcido e brincando com os paramédicos, mas claramente em estado grave; os médicos da UTI o diagnosticaram com choque séptico, provavelmente causado por uma bactéria ingerida no almoço.[28]

Ele acordou na sexta-feira com boas notícias: o infectologista disse que os medicamentos estavam surtindo o efeito esperado e que ele estaria em casa em alguns dias. Sócrates fez diálise, mas seu nariz começou a sangrar, e, por causa da dificuldade para respirar, os médicos lhe deram oxigênio.

Kátia começou a se preocupar e entrou em pânico na tarde de sábado, quando um ofegante Sócrates olhou para ela e disse: "Meu amor, não pense no meu corpo. Minha alma sempre estará com você. Não me deixe".

Ela imediatamente chamou o infectologista e os médicos correram para intubá-lo. Algumas horas depois, após a meia-noite, Sócrates piorou e um médico quis conversar com sua mulher. "Kátia, você precisa se preparar", ele disse. "Está quase no fim, você precisa estar ciente disso. Ele não tem mais muitas forças. Nós fizemos tudo o que era possível."

Entre 2h e 4h25, a pressão sanguínea de Sócrates chegou aos níveis mais baixos possíveis: 20/20, comparada ao que é normal, 120/80. E enquanto a frequência cardíaca normal, em descanso, oscila entre sessenta e cem batimentos por minuto, Sócrates estava tão fraco que seu coração batia apenas uma vez a cada dois segundos. Às 4h25, o coração parou completamente.

EPÍLOGO

Sócrates foi uma lenda, mas nada que ele tenha feito ou dito tornou-se tão lendário quanto sua fatídica premonição: "Eu quero morrer num domingo, num dia em que o Corinthians ganhe um título". Era um desejo tão mórbido quanto romântico — e, em 4 de dezembro de 2011, seu desejo se tornou realidade. Ele tinha apenas 57 anos.

Como é tradição no Brasil, quando grandes personalidades morrem seus corpos são velados em público, para que os fãs prestem suas últimas homenagens. Atores, cantores, atletas e escritores são colocados em caixões abertos nos saguões de câmaras municipais ou teatros, para que as pessoas, enlutadas, possam vê-los.

Os tributos são ainda mais grandiosos para os maiores entre os grandes — pessoas como Garrincha ou Ayrton Senna. Superastros como eles, que capturam a imaginação ou o espírito de uma época, são levados em carros de bombeiros, que trafegam lentamente pelas ruas de suas cidades natais. Centenas de milhares de pessoas se aglomeram para dizer adeus, tomando avenidas e pontes, às vezes subindo em postes e árvores.

Sócrates foi um desses raros jogadores cujo apelo transcendeu o futebol, mas não contou com uma cerimônia desse tipo, e isso não o chatearia. O capitão da maior seleção brasileira que não conquistou uma Copa do Mundo e o líder da Democracia Corinthiana, o mais extraordinário e progressista movimento a chacoalhar os arcaicos corredores do futebol brasileiro, era avesso à idolatria. Ao se aproximar do fim num quarto de hospital em São Paulo, Sócrates queria apenas que, quando tudo acabasse, fosse levado para casa e enterrado no lote da família com o mínimo alarde.

Tão logo os médicos preencheram os papéis, seu corpo foi embarcado num carro fúnebre para ser transportado a Ribeirão Preto. Em um dos veículos estava seu irmão, Raí, que tinha decidido realizar um enterro simples e reservado. Em outro, estava a mãe dos dois, Guiomar, de noventa anos. Wladimir, o líder black power que tanto havia contribuído para a Democracia Corinthiana, vinha logo atrás.

O comboio rumou direto para o cemitério Bom Pastor, onde um grupo de pessoas tinha se reunido diante do portão para receber Sócrates. Ele não era apenas pai de seis filhos, um de seis irmãos e um filho dedicado: era uma das figuras mais conhecidas e queridas da cidade, um médico que preferia beber, cantar e dar risadas enquanto falava palavrões e provocava as pessoas ao seu redor com seu sorriso malandro. Todos em Ribeirão o conheciam ou conheciam alguém que era próximo a ele, e centenas de pessoas foram lhe dizer adeus. Quando o cortejo passou lentamente pela Avenida das Lágrimas e se aproximou do portão do cemitério, os fãs, vestindo camisas do Botafogo e do Corinthians, seguiram o carro entoando seu nome.

O caixão foi levado a uma sala climatizada, onde familiares e amigos puderam se despedir. Dona Guiomar ficou em um aposento anexo, confortada pelas pessoas mais próximas e queridas. Quatro ex-mulheres de Sócrates estiveram presentes, assim como seus filhos e irmãos. Regina ficou ao lado do corpo, alisando o cabelo do ex-marido. Perto dela, supervisionando tudo, estava Raí, que assumiu, sem esforço, o papel de patriarca da família.

Já era fim de tarde quando o simples caixão de madeira foi colocado de volta no carro e conduzido lentamente para dentro do cemitério. Fazia sol e centenas de pessoas, vestindo calções e camisetas, percorreram o trajeto entre as magnólias e a grama bem aparada até o lote número 1.126. Quando chegaram ao jazigo da família Vieira, o túmulo já estava preparado — e, de forma tipicamente caótica, os coveiros manobraram o caixão até o espaço ao lado do pai de Sócrates, enterrado ali sete anos antes.

Depois de uma breve cerimônia, as pessoas ao redor rezaram um pai-nosso e cantaram o hino nacional antes de o túmulo ser fechado, sob uma bandeira do Corinthians. Todos aplaudiram. Enquanto flores eram distribuídas para decorar o local, Bueno, amigo de Sócrates, pegou o violão e todos os presentes cantaram.

Naquele exato momento, na capital do estado de São Paulo, torcedores tomavam o caminho do estádio do Pacaembu. O Corinthians estava prestes a enfrentar o rival Palmeiras, no último jogo da temporada. O ex-time de Sócrates precisava de apenas um ponto para conquistar seu quinto título de Campeonato Brasileiro, mas no caminho pelas ruas arborizadas ao redor do estádio, a expectativa dos corintianos se misturava a uma quase palpável sensação de perda.

A morte de Sócrates foi manchete no noticiário brasileiro e seu falecimento foi o principal assunto das conversas para muitas das 34 mil pessoas presentes no jogo. Mais do que simplesmente um dos maiores jogadores da história do Corinthians, Sócrates — com sua barba irregular, seu andar desengonçado e suas visões assumidamente libertárias — foi indiscutivelmente o mais icônico. Ele não jogava pelo clube desde a metade da década de 1980, mas era um corintiano fanático e a torcida não conseguia esconder o sentimento de luto. Atrás dos gols, onde ficam os torcedores mais devotados, sem camisa e pulando sob o sol do fim da tarde, havia bandeiras e faixas: "Dr. Sócrates, descanse em paz", dizia uma delas, feita com spray e pendurada na arquibancada; "Sócrates, eternamente em nossos corações", dizia outra, fazendo referência a um trecho do hino do Corinthians e feita à mão minutos antes de o jogo começar.

Homenagens foram prestadas em jogos por todo o país, mas quando o sistema de som do Pacaembu anunciou um minuto de silêncio, homens crescidos choraram e os gritos de "É, Sócrates! É, Sócrates! É, Sócrates!" ecoaram no magnífico estádio art déco. Os torcedores ergueram a mão direita com o punho fechado, exatamente como Sócrates fazia quando comemorava um gol. No gramado, os atletas do Corinthians, ao redor do círculo central, fizeram o mesmo.

O jogo que se seguiu foi irreconhecível em comparação ao praticado por Sócrates em seu auge. O futebol, há muito tempo, renegou o espírito esportivo e o ativismo que haviam feito de Sócrates uma figura tão envolvente. Táticas e tatuagens são tudo o que importa agora. O Corinthians empatou em 0 × 0 e somou o ponto de que precisava para levantar o título, mas os momentos finais — com muitas discussões e empurrões, e quatro jogadores expulsos — construíram exatamente o tipo de cena que indica que o futebol não é mais o jogo que Sócrates amou. Ele teria continuado observando tudo, com uma cerveja gelada em uma mão e um cigarro na outra, mas teria perdido as esperanças.

A singularidade de Sócrates talvez esteja no fato de ter sido um futebolista brilhante que se tornou mais importante fora dos campos do que dentro deles. Suas atitudes ajudaram a transformar não só um clube de futebol, mas um país. Ele ajudou o Brasil durante os anos cruciais da transição da ditadura para a democracia, e colocou o país antes dos próprios interesses ao prometer rejeitar as riquezas da Europa e permanecer em casa a fim de colaborar com o seu povo.

Quando o sol se pôs em Ribeirão Preto e São Paulo naquele domingo, o mais original dos homens, onde quer que estivesse, estaria esboçando um sorriso cínico por ter confundido o mundo pela última vez. "Eu quero morrer num domingo, num dia em que o Corinthians ganhe um título", diz a lenda. Ele conseguiu. E eles conseguiram. E o capítulo final de sua vida extraordinária estava completo.

NOTAS SOBRE AS FONTES

CAPÍTULO 1 — FRASE DE ABERTURA: ENTREVISTA DO AUTOR COM SÓSTENES

1. Entrevista do autor com Oscar.
2. Entrevista do autor com Juca Kfouri.
3. *Sócrates & Casagrande: Uma História de Amor.*
4. *Folha de S.Paulo*, 3 de julho de 1982.
5. *Sócrates eterno*, de Kátia Bagnarelli.
6. Entrevista do autor com Nené.
7. Entrevista do autor com Marinho.
8. *Placar*, edição especial com Sócrates, 1979. Disponível em: <https://www.youtube.com/watch?v=QP4R8JkosEk&t=245s&ab_channel=LeandroCarrasco>.
9. *Jornal da Tarde*, 2 de julho de 1979.
10. Entrevista do autor com Sóstenes e Raimundo.
11. *Carta Capital*, 24 de outubro de 2001.
12. Entrevista com Juca Kfouri, 1999.
13. Entrevista do autor com Raí.
14. Entrevista com Juca Kfouri, 1999.
15. Ibid.
16. Entrevista do autor com dr. Helio Rubens Machado.
17. *Caros Amigos*, n. 45, 2000.
18. Entrevista com Juca Kfouri, 1999.
19. *Jornal da Tarde*, 2 de julho de 1979.
20. Entrevista com Juca Kfouri, 1999.

CAPÍTULO 2 — FRASE DE ABERTURA: *SÓCRATES, O GÊNIO DA BOLA*

1. Entrevista de Sócrates para o programa *Grandes Momentos do Esporte*, de 13 de dezembro de 2009. Disponível em: ‹https://www.youtube.com/watch?v=I9lki3ZxNWw&t=642s&ab_channel=domingossccp›.
2. *Carta Capital*, 30 de abril de 2008.
3. *Diário da Manhã*, 7 de fevereiro de 1974.
4. Entrevista com Juca Kfouri, 1999.
5. *Folha de S.Paulo*, 14 de outubro de 1975.
6. Entrevista do autor com Alberto Helena Júnior.
7. Entrevista do autor com dr. Said Miguel.
8. Entrevista do autor com Ney.
9. Placar, edição especial, setembro de 1979.
10. Entrevista do autor com João Sebinho.
11. *Carta Capital*, 2 de junho de 2010.
12. *Recados da bola.*
13. Entrevista do autor com Geraldão.
14. *Sócrates & Casagrande: Uma História de Amor.*
15. Entrevista do autor com Sóstenes.
16. Entrevista do autor com Raí.
17. Entrevista do autor com Raimundo.

CAPÍTULO 3 — FRASE DE ABERTURA: ENTREVISTA DO AUTOR COM RAIMUNDO

1. Entrevista do autor com João Sebinho.
2. Entrevista do autor com Maritaca.
3. Entrevista do autor com Ney.
4. Entrevista do autor com Zé Bernardes.
5. Entrevista do autor com João Sebinho.
6. *Jornal da Tarde*, 22 de junho de 1976.
7. Entrevista do autor com Zé Bernardes.
8. *História Concisa do Brasil.*
9. *Compagni di Stadio.*
10. Entrevista do autor com dr. Said Miguel.
11. *Diário da Manhã*, 18 de julho de 1976.
12. Censo de 1980, IBGE.
13. *Diário da Manhã*, de julho de 1976.

14. *Botafogo: Uma história de amor e glórias.*
15. Ibid.
16. Entrevista do autor com Atílio Benedini.
17. Entrevista do autor com dr. Said Miguel.
18. Reportagem da tv Botafogo, 29 de outubro de 2013.
19. Entrevista com Juca Kfouri em 1999.
20. *Botafogo: Uma história de amor e glórias.*

CAPÍTULO 4 — FRASE DE ABERTURA: *CARTA CAPITAL*, 16 DE FEVEREIRO 2011

1. Entrevista do autor com Alberto Helena Júnior.
2. Entrevista do autor com Zé Bernardes.
3. Entrevista de Hamilton Mortari à Rádio Jovem Pan, fevereiro de 2012.
4. Entrevista do autor com José Teixeira.
5. Entrevista de Hamilton Mortari à Radio Jovem Pan, fevereiro de 2012.
6. *Placar*, 11 de agosto de 1978.
7. *Jornal da Tarde*, 5 de agosto de 1978.
8. *Placar*, 11 de agosto de 1978.
9. Entrevista do autor com Zé Maria.
10. Entrevista do autor com Palhinha.
11. Entrevista do autor com Jairo.
12. Entrevista à *Playboy*, setembro de 1979.
13. Entrevista com Juca Kfouri, 1999.
14. Entrevista do autor com Alberto Helena Júnior.
15. Entrevista do autor com Arlindo.

CAPÍTULO 5 — FRASE DE ABERTURA: ENTREVISTA COM JUCA KFOURI EM 1999

1. *Placar*, 26 de março de 1982.
2. *Placar*, 20 de abril de 1979.
3. *Placar*, 30 de março de 1979.
4. *Placar*, 20 de abril de 1979.
5. *Jornal da Tarde*, 22 de junho de 1979.
6. *Zico conta sua história.*
7. *Placar*, 31 de agosto de 1979.
8. Ibid.
9. Entrevista do autor com Vaguinho.

10. *Carta Capital*, 28 de julho de 2004.
11. *Folha de S.Paulo*, 29 de setembro de 1979.
12. *Placar*, edição especial com Sócrates, setembro de 1979.
13. Entrevista com Juca Kfouri, 1999.
14. Ibid.
15. *Compagni di Stadio.*
16. *Playboy*, setembro de 1979.
17. Documentário *Passe Livre*.
18. *Compagni di Stadio.*
19. *Sócrates eterno*, de Kátia Bagnarelli.
20. *Placar*, 14 de setembro de 1979.
21. Ibid.
22. *Placar*, 21 de setembro de 1979.
23. *Folha de S.Paulo*, 7 de novembro de 1979.
24. Entrevista do autor com Palhinha.
25. *Democracia Corintiana.*
26. Entrevista do autor com Amaral.
27. *Jornal da Tarde*, 11 de fevereiro de 1980.

CAPÍTULO 6 — FRASE DE ABERTURA: ENTREVISTA DO AUTOR COM WLADIMIR

1. *Revista III Berro.*
2. Entrevista do autor com Osmar Zan.
3. *Placar*, 26 de outubro de 1987.
4. Entrevista do autor com Jairo.
5. Entrevista do autor com Amaral.
6. *Folha de S.Paulo*, 27 de maio de 1980.
7. *Recados da bola.*
8. *Placar*, 27 de junho de 1980.
9. *O gênio da bola.*
10. *Folha de S.Paulo*, 20 de agosto de 1980.
11. *Folha de S.Paulo*, 21 de agosto de 1980.
12. *Placar*, 1 de agosto de 1980.
13. *Folha de S.Paulo*, 19 de outubro de 1980.
14. *Jornal da Tarde*, 22 de agosto de 1980.

CAPÍTULO 7 — FRASE DE ABERTURA: *PLACAR*, 31 DE DEZEMBRO DE 1981

1. *Carta Capital*, 5 de abril de 2006.
2. Ibid.
3. *Fio de Esperança*.
4. Ibid.
5. *Roda Viva*, 22 de junho de 1992.
6. Entrevista à *Isto É Gente*, 2001.
7. *Sócrates eterno*, de Kátia Bagnarelli.
8. Placar, 29 de maio de 1981.
9. Ibid.
10. *Placar*, 17 de abril de 1981.
11. *Compagni di Stadio*.
12. Entrevista do autor com Sergio Scarpelli.
13. Entrevista do autor com Leandro.
14. Entrevista com Juca Kfouri, 1999.
15. Entrevista do autor com Mauro Beting.
16. *Carta Capital*, 11 de dezembro de 2002.
17. *Placar*, 17 de abril de 1981.
18. *Placar*, 17 de julho de 1981.
19. *Placar*, 13 de fevereiro de 1981.

CAPÍTULO 8 — FRASE DE ABERTURA: *SER CAMPEÃO É DETALHE*

1. Entrevista do autor com Marinho.
2. Entrevista do autor com Jairo.
3. Ibid.
4. *Placar*, 13 de fevereiro de 1981.
5. *Almanaque do Corinthians*.
6. *Sócrates Brasileiro*, de Kátia Bagnarelli com Regina Echeverria.
7. Ibid.
8. *Placar*, 5 de fevereiro de 1982.
9. *Democracia Corinthiana*, de Sócrates e Ricardo Gozzi.
10. *Placar*, 16 de abril de 1982.
11. *Placar*, 27 de novembro de 1981.
12. Ibid.
13. *Recados da bola*.
14. *Placar*, 27 novembro de 1981.

15. *Mário Travaglini: Da academia à democracia.*
16. Entrevista do autor com César.
17. Entrevista do autor com Raimundo.
18. Entrevista do autor com Waldemar Pires.
19. *Democracia Corinthiana.*
20. Entrevista do autor com Hélio Maffia.
21. *O gênio da bola.*
22. Entrevista do autor com Juca Kfouri.

CAPÍTULO 9 — FRASE DE ABERTURA: *PLACAR*, 17 DE ABRIL DE 1981

1. *Placar*, 27 de junho de 1980.
2. *Placar*, 11 de janeiro de 1985.
3. *Placar*, 25 de março de 1983.
4. *Placar*, 2 de abril de 1982.
5. *Placar*, 31 de dezembro de 1982.
6. Entrevista do autor com Zico.
7. Ibid.
8. *Folha de S.Paulo*, 26 de junho de 1982.
9. *Carta Capital*, 12 de junho de 2002.
10. *Folha de S.Paulo*, 18 de junho de 1982.
11. Entrevista do autor com Zico.
12. *Placar*, 25 de junho de 1982.
13. *Sócrates eterno*, de Kátia Bagnarelli.
14. *Folha de S.Paulo*, 25 de junho de 1982.
15. *Placar*, 2 de julho de 1982.
16. *Folha de S.Paulo*, 23 de julho de 1982.
17. "Frase lapidar", *Blog do Juca Kfouri*, uol, 10 de setembro de 2009.
18. Entrevista com Juca Kfouri, 1999.
19. *Placar*, 9 de julho de 1982.
20. *Folha de S.Paulo*, 2 de julho de 1982.
21. *Folha de S.Paulo*, 1 de julho de 1982.
22. *Placar*, 9 de julho de 1982.
23. Ibid.

CAPÍTULO 10 — FRASE DE ABERTURA: *JORNAL DA TARDE*, 22 DE JUNHO DE 1982

1. Entrevista de Juninho interview à Fundação Getúlio Vargas. Disponível em: <http://cpdoc.fgv.br/museudofutebol/juninho_fonseca>.
2. *Folha de S.Paulo*, 30 de junho de 1982.
3. Entrevista de Oscar à Fundação Getúlio Vargas. Disponível em: <http://cpdoc.fgv.br/sites/default/files/museu_do_futebol/oscar_bernardi/TranscricaoOscarBernardi.pdf>.
4. *Sócrates eterno* e entrevista com Juca Kfouri, 1999.
5. Entrevista com Luizinho.
6. Entrevista de Edinho à Fundação Getúlio Vargas. Disponível em: <http://cpdoc.fgv.br/sites/default/files/museu_do_futebol/edino_filho/TranscricaoEdinho.pdf>.
7. *Placar*, 7 de abril de 1986.
8. *Sócrates eterno*, de Kátia Bagnarelli.
9. Entrevista do autor com Raí.
10. Entrevista com Luizinho.
11. Placar, 7 de abril de 1986.
12. *Sócrates eterno*, de Kátia Bagnarelli.
13. Entrevista com Juca Kfouri, 1999.
14. Ibid.
15. *Folha de S.Paulo*, 7 julho de 1982.

CAPÍTULO 11 — FRASE DE ABERTURA: ENTREVISTA DO AUTOR COM LUIZ INÁCIO LULA DA SILVA

1. *Democracia Corintiana*.
2. *Placar*, 17 de setembro de 1982.
3. Entrevista do autor com Sergio Scarpelli.
4. Entrevista do autor com Milton Neves.
5. *Placar*, 15 de outubro de 1982.
6. *Placar*, 8 de outubro de 1982.
7. Entrevista do autor com Rosemary.
8. *Sócrates eterno* e *Sócrates & Casagrande: Uma história de amor*.
9. Entrevista do autor com Washington Olivetto.
10. *Sócrates eterno*, de Kátia Bagnarelli.

11. Entrevista do autor com Ataliba.
12. Entrevista com Juca Kfouri, 1999.
13. Ibid.
14. Entrevista do autor com Biro-Biro.
15. *Doutor Futebol.*
16. Entrevista do autor com Biro-Biro.
17. Entrevista com Juca Kfouri, 1999.
18. Entrevista do autor com Biro-Biro.
19. Entrevista do autor com Washington Olivetto.
20. Entrevista do autor com Waldemar Pires.
21. *Democracia Corintiana.*
22. Entrevista do autor com Washington Olivetto.

CAPÍTULO 12 — FRASE DE ABERTURA: ENTREVISTA DO AUTOR COM CASAGRANDE

1. Entrevista do autor com Casagrande.
2. Entrevista do autor com Zenon.
3. *Casagrande & Sócrates: Uma história de amor.*
4. *Folha de S.Paulo*, 23 de fevereiro de 1983.
5. *Democracia Corintiana.*
6. *Isto É Gente*, número 1622.
7. *Folha de S.Paulo*, 30 de março de 1983.
8. *Folha de S.Paulo*, 4 de maio de 1983.
9. *Folha de S.Paulo*, 30 de março de 1983.
10. Entrevista do autor com Zenon.
11. *Placar*, 9 de setembro de 1983.
12. *Jornal da Tarde*, 26 de fevereiro de 1983.
13. Entrevista do autor com Casagrande.
14. *Folha de S.Paulo*, 13 de outubro de 1974.
15. Entrevista com Juca Kfouri, 1999.
16. *Placar*, maio de 1992.
17. Entrevista do autor com Luís Fernando.
18. *Folha de S.Paulo*, 15 de dezembro de 1983.
19. Entrevista do autor com Casagrande.
20. Ibid.
21. Entrevista com Juca Kfouri, 1999.

CAPÍTULO 13 — FRASE DE ABERTURA: ENTREVISTA DO AUTOR COM FLÁVIO GIKOVATE

1. *Diretas Já.*
2. Entrevista à *Playboy*, setembro de 1979.
3. Entrevista do autor com Luís Fernando.
4. *Folha de S.Paulo*, 17 de abril de 1984.
5. *Democracia em preto e branco.*
6. *Folha de S.Paulo*, 25 de abril de 1984.
7. Entrevista do autor com Marinho.
8. Ibid.
9. Entrevista do autor com Raí.
10. Entrevista com Juca Kfouri, 1999.
11. *Placar*, 9 de setembro de 1983.
12. *Placar*, 4 de maio de 1984.
13. *Folha de S.Paulo*, 26 de abril de 1984.
14. *Democracia em Preto e Branco.*
15. *Democracia Corintiana.*
16. *Recados da bola.*

CAPÍTULO 14 — FRASE DE ABERTURA: *O GÊNIO DA BOLA*

1. *Jornal da Tarde*, 24 de maio de 1984.
2. Ibid.
3. Ibid.
4. Entrevista do autor com Stefano Carobbi.
5. Entrevista do autor com Celeste Pin.
6. Entrevista do autor com Giovanni Galli.
7. Disponível em: <http://www.worldfootball.net/player_summary/socrates/2/>.
8. Entrevista com Juca Kfouri, 1999.
9. Entrevista do autor com Giovanni Galli.
10. Entrevista do autor com Celeste Pin.
11. *Placar*, 28 de junho de 1984.
12. Entrevista do autor com José Trajano.
13. Entrevista do autor com Stefano Carobbi.
14. Entrevista com Eraldo Pecci.
15. *Recados da bola.*
16. Ibid.

17. Ibid.
18. Entrevista do autor com Niccolò Pontello.
19. Entrevista do autor com Tito Corsi.
20. Placar, 1 de março de 1985.
21. Entrevista do autor com José Trajano.
22. Entrevista do autor com Júnior.
23. Sócrates, em seu próprio programa de televisão, *Brasil + Brasileiro*.
24. *Placar*, 1 de março de 1985.
25. Entrevista do autor com Rosemary.
26. Entrevista do autor com Flávio Gikovate.
27. Entrevistas do autor com Giovanni Galli e Stefano Carobbi; entrevista com Juca Kfouri, 1999.
28. Entrevista do autor com Stefano Carobbi.
29. Entrevista do autor com Celeste Pin.
30. Entrevista do autor com Stefano Carobbi.

CAPÍTULO 15 — FRASE DE ABERTURA: ENTREVISTA DO AUTOR COM JUCA KFOURI

1. *Recados da bola*.
2. *Jornal do Brasil*.
3. *Jornal do Brasil*, 12 de agosto de 1985.
4. *Placar*, 16 de agosto de 1985.
5. *Placar*, 23 de agosto de 1985.
6. Entrevista do autor com Alberto Polverosi.
7. *Placar*, 30 de agosto de 1985.
8. Ibid.
9. Entrevista do autor com Paulo Sérgio.
10. *Placar*, 20 de setembro de 1985.
11. *Jornal do Brasil*, 14 de setembro de 1985.
12. *O Globo*, 28 de janeiro de 1986.
13. *Jornal do Brasil*, 6 de fevereiro de 1986.
14. *O Globo*, 3 de fevereiro de 1986.
15. Ibid.
16. *Flapédia*.
17. *Folha de S.Paulo*, 19 de fevereiro de 1986.
18. *Doutor Futebol*.
19. *O Globo*, 12 de fevereiro de 1986.

20. *Placar*, 3 de março de 1986.
21. Ibid.
22. *Sócrates eterno*, de Kátia Bagnarelli.
23. *Placar*, 10 de março de 1986.
24. *Folha de S.Paulo*, 8 de março de 1986.
25. *Placar*, 24 de março de 1986.
26. *Folha de S.Paulo*, 8 de março de 1986.
27. Ibid.
28. *Folha de S.Paulo*, 6 e 9 de abril de 1986.
29. *Folha de S.Paulo*, 24 de abril de 1986.
30. *Placar*, 19 de maio de 1986.
31. *Folha de S.Paulo*, 13 de maio de 1986.
32. *Folha de S.Paulo*, 18 de maio de 1986.

CAPÍTULO 16 — FRASE DE ABERTURA: *JORNAL DA TARDE*, 29 DE MAIO DE 1986

1. *Sócrates & Casagrande: Uma história de amor.*
2. Entrevista do autor com Casagrande.
3. Ibid.
4. Entrevista do autor com Édson Boaro.
5. *Folha de S.Paulo*, 6 de junho de 1986.
6. *Folha de S.Paulo*, 6 de setembro de 1986.
7. Entrevista do autor com Oscar.
8. *Placar*, 14 de julho de 1986.
9. Entrevista do autor com Elzo.
10. *Placar*, 7 de julho de 1986.
11. Entrevista do autor com Zico.
12. *Jornal da Tarde*, 2 de julho de 1979.
13. Entrevista com Juca Kfouri, 1999.
14. Ibid.
15. *Recados da bola.*
16. *Folha de S.Paulo*, 23 de junho de 1986.
17. *Recados da bola.*
18. *O Globo*, 22 de junho de 1986.
19. Entrevista com Juca Kfouri, 1999.
20. Entrevista do autor com Júnior.

CAPÍTULO 17 — FRASE DE ABERTURA: *PLACAR*, 21 DE OUTUBRO DE 1988

1. Entrevista do autor com Sebastião Lazaroni.
2. *Carta Capital*, 1 de fevereiro de 2006.
3. Entrevista do autor com Leandro.
4. Ibid.
5. Entrevista do autor com Sebastião Lazaroni.
6. *Flapédia*.
7. *O Globo*, 17 de março de 1987.
8. *Jornal do Brasil*, 17 de março de 1987.
9. *Placar*, 23 de março de 1987.
10. *O Globo*, 3 de novembro de 1986.
11. Entrevista com Juca Kfouri, 1999.
12. Entrevista do autor com Silvana Campos.
13. Ibid.
14. Entrevista do autor com Maurinho Saquy.
15. Entrevista do autor com Silvana Campos.
16. Entrevista com Juca Kfouri, 1999.
17. Ibid.
18. Entrevista do autor com Silvana Campos.
19. *Placar*, 21 de outubro de 1988.
20. Ibid.
21. Entrevista do autor com Marinho Peres.
22. Entrevista do autor com César Sampaio.
23. *A Tribuna*, 5 de agosto de 1989.
24. Entrevista do autor com Juary.
25. *A Tribuna*, 2 de setembro de 1989.
26. *A Tribuna*, 2 e 3 de setembro de 1989.
27. Entrevista com Juca Kfouri, 1999.
28. *O Diário*, 17 de setembro de 1989.
29. *Botafogo: Uma história de amor e glórias*.

CAPÍTULO 18 — FRASE DE ABERTURA: ENTREVISTA DO AUTOR COM SÓSTENES

1. Entrevista do autor com Aloisio Abud.
2. Entrevista à *Playboy*, setembro de 1979.
3. Entrevista do autor com Antonio Palocci.

4. Ibid.
5. Ibid.
6. Entrevista com Juca Kfouri, 1999.
7. Ibid.
8. *Carta Capital*, 11 de maio de 2005.
9. Entrevista com Juca Kfouri, 1999.
10. Entrevista do autor com Édson Boaro.
11. *Botafogo: Uma história de amor e glórias*.
12. Entrevista do autor com Serginho.
13. Entrevista com Juca Kfouri, 1999.
14. Ibid.
15. Entrevista do autor com Silvana Campos.
16. Entrevista com Juca Kfouri, 1999.
17. Entrevista do autor com Mauro Beting.
18. Entrevista com Mario Naranjo.
19. Ibid.
20. Ibid.
21. *Caros Amigos*, n. 45, 2000.
22. *Sócrates Brasileiro*.
23. Entrevista do autor com Leandro.
24. Ibid.
25. Entrevista com Marília Gabriela, 27 de outubro de 2011.
26. Entrevista do autor com Leandro.
27. Entrevista com Marília Gabriela, 27 de outubro de 2011.

CAPÍTULO 19 — FRASE DE ABERTURA: ENTREVISTA DO AUTOR COM MINO CARTA

1. *Placar*, 26 de dezembro de 1980.
2. Entrevista do autor com Sóstenes.
3. *Sócrates e Casagrande*, p. 82.
4. Entrevista do autor com Simon Clifford.
5. *O Globo*, 27 de novembro de 2004.
6. Entrevista do autor com Sóstenes.
7. Entrevista à Rádio Jovem Pan, apresentada em 26 de dezembro de 2012.
8. Entrevista do autor com Fernando Kaxassa.
9. Entrevista do autor com Fernando Beer.

10. Entrevista ao SporTV, setembro de 2011, apresentada após sua morte. Disponível em: <https://www.youtube.com/watch?v=JF37oweELRY>.
11. Entrevista do autor com Silvana Campos.
12. Entrevista do autor com Maurinho Saquy.
13. Entrevista do autor com Maria Adriana Cruz.
14. *Sócrates Brasileiro.*
15. Entrevista do autor com Simone Corrêa.
16. Entrevista do autor com Maria Adriana Cruz.
17. Entrevista do autor com Regina Saquy.
18. Entrevista do autor com Kátia Bagnarelli.
19. Entrevista do autor com Bueno.
20. *Sócrates Brasileiro.*
21. Entrevista do autor com dr. Breno Boueri.
22. *Sócrates Brasileiro.*
23. Entrevista do autor com Juca Kfouri.
24. Entrevista do autor com Rosemary.
25. Entrevista ao SporTV, setembro de 2011 (apresentada após sua morte). Disponível em: <https://www.youtube.com/watch?v=JF37oweELRY>.
26. *Sócrates Brasileiro.*
27. Entrevista do autor com Zé Bernardes.
28. *Sócrates Brasileiro.*

BIBLIOGRAFIA

A história de um campeão, Rafael Cammarota

Além do divã, Flávio Gikovate

Botafogo: Uma história de amor e glórias, Igor Ramos

Casagrande e seus demônios, Casagrande e Gilvan Ribeiro

Como gostar de esporte, Rai

Compagni di Stadio, Solange Cavalcante

Corinthians é preto no branco, Washington Olivetto e Nirlando Beirão

Corintiano, Graças a Deus!, Dom Paulo Evaristo Arns

De Sócrates a Sócrates, Wilson Roveri

Democracia Corintiana, Sócrates e Ricardo Gozzi

Diretas Já, Alberto Tosi Rodrigues

Donos da bola, Coletânea

Doutor Futebol, Adriana Brito e Patrícia Favalle

Fio de Esperança: Biografia de Telê Santana, André Ribeiro

Futebol Nation: The Story of Brazil Through Soccer, David Goldblatt

Futebol: The Brazilian Way of Life, Alex Bellos

História concisa do Brasil, Boris Fausto

Histórias da bola, Paulo Roberto Falcão

Mário Travaglini: Da Academia à Democracia, Márcio Trevisan e Helvio Borelli

Matheus, o Senhor Corinthians, Marlene Matheus

Memória de Igarapé-Açu, Aluizio Moraes de Freitas

O país da bola, Betty Milan

Recados da bola, Jorge Vasconcellos

Sarrià 82: O que faltou ao futebol-arte?, Gustavo Roman e Renato Zanata

Sócrates, Tom Cardoso

Sócrates & Casagrande: Uma história de amor, Casagrande e Gilvan Ribeiro

Sócrates Brasileiro, Kátia Bagnarelli com Regina Echeverria

Sócrates, Brasileiro: As crônicas do Doutor em Carta Capital, Sócrates Brasileiro

Sócrates eterno, Kátia Bagnarelli

Sócrates: O filosofo da bola, Aluizio Moraes de Freitas

Um escolhido, João Roberto Basílio

Vicente Matheus: Quem sai na chuva é para se queimar, Luiz Carlos Ramos

Zico conta sua história, Zico

Zico: Uma lição de vida, Marcus Vinícius Bucar Nunes

E os seguintes documentários:

Democracia em preto e branco

Football Rebels: Sócrates and the Corinthians' Democracy

Ser Campeão é detalhe

Sócrates, o doutor da bola

Sócrates, o gênio da bola

AGRADECIMENTOS

Não sei se Sócrates conheceu Garrincha, mas sei que, ao menos para mim, não haveria um sem o outro.

Em 2004, cinco anos depois de fazer a mudança dos meus sonhos para o Brasil, convenci um editor britânico a me deixar traduzir a biografia de Garrincha, escrita por Ruy Castro. O livro foi um sucesso, e eles me perguntaram se eu queria traduzir outro. Perguntei do que se tratava e, quando a resposta foi "é um livro de memórias escrito por Sócrates", quase dei um pulo de alegria. Quem não ama e admira Sócrates?

O livro de Sócrates era uma incomum mistura de memórias futebolísticas, história, filosofia e comentários culturais, mas nunca tinha sido publicado, principalmente por causa de complicados temas relacionados a direitos.

Eu conversei com Sócrates diversas vezes sobre reativar o projeto ou até mesmo sobre escrevermos um livro juntos, e ele sempre se mostrou entusiasmado. Mas nunca conseguimos fazer isso, e só depois da Copa do Mundo de 2014, três anos após sua morte, eu finalmente encontrei tempo para pensar em escrever a biografia que ele tanto merece.

Quando decidi dar sequência ao projeto, a primeira pessoa com quem conversei foi Juca Kfouri, diretor da revista *Placar* na época da Democracia Corinthiana e amigo íntimo de Sócrates por trinta anos.

Juca e Sócrates planejavam escrever um livro juntos desde os anos 1990 e já tinham gravado horas de entrevistas em 1999. Ter o apoio de Juca foi importante para mim e ele foi uma valiosa fonte de histórias, contatos e suporte. Ter recebido uma cópia transcrita das conversas entre eles foi igualmente fundamental no momento da finalização do projeto. Sem Juca, tudo isso teria sido infinitamente mais difícil e, além de admirá-lo, eu tenho com ele uma imensa dívida de gratidão.

Não é necessário dizer que agradeço a todos os que aceitaram ser entrevistados. Conversei com mais de cem pessoas e estive em catorze cidades; e o número de pessoas que se recusaram a falar, felizmente, foi pequeno. A maioria concordava que uma biografia sobre Sócrates seria uma obra de grande importância e, assim, se dispôs a ajudar. Os membros do lendário time de 1982 foram particularmente acolhedores — todos os titulares, exceto um, aceitaram ser entrevistados.

Minhas primeiras pesquisas se concentraram na cidade de Ribeirão Preto, casa de Sócrates. Visitei Ribeirão dez vezes e lá conheci muitas pessoas, incluindo alguns dos amigos mais íntimos de Sócrates. Os doutores Said Miguel e Aloisio Abud falaram sobre os anos na universidade; Artur e Rodrigo me ajudaram a encontrar jornais antigos no arquivo público municipal; e Rogério Moroti, no Botafogo, foi generoso ao me passar os telefones dos antigos companheiros de Sócrates. João Moreira e Dario colaboraram com minhas andanças e me orientaram na cidade.

Devo um obrigado especial a Zé Bernardes, não só um grande contador de histórias, mas também um médico respeitado, que ajudou a abrir muitas portas, e a Luiz Eduardo Rebouças, muito generoso com seu tempo e seus contatos. Acima de tudo, meu obrigado vai a Maurinho e Regina Saquy, duas das pessoas mais generosas que conheci. A memória incrível de Marinho deu cores e detalhes a histórias não contadas, e

Maritaca foi uma maravilhosa e bem-vinda fonte sobre os primeiros anos de Sócrates no Botafogo.

O Rio de Janeiro, onde Sócrates passou alguns anos frustrantes, é onde vivem muitos dos seus companheiros dos tempos de seleção. Leandro foi uma das primeiras pessoas a abraçar a ideia de uma biografia. Ele, Júnior e Zico me ajudaram bastante.

Zé da Silva me deixou pesquisar seus arquivos, Armando de Paulo foi generoso e despreocupado, e Márvio dos Anjos me auxiliou com contatos. Leila Sterenberg e Fernanda Cardoso, na TV Globo, deram-me acesso a importantes imagens de arquivo, e Marcio Mac Culloch, no Flamengo, passou números de telefone que seriam difíceis de encontrar.

Rocco Cotroneo; Gareth Chetwynd e Claudia Rodrigues; Brad Brooks, Flavia Lins e Silva e Nando Perdigão; e Lulu Garcia-Navarro e James Hider: todos me ofereceram uma cama ou um sofá onde pude descansar.

Passei uma semana na Itália pesquisando sobre o ano de Sócrates na Fiorentina e não teria conseguido sem Lorenzo Marucci, cujos contatos, traduções e conhecimento enciclopédico do clube toscano foram inestimáveis.

A maior parte do meu trabalho se deu, inevitavelmente, em São Paulo. João Roberto Basílio e Fernando Wanner, no Corinthians, e Felipe Espindola e Renata Lutfi, no São Paulo, colaboraram com nomes e telefones de amigos e ex-companheiros de Sócrates. No Santos, o historiador do clube Guilherme Guarche foi útil com contatos e estatísticas, assim como Kennedy e Milton Neves, do *Terceiro Tempo*. Durante os meses que passei examinando revistas e jornais antigos na biblioteca pública Mario de Andrade, em São Paulo, Irinete e Emanuel receberam com serenidade meus repetidos pedidos; e Cesar Camasão pesquisou pacientemente as colunas de Sócrates no jornal *Agora*.

Victor Rocha também fez um trabalho valioso de pesquisa de arquivos de jornais e Celso Unzelte, *expert* em Corinthians, foi brilhante e gentil ao me ajudar a desvendar as complexidades do futebol brasileiro nos anos 1970 e 1980 (e o seu aplicativo *Almanaque do Timão* foi uma fonte imbatível de detalhes históricos). Sérgio Scarpelli, ex-diretor do Corinthians, entrou em contato com colegas difíceis de encontrar, e tanto Ney quanto Alberto Helena Júnior foram importantes ao falar sobre o início da carreira de Sócrates. Daniel Navas respondeu questões médicas, Mario Naranjo proporcionou pesquisas sobre o período de Sócrates no Equador e os autores Jorge Vasconcellos e Solange Cavalcanti-Ferri também estiveram sempre disponíveis. Para antigas estatísticas, a Rec.Sport.Soccer Statistics Foundation (RSSSF) é absolutamente imbatível.

Tenho outro grande débito com os irmãos de Sócrates: Sóstenes, Raimundo e Raí foram generosos com seu tempo e suas memórias. Silvana, Simone e Maria Adriana, ex-mulheres e parceiras de Sócrates, ofereceram-me tempo para conversar, foram abertas e igualmente generosas. Sua viúva, Kátia Bagnarelli, foi especialmente solícita. Rosemary concordou em falar depois de décadas de silêncio e foi vital para me ajudar a solucionar alguns mistérios cronológicos.

Agradeço também a Igor Ramos, Marcio Javaroni, André Dutra, Vinícius Alves de Souza, Gustavo Longhi de Carvalho e Sergio Paz no Memofut, Karla Soares em Belém, Tony Danby, Ana Marcia Lopes, Fernando Beer e Carl Worswick na Colômbia.

A expertise de Tom Hennigan foi importante quando o projeto seguiu em frente, e Dan Horch foi sempre encorajador quando meu espírito se cansava. James Young fez algumas entrevistas para mim em Belo Horizonte e uma leitura crucial de vários capítulos iniciais. Obrigado também a Richard Lapper, Claire Rigby — que tanta falta faz — e Mauricio Savarese pelas conversas a respeito de pontos importantes. Tim Vickery,

Matthew Shirts e Alex Cuadros ofereceram horas valiosas de leitura do texto final.

Obrigado também a Fernando Martinho por seu apoio e encorajamento — sua revista *Corner* é uma das melhores e mais importantes publicações sobre futebol no Brasil. Igualmente, agradeço a toda a equipe da Editora Grande Área, em especial a Gabriel Gobeth. Também agradeço a André Kfouri, que fez um trabalho excelente de tradução da obra para o português.

Meu maior débito é com o Brasil e com os brasileiros, que me receberam de braços abertos há quase vinte anos e me deram um lar feliz desde então. O Brasil é uma parte enorme da minha vida e o drama, a cor, o calor e a emoção superam, com distância, as frustrações vividas. Muito obrigado, mesmo. Não sabem como sinto a falta de vocês!

Mais do que tudo, meus sinceros agradecimentos vão a Mariane Kido. Ela estava comigo quando a ideia de escrever este livro me ocorreu, enquanto deixávamos uma estação de trem em Duisburgo, em outubro de 2014 — e, desde então, nunca saiu do meu lado. Ela transcreveu entrevistas, ofereceu um vital contexto brasileiro a respeito de áreas que eu desconhecia e sempre esteve disposta a debater ideias e assuntos. Suas percepções foram fundamentais, seu apoio e amor foram imbatíveis. Te adoro! (Falei isso hoje?)

Este livro foi composto na fonte Adobe Caslon e White on Black
impresso pela gráfica Rotaplan em papel Pólen Soft 80g
e diagramado pela BR75 texto | design | produção.
Rio de Janeiro, 2021